前言

还是在20世纪90年代初学习邓小平同志的"南方谈话"的时候,他的一段关于"社会主义要赢得与资本主义相比较的优势,就必须大胆吸收和借鉴人类社会创造的一切文明成果,吸收和借鉴当今世界各国包括资本主义发达国家的一切反映现代社会化生产规律的先进经营方式、管理方法"的论述,就深深地激发了我深入地了解当代资本主义社会的强烈的理论兴趣。20世纪90年代中期以后,我参加中国社会科学院代表团,数度到西欧、北美、北欧一些发达资本主义国家去进行访问考察,到那里的高等院校、科研机构、工会、有关的行政部门、公司企业去,同有关人员、特别是同研究西方国家工业关系的专家学者进行座谈,获得了有关当代资本主义社会的大量材料,从此开始了我对当代资本主义新变化的考察和研究。2000年6月28日,江泽民同志在中央思想政治工作会议上,把包括"如何认识资本主义发展的历史进程"在内的"四个如何认识",作为"需要全党同志共同深入研究,从思想上政治上进一步取得科学认识和作出正确回答的大问题"提出来,以后又指出要把这四个如何认识"作为理论研究的重点课题深入研究"。2000年10月20日,在中共中央党校就此举办的研究班的开班式上,胡锦涛同志强调,这是"直接关系到新的历史条件下坚持和发展马克思主义的大问题",要求党的理论工作者"自觉地肩负运用理论推动实际问题解决的历史任务"。在这些反映时代精神的重要讲话的鼓舞和鞭策下,2001年,我申请国家社会科学基金"十五"重点项目获准立项以后,集中几年时间,在2004年完成了《当代资本主义新变化》一书的撰写,并在重庆出版社出版,2006年获首届中华优秀出版物(图书)奖。

2010年院领导把"国际金融危机与当代资本主义"作为交办课题下达给我时,我把它当作又一次深入调查研究当代资本主义、特别是在国际金融危机中考察当代资本主义的任务接受了下来;并在设计课题的内容时,计划考察的范围从2007年的美国次贷危机开始,经过在2008年发展为国际金融危机,到2009年世界经济走出衰退时为止;考察的重点是国际金融危机对当代资本主义的冲击。但在贯彻执行这个设计的过程中,我发现从那时以来国际金融危机的后续发展,清楚地说明这个设计存在有两个方面的不足:

一是对危机的发展深度估计不足。因为世界经济在2009年年中走出衰退以后,危机远未终结,而是接着爆发了一波又一波的欧洲主权债务危机,而为克服危机所实行的经济紧缩又引发了罢工抗议浪潮,伦敦骚乱和挪威枪击事件那样的社会震荡等等,危机对当代资本主义的冲击越来越触及资本主义的制度层面的问题;而且以后又出现了美国联邦政府和地方政府的债务危机,像达摩克利斯剑一样高悬头顶的日本主权债务危机。

二是对危机的考察,还局限在主要考察资本主义的矛盾怎样引爆金融、经济危机,危机又怎样从各个方面冲击着资本主义的层面上,而对有些发达资本主义国家逆时代潮流而动的举动,典型的如美国为遏制中国的崛起,所实施的"重返亚太"战略,以及日本对我钓鱼岛的侵占窃据和妄图推翻二战后的世界秩序等政治右倾化等等,没有提到课题重要内容的高度上来加以展开和考察。

正好在2012年,我院开始设置哲学社会科学创新工程学部委员创新岗位,我当即经过申报审批,把以上经过扩大了研究广度和深度的课题设计纳入到创新岗位的聘期中。在新的起点上继续开展"国际金融危机与当代资本主义"的研究。

在完成这个课题的过程中,为了听取社会上的反应,我先后把课题所涉及的重要问题写成十多篇论文发表在全国核心期刊上,其中有一些获得了较大的社会反响。例如,《国际金融危机严重地冲击了"美国梦"》一文,在2012年10月29日我院《世界社会主义研究动态》上发表以后,当即被中央文献研究室的《文献与研究》杂志第52期、中宣部《马克思主义理论研究与建设工程参考资料》第669期全文转载,并获我院世界社会主义研究中心优秀对策信息研究二等奖,还在第三届世界社会主义论坛"资本主义危机与社会主义未来"研讨会上作大会发言。又如,《国际金融危机把西方民主制推下神坛,打回原形》一文,在2013年第6期《毛泽东邓小平理论研究》杂志上发表以后,当即被2013年第9期复印报刊资料《政治学》全文转载,以后又被中宣部理论局和中组部干部教育局向党员干部推荐的学习书目《西方民主怎么了》一书收录。

根据中宣部的电话通知,2013年6月7—10日,我应江苏卫视关于马克思主义理论研究和建设工程专家访谈节目《时代问答》的邀请,去作了两集有关"国际金融危机与当代资本主义"的访谈问答(每集30分钟),在2013年7月2日和9日播出,据有关同志说点击率为7万多次;以后又由中央教育3台转播。

社会上对于"国际金融危机与当代资本主义"话题的热烈反响,敦促着我一定要把这个课题完成好,所以,尽管在此期间多次遭遇不测,先是跌跤伤及腰部软组织,再是疗养数月后又因冠心病发两次住院手术治疗,致使很多原来设计好的学术活动没能开展起来,但我还是在术后康复中奋力完成原定计划。现在呈现在大家面前的这本书,带着这样不平坦的经历,希望大家不吝批评指正,以便把我们对国际金融危机与当代资本主义的认识和应对能力提到更高的水平上,更好地建设对资本主义具有优越性的中国特色社会主义。

徐崇温

2014 年 12 月于养心园

目录

前言 …………………………………………… 1

第一编　国际金融危机的发展历程 ……………… 1

第一章　国际金融危机的形成及其重要特征 ……… 3
一、从美国次贷危机到国际金融危机的发展 ……… 4
二、国际金融危机使世界陷入经济衰退，失业和贫困剧增 ……………………………………… 7
三、衰退后世界经济的"双层双速复苏" ………… 10
四、国际金融危机没有使世界陷入1929—1933年那种大萧条和政治震荡 ……………………… 13

第二章　欧洲主权债务危机 …………………… 18
一、欧洲主权债务危机的爆发、蔓延和不断攀升 …………………………………………… 20
二、欧洲主权债务危机祸延全球 ………………… 30
三、欧洲主权债务危机的基本成因 ……………… 35
四、欧盟、欧元区国家应对欧洲主权债务危机的举措 …………………………………………… 41

第三章　美国联邦和地方政府债务危机 ………… 53
一、美国联邦政府债务状况的历史演变 ………… 53
二、美国联邦政府债务的构成和债主情况 ……… 55
三、美国联邦政府债务的形成机理 ……………… 57

四、美国通过总统与国会、民主与共和两党博弈的
　　方式解决联邦政府债务的风险 ………… 59
五、国际信用评级机构标普公司下调美国信用
　　评级 ……………………………………… 61
六、美国联邦政府因债务危机关门停摆16天及其
　　影响 ……………………………………… 65
七、美国联邦政府的债务危机凸显美国资本主义
　　政治制度的危机 ………………………… 68
八、美国地方政府的债务危机 ……………… 73

第四章　像达摩克利斯剑一样高悬头顶的日本主权债务危机 …………………………………… 79
一、日本经济当前的主要问题,首先在于通货紧缩、
　　衰退消沉 ………………………………… 79
二、"安倍经济学"三支箭的由来和内涵 ……… 85
三、安倍经济学的神话正在破灭,承诺化为泡
　　影 ………………………………………… 88
四、安倍经济学要是失败了,将引爆日本庞大的
　　主权债务危机 …………………………… 93

第二编　国际金融危机爆发的原因 ………… 95
第五章　国际金融危机的具体成因和制度根源 …… 97
一、危机的具体成因之一:美国新自由主义的
　　宏观经济政策 …………………………… 98
二、危机具体成因之二:政府监管缺失 ……… 103
三、危机具体成因之三:过度的透支消费 …… 108
四、危机的制度根源:资本主义社会的基本矛盾
　　…………………………………………… 111

第三编　国际金融危机对当代资本主义的严重冲击 …… 117

第六章　新自由主义与国际金融危机 …… 119
一、新自由主义的由来和演变 …… 119
二、新自由主义给全球各地带来的祸害 …… 124
三、新自由主义是引爆美国次贷危机——国际金融危机的罪魁祸首 …… 128
四、国际金融危机宣告了新自由主义的破产 …… 132
五、新自由主义的终结与全球经济秩序的改变 …… 134

第七章　国际金融危机加速了世界重心由西方向东方的转移 …… 137
一、世界重心由西方向东方转移的表现 …… 139
二、世界重心由西方向东方转移的原因 …… 142
三、世界重心的转移改变着全球力量的对比 …… 145
四、欧美的"再工业化"和"制造业回归"方针，无法扭转世界重心东移的发展趋势 …… 156

第八章　国际金融危机加快了世界格局的转换 …… 161
一、第二次世界大战以后世界格局的演变 …… 161
二、国际金融危机加快了美国的衰落 …… 166
三、国际金融危机加快了新兴经济体的群体性崛起 …… 176
四、金砖国家经济增速一时的波动，并没有逆转世界发展大势 …… 185
五、世界格局向多极化发展的趋势，是不可阻挡的历史潮流 …… 192

第九章 国际金融危机击碎了"美国梦" …… 199
一、"美国梦"的精神和物质支撑的构建 …… 199
二、"美国梦"的具体内容 …… 204
三、次贷危机首先惊醒了"美国梦" …… 207
四、经济低迷、失业率高企,中产阶层在痛苦中
挣扎,许多人的"美国梦"成了噩梦 …… 209
五、史无前例的贫富差距,使"美国梦"虚幻成神话
…… 215

第十章 国际金融危机证伪了"历史终结论" …… 221
一、资本主义绝不是"历史的终结" …… 222
二、西方社会的自由平等人权民主在人类社会并不
具有普世价值 …… 226
三、中国特色社会主义民主是在人类文明史上
开拓的新路 …… 230

第十一章 国际金融危机把西方民主制推下神坛、
打回原形 …… 235
一、输出民主,是美国干涉别国内政,推行新殖民
主义的战略 …… 238
二、竞争性选举导致金钱民主、短视民主、政党恶斗
乃至国家机器瘫痪 …… 241
三、美国自由、平等、人权的状况和政策,与《独立宣
言》《世界人权宣言》基本精神背道而驰 …… 248

第十二章 国际金融危机在西方国家引发了一波又一波的社会震荡 ……… 253

一、由危机造成的高失业率、经济衰退、政府紧缩财政措施等引发的罢工、抗议和骚乱,在西方国家屡见不鲜 ……… 254

二、国际金融危机造成的欧洲经济低迷、失业率不断攀升,为极右势力把其反多元文化、反外来移民的理念推向极端提供了肥沃土壤,在此基础上滋生出挪威"7·22"爆炸枪击恐怖血案 ……… 258

三、国际金融危机造成的欧洲经济低迷、失业率不断攀升,又在贫困而失望的失业青年中、特别是外来移民聚居地区埋下了抗议乃至骚乱的种子 ……… 262

四、一面注巨资拯救金融巨头,一面让民众失业的美国体制,激起了平民主义反抗的"占领华尔街"运动 ……… 268

五、在国际金融危机中出现的"独狼式"恐怖袭击:美国波士顿马拉松爆炸袭击、英兵伦敦街头遭恐怖砍杀 ……… 275

六、出于种族歧视白人警察射杀手无寸铁的黑人青年引发示威骚乱的美国弗格森事件 ……… 280

第十三章 斯诺登揭穿了美国政府监视和偷窥全世界的真面目 ……… 288

一、斯诺登的曝光,首先把美国借口黑客袭击指责和攻击中国的矛头,转过来指向它自身 ……… 288

二、美国政府对美国人的监视和窃听,是侵犯自由

与隐私的违宪行径 …………………………… 294

三、美国把欧盟当作监控攻击目标,激起欧洲
　　盟友的愤怒指责 ……………………………… 300

四、美国政府的监控和偷窥,激起了全球的反美
　　浪潮 …………………………………………… 304

五、美国政府坚持监控和偷窥全世界,源于它死
　　抱住霸权主义不放 …………………………… 312

第四编　美国、日本逆时代潮流而动的举动
………………………………………………… 319

第十四章　"重返亚太",是美国逆时代潮流而动的战略 ………………………………………… 321

一、奥巴马政府从"对华和解"到构筑"中国包围
　　网" …………………………………………… 321

二、美国"重返亚太"战略全方位、多层面遏制中国
　　的具体部署 …………………………………… 323

三、美国突然转变对华政策的原因分析 ………… 329

四、美国的"重返亚太"战略,是在逆时代潮流而动
………………………………………………… 332

五、在香格里拉对话会上的激烈交锋:美国、日本
　　的无理指责和中国的据理反驳 ……………… 343

六、美国"重返亚太"战略面临的牵制和掣肘 …… 349

七、"重返亚太"战略只能加速美国自身的衰落
………………………………………………… 353

第十五章　日本对我钓鱼岛的侵占窃据与日本政治的右倾化 ……………………… 355

一、钓鱼岛是中国的固有领土,中国对其拥有

无可争辩的主权 …………………………… 355
二、日本侵占和窃据我国领土钓鱼岛 ………… 358
三、日本演出把钓鱼岛"国有化"的闹剧，企图从
　　对它的窃据过渡到法理占有 ………………… 361
四、国际金融危机后日本政治的急剧右倾化 …… 366
五、日本政治右倾化的核心问题，是翻反法西斯
　　主义战争的案，推翻战后建立的国际秩序 … 374
六、安倍坚持拜鬼，给军国主义侵略战争扬幡招魂
　　………………………………………………… 378
七、安倍强行解禁集体自卫权，开启战争的大门
　　………………………………………………… 383
八、中日达成四点原则共识，实现中日北京峰会
　　………………………………………………… 387

第五编　资本主义的走向和社会主义的未来

………………………………………………… 391

第十六章　当代资本主义的走向 …………… 393

一、从"无可选择"的"历史终结论"到对资本主义的
　　群众性反思和质疑 ………………………… 393
二、西方学者对当代资本主义的揭露和批判 …… 399
三、当代资本主义何去何从（之一）：寄希望于
　　资本主义的自我修复 ……………………… 416
四、当代资本主义何去何从（之二）：回归凯恩斯主
　　义、社会民主主义第三条道路以改造资本主义
　　………………………………………………… 420
五、当代资本主义何去何从（之三）：社会主义才
　　是解决问题的唯一良策 …………………… 423
六、社会主义代替资本主义是社会历史发展不可逆

转的总趋势,但这是一个很长的曲折的历史
过程 …………………………………………… 428

第十七章　社会主义的未来 ………………… 432
　一、回顾20世纪世界社会主义的发展历程 …… 432
　二、没有执政的共产党探索争取社会主义的
　　　新途径 ……………………………………… 441
　三、中国特色社会主义道路是人类追求文明
　　　进步的新路 ………………………………… 452
　四、中国特色社会主义要用实践向世界证明:
　　　社会主义确实比资本主义好、社会主义优于
　　　资本主义 …………………………………… 469

第一编
国际金融危机的发展历程

第一章

国际金融危机的形成及其重要特征

2007年4月2日,为应对来自华尔街171亿美元的逼债,美国新世纪金融公司宣布申请破产保护并裁员54%。由此拉开了美国次贷危机的序幕。

什么是次贷危机,它是怎么发生的呢?

美国的住宅金融机构在发放贷款的时候,根据贷款申请者过去的信用历史、借款额度、目前的收入情况等指标,建立有一套"信用评分标准",从上至下分为三类:优质抵押贷款、次优抵押贷款、次级抵押贷款。"次级抵押贷款"是指面向那些信用评级低、收入证明缺失、负债较重的客户的贷款。这类贷款由于信用要求不高、其贷款利率要比一般抵押贷款的利率高出两三个百分点,但在楼市升温期间,这类贷款的风险并不高,因为即使出现贷款人违约的情况,金融机构也可以很容易地通过出售房屋来规避损失。

在20世纪90年代,美国的次级贷款在其整个住房贷款中所占比重为2%左右,但在进入21世纪以后,由于时任美国总统的小布什提出了他所谓的"所有权社会"论,要求每个美国家庭都有自己的住房,说什么"每当一个美国家庭搬进自己的房子,美国就变得更强大一些",并为了实现这一前景,专门推出了鼓励人们拥有房屋的新政策。例如"零首付计划",随后又出台了更多的五花八门的抵押贷款形式,其中包括24个月不用付月供的贷款,后来还有只要借款人的口头承诺而无须书面文件的贷款,再加上那些年美国的利率比较低,于是,美国的次级抵押贷款市场迅速发展起来,到2006年末,美国的次级贷款增加到1.3万亿美元,占美国住宅抵押贷款市场的份额达13%左右。但是,随着美国住房市场的降温,特别是随着美国短期利率的提高,购房者的还贷负担大大加重,而住房市场的持续降温又使购房者出售房屋或通过抵押住房再融资变得困难起来,这种局面直接导致了大批次级抵押贷款的借款人不能按期偿还贷款,进而引发了"次贷危机"。

次贷危机迅速波及全球,引发国际金融危机,那么,国际金融危机是怎样形成的?它有哪些重要特征?

一、从美国次贷危机到国际金融危机的发展

如前所述,当前人们面对的这场国际金融危机,是由美国的次贷危机引发而来的,因此,在追溯这场国际金融危机的来龙去脉时,还得从美国的次贷危机说起。

次贷危机的形成和发展,还与在次级债的结构下,银行信贷在金融产品创新的推动下急剧扩张、然后又急剧收缩的情况有关。从20世纪70年代开始,美国"政府住房抵押协会"和"住房抵押贷款公司"率先把住宅贷款加以证券化,发行基于住宅贷款的证券化产品MBS。目前,美国的住宅贷款市场分成三级:

一是住房贷款的"一级市场"。在这个市场上,借款人申请贷款,得到资金和住房,贷款者发放贷款,得到作为抵押的住房合约和预期的还款现金流。贷款者主要是一些专门从事住房贷款的金融机构,如新世纪公司等,此外,还包括商业银行、储蓄银行、信用合作组织、保险公司和与房屋贷款相关的政府机构。

二是住房贷款的"二级市场"。如花旗集团、美林证券、汇丰控股等大型金融机构,从一级贷款商那里购买来住宅抵押贷款债权,对

它进行证券化处理:将买来的MBS与其他资产的现金流混在一起,做成"资产抵押证券"(ABS)后,再发售出去。

二是为进一步分散风险,金融机构通常将这些购买来的ABS作再证券化处理,或者将部分低等级的ABS转售给自己所属特设机构,将它与其他资产(如汽车贷款、信用卡贷款等)混在一起形成新的资产池,做成"债券担保证券"(CDO)再发售出去;或者成立相对独立的"结构性投资机构",一面购买CDO作为资产,用内部增信法将这些买来的CDO重新分级、再证券化,然后再以此作为资产保证,向投资者发行短期"资产支持票据"(ABCP)来融资。

在大量信贷扩张和需求刺激之后,美国住房供应市场很快饱和,住宅价格指数在2006年中期见顶回调,再加上美国利率上升,次级贷款借款人的还款负担骤然加重,房价下跌又导致借款人无法按原先方式重新融资,结果使次级贷款违约率迅速上升,2007年4—6月,次级贷款违约率达到14%左右。随着金融机构执行抵押,将住房重新推向市场,又进一步加剧了房价下跌。2007年6月,美国第五大投资银行贝尔斯登的两家对冲基金倒闭,房地美和房利美两大房贷公司因严重亏损陷入困境,迫使美联储和财政部再次救市,美国财政部注资2000亿美元,联邦住房金融局接管"两房"。2007年7—9月,不少与次贷相关的金融机构破产,美联储和欧洲央行联手救市并降息,美国住房抵押贷款风险浮出水面,不断发酵:

2007年7月10日,标准普尔评级公司降低次级抵押贷款债券的评级,全球金融市场出现震荡;接着,贝尔斯登旗下的对冲基金濒临瓦解,麦格理银行声明旗下两只高收益基金的投资者面临25%的损失,欧美股市全线暴跌,美国住房抵押贷款投资公司申请破产保护,法国最大银行巴黎银行宣布卷入美国次贷危机。面对美国次贷危机在全球的蔓延,欧洲央行出手干预,世界各地央行在48小时内注资超过3262亿美元救市,美联储一天三次向银行注资380亿美元以稳定股市,亚太央行再向银行系统注资。8月10日,全美最大商业抵押贷款公司股价暴跌,面临破产。2007年10月24日,全球顶级券商美林公司宣布2007年第三季度亏损79亿美元,日本最大券商野村证券在此前一天也宣布当季亏损6.2亿美元。此后,欧洲资产规模最大的瑞士银行宣布,因与次贷相关的资产亏损,第三季度亏损额达8.3亿瑞郎;近两个月后,美国银行、花旗银行、摩根士丹利银行达成一致,同意至少出资750亿美元帮助市场走出次贷危机;12月12日,美国、加拿大、欧洲、英国和瑞士五大央行联手救市;2008年1月22日,美联储紧急降息75个基点,1月30日又再次降息50个基点。2月19日,美联储又推出一项预防高风险抵押贷款新规定的提案,也是次贷危机爆发以来所采取的最全面的补救措施。3月14日,美国投资银行贝尔斯登向摩根大通和纽约联储寻求紧急融资,使市场对美国银行业健康程度的担忧加深。3月17日,美联储意外宣布调低窗口贴现率25个基点,达到3.25%,摩根大通同意用2.4亿美元左右收购贝尔斯登。3月19日,美联储宣布降息75个基点。4月12—13日,七国集团和国际货币基金组织(IMF)召开会议,表达对当前金融市场震荡的担忧,要求加强金融监管。4月29日,英国3月购房抵押贷款许可数量跌至开始统计以来的最低水平,德意志银行宣布5年来首次出现净亏损。次日,美联储再次降息25个基点。8月6日,美国第十大抵押贷款机构——美国住房抵押贷款投资公司,正式向法院提出申请破产保护,成为继新世纪金融公司之后美国又一家申请破产的大型抵押贷款机构。8月8日,美国第五大投资银行贝尔斯登宣布旗下两只基金倒闭。次日,法国第一大银行巴黎银行也因投资美国次贷债券蒙受巨大损失而宣布冻结旗下三只基金,这导致欧洲股市重挫。8月13日,日本第二大银行瑞穗银行的母公司瑞穗集团宣布与美国次贷相关的损失为6亿日元。其后,花旗集团也宣布,7月份由次贷引起的损失达7亿美元。

2008年9月15日,以美国第四大投资银行雷曼兄弟公司宣布申请破产保护为标志,美国的次贷危机引发了国际金融危机。

当天,欧洲央行宣布,向商业银行系统共注资300亿欧元,期限一天,平均利率为4.3%,高于主导利率4.25%的水平。9月20日,美国布什政府正式向国会交拯救金融系统的法案,财政部将获得授权购买最高达7000亿美元的不良房屋抵押贷款资产。9月25日,全美最大的储蓄及贷款银行——总部位于西雅图的华盛顿互惠公司被美国联邦存款保险公司查封和接管,成为美国有史以来倒闭的最大规模的银行。高盛和摩根士丹利则在三天前被批准为银行控股公司,巴菲特投资50亿美元入股高盛。10月2日,美国参议院以74:25票通过了布什政府提出的7000亿美元的新版救市方案,总额从原来的7000亿美元提高到8500亿美元,增加了延长减税计划以及将银行存款保险上限由10万美元提高到25万美元的条款,以安慰紧张的美国公众和支撑经济增长。10月8日,各大央行对金融市场的动荡作出明确回应,接连宣布降息:美联储宣布降息50个基点至1.5%,欧洲、英国、加拿大、瑞典和瑞士各央行也宣布降息50个基点,澳大利亚联邦储备银行将银行基准利率下调1%—6%,以色列央行也宣布下调利率50个基点至3.75%。

金融机构的进一步倒闭、实体经济的不景气,预示着美国金融机构有可能造成实体经济部门的全面休克,进而演变成全面的经济危机。

二、国际金融危机使世界陷入经济衰退,失业和贫困剧增

这次国际金融危机起源于美国次贷危机,但由于欧洲许多国家的银行也参与到投资美国次贷债券的旋涡中,因而随着美国次贷危机的发酵,欧洲一些国家的股市也遭到重挫,进而其金属、原油期货、现货、黄金价格大幅跳水,美国的次贷危机迅速发展成为国际金融危机;又由于发展中国家与美欧等发达资本主义国家保持着原料和商品的进出口关系,因而在爆发了国际金融危机的情况下,发展中国家

的经济也必定跟着遭受挫折。

据美国全国经济研究会2008年12月1日宣布,美国经济自2007年12月起开始进入衰退;在2009年9月20日,它又宣布,美国的这次经济衰退止于2009年6月,历时18个月。之前在二战后发生的两次最长的衰退,是在1973—1975年和1981—1982年期间,这两次衰退都历时16个月。

国际货币基金组织(IMF)在2010年秋季号《世界经济展望》上发表《2007—2010年世界各主要经济体GDP增长率》,说明了在这些年中,世界各地陷入衰退的情况:

2007—2010年世界各主要经济体GDP增长率

	2007年	2008年	2009年	2010年预测
世界	5.3%	2.8%	0.6%	4.8%
发达国家	2.7%	0.2%	-3.2%	2.7%
新兴国家	8.7%	6.0%	2.5%	7.1%
中国	14.2%	9.8%	9.1%	10.5%
欧盟	3.2%	0.8%	-4.1%	1.7%
美国	1.9%	0.0%	-2.6%	2.6%
日本	2.4%	-1.2%	-6.2%	2.6%

在国际金融危机最严重时,美国有14万家企业倒闭,工业生产下降了46.2%,银行倒闭140家,西方国家的工业生产下降了37.2%。

据2009年3月9日亚洲开发银行报告,仅2008年全球金融资产缩水超过50万亿美元,相当于全球一年的产出。5年来,美国家庭净资产缩水36%,从10.29万美元下降到6.68万美元,大约有1100万宗住宅抵押贷款(占美国住宅贷款总额的23%)已资不抵债,而据美联储的数据,衰退吞噬了美国人近20年的财富。

按英国《经济学家》周刊设立的衡量标准,在这次受国际金融危机影响最严重的国家中:英国倒退了6年,美国倒退了10年,希腊倒退了12年多,爱尔兰、意大利、葡萄牙、西班牙倒退了7年或更多。

弗洛伊德·诺里斯比较研究了不同国家在国际金融危机中所受冲击情况,他在2010年9月18日美国《纽约时报》上发表《在大衰退中,其他国家受的冲击更大》一文中指出:

一是衰退令美国GDP出现自二战以来幅度最大的下降,但在全球主要的工业化经济体中,美国又是衰退最不严重的国家之一,从2007年第四季度到2009年第二季度,美国经济收缩了4.1%,自那时以来,美国经济已收复了大部分失地,但经济规模仍比巅峰期小1.3%。日本、德国和英国的跌幅都超过美国(从英国的6.4%到日本的8.7%),到2010年英国恢复到29%、日本恢复到50%、德国恢复到59%,只有美国恢复到69%。

二是在全球其他49个较明显衰退的经济体中,原苏联国家受危机影响最大。

三是立陶宛、拉脱维亚、爱沙尼亚经济至少收缩了18%,乌克兰也相差无几。

四是冰岛、爱尔兰的经济也受重创,因为其主要金融机构崩溃了。

五是希腊GDP的下降幅度小于德国,但现在仍在萎缩,而德国已强力复苏。

六是中国台湾(地区)、土耳其的GDP经历两位数的下跌,已完全恢复。

七是阿根廷、印度、印尼、菲律宾、突尼斯、以色列、约旦或成功地躲过了衰退,或只是经历了短暂的小幅衰退。

八是波兰已超过了微弱衰退前的水平。

九是澳大利亚在危机最严重时,GDP跌幅不到1%。

十是加拿大经历了衰退,现已完全复苏。

与经济衰退相伴随的是全球范围内的失业率激增[①]。

据国际劳工组织的数据,2009年全球失业人口总数近2.12亿人(失业率为6.6%,较2001年危机爆发前多3400万人)。其中,富裕国家的失业人数为4280万人,占劳动力总数的8.4%;美国的失业人数在2009年7月达到25年来最高水平为9.4%,10月更攀升到10.1%,2010年2月为9.7%,4月又升到9.9%,以后有升有降,到2011年9月又达9.2%。而在失业人口中,青年又占据一个突出的位置。据统计,2009年,青年失业人口达8300万人,相当于整个劳动力大军的13.4%(2007年为7250万人,2008年为7400万人)。

在经济衰退、失业率剧增的情况下,贫困人口也随之而大增。据美国人口普查局统计,国际金融危机后经济衰退使4600万美国人口生活在贫困之中,创半个世纪以来的最高纪录。而据世界银行和国际货币基金组织在2010年4月23日联合发布的《2010年全球监测报告:危机之后的千年发展目标进展》研究报告表明,到2015年,撒哈拉以南非洲极贫人口将增加到2000万,全球极贫人口将增加到5300万,这种情形将持续到2020年,危机加剧了发展中国家的饥饿问题,目前有十多亿民众食不果腹,要实现2015年世界饥饿人口比例从1990年的基础上减半的目标,希望十分渺茫。

三、衰退后世界经济的"双层双速复苏"

世界银行在2009年6月22日发布的年度《全球发展金融报告》预计,在国际金融危机的影响下,发展中国家在2009年的增速将由2008年的5.9%下降至1.2%,2009年以后将滑落到3.2%。拉美的经济增长也将由2008年的4.5%放缓到2009年的2.5%。同样的

[①] 弗洛伊德·诺里斯:《在大衰退中,其他国家受的冲击更大》,载2010年9月18日《纽约时报》。

原因,虽然印度的工业生产指数在2008年9月同比增长了5.5%,但到了10月,却同比负增长了0.4%,11月同比增长了2.4%,12月又同比下降了2%。同样地,从2008年第三季度起,中国的经济也持续下滑,2008年的经济增长率从2007年的11.4%降为9%,进出口虽然到2008年11月仍在增长,增速已明显放缓,到同年11月和12月,全国进出口总值更开始表现为负增长,11月全国进出口总值同比下降了9%,12月更同比下降了11.9%。

但是,相比较而言,在这场国际金融危机中,发展中国家,特别是亚洲的新兴经济体的情况,又毕竟不同于欧美发达资本主义国家:其本身受到危机的冲击相对较小,而且大多为经济实体,银行业一般来说并没有受到根本性的冲击,他们存在的问题主要是经济发展方式还没有完全转变,对于外部的依赖仍然较大,因而在衰退后复苏的情况也不同于欧美发达资本主义国家。欧洲国家复苏所面临的主要问题是要解决债务危机的问题;美国经济持续复苏面临的主要问题,是要摆脱房地产市场危机和开始创造必要数量的新的工作岗位,依靠国家加大贷款和给经济注资虽能稳住经济局势,却会大幅增加国家债务和预算赤字。新兴经济体在复苏中面临的,则主要是要反通胀、加快转变经济发展方式。所以,世界经济在复苏过程中形成了一种"双层双速"状态。就是说,中国等新兴的发展中国家不仅与发达资本主义国家以不同的速度复苏和发展,而且其复苏和发展的速度要数倍地快于发达资本主义国家。

美国是这次国际金融危机的发源地,从2007年底到2009年第二季度,经济衰退就使美国蒸发了9万亿美元的财富,以致当时有许多人担心美国能否复苏,但事实却是不仅美国的衰退程度低于欧洲和日本,而且其复苏的程度也好于欧洲和日本;它不仅在2009年第二季度结束衰退之后复苏起来,如在2009年第一季度负增长6.4%之后,到同年第四季度就变成5.9%的正增长率,在2010年以后还缓慢地继续复苏;2010年第一季度的增长率为0.3%,第二季度为

2.4%，第三季度为2.26%，第四季度为3.1%，2011年第一季度为1.8%，第二季度为1.3%。而且振兴制造业成为美国经济复苏的一项重要内容，如在2011年第一季度，美国制造业的产值增长了9%，为美国整体经济增速的5倍。

但在另一方面，又必须看到，美国的经济衰退比原先预计的程度要深，直到2011年第二季度，美国的实际GDP还没有恢复到这次经济衰退以前的水平：美国经济的复苏越来越疲软乏力，一度增长强劲的制造业的发展也趋于停滞；特别是美国的失业率长期居高不下，自从2009年7月，美国的失业率达到9.4%这一25年来最高水平以后，两年多以来就一直在9%上下徘徊，有时甚至超过10%，2010年为9.6%，到2011年10月还在9.1%以上。美国这两年的复苏，实际上是一种"没有就业增长的复苏"。影响所及，美国在经济复苏情况下的消费没有恢复增长美国的经济，这是1945年以来从未见过的消费者信心指数不断下跌，以致总统奥巴马称美国经济患上了心脏病，他说："我们经历的是自大萧条以来最严重的金融危机。一般说来，在经历过这样的金融危机之后，病人需要很长时间才能康复，这种情况就是经济患了心脏病，虽然病人活过来了，在渐渐康复，但是康复的速度非常缓慢。"2008年诺贝尔经济学奖获得者保罗·克鲁格曼则说，经济危机正在按最糟糕的脚本发展。他认为，所发生的一切是历史上最阴暗的。消减赤字政策阻碍了美国和欧洲经济的发展，美联储和其他央行的经济专家为了治病开出的药方只是加深了病痛，低通胀和减少工资没能刺激就业，反而增加了债务负担，这是非常糟糕的脚本。他担心现在正处在（继1873年恐慌之后持续数年的通货紧缩和经济动荡，以及1929年金融危机爆发后持续数年的大规模失业现象之后的）第三次萧条的早期阶段。

在这种复苏疲软乏力、失业率居高不下的情况下，美国的贫困程度创50多年来的新高。据美国人口普查局的报告，美国的贫困人口已从2009年的4360万人、占总人口的14.3%，上升到2010年的

4620万人、占总人口的15.1%。这是连续第三年上升。现在差不多每六个美国人中就有一人生活在贫困当中。欧洲现在有2300万人失业,是一年前的5倍;25岁以下年轻人的失业率为20%,在西班牙更达到欧洲最高的44.5%。

四、国际金融危机没有使世界陷入1929—1933年那种大萧条和政治震荡

2008年爆发的国际金融危机,被称为是百年一遇的世界性金融危机,它给世界带来经济衰退、失业和贫困剧增,但却并没有使世界陷入1929—1933年世界经济危机爆发时那样的大萧条和政治震荡,这是由这次国际金融危机的重要特征和世界应对危机时采取的措施所决定的。

2010年1—2月号美国《外交政策》双月刊曾刊发其主编莫伊塞斯·纳伊姆的题为《没有发生》的文章,这篇文章说,仅仅数个月之前,具有影响力的思想家们还一致认为,经济危机将引发新一轮"地缘政治灾难","虽然经济衰退确实造成了严重的损失和普遍的人类痛苦,但是最恐怖的预测并未成为现实"。

纳伊姆的文章列举了有关这次国际金融危机的六种最常见的错误预测:

一是预测金融体系将彻底崩溃。然而事实是,"即使在今天金融体系仍然很脆弱,信贷稀少,危机四伏,但是金融体系仍在运转,而且认为金融体系不太安全以至于不能使用或者它可能突然崩溃而不复存在的观点,已经基本消失"。

二是预测经济危机将持续,至少两年甚至十年。然而事实是,"到2009年秋,美国、欧洲和日本经济已开始再次增长,很多大的发展中经济体,比如中国、印度和巴西,甚至以更快的速度增长。这与经济学家努里尔·鲁比尼的末日预言——得到了广泛的共鸣——无

疑是相去甚远"。

三是预测美元将崩溃。然而事实是,与此"相反,2008年7月至2009年3月(危机最严重的时刻)期间,美元价值反而上升了20%","到2009年下半年,美元已经贬值,但是,贬值并未发展成悲观主义者所预言的那种灾难性崩溃"。

四是预测保护主义将加剧。然而事实是,正如"欧盟发表的一份报告所指出的,保护主义普遍而全面的升级得到了遏制"。

五是预测富国的危机将拖垮发展中国家。然而,"普遍的趋势"是"新兴市场比世界最先进经济体更为顺利地渡过危机","一些新兴经济体依靠本国市场,其他经济体则依赖其他增长国(比如,中国在2009年取代美国成为巴西的头号出口市场)的出口"。

六是暴力政治动荡将更为常见。然而事实是"没有这样。选民的确因为经济困难而惩罚了政府。但是,这主要是在欧洲,而且大都是以和平与民主的方式"[①]。

那么,到底是什么原因使得世界在这场百年一遇的国际金融危机中没有陷入像1929—1933年世界经济危机爆发时那样的大萧条和政治震荡呢?

原因是多样的,而且是多方面的,归结起来,就是这次国际金融危机所具有的重要特征,以及世界在应对危机时所采取的举措。

首先,这次国际金融危机不同于1929—1933年的世界经济危机,那次危机是以金融危机为先导,工农财贸相互交织和激荡的危机。在危机中,美国的工业生产下降了46.3%,企业倒闭了13万家以上,使美国的工业生产倒退到1905—1906年的水平,在危机最严重时,钢铁工业的开工率为15%,汽车工业的开工率为5%,这就使美国名义上的GDP减少了44%,实际GDP减少了40%,失业率由1929年的3.2%上升到1933年的25%,即在美国5100万劳动力人

---

① 参见莫伊塞斯·纳伊姆:《没有发生》,载美国《外交政策》2010年1—2月号。

口中有1300万人失业，而当时美国的总人口仅为1.2亿。农业生产者的货币收入由113亿美元减为47.4亿美元，减少58%，美国的国民收入由850亿美元下降到370亿美元。在危机波及其他资本主义国家后，世界贸易额减少2/3，资本主义世界在危机中的损失为2500亿美元，比他在一战中遭受的损失1700亿美元要高出一半左右，整个资本主义世界工业生产倒退到1908—1909年的水平。相比之下，这次国际金融危机对于实体经济的影响就没有那么深刻，美国的失业率最高也只有10%左右，与1929—1933年危机高峰时的25%相差也较大。

其次，这两次危机爆发时的时代背景不同，国际国内应对危机的手段和办法也不同。在1929—1933年世界经济危机爆发时，世界正处在第二次世界大战前夜，各资本主义大国为转嫁危机不惜大力发展保护主义，甚至不惜诉诸武力，走上战争的道路。而这次国际金融危机则不仅发生在和平与发展成为时代主题的时候，而且全球化深入发展，各国经济利益共同互通，这就推动了国际国内联手救市的应对危机的手段和办法。日本早稻田大学教授榊原英资在2009年2月号日本《外交论坛》上发表《21世纪危机的冲击和世界的变革》一文指出："与上世纪30年代的情况不同，在这次金融危机中，各国中央银行与政府实现了合作。上世纪30年代，各国间产生了对立，竞相下调汇率和实行贸易保护主义"，这次危机"出现时的情况是去杠杆化，金融紧缩。也就是说，个人、企业和金融机构过去通过借贷来增加生产，但现在在反而出售资产来还贷"。有人则列举了这个时期各国对付衰退的一整套政策：不是毁灭市场，而是为市场制定规则，将银行家的薪酬与长期业绩更紧密地挂钩，通过增加银行必须持有的资本，降低内爆的可能性，消减他们的利润和红利，但是允许银行留在私人手中，通过私人部门的公司引导大部分刺激开支等等。

再次，发达资本主义国家普遍编织了社会保障网，增强了应对危机的适应能力。2009年10月4日的英国《泰晤士报》发表《危机不能磨灭我们对资本主义的信心》一文说:"为什么经济动荡和失业率上升没有导致工人起来造反,是让他们去找他们的贷款银行重新谈判抵押贷款安排?"文章认为"原因有三个:民主制度的存在,失业者的状况,以及对付衰退的一整套政策","左派之所以未能利用经济困难,恰恰表明了资本主义在大萧条中已经证明了它的适应能力。当一群银行家和财政保守派维持现状的时候,富兰克林·罗斯福及其实践者已经开始编织一张社会保障网了。因此,失业不再意味着工人会被饿死"。

又次,发达资本主义国家对通货膨胀顽疾的斗争取得了成效。2009年12月21日美国《新闻周刊》发表了其国际版主编法里德·扎卡里亚的《稳定的秘密》一文,认为当今世界存在三股强大的稳定力量,他们相互支撑,每一股力量本质上都有历史意义,这三股力量是:大国和平的扩散、对通货膨胀顽疾的斗争取得了胜利、技术关联性。关于其中的第二股力量,扎卡里亚写道:"上世纪70年代,很多国家的恶性通货膨胀导致了中产阶级的毁灭,这是当时很多政治剧变的背景,如拉美军事政变和伊朗国王被推翻。但过去30年各国央行成功果断地打垮了这头猛兽,低通货膨胀使人民、企业和政府能够为未来做打算,这是稳定的一个重要前提"。

最后,社会主义和左派力量都处在低潮谷底,还没有恢复过来。2009年12月2日,法国《费加罗报》发表法国学者帕斯卡尔·佩里诺的《危机,为何2009年不是1929年》一文,阐释他认为当前的国际金融危机没有引发大规模政治震荡的原因。他写道:"上世纪30年代,极端主义的拥趸者接近百万。现在呢?危机并未引发激烈反应,极端主义政党力量弱小,国民阵线有数百万名党员,新反资本主义党,有9000名党员,虽然在一些社会活动中表现积极,但极端左派早已无力支撑'革命前夜'。选举方面的情况也存在很大差别。1929年危机促使极端分子在选举中上台,如今选举中透露出来的信息要温和得多。以2009年6月欧盟27国的欧洲议会选举为例,大部分执政的温和右派都得到了支持,在德国、法国、意大利、荷兰都是如此"。"整体来说,极端主义的力量的支持率只有12.4%,与2004年相当;危机带来负面影响,但不会造成大规模的政治极端化。在这一点上,现在和1929年相去甚远"。"许多法国人都对世界的运作方式感到不满,并且在寻找替代选择,不过和上世纪30年代不同的是,这种寻找并不怀疑政治制度。抗议是出于要求改变经济和社会制度,而不是像上世纪30年代那样寻求'歌唱未来',最后以独裁主义凄凉收场"。

扎卡里亚在《稳定的秘密》一文中也说:"随着社会主义受到质疑,冷战结束以来的和平局面产生了更深远的影响","如今东欧国家在可能面临一场经济危机时,没有人会建议他们放弃自由市场资本主义,而回到社会主义道路去。事实上,放眼世界,你会看到相反的一幕:即使在这场衰退期间,也几乎没有任何要求重返社会主义或抛弃当前政治经济框架的竞选呼吁获胜"。杰弗里·惠特克罗夫在2010年2月9日的英国《卫报》上发表的《1929年以后一代人曾突然左转,今非昔比,社会主义被抛诸脑后》一文中,指出发生这种情况的原因在于:"苏联共产主义爆裂后,意大利左派不复存在,法国社会党一片混乱,社会民主党成为德国的最大输家,得票率在15年间从40%下降到23%","1929年的华尔街股市暴跌,以及随后的经济低迷曾促使整整一代人向左转,引人注目的是,这种情况没有再度发生,最近的国际金融危机对现行秩序的声誉没有造成多大的损害"。

然而,尽管国际金融危机没有使世界陷入像1929—1933年世界经济危机时那样的大萧条和政治震荡,却也没有像有些人所希望的那样,在2009年第二季度衰退结束以后就结束国际金融危机,进入"后危机时代"。国际金融危机有它自己的发展逻辑。这时,欧洲主权债务危机爆发了,美国联邦政府和地方政府的债务危机爆发了,国际金融危机并没有结束,而是进入了一个新的发展阶段。

第二章

欧洲主权债务危机

所谓主权债务,是指一国以自己的主权为担保向外借债。债务危机是指国家在国际借贷领域中大量负债,超过了自己的清偿能力,以致无力还债或必须延期还债。所谓主权债务危机,是指一国在高赤字之下的主权信用危机,这种危机发展到一定阶段时可能会出现主权违约现象,到那时,违约国家就得向世界银行、国际货币基金组织或其他国家借款偿债,或与债权国就其债务的利率、偿债时间和偿还的本金进行谈判,重组债务。

继美国在2007—2009年处于世界经济震荡中心之后,自2009年9月开始,欧洲从希腊、爱尔兰、葡萄牙、西班牙……一直到塞浦路斯,相继爆发主权债务危机,危及欧元区乃至欧盟的发展和存在,并且祸延世界。欧洲主权债务危机最主要的成因,一是福利过度化,二是产业空心化,三是欧元区在结构上的缺陷——财政政策和货币政策不匹配。然而,欧盟、欧元区应对危机的最主要举措,在相当长的时期内,却仅限于以受援国实行财政紧缩为条件,提供一定的援助贷款。由于紧缩财政虽有削减过度消费和浪费性开支、缓解经济压力等优点,还是保持收支平衡、实现金融市场复苏的先决条件,在一定条件下是不可避免的,但紧缩财政的种种举措又必定要从各方面损害受援国群众的切身利益,因而遭到了群众的愤怒反抗,截至2012年4月初,仅希腊一国就有150人以自杀来反抗,它激起了受援国群众一波又一波的罢工和示威游行,引发了那里走马灯式地更换政府首脑的"政坛地震",还遭到人们在理论上的诟病和批评。所有这些,推动着欧盟、欧元区的领导人在紧缩受援国财政之外,又去探索解决欧债危机的其他举措,并终于在2011—2012年间,相继出台了在欧元区内缔结政府间条约,建立财政联盟,实行统一的财政政策等解决危机方案。国际舆论认为,这才是从根本上为解决欧债危机而进行的深层次改革所迈出的关键一步,只要坚持加深一体化的方向,解决危机的希望就光明在望,并终于在2013年第二季度迎来了欧元区走出历史上最长衰退期的消息。

正当许多人认为世界经济在2009年6月已经走出衰退,国际金融危机宣告结束,世界正进入"后危机时代"的时刻,国际货币基金组织前首席经济学家、美国哈佛大学教授肯尼思·罗戈夫发表《从金融危机到债务危机》一文指出:"事实上依然存在这样一种风险,即金融危机可能正在冬眠,并且会逐渐转变成为一种政府债务危机。"不久,欧洲主权债务危机果真翩然而至,2009年9月,它先在希腊爆发,随后又在欧元区其他一些国家大规模扩散开来。

欧洲是欧罗巴洲(Europe)的简称,它位于地球东半球的西北部,北临北冰洋,西濒大西洋,南隔地中海与非洲相望,东与亚洲大陆毗连,西北隔格陵兰海、丹麦海峡与北美洲相对。在面积上,欧洲是世界第六大洲,人口密度则居世界第二位。欧洲经济发展水平居世界各大洲之首,欧洲绝大多数国家属于发达国家,其中北欧、西欧和中欧的一些国家经济发展水平最高,南欧一些国家的经济发展水平则相对较低。

欧洲曾经是世界现代文明的发源地,从15世纪末期到20世纪上半叶,世界史的主要内容几乎都是围绕着欧洲而展开的。特别是在1700—1900年的两百年间,欧洲的人口以超过世界其他地区的增长速度,由占世界人口的18%快速上升到25%,它还早于其他地区实现了由传统农业型经济向现代工业化经济的转型,由此带来的对外移民扩大了欧洲的优势并进而形成了它在世界上的统治地位;而多次十字军东征,则增强了欧洲各主要国家人口在族群构成、宗教信仰和精神文化方面的同一性和内部凝聚力。但在20世纪上半叶以后,欧洲昔日的主宰性地位开始易手,而在20世纪下半叶以后更不复存在,欧洲人口在世界人口中所占比重在2001年时也降为11.9%,欧洲的经济发展速度更在进入20世纪90年代以后减缓乃至停滞。但在二战以后,欧洲却建立起了欧盟这个欧洲一体化组织,它在一定范围内加强了欧洲对世界的影响。现在,欧盟是世界上最大的经济体,2011年欧盟的GDP高达16.27万亿美元,占世界经济总量的21.3%;欧元区官方黄金储备高达11931吨,占世界官方黄金储备的40%;欧洲海外资产的存量也高达数万亿美元。然而,欧洲的联合、欧盟和欧元的形成,它所反映的实际上却是英、法、德等传统大国,现在需要依靠联合起来的力量才能捍卫自己和欧洲在世界中的权重。当前,在国际金融危机的冲击下,欧洲更深陷产业空心化、福利过度化、特别是层出不穷的主权债务危机之中而不能自拔。截至2012年第一季度,欧元区17国的债务总额规模为其GDP的88.2%。如果说,在2007—2009年,处在世界经济震荡中心的是美国的话,那么,随着从2009年10月爆发的希腊债务危机的深化并向欧元区其他国家扩散,全球金融危机的震荡中心就从2010年起转到了欧洲。早在2009年9月开始,欧元区就出现了国家主权债务危机,先是希腊,接着是爱尔兰、葡萄牙、西班牙……一直到塞浦路斯,使得由美国的次贷危机引发的国际金融危机从2008年爆发以来,延续了多年以后还看不到尽头。

那么,欧洲主权债务危机到底是怎样爆发和蔓延的呢?

一、欧洲主权债务危机的爆发、蔓延和不断攀升

虽然早在2008年10月,冰岛这个人均GDP超过4万美元、曾被联合国誉为"全世界最适宜居住的国家",但是,一夜之间突然爆发

"国家破产"危机,使32万冰岛人人均负债20万美元。但由于冰岛游离在欧盟、欧元区之外,所以,严格意义上的"欧洲主权债务危机"的爆发,还得从2009年10月在希腊爆发的主权债务危机说起。

(一)希腊

首先拉开欧洲主权债务危机帷幕的是希腊。希腊是欧洲古代文明的发源地,现在的希腊共和国,位于欧洲南部的巴尔干半岛南部,是一个拥有13.2万平方公里土地、1060万人口的国家。希腊是一个传统农业国,航运、旅游、侨汇是其经济的三大支柱。在国际金融危机的冲击下,希腊经济一直处在萎缩状态。早在2009年10月初,正当世界经济艰难地摆脱国际金融危机的最初冲击,开始缓慢地走向复苏之际,希腊政府却突然宣布,预计该国政府2009年的财政赤字和公共债务占国内GDP的比例,将分别达到12.7%和113%,远远超出欧盟《稳定与增长公约》规定的3%和60%的上限。标普、穆迪和惠誉三大信用评级机构当即相继调低了希腊的主权信用评级,希腊的主权债务危机由此正式拉开帷幕。到2011年10月,希腊的债务率又上升到占其GDP的162%,债务金额为3600亿欧元,希腊每人平均负债3万欧元以上。

希腊这样的财务状况,当年怎样能够加入欧元区呢?原来,在2001年时,财政赤字已达5.2%的希腊,为加入要求国家财政赤字不高于3%的欧元区,曾求助于美国投行高盛融资。于是,高盛就为希腊设计了一套"货币掉期交易"的金融产品,先由希腊发行100亿美元的10—15年期国债分批上市,然后由高盛负责将希腊发行国债获得的欧元换成美元,等到这笔债到期时再由高盛重新换成欧元偿清债务。在高盛将欧元换成美元时,按当时1欧元兑换1.32美元的市场汇率计算,希腊可得到74亿欧元,但高盛却采用1欧元兑换1.19美元这种更优惠的市场汇率计算,使希腊获得84亿欧元,实际等于高盛借给希腊10亿欧元,而这笔借款却不会出现在希腊当时的公共负债率的统计数据里,它还帮助希腊将国家彩票业和航空税等未来的收入作为抵押,换取了大量现金,使希腊当年账面上的财政赤字只有1.5%,而不是实际的5.2%,从而使希腊得以加入了欧元区。作为交换,希腊政府从2002年起,购买了美国高盛公司的大量金融衍生产品。但10年期国债100亿美元以及它在实际上向高盛借的10亿欧元的借款,到期时是要还的,而希腊在国际金融危机的冲击下,经济萎缩,到2009年就已债台高筑,由高盛操作的10年期国债和借款又已逼近偿还期,更无力偿还,在这种情况下,希腊政府被迫将其惊人的赤字率公之于世,希腊的主权债务危机由此爆发。

然而,造成希腊主权债务危机的,还有在经济、政治层面上更深的原因,其中最突出的有以下两项:

一是过度的高福利政策。希腊国内的财源有限,于是日益增大的政府支出就迫使它实行无节制的赤字财政政策。而政府支出之所以日益增大,主要原因在于过度的高福利:希腊不仅实行从小学到大学学费全免,全民公费医疗、全民养老保险。而且希腊许多行业每天只工作4—5个小时,一周只工作4天,每年还有长达6周的休假,每到周末,希腊人往往是全家老少一起出游,开着越野车,车上绑着游艇,到爱琴海边晒太阳;希腊人的平均退休年龄是53岁,在这次危机爆发前,劳动者退休后的养老金与退休前的工资比达95%,远高于美国的39.4%。希腊的公务员队伍不仅过大:除包括政府管理部门的公职人员外,还包括出纳、教师、医生、教士、码头工人,总数达到1200万人,占劳动人口总数的27%;而且其待遇较高,除了月均工资加各种福利、补贴约7000欧元之外,还有名目繁多的各种额外奖金,而且公务员不能被辞退,退休后每年还能领14个月的退休金,退休金甚至在公务员去世后还可由其未婚或离婚的女儿继续领取。正因为公务员的待遇过高,因此执政党就常把公务员职位当作奖品大量派发给其忠诚选民作为犒赏,使公务员的队伍在每次选举过后都有所扩大,如在2009年秋季大选后,希腊领薪人员一下子就增加了2.7

万人,加大了财政支出的压力。

二是严重的逃税现象。这种逃税突出地表现在两个方面:由于希腊税法规定,房子建成以后要缴纳建筑税,于是为了避税,有些希腊人就让房子永远处于不封顶的"尚未完工"状态,尽管他们早已入住该房若干年甚至若干代;又由于希腊政府把年收入低于15800欧元者规定为可以不缴税的贫困线水平,于是,在2009年的纳税记录中,就有70%的人都申报其年收入低于这个贫困线。据统计,在希腊,属于国家无法实行税收管理和监控的"影子经济",竟占GDP的37%,政府据此每年漏失的税收高达200亿欧元。

福利过度而又逃税严重,这样,希腊的债务水平就只能越来越高。据一家英国报纸估算,按照希腊政府目前的债务水平,它在未来30年间只有每年维持12%的增长率才能还得了债,而这么高的年增长率却是目前的希腊所无法企及的,于是它的债务水平就必然越来越高,主权债务危机不可避免。

(二)爱尔兰

在希腊的主权债务危机爆发一年之后,爱尔兰接着也爆发了主权债务危机。

爱尔兰位于欧洲西部大西洋中的爱尔兰岛上,面积7万多平方公里,人口370万,岛上气候宜人,森林茂密,风景如画,素有"翡翠岛国"之称。爱尔兰在历史上是个以农牧业为主的国家,被称为"欧洲农村",从1922年独立到1960年,因一直没有摆脱以农牧业为主的单一经济结构,政府宏观经济调控失衡,一直困扰于高通胀、高失业、高债务。此后,特别在进入20世纪90年代以后,爱尔兰政府不断调整经济政策,改变经济结构,完成了由农牧经济向知识经济的跨越,赢得了"欧洲硅谷"的美称。从1995年起,爱尔兰经济持续高速增长,成为经济合作与发展组织中经济发展最快的国家,被誉为"凯尔特之虎"。在1997—2007年间,爱尔兰的工业增幅几乎是欧元区其他国家的5倍。习近平在以国家副主席的身份出访爱尔兰时,曾称赞爱尔兰"在软件开发、信息通信等高新技术产业方面具有很强的产业集群优势和成果转化能力"。

在2010年秋,爱尔兰虽然继希腊之后,成为欧洲主权债务危机的第二个牺牲品,但其情况又与希腊有所不同:希腊的主权债务危机是因为财政赤字高所造成的,而爱尔兰的主权债务危机却源于金融危机,是由于银行资产负债达到一个无法承受的程度而爆发的危机:1996—2007年间,爱尔兰在经济持续高涨的同时,房地产泡沫也在不断膨胀,从1995年到2007年的房价平均上涨了3—4倍,大大超过了经济增长的速度,房价与家庭年收入之比也由4倍上升到10倍。而当2007年美国次贷危机袭来时,爱尔兰的房价也随之大幅下跌,仅从2007年到2011年就下跌了45%。爱尔兰政府为了维持金融稳定,不得不斥巨资救市,从而使财政赤字剧增,到2010年财政赤字占GDP的比重已高达32%,超过了欧元区规定的上限3%的近10倍;10年期国债收益率猛增至8.929%,超过了警戒线7%的水平。美国穆勒公司当即把爱尔兰国债的信用评级调低了5级,由此拉开了爱尔兰主权债台高筑危机的序幕。美国"外交政策聚焦"网站在2010年12月13日发表文章评论说,这是因为爱尔兰没有吸取亚洲金融危机的教训。文章说,20世纪90年代末,亚洲金融危机使亚洲一蹶不振,此后爱尔兰和中国却仍然是采取出口导向型增长模式的佼佼者。但中国吸取了亚洲金融危机的教训,对本国金融业严加监管。而爱尔兰却没有,结果在2007年西方金融体系爆发危机时付出了代价。在2003—2008年的5年间,爱尔兰银行的净国外借款相当于GDP的比重从10%升至60%,于是,当外国财政阀门突然关闭时,就在实体经济中引发了灾难。2008年和2009年,爱尔兰GDP分别收缩了3%和10%,2010年收缩了13.5%。失业率由5%飞升到13%,2010年初爱尔兰公民人均欠债3.7万欧元。

(三) 葡萄牙

继希腊、爱尔兰之后,爆发主权债务危机的欧盟国家是葡萄牙。

葡萄牙共和国位于伊比利亚半岛西部,领土包括大西洋上的海外领地亚速尔群岛和马德拉群岛,面积9.2万平方公里,人口998万,是一个现代工业—农业国。这次葡萄牙爆发主权债务危机的主要原因,是因为10年来经济增长缓慢,年均增长率只有0.7%;但在同时,为了让民众享受到与富裕的邻国相类似的高福利,葡萄牙政府为社会保障计划和政府开支提供了大量资金,因而债台高筑。2009年葡萄牙的预算赤字占到GDP的9.3%,而在经济结构方面,由于葡萄牙的薪酬机制僵化,导致经济萎缩与薪酬上涨并存,劳动生产率低下。这种状况使德国、法国和欧元区其他国家纷纷敦促葡萄牙去寻求欧元区与国际货币基金组织的援助,以防止危机进一步扩散到西班牙等其他国家。

(四) 西班牙

继希腊、爱尔兰、葡萄牙之后,爆发欧洲主权债务危机的下一个国家便是西班牙。

西班牙位于欧洲西南部伊比利亚半岛上,隔直布罗陀海峡与非洲的摩洛哥相望。领土还包括地中海的巴利阿里群岛和大西洋上的加那利群岛等。面积50.59万平方公里,人口3940万。西班牙经济发达,是世界旅游业最发达的国家之一,也是欧元区(仅次于德、法、意三国)的第四大经济体,其经济规模几乎两倍于希腊、葡萄牙和爱尔兰的总和(这三个国家共占欧元区 GDP 的6%,如再加上西班牙,这一比例就上升至近20%)。

在国际金融危机的冲击下,西班牙面临两个危机:一个危机源于国家财政的管理不善。西班牙政府长期过度使用国家的财政资源,所以,尽管采取了高税率政策,却还是出现了越来越高的预算赤字。

即便是在财政状况最好的时候,赤字也没有消失过。而在2008—2009年全球衰退之后,西班牙财政收入的短缺以及政府援助需求的增长,更使预算缺口扩大到了令人震惊的地步;2011年的预算缺口达到1090亿欧元,占西班牙GDP的9.4%。一年又一年财政赤字的积累,形成了一项巨大的债务负担,其数额高达GDP的80%。西班牙的另一个危机源自破裂的房地产泡沫以及由此引起的各种财务上的压力。与美国的情况相类似,在21世纪早些时候,西班牙曾享受过房地产业的繁荣。尽管西班牙在后来避免了次贷危机,但其银行业却依然随意地甚至是过分随意地向外提供贷款,从而引起房地产价格出现不可持续的暴涨,进而推动更为积极的购买和更为疯狂的借贷。由此产生的泡沫最终自行破裂,而全球衰退则加快了这个过程;而这又引发了第二次银行业危机。

以上这两个危机的相互结合,使西班牙所承受的金融负担远远超过了它自身所能应付的程度。在国际金融危机到来前,在2006年,西班牙的失业率还只有8.5%,为欧盟平均水平,但在国际金融危机的冲击下,西班牙的失业率就达到24.3%,高居欧盟之首,更糟糕的是,西班牙年轻人的失业率达到了51.5%。

(五)意大利

在西班牙成为欧元区第四个寻求资金救助的国家之后,一直在危机边缘徘徊的意大利,能否抵御住主权债务危机的冲击,防止危机的蔓延和扩散,顿时成了人们关注的焦点。

意大利共和国位于欧洲南部亚平宁半岛上,领土还包括西西里岛和撒丁岛等。面积30万平方公里,人口5734万。意大利是经济发达的工业国家,它是欧元区内仅次于德国、法国的第三大经济体,还是欧盟前身欧共体和欧元的发起国,其GDP占欧元区的17%,比希腊所占2.5%的份额要高出近6倍之多;其国债余额在2011年10月时高达1.9万亿欧元,也比同期希腊债务余额3600亿欧元要高出

4倍多，占欧元区债务总额的23%，而且意大利的债务率也高达120%。超过了欧元区警戒线60%的一倍。所以，一旦意大利爆发了需要救助的主权债务危机，它对世界经济所产生的冲击，也将是希腊所难以比拟的。

意大利的经济长期处于"高债务、低增长"状态：一方面，是近十年来意大利经济增长疲软，其增速低于欧元区同期平均水平，国际金融危机的冲击更使其GDP在2008年、2009年连续出现萎缩；另一方面，意大利的公共债务却居高不下，特别在国际金融危机期间，为了维持本国高昂的公共开支和沉重的福利体系，意大利只能大量举债度日，这就为意大利的主权债务危机埋下了祸根。2011年11月，由于以意大利自由人民党的贝卢斯科尼为总理的政府在危机面前患得患失、无关痛痒的态度，惹怒了意大利民众，也惹怒了贝氏自己的忠实追随者，自由人民党内几名议员的倒戈使执政党在议会中失去多数，迫使贝卢斯科尼黯然下台。由意大利国内各主要政治力量共同推举的无党派人士蒙蒂出任技术型过渡政府总理后，迅速出台了一项财政紧缩和经济增长法案，希望以此重振市场信心，缓解意大利面临的主权债务危机。意大利许多专家和民众也较普遍地认为，意大利的公共债务虽然数额庞大，但是拥有丰富的经济资源，不可能在债务中轻易倒下。一是因为意大利的家庭和企业的债务负担较小；二是因为意大利经济增长虽慢，质量却有保证，它并未通过吹大泡沫经济来拉动整体经济发展，它的制造业出口在欧元区内仅次于德国、排名第二，是意大利经济的重要支柱石；三是因为意大利在时尚、设计等行业保持着世界领先地位，旅游业也为意大利带来可观收入。据此，意大利民众有信心摆脱危机。

(六) 塞浦路斯

2012年6月25日，塞浦路斯政府宣布：已经要求欧元区伙伴国提供援助。从而使塞浦路斯成为继希腊、爱尔兰、葡萄牙和西班牙之后,欧元区17个成员国中第5个正式要求欧元区提供帮助的国家。

塞浦路斯共和国位于地中海中部,扼亚、欧、非三洲海上交通要冲,面积9251平方公里,为地中海第三大岛,人口86.4万。该国经济规模在欧元区中排倒数第三,仅高于马耳他和爱沙尼亚,其GDP为173亿欧元,占欧元区GDP的0.2%。

塞浦路斯政府说,这次危机是沉重打击了塞浦路斯各家银行的希腊债务减记,迫使塞浦路斯寻求帮助的。而要求援助的目的则是:控制塞浦路斯经济面临的风险,尤其是那些因与希腊经济联系广泛而使其金融行业受到负面溢出影响所导致的风险。惠誉评级公司在下调塞浦路斯的主权评级至垃圾级时也说,这主要是因为塞浦路斯最大的3家银行塞浦路斯银行、希腊银行和塞浦路斯大众银行与希腊公司和家庭联系广泛。所以,塞浦路斯主权债务危机的爆发,很大程度上是被希腊危机所拖累。

但是,塞浦路斯这个南欧小国的金融救助协议却搅起了大风浪、引发了全球市场动荡:2013年3月16日,塞浦路斯政府与欧元集团达成了一份救助协议,欧元集团向塞浦路斯提供100亿欧元(约合130亿美元)援助,但前提是塞浦路斯银行储户要根据存款数额支付一次性税收:10万欧元以上存款的税率为9.9%,10万欧元以下存款的税率为6.75%。就是说,这个方案要求向塞浦路斯银行存款人强行征税58亿欧元。在接受欧元集团援助的国家中,塞浦路斯是第一个被强迫要求储户接受损失的国家。这一史无前例的做法无疑将对金融市场信心造成重大打击,引发资金外逃。所以,消息一出,当即引发当地居民前往银行挤兑,金融市场风声鹤唳,恐慌情绪迅速蔓延。2013年3月20日,塞浦路斯议会就此救助协议进行表决时,执政党的19名议员投了弃权票,另外36名议员一致投了反对票。这就是说,议会以压倒性的多数票否决了对银行存款征税的计划,从而使欧元集团救助欧元区债务危机最新受害者的努力陷入混乱。

3月21日,因为金融危机而陷入瘫痪的塞浦路斯提出了一个包括设立"团结基金"在内的 B 方案,以更好地保护小储户的利益,并避免该国走上破产的命运。3 月 25 日,为避免塞浦路斯的银行体系崩溃,欧盟领导官员就紧急救援塞浦路斯的协议达成一致。根据这份协议,塞浦路斯将在 5 月初收到第一笔价值 100 亿欧元的紧急救援资金,塞浦路斯为这笔救助款每年支付 2.5% 的利息,救助期为 22 年,并将大幅精简塞浦路斯规模过大的银行业,因来自俄罗斯等原苏联国家的巨额存款令其变得臃肿不堪,它比该国的经济总量高出 8 倍;还将逐步缩小塞浦路斯最大的银行之一——大众银行的规模,由塞浦路斯银行承担大众银行一部分以紧急流动性形式存在的债务;协议放弃了多数反对的向银行存款征税的主张,但储户和债券持有人仍不可避免地会遭受损失:在塞浦路斯银行存款超过 10 万欧元的大储户,这部分存款将被冻结并被用于解决债务,最多将损失六成,塞浦路斯政府计划修订法律,以入籍安抚受损 300 万欧元以上的外国储户,该国护照相当于欧盟护照;而低于 10 万欧元的存款,不论其持有人的国籍和储蓄银行,都会得到欧盟法律的充分保护,但政府要对其加以控制,以防资本外逃:储户被禁止一日内取款超过 300 欧元;向国外汇款超过 5000 欧元者,须经银行监管机构的同意,汇款超过 20 万欧元者则须经塞浦路斯央行批准;同时,禁止支票兑现,并规定出境携带现金数不得超过 1000 欧元。这个协议还规定它可以被立即执行而无须塞浦路斯议会再次投票表决。

欧元区的这些主权债务危机不仅爆发了和蔓延着,而且还在不断攀升着。如果把 2010 年欧元区国家债务占 GDP 比率,拿来和欧盟统计局在 2013 年 7 月 22 日发布的数据进行一下对比,可以明显地看到这种攀升趋势:

欧元区的债务率,由 84.0% 升至 92.2%。

希腊的债务率,由 124.9% 升至 160.5%。而且它的债务在 2012 年 3 月已经被免去了 1070 亿欧元,并先后从两个国际援助计划中获得 2400 亿欧元的援助。

爱尔兰的债务率,由82.9%升至125.1%。

葡萄牙的债务率,由84.6%升至127.2%。

意大利的债务率,由116.7%升至130.3%。

法国外贸银行的经济研究总监菲利普·韦希特尔认为,欧元区的这种艰难形势一时将难以扭转,因为"在这种公共债务居高不下的背景下,国内生产总值将继续萎缩"。他说:"增长和就业十分重要,但同时欧盟委员会却要求我们实现公共收支的再平衡。我们必须同时去追两只兔子,而这显然是行不通的。"

二、欧洲主权债务危机祸延全球

欧洲主权债务危机的爆发、蔓延和不断攀升,所影响到的,不仅是这些国家本身的财务,而且涉及整个欧洲:

而首当其冲的问题,是欧洲的经济发展有可能导致停滞、衰退。世界银行前首席经济学家、诺贝尔经济学奖获得者约瑟夫·斯蒂格利茨指出:欧洲主权债务危机的发展说明欧元前景黯淡,紧缩潮席卷欧洲,这可能无法挽回地破坏欧洲脆弱的经济复苏。他说:令人担心的是紧缩潮席卷欧洲,甚至冲击美国本土,这么多国家仓促削减开支,全球总需求将会下降,经济增长速度将减慢,甚至导致二次衰退。他强调指出:"之前可能是美国引发了全球衰退,但欧洲现在在做类似的反应。"他以爆发了主权债务危机的西班牙为例说,它现在必定削减开支,这就无疑会使失业率进一步升高。随着经济增长速度减慢,其财政状况的改善可能将微乎其微。西班牙可能将陷入十年前困扰阿根廷的"死亡螺旋"状态[①]。德国《世界报》在对17名诺贝尔经济学奖获得者进行问卷调查后得出结论说,主权债务危机正成为整个西方制度具有划时代意义的难题。政界若无法迅速控制危机,

---

① 见2011年10月3日英国《星期日电讯报》网站。

美国和欧洲的经济便将停滞多年,并因而落在亚洲和拉丁美洲新兴国家后面。欧元区甚至可能分崩离析①。高盛资产管理公司董事长吉姆·奥尼尔则称,在这场欧洲主权债务危机中,欧元可能分崩离析②。

　　2011年6月17日美国《时代》周刊网站的文章《为何希腊的骚乱预示着欧洲自己的"阿拉伯之春"的到来》,则对欧洲主权债务危机的社会影响提出了警告。文章指出,震撼希腊和其他欧洲国家的、以年轻人为首的抗议活动,同"阿拉伯之春"有点相似:地中海南北两岸愤怒的年轻人都有一种共同的看法,即现有社会结构和对其负责的领导人无法让人民的愿望得到实现。对于许多年轻的欧洲人来说,通过遵守这种体系的各项规则往前走的可能性正变得越来越小。结果,存在这样一种与日俱增的风险:希腊愤怒的人群走上街头的情景将在欧洲不断重演,而且程度会变得越来越激烈,不仅是在希腊,而且还会在欧洲其他国家。所有欧洲年轻人正在经历一种紧张情绪:他们谴责一个他们无法找到立足之地的社会,极度蔑视这个社会的所有制度。他们作出的反应打破了传统的政治模式。他们感受到他们国家的制度已经使他们变成牺牲品。由于经选举产生的领导人不能改变这种状况,年轻的欧洲人认为,现在是改变游戏规则的时候了。最近在马德里举行长达近两周的静坐活动的抗议者不仅仅是对财政紧缩措施表示抗议,他们还要求实行一种全新的政治和经济制度。越来越多的欧洲年轻人认为,他们的社会已经不再向他们提供其父辈们曾经获得过的那种繁荣机会了。而这正是"阿拉伯之春"运动之前人们所看到的那种情绪,而且欧洲的这种情绪还在不断加深和扩散,正促使年轻的欧洲人仿效阿拉伯年轻人走上街头,要求改变二战结束以来的社会秩序,因为这种秩序已经无法实现他们的愿

---

① 《优势地位岌岌可危》,载2011年8月22日德国《世界报》。
② 见2011年11月6日英国《星期日电讯报》网站。

望了。① 2011年10月,德国总理默克尔在比利时出席欧元区领导人会议时曾表示,"欧洲得以享有50年和平并非理所当然,如果欧元区垮了,整个欧洲也会垮掉,而这一结果是你我所不能承受的"。英国历史学家多米尼克·桑德布鲁克认为,默克尔此番言论绝非言过其实,欧洲债务危机如同一个巨大旋涡,已将各国缠绕在一起,此外渐露势头的无政府主义、衰退的经济、民众不断丧失信心等迹象,都预示着祸事的到来。一旦解决欧债危机失败,欧洲大陆将在2018年陷入一片混乱,再次出现战争屠戮的场面。

2011年11月14日的俄罗斯《独立报》则发表《欧洲文明的危机》一文指出,欧洲文明的极为严重的危机征兆已经显现:一是长达500年的以欧洲为中心的世界正在日渐瓦解。两次世界大战耗尽了欧洲的力量,多次的血腥冲突和对自然资源的过度开采,欧洲文明的繁荣在登峰造极之后,经历着衰亡的危机。二是人口问题这把利剑悬在老态龙钟的欧洲头顶上,本土居民锐减:在1900年,世界上21%的人生活在欧洲,2050年,生活在欧洲的人口将只占世界人口的5.6%,到2100年,这个比例将进一步降至4%。为维持活力,欧洲人必须雇用外国劳动力,而且会雇得越来越多,这必然会引发族群冲突,因欧盟一直无法制定让移民融入现代社会的有效移民政策,根本无法指望移民能够被同化,指望他们能够理解和接受西方价值观、思维方式和道德准则。三是在建立工业文明之后,为了让自然服务于人类而需要科学,但技术能力的增长快于世界对它的认识,物质方面的进化超过了精神的发展,结果就导致社会道德基础的沉沦和瓦解。西方文明全面危机的另一个方面是银行和大公司的贪婪而引发的金融经济问题,使整个国家入不敷出,而能源和矿产的日益匮乏则加剧了这一进程。美国哈佛大学教授尼尔·弗格森也发表文章指

---

① 《为何希腊的骚乱预示着欧洲自己的"阿拉伯之春"的到来》,见2011年6月17日美国《时代》周刊网站。

出,在欧洲的主权债务危机中,西方的优势地位正在走向终结。他说,这不只是因为国家债台高筑,而且这场债务危机也不是金融危机引发的。债务危机迟早会发生,因为这些国家进入了老龄化阶段,再也负担不起它们的福利体系[①]。

欧洲主权债务危机不仅涉及欧洲,而且祸延全球。

在这方面,它首先击倒了美国金融巨头——美国知名期货经纪商曼氏金融全球公司(MF Global)。这是一家拥有200多年历史的期货经纪商,由于投资欧债失败,2012年10月31日在美国纽约南区法院申请破产保护,而按资产规模计算,这也是美国第五大金融机构破产案。人们认为,如果说希腊债务危机是欧债危机的第一道裂缝的话,那么,美国的曼氏金融破产,则是欧债炒家的第一滴血。

曼氏金融全球,是一家颇具影响力的衍生品及期货经纪商之一,在全球超过70家期货和商品交易所拥有会员资格,同时它是美国政府指定的22家美国国债"一级经销商"之一。其首席执行官乔恩·科尔津不仅曾任美国新泽西州州长,更在1994—1999年执掌过美国著名投行高盛。他在2010年入主曼氏以后,开始着手将它改造成"迷你版高盛",为此,他增加了公司的风险投资规模,并用公司的自有资金进行高风险投资,其中就包括大举投资欧洲主权债券。据披露,曼氏金融全球共拥有63亿美元的各种欧洲主权债券。然而,在第二财季里,公司就亏损1.91亿美元,创历史纪录。穆迪、惠誉等评级公司鉴于曼氏有这一巨大的欧债风险敞口,就相继将其信用评级降至"垃圾"级,这就导致曼氏股价在不到一周的时间内暴跌67%,市值缩水2/3,许多客户纷纷撤资并注销账户。2011年10月31日晨,纽约联邦储蓄银行宣布暂停与曼氏的业务往来,在美国股市开盘后,曼氏正式提出申请破产保护。而就在几天前,科尔津还信誓旦旦地表示公司将"成功管理这些风险窗口",因此,当曼氏当天宣布破

---

① 见2011年10月30日德国《星期日法兰克福汇报》。

产时，公司的2870名员工都惊慌失措。需要指出的是，拿曼氏与三年前的雷曼相比，两者都采取激进操作策略并最终自食其果，不同的是，破产时雷曼的杠杆率超过了30倍，即自己有1美元的资本，却做了30美元的投资，这样，在成功或失败时，其盈利或损失都将放大30倍；在次贷危机后，美国银行业普遍大幅降低了杠杆率至10倍左右，并剥离自营交易，以降低金融风险；但曼氏此次倒闭时的杠杆率却反其道而行之，竟高达40倍。

然而，曼氏的破产，还只是欧洲主权债务危机影响欧洲之外国家的一个个例。更重大得多的是它对美国、新兴经济体乃至整个世界经济的影响。因为欧元区一些国家的政府债务处于信用危机，将导致世界资金流向发生变化，影响不仅局限于危机源头欧洲本身，还将波及美国和新兴经济体。目前，它已经导致金融市场出现动荡，并加剧了银行系统的资产劣化和实体经济的恶化。一系列的国债危机使2008年的金融危机后遗症再度恶化，据德意志银行测算，世界主要国家的债务余额占GDP的比例从2007年的约77%，到2010年就发展到超过100%。美欧经济的停滞必将给新兴国家带来影响，首当其冲的一个影响是，欧洲的银行开始出现从新兴国家撤走资金的动向；另一个影响是，发达国家内需下降，新兴国家出口将减少。这种情况使越来越多的人得出结论认为，发生在欧洲的这场债务危机可能会重创全球经济增长，甚至会使衰退在不均衡复苏之势加强一段时间后又卷土重来。许多经济学家担心"双底衰退"可能会从欧洲开始，这将成为从2008年开始的这场全球金融和经济混乱的第二个丑陋篇章。现在同那时一样，一切的相互关联性令人震惊：希腊的债务危机和德国数周的犹豫不决，影响到了石油和黄金等大宗商品，并且随着需求和信心的锐减，全球股市也受到重创，而这在某种程度上又影响到了从韩国到加利福尼亚的普通人的养老金储蓄。欧洲经济滞后，未必足以让整个世界经济重返衰退，但是一个无法稳定货币和资本市场的欧洲经济，却肯定会使全球经济重陷赤字深渊。例如，在我国,由于欧元区情况较差的经济体对我国商品的需求大幅下滑40%,使我国对欧洲的出口额2012年7月与2011年7月相比,萎缩了16%。所以,国际货币基金组织总裁克里斯蒂娜·拉加德在2011年11月9日的北京国际金融论坛上大声疾呼,全世界面临陷入前途未卜且金融动荡局面的风险,要求亚洲各经济体对此严加防范。她说:"如果不行动起来携手并进,我们将进入前途未卜、金融动荡和全球需求崩溃的螺旋式衰退。最终,我们将面对低增长与高失业的'失去的十年'。"

三、欧洲主权债务危机的基本成因

那么,这种不断蔓延而又祸延世界的主权债务危机,在发展水平居于世界各大洲之首的欧洲,到底是怎样形成的,它的根源是什么呢?

欧洲的主权债务危机是由多种原因造成的。但最主要的有三个方面:

首先是福利的过度化。在二战以后,西方资产阶级及其国家政权力图通过推行福利国家制度,使工人阶级贫困状况趋于"分散化",防止和控制许多劳动者因无法生活下去而酿成社会动乱,就把他们在1929—1933年世界经济危机中实施的总的来说还范围狭窄、项目不多、未成体系的社会福利措施,发展成普及化、全民化的社会福利制度。

应当说,当代资本主义国家之所以能够在二战以后,在相对稳定的社会环境中,在经济上获得较大的发展,一个极其重要的原因,就在于它广泛实行了社会福利制度。而这种社会福利制度之所以能够在二战以后的发达资本主义国家广泛流行起来,主要借助于两个方面的支撑:思想精神方面的支撑,就是强调国家干预市场经济的凯恩斯主义的盛行;而经济物质方面的支撑,则是二战以后,西方发达资本主义国家在20世纪50年代初至70年代中期长达20多年中国民经济的快速增长。因而随着20世纪70年代以后两次石油危机的爆发,西方国家的经济进入停滞膨胀的新阶段,西方社会的福利制度也陷入了种种危机之中:一是社会福利开支的绝对数及其在财政支出和在GDP中所占比例都迅速增长的经济方面的危机;二是被称作"将导致西方国家社会福利制度甚至福利政策瓦解的特大挑战"的、人口老龄化方面的危机;三是由社会福利制度的缺陷和弊端所引发的种种危机;四是西方社会福利制度与经济全球化等新的历史条件不相适应而酿成的危机。

这次引发欧洲主权债务危机的社会福利方面的重要原因,就在于这些欧洲国家还在因袭着早就处在种种危机之中的西方社会福利制度。德国总理默克尔曾经在多个场合反复提到:欧洲人口占世界9%,GDP占全球25%,而福利开支却占世界50%。应该说,她的这一段话在某个方面勾勒出了欧洲国家高福利搞过了度的情况。

欧洲国家怎样把福利搞过了度?让我们且看希腊公务员的工作状态:他们上午9点钟上班,下午2点半下班,每天工作不超过5小时。每年休假不少于1个月,拿14个月的薪酬,还能三天两头拿到一些奖金。他们的月平均工资为2300欧元,加上各种福利、补贴后大约是7000欧元。公务员不能被辞退,希腊人的平均退休年龄是53岁,在主权债务危机爆发前,希腊劳动者退休后的养老金与退休前的工资比达到95%,公务员退休后还能拿到14个月的退休金,这种退休金甚至在公务员去世后还可以由其未婚或离婚的女儿"世袭"、继续领取。所以,有俗语称:"宁为希腊公务员,不做华尔街银行家。"

欧洲的社会福利制度曾经有效地缓和了社会矛盾,所以被称为"社会稳定器"。但在另一方面,几十年来的社会实践又反复证明,过度的福利化不利于社会的稳定:一是高福利片面强调提高劳动者保障水平,结果加重了企业的税费负担,影响它们参加激烈的国际竞争,这就导致一些欧洲国家把实业转移到别处去,导致欧洲国家的产业空心化、经济发展乏力。二是高福利导致高债务。以希腊为例,在2001—2010年间,它的社会福利年均增速为9.4%,而经济的年均增速却只有5.6%,要维持这样的高福利,除举债之外,别无他途。所以,这十年来希腊公共债务占GDP的比例一直在90%上居高不下,其中有8年还超过了100%。而从社会福利占GDP的比例来说,目前欧盟平均社会福利开支已接近GDP的30%,它远高于美国的16%、日本的19%。三是高福利还使许多欧洲人由创新进取、勇于开拓变得贪图享受、工作倦怠。目前欧洲20—64岁人口的就业率仅为64%。面对着艰难的经济形势,习惯于舒适生活的欧洲人更难以团结起来共克时艰。

2011年11月9日的美国《华尔街日报》发表《欧洲的福利制度遭报应》的社论指出:"在意大利、希腊、西班牙、葡萄牙甚至法国,国家福利制度都碰壁了。欧洲大陆的一届届政府,不管是右翼还是左翼,都用高税收和高债务支撑着慷慨的福利制度。但它们的经济却没能以足够快的速度增长,去年钱开始用光了。报应的时候到了。欧洲陷入了因政府挥霍、自负和效率低下而造成的债务恶性上涨的局面。这是福利国家的危机"。"任何严肃的改革都会引起街头抗议。福利国家的一个令人不快的副产品就是它创造的强大的利益群体,人们会为维护自己的免费午餐战斗到最后时刻,而不顾这会让国家付出什么样的代价。"

也有一些关于福利制度并不是福利国家危机根源的声音,例如,诺贝尔经济学奖获得者保尔·克鲁格曼在2012年2月26日《纽约时报》上发表文章,指出瑞典的经济增长速度比任何富裕国家都要快,但它仍然是一个非常慷慨的福利国家;希腊、爱尔兰、葡萄牙、西班牙和意大利这些经济危机严重的国家,其福利机构的支出并不是导致这场危机的根本原因;他认为欧洲危机的症结真相隐藏在货币流通领域:欧洲实行统一货币,但并不让金融机构采取措施让该货发挥作用,使得金本位的缺陷强势再现,它导致了历史上的大萧条并延长了其波及时间。新加坡国立大学东亚研究所的赵力涛发表文章指出,在主流话语体系中,福利制度的负面效应被放大了;社会再分配局限性增大是福利国家危机的主要原因;希腊、爱尔兰、西班牙和意大利这些政府债务危机最严重的国家,并不是福利支出水平最高的国家等等。应该说,这些说法都有相当的道理,但它们又都无法否定福利过度是形成欧洲主权债务危机的一个基本原因,而只是说明,除了过度的福利之外,还得揭示形成欧洲主权债务危机的其他的基本原因。

形成欧洲主权债务危机第二个方面的基本原因,是产业的空心化。

在现代社会中,工业中的制造业,是创造财富的主体、经济增长的发动机,是支撑主权国家经济运行和增长的基础。从历史上来说,发达资本主义国家之所以"发达",首先是因为其工业制造业发达。但从20世纪70年代以来,发达资本主义国家出现了资本积累过剩,投资下降,利润率长期持续下降,实际工资增长缓慢、失业增加等现象;与此相对应的是,发达经济体中制造业部门长期萎缩、它在国民经济中所占比重大幅下降,而现代服务业则在产值和就业方面占有越来越大的比重。

在一段时间里,人们把发达资本主义社会里的这种"去工业化"过程,说成是产业结构经由农业主导到工业主导再到服务业主导的、由低级向高级转化的过程,然而,工业制造业毕竟仍是支撑服务业和其他非实体经济部门的物质基础,事情正如特里·伊格尔顿在《马克思主义为什么是对的》一书中提出的质疑:"毕竟,服务业本身就涉及大量制造。如果说产业工人已让位于银行职员和招待员,那么所有的柜台、办公桌、酒吧、电脑和自动取款机又从何而来呢？"①工业制造业长期萎缩，或者说"去工业化"了，这个国家所生产的产品就不能支撑整个国家的运行，就必然要发生危机，必定只能通过债务或融资的方式去支撑和维持这种债务经济的运行，这次欧洲主权债务危机的形成和爆发，正是这样说明问题的。在欧洲，有许多国家有产业空心化的问题，当前除德国等少数国家之外，其他许多国家大都已不再是传统意义上的"工业化国家"，它们把近代以来主要的财富创造源泉让给世界其他地方，所带来的直接影响就是失业率上升、财政收入减少，为此而不得不借钱度日，由此形成庞大的国家债务，这就使他们不得不削减政府开支，减少社会福利支出。有人根据经合组织的统计数据，说希腊 2007 年的政府社会支出只占其 GDP 的 21.3%，要低于瑞典的 27.3%、德国的 25.2%，为什么说希腊的福利搞过了度、爆发了主权债务危机，而瑞典、德国却没有呢？其实，这里的原因十分清楚：就是因为瑞典、德国都有比较强大的工业制造业，有支撑其经济可持续发展的支柱性实业产业，而在希腊、葡萄牙等国家，支撑其经济发展的却主要是旅游、房地产、低税收经营环境和虚拟经济，它们的经济发展缺乏内生增长动力，沦为经济发达国家的产品市场和消费度假之地。

那么，那些已经"去工业化"的欧洲国家能不能通过"再工业化"，重新创造制造业的优势呢？应该说这是相当困难的。因为发达资本主义地区一些国家的"去工业化"，是由跨国公司按照成本最小化、利润最大化的原则配置生产经营活动的特性所决定的。与世界其他地方相比，欧洲的土地和人力的成本都比较高，传统制造业在欧洲已无利可图，这就使得从欧洲转移出去的制造业，很难再转移回欧洲。

形成欧洲主权债务危机的第三个方面的基本原因，是欧元区结

---

① 特里·伊格尔顿：《马克思主义为什么是对的》，新星出版社 2011 年版，第 174 页。

构上的缺陷、财政政策和货币政策的不匹配。欧元创始人之一奥特马尔·伊辛曾在英国《金融时报》上发表文章指出,欧元的设计宗旨是欧元区成为一个货币联盟,而非政治联盟,欧元区国家在政治上缺乏相互支持的约束力。《马斯特里赫特条约》一方面将货币政策行使权收归欧洲中央银行体系,实行了欧元区内统一的货币政策;但在另一方面,却并没有建立欧洲财政部,而是让各成员国仍然牢牢地掌握财政、工资和社会福利方面的决策权,实行各自的财政政策。奥特马尔·伊辛也曾认为,"在尚未建立一个政治联盟的情况下就创立货币联盟,是一种本末倒置的行为",而绍罗什则引用欧元设计师之一德国智囊辛恩的比喻,说这种设计是"车拉马",而不是"马拉车"。就是说,它让相互独立而且相互竞争的各主权国家去使用无锚的超主权货币,而这些国家在制定国内政策时,却往往专注于本国经济的发展而不与他国相协调;一旦受到冲击,或者碍于欧元区实行统一货币,自己无权实行货币贬值、以推动商品出口,或者不负责任地实施大规模财政刺激,而欧洲中央银行却形同虚设、无能为力。例如,在这次欧洲主权债务危机中,爱尔兰的共和党政府就用大规模赤字财政刺激经济复苏,但其实体经济却并没有实现预期的复苏,它的赤字增幅高于其经济增幅,为主权债务危机在后来的爆发埋下了祸根。欧盟国家在统一货币之前,在1997年就签订了"稳定与增长公约",规定各成员国的财政赤字不得超过本国GDP的3%,政府的债务不得超过本国GDP的60%。然而,由于各成员国实行独立的财政赤字,特别在陷入金融危机和财政衰退以后,各成员国千方百计地投入资金,缓解金融危机和刺激本国经济,结果导致各国财政赤字和国债急剧增加,在欧盟27国中,现已有20个国家双超,欧元区16个国家的财政赤字和国债普遍严重超标。如在2009年,葡萄牙、爱尔兰、西班牙的财政赤字占其GDP的比重,已分别达到9.3%、11.8%、11.4%,它们的公共债务占其GDP的比重则已分别达到75.2%、63.7%、59.5%。

四、欧盟、欧元区国家应对欧洲主权债务危机的举措

欧盟、欧元区国家应对欧洲主权债务危机的最主要举措,便是以受援国实行财政紧缩为条件,对爆发主权债务危机的国家提供一定的援助贷款。例如,在 2009 年 12 月希腊的主权债务危机爆发以后,欧元区峰会在 2010 年 5 月通过方案,决定向希腊提供 1100 亿欧元的援助贷款(后来被称为第一轮援助贷款),同时规定在支付贷款之前,希腊需要进一步采取紧缩财政措施和出售国有资产,以减少财政赤字和债务。后来对于爱尔兰、葡萄牙、西班牙、塞浦路斯等爆发欧洲主权债务危机国家的财政援助,也大抵采用这种模式。在实际上,不仅受国际金融危机和欧洲主权债务危机重创而接受欧元区援助的国家被要求实行财政紧缩政策,就是像德国、荷兰以及欧元区之外的英国等国家也都采取了紧缩政策。欧洲这样广泛地推行财政紧缩政策,是根据货币主义经济学所谓"唯有确保预算得到控制,才可实现长期的经济稳定"的信条。在实践中,紧缩财政政策又确实具有削减过度消费和浪费性开支、缓解经济压力等优点,还是保持收支平衡、实现金融市场复苏的先决条件,因而,在一定条件下,对一些债台高筑的国家来说,甚至是不可避免的。

但由于紧缩财政措施,涉及到要削减工资、退休金,裁员,延长退休年龄,乃至削减教育经费、劳动保障经费和社会保险支出等损害群众切身利益的事情,因此,就必定遭到群众的愤怒反抗。社会学家戴维·施图克勒说:"金融危机危及普通老百姓的生活,但激进地削减社会保障开支要危险得多。"自 2007 年危机爆发以来,像希腊或意大利这样一些国家的自杀率急剧上升。据路透社报道,在 2010 年以后的两年里,希腊的自杀人数增加了 40%。2012 年 4 月 4 日,一位 77 岁、名叫克里斯托拉斯的希腊退休药剂师,在首都雅典议会大楼外的宪法广场上当众开枪自杀。据报道,在克里斯托拉斯之前,希腊已经

有149人自杀,但这位第150个自杀者克里斯托拉斯当众朝自己脑袋开的那一枪,却震惊了全世界。

克里斯托拉斯在其身后留下了一张便条,说他没有钱买药医病,也不想面对"到垃圾箱里捡食物并成为我孩子的负担"的未来,他愤怒地指责希腊的政治领导人,说他们降低大家的薪金、提高税负、削减人们的退休金,以满足国际债权人为出借2390亿欧元而提出的要求。现在希腊有不少退休人员每月的退休金已经被削减到300欧元,而那些欠国家550亿欧元的逃税者却逍遥法外,那些被指控受贿和贪腐的政客更依然逍遥自在。事后,有一家希腊报纸把克里斯托拉斯称为烈士,说他是希腊的令人喘不过气来的经济危机的殉难者。希腊的债务危机已经在该国创造了21%的失业率,使11.1万家企业关门,令50万人既无收入、也看不到希望,并还将把更多的人推入贫困的深渊。克里斯托拉斯的死,刺激了整个希腊社会,并引发了烛光悼念和抗议活动以及群众和防暴警察的冲突,有些人在克里斯托拉斯自杀地点的树上贴上字条说"这不是自杀,是政治谋杀"。这个地点很快变成了一个圣坛,也是两年来人们举行抗议、示威和罢工的地方。有一位中学老师说,"这只是开始,这不是最后一例政治自杀,有这么多的人绝望之情如此之深,将会有更多的人追随克里斯托拉斯而去",有一位航运公司的员工表示:"我希望这不会一点用处都没有,它表达的是人们的困惑和愤怒,人们普遍相信紧缩政策是为了拯救银行。"

实际上,欧元区每一次以受援国紧缩财政开支为前提条件的救助计划,都激起了受援国群众的示威抗议,除希腊之外,其他几个受援国也都如此。例如,在意大利,自杀案例也在大幅增加,据《纽约时报》报道,在2005—2010年间,由于经济原因而自杀的人数每年增加52%,而对意大利人来说,真正的危机是在2011年才开始的。再如,2010年10月27日,在欧盟国家财政部长行将签署一项以爱尔兰政府实施强有力的财政紧缩政策为前提,向爱尔兰提供850亿欧元贷款的方案的前一天,大约5万爱尔兰人走上首都都柏林街头,抗议政府为得到国际援助而大幅削减财政赤字的计划。示威群众高举写有"不卖爱尔兰给国际货币基金组织"(因为在爱尔兰获得的欧元资金支持中,有225亿元将由国际货币基金组织出资)、"还有更公平的办法"等标语横幅,浩浩荡荡地穿过都柏林,抗议政府总理公布的财政紧缩政策。因为在曾经的"凯尔特虎"努力填补巨额财政赤字之际,为期四年的"国家复兴计划"将降低最低工资标准,裁减2.5万个公务员岗位。又如,鉴于希腊的失业率已接近25%,是欧元区17国中最高的,25岁以下的西班牙人有一半没有工作,而政府为减少国家债务,还要大幅削减开支,这势必加深家庭的财务困境,因此,西班牙民众在2011年5月15日曾掀起过自称为"愤怒者"的反对紧缩的抗议运动,这一抗议运动曾激发了全球抗议经济不公的民间活动,其中不仅有西班牙80个城市和小镇的游行示威,还激发了英国的类似抗议,更催生了美国的"占领华尔街"运动,一起反对紧缩政策、反对贫富差距扩大。2012年5月12日,鉴于这个运动即将满一周年,而多国经济未见好转,西班牙的失业状态更达18年来最高水平,仅2012年初以来,又有37万人失去工作,全国找工作的人多达550万人,因此,10多万对经济前景和政府处理国际金融危机的方式感到不满的人,又在各地举行示威活动,纪念"愤怒者"抗议运动一周年,在西班牙银行业龙头西班牙国际银行所在地、西班牙北部城市坎塔夫里亚,人们在一幅标语上写着"政府救银行,不救人民"。在2012年3月29日,西班牙的马德里、巴塞罗那两大城市还发生了由西班牙两大工会组织、有80万工人参加的大罢工。这是因为西班牙政府为降低预算赤字,在当年2月修改劳工法,放宽对企业裁员的限制并削减了遣散费,以使企业更具竞争力,而工会则认为政府的这一举措降低了解雇工人的成本,将进一步推升西班牙居高不下的失业率。在巴塞罗那,在警察与示威者之间还爆发了严重冲突。事情正如吉迪恩·拉赫曼2012年4月在英国《金融时报》上发表的《紧缩是唯一出路》一文中指出的:"西班牙失业率陡增,希腊自杀率攀升,英国陷入双底衰退,面对这些痛苦,欧洲呼吁停止财政紧缩的声音已越来越响亮起来。"

用紧缩受援国的财政开支作为前提,去获取救助的拯救欧洲主权债务国家的方案,还在2011年一年中,在五个受援国中引发了提前更换总理的"政治地震":第一个国家是爱尔兰。2011年2月,爱尔兰总理赖恩·考恩,为使议会批准欧盟27国财长向爱尔兰提供金融援助时所确定的受援附加条件,即整顿银行系统,到2015年将政府赤字削减至相当于GDP的3%以下等等条件,他宣布解散议会,提前举行大选,结果导致执政党和总理更迭。

第二个国家是葡萄牙。2011年3月23日,葡萄牙议会在讨论两周前由政府递交、旨在把财政赤字占GDP的比例降至2%,避免寻求外界援助的财政紧缩方案时,投票否决。反对派代表说,政府的这个方案"做得过火",提出的增加个人所得税、扩大先前提出的削减福利范围、提高公共交通费用等举措将损害社会"最脆弱阶层"利益,为此要阻止政府"走上这条错误、没有出路的道路";政府总理若泽·苏格拉底则说:"政府先前竭尽全力,避免寻求外界援助","议会否决财政紧缩方案推升葡萄牙寻求外界援助的可能性,而若被迫接受外界援助,将面临更苛刻条件",但"反对派剥夺了政府继续治理国家的能力",因此他当天向总统卡瓦利·席尔瓦递交辞呈,随后宣布辞职。

第三个国家是希腊。2011年10月下旬,在欧洲理事暨欧元区首脑峰会就解决欧债危机达成一揽子协议,同意减少希腊50%的债务,并增加欧洲救助希腊的资金后,10月31日,希腊政府突然宣布要在12月4日对欧盟的这个新援助计划举行全民公决,因为希腊总理乔治·帕潘德里欧担心作为这一方案的有机组成部分的以增税、减薪、裁员和私有化为主要内容的紧缩措施,仍然无法获得国内的普遍认同。希腊要公投这一决定的宣布,引发了市场的恐慌,更引起了国际货币基金组织和法、德两国领导人的震怒，法国总理说这是一个关系到是要主权，还是"要欧元"的大问题，希腊人必须尽快作出决定，法国总统、德国总理也用最后通牒式的语言向希腊喊话，各方并决定在公投前暂停向希腊放款，经过这番政治角力后，帕潘德里欧屈从于欧洲的强大政治压力和内阁中反对派的压力，在11月3日被迫放弃"全民公投"计划，同意辞职并为拟议中的联合政府让路，11月10日，希腊总统办公室宣布任命欧洲央行前副行长帕帕季莫斯为希腊新任总理。

第四个国家是意大利。2011年11月，意大利面临无法偿还两万亿欧元债务的前景，其10年期债券的利率达到6.63%，接近于希腊、爱尔兰和葡萄牙被迫接受救援时7%的水平，总理西尔维奥·贝卢斯科尼在其领导的中右联盟失去在众议院的优势地位，首都罗马在11月5日又爆发万人示威要求他辞职。由于意大利在欧元区中是仅次于德国和法国的第三大经济体，一旦经济状况陷入"希腊式危机"，势必影响欧元区的稳定，欧盟领导人认为必须建立"防火墙"，以防意大利陷入困境后波及欧元区其他国家。这个防火墙就是建立一个能够暂时平息市场的信任危机的过渡政府。因此，贝卢斯科尼的动向备受关注。11月8日，贝氏先是在一项公共财政议案的表决时侥幸险胜，并与民众"约定"：他定于议会通过欧洲联盟所要求的经济改革方案后辞职；11月12日，在意大利众议院通过旨在稳定国内财政状况的紧缩法案以后宣布辞职，为成立过渡政府铺平道路。

第五个国家是西班牙。严重的经济危机也让西班牙"改朝换代"：2011年11月20日，西班牙在发生债务危机的背景下提前4个月举行的大选中，执政的工人社会党惨败，首相萨帕特罗下台；西班牙最大的在野党人民党获胜后，马里亚诺·拉霍伊出任首相。

尽管欧盟那些主张通过财政紧缩举措去解决欧洲主权债务危机的领导人，再三重申"欧洲各国不能通过借债来摆脱债务危机，通过削减赤字走出危机是唯一有希望的途径"，但由实施财政紧缩所带来的政治、经济动荡，却在威胁着要葬送欧洲的紧缩计划。2012年4月23日加拿大《环球邮报》网站发表一篇题为《政治动荡和选民愤怒重击欧元区》的文章指出："政治动荡、经济形势恶化和民众日益加剧的愤怒情绪可能会葬送欧洲统一的紧缩计划。在不可持续的债务负担重压之下，希腊和欧元区其他边缘经济体已经遭受了内部矛盾、长期萧条和社会动荡的一连串打击。但如今危机蔓延到了欧洲情况相对较好的国家，这可能会破坏德国牵头的计划，而该计划旨在遏制金融危机的加深并为长期改革争取时间。"

用紧缩财政开支的措施去化解欧洲债务危机，不仅在实践中导致民众愤怒、社会震荡、政坛地震，而且在理论上也一再遭到诟病和抨击。这里且举数例：

一是继20世纪80年代初360名经济学家致信英国《泰晤士报》，抨击撒切尔夫人削减财政开支之后，2010年6月17日，英国《每日电讯报》网站报道，信奉凯恩斯主义的100名经济学家又在意大利《太阳报》上联名发表了一封公开信，警告说欧盟在南欧实施的财政紧缩政策可能导致该地区经济急剧下滑，甚至可能导致欧洲货币联盟瓦解。这些经济学家表示，意大利和欧洲"牺牲的政治学"可能最终使危机恶化，导致失业和企业破产以更快的速度增长，而且可能会在某个时候迫使一些国家离开货币联盟。这封信强调指出："最基本的一点是，当前货币联盟的不稳定不仅仅是做假账和支出过度所致。实际上，它根源于全球经济危机和欧元区内部不平衡错综复杂地交织在一起。"这封信谴责欧盟当局和主要国家政府与现代经济学思想格格不入。

二是2011年11月28日德国《商报》发表美国耶鲁大学经济学教授罗伯特·席勒在接受其专访时的谈话说："削减预算和债务可能导致新一轮与社会动荡相伴的全球经济衰退。人们会失去信心。鉴于税收不断增加和国家开支不断减少，人们会预期今后几年日子将越来越艰难。因此他们会减少消费，从而制约经济增长，欧洲正面临经济明显走弱——如果不是经济衰退的话。"

三是美国普林斯顿大学教授、诺贝尔经济学奖获得者保罗·克鲁格曼在2012年4月16日和7月1日先后在《纽约时报》及其网站上发表文章批评经济紧缩政策。在前一篇题为《欧洲的经济自杀》的文章中,他以西班牙为例,批评欧洲领导人的政策把不景气的经济进一步推向萧条的深渊。他指出,西班牙在财政上算不上挥霍无度,不幸的是,从德国银行流向西班牙银行的巨额贷款造成了巨大的房地产泡沫,所以,西班牙的财政问题是经济萧条的结果而非原因。但柏林和法兰克福对此开出的药方却是进一步加大财政紧缩力度,文章认为"这简直是疯了",因为这些计划将把不景气的经济体进一步推入萧条的深渊,而紧缩计划甚至没有发挥降低借贷成本的作用。结论是:如果欧洲领导人真的想要拯救欧元,他们应寻找另一条道路,这就是需要更多的扩张性货币政策和扩张性财政政策。在后一篇题为《希腊是牺牲品》的文章中,克鲁格曼以希腊为例指出,希腊的确腐败丛生,偷税漏税现象严重,政府也习惯于寅吃卯粮,劳动生产率低下,比欧盟平均水平低了25%。但希腊人并不懒惰,其福利体系也并未失去控制,希腊社会性支出占GDP的比重要大大低于瑞典和德国。希腊的麻烦应归咎于欧元。在15年前,希腊的失业率居高不下,但并没有高到灾难性的地步,它可以通过出口、旅游和海运等赚到的钱去支付进口的费用。但在加入欧元区以后,外国资本大量涌入,经济蓬勃发展,通胀上升,希腊变得日益缺乏竞争力。随后,泡沫破裂了,整个欧元体系的根本性缺陷变得一目了然。为什么同样有债务的美元区还多多少少能正常运转而没有遇到欧洲这样严重的区域性危机?那是因为美国有一个强大的中央政府,其行动实际上为陷入困境的州自动提供欧洲国家所根本无法企及的紧急援助。可是欧洲官员们却认为他们可以在缺乏一个单一政府的情况下实行单一货币制度,并坚持认为欧元的所有问题都是那些南欧人不负责任的行为引起的,坚称只要人们愿意承受更多的苦难,一切问题便可迎刃而解。然而,克鲁格曼却认为,可能挽救欧元的唯一方法是,德国人和欧洲央行能够认识到,他们自己才是需要改变行为的一方:需要增加支出,接受更高的通货膨胀率。如果不这样做,希腊基本上会作为别人傲慢行为的牺牲品而载入史册。

四是美国的另一位诺贝尔经济学奖获得者约瑟夫·斯蒂格利茨则指出,欧洲领导人应对欧元区危机的反应并没有达到问题的高度,他们事实上加剧了问题而不是对此作出改善。他说,欧盟和国际货币基金组织对希腊采取的紧缩疗法只会加重债务负担,加速经济衰退。在欧盟层面上,强调严格的财政政策正在遏制经济的增长。与此相反,他主张增税,以便让各国增加开支,由此获得多方效应。他还认为,主权债务危机的真正原因源自20世纪80年代的放松管制,因此,对全球金融结构进行反思无疑是解决长期危机的必要条件。

但也有意见认为对于负债累累的受援国来说,为摆脱主权债务危机,实行紧缩财政措施是不可避免的。例如,美国盖茨堡学院的罗伯特·波尔教授就认为,尽管财政紧缩政策有可能引发诸多问题的负面影响,但也不能忽略其优点,即削减过度消费和浪费性开支。从长远来看,为实现财政的可持续发展,紧缩政策无疑是金融市场复苏的先决条件。与之相反,扭转紧缩则会给经济发展困难的国家造成负面影响。新西兰坎特伯雷大学的埃里克斯·谭教授也认为,从经济学的角度来看,紧缩政策的优点是保持国民账户的收入和支出平衡。在平衡账户下,一个国家的确可以更好地处理财政状况。

然而,欧洲主权债务危机的不断蔓延和深化,经济紧缩政策带来与日俱增的经济、政治动荡,这些又推动着欧盟、欧元区的领导人去探索解决主权债务危机、拯救欧元的其他措施。例如,在2011年10月25日,为防止危机蔓延,他们在布鲁塞尔召开的紧急会议上,就达成了一揽子救助协议:一是决定在2012年6月底以前,把欧洲各主要银行核心资本充足率提高到9%,增加银行资本1060亿欧元,以筑成阻止银行破产的最后一道防线;二是把欧洲金融稳定工具融资的规模由4000亿欧元扩大到10000亿欧元,以便为债务严重的国家提供贷款援助或担保;三是欧洲银行业将银行及其他私营部门持有的希腊国债进行对半减记,以使欧洲银行损失1000亿欧元为代价,换得使希腊的债务率从目前的162%降至2020年的120%;四是给予希腊1000亿欧元的新官方贷款。

2011年11月23日,欧盟委员会公布《实施稳定债券可行性报告》,提出为阻止欧洲债务危机恶化而发行欧元区"稳定债券"的方案。即:让欧元区各成员国停止发行本国债券,而由欧盟成立的统一的债券发行机构所统一发行的欧元区"稳定债券"来取而代之;方案规定将根据各国的需求分配资金,并由欧元区各成员共同对债券进行担保和承担责任。这个方案一出台就遭到经济情况较好的德国、奥地利、芬兰等国的抵制。因为"稳定债券"实际上是由债务风险较小、经济实力较强的国家拿自己的信誉去作担保,一旦债务危机得不到控制,它们就会受到较大的损失。德国总理默克尔就在其讲演中指出:"这只会鼓励负债国家延续不负责任的财政政策。"她提出了改革的相反方向:"我们必须进一步改革欧盟的结构,但这并不是要去欧洲化,而是要更深层次的一体化,以此确保欧元的未来",而"要建立这种政治联盟,就必须对欧盟条约做出相应修改,包括对违反财政纪律的国家建立'严厉且自动化'的惩治机制,促使它们共同为欧盟承担责任"。

2011年12月9日,在法国、德国两国总理的积极推动下,欧盟23个成员国(欧元区17个成员国以及6个未加入欧元区的欧盟国家)同意缔结政府间条约,在欧元区建立财政联盟,实行统一的财政政策,从欧盟层面对成员国加强财政监管。这个新的"财政条约"的内容:一是各成员国要努力实现预算平衡或盈余,每年的结构赤字不超过GDP的0.5%,而且这一条规定,必须写入各国的宪法当中。二是对违规成员国进行"自动惩罚"。就是说,如果财政赤字超过欧盟规定的3%,公共债务超过GDP的60%,可直接对违规成员国采取惩罚措施,除非有有效多数的成员国提出反对。三是由欧盟委员会以及欧洲法院对各国进行监管,并且争取从2012年起就开始执行。到2012年最后同意签署财政条约的,有欧盟27个成员国中除英国以外的26国。

自从欧债危机爆发以来,欧洲频繁出台应对措施,从推出"欧洲金融稳定工具"到出台银行业资本重组计划,从重债国的贷款救助到督促重债国紧缩财政……虽然这些措施对危机的蔓延起到了一定的遏制作用,但因根治危机的机制改革相对滞后,特别是对应于货币一体化的财政一体化进展缓慢,因而市场的信心始终难以恢复。在这个过程中,有两项关键性政策的出台,使欧洲没有因为政治经济基础的日益恶化而跌落悬崖:一项政策是欧洲央行行长马里奥·德拉吉为应对2011年中期笼罩意大利和西班牙的市场恐慌,果断地宣布:为应对恐慌,欧洲央行将无限量地购买意大利和西班牙的短期债券,只要这两个国家参与欧洲稳定机制经济调整计划;另一项是德国总理默克尔改变了她早先拒绝为希腊提供第三次救助的态度,坚称欧洲决心倾全力将希腊留在欧元区内。与此同时,随着欧洲主权债务危机的不断深化和蔓延,欧盟大多数成员国越来越认识到,只有通过体制机制创新,欧盟才能获得新的生命力,逐步走出债务危机,踏上复苏的坦途。所以,对于欧盟的这次签署新的财政条约,国际上大都给予积极、肯定的评价,认为这是欧盟为从根本上解决欧债危机而进行深层次改革所迈出的关键一步,它拉开了欧盟机制改革的序幕,标志着欧洲通过深化一体化去解决债务危机的努力进入了一个新阶段。当然,签署了这个条约,并不意味着欧债危机就此结束了;不,在克服欧洲主权债务危机方面,欧盟面前还有很长的路要走,但只要它坚持在一体化的框架内应对危机,又在克服危机的过程中不断加深一体化,那么,解决危机的希望就是光明在望的。

欧洲经济总体在2012年再次陷入衰退,而且还没有恢复到2008年美国雷曼破产前的巅峰水平,特别是希腊经济基本崩溃,经济产出自2009年累积减少了20%;而意大利、葡萄牙和西班牙的经济也出现了1%—3%的萎缩。然而,正当人们怀疑欧洲经济衰退将继续深化、欧洲政治环境也将继续恶化,从而可能导致欧元危机再次加剧时,却传来了欧元区在2013年第二季度走出历史上最长衰退期的消息:2013年8月14日,据欧盟统计局称,由于德国经济在2013年第二季度增长了0.7%,法国增长了0.5%,欧元区经济出人意料地增长了0.3%,终于结束了其长达18个月的衰退,而且这是欧元区在2011年最后一个季度开始陷入衰退以来首次实现的季度增长。自从1999年欧元区诞生以来,这次长达6个季度的衰退是最长的。2012年,欧元区国家的平均财政赤字缩减至GDP的3.7%,其中,希腊2012年的财政赤字为其GDP的9%,比2011年的财政赤字为其GDP的9.5%下降了0.5%。而在2013年10月初,希腊公布的一份预算草案还预示,希腊将于2014年摆脱衰退,而在2013年,该国预算可能将出现十多年来的第一次盈余——3.14亿欧元的盈余,而2014年的基本预算盈余将相当于国民产出的1.6%。除此之外,作为欧元区第四大经济体的西班牙,也在连续9个季度的经济持续下滑以后,在2013年第三季度,经济增长了0.1%,从而结束了衰退。现在,爱尔兰、葡萄牙和西班牙这三个曾深陷危机的国家,都已经恢复了"自我造血"功能,爱尔兰、西班牙相继宣布将退出救助计划;希腊也因在实行经济改革计划后取得了一些成效而被信用评级机构穆迪投资者服务公司上调了信用评级。当然,这些数据还不能成为宣布欧债危机已经结束的根据,因为欧债危机的资金缺口还高达1.4万亿欧元,25岁以下青年的失业率在西班牙和希腊还超过50%,即使在2013年第二季度德、法两国推动欧元区走出历史上最长衰退期时,欧元区危机国家的经济除葡萄牙之外,意大利和西班牙仍分别萎缩了0.2%和0.1%,但无论如何,以上讯息说明欧元区处于危机中的国家在经历严重衰退后正在一个接一个地恢复增长。进入2014年,欧洲摆脱债务危机又出现了新的曙光。这表现在:一是欧元区多国的国债收益率明显下跌。例如，西班牙10年期国债的收益率一度下跌3个基点，报3.06%；意大利10年期国债收益率回落2个基点，报3.11%，为历史最低水平。事实上，整个欧洲的借贷成本正在不断下降，现在法国10年期国债收益率不到2%，德国则不到1.5%。二是欧元区重债国也逐渐在重启市场融资。例如，希腊在2014年4月以不到5%的利率发行了30亿欧元的5年期国债，这是自欧洲主权债务危机爆发以来，希腊首次通过发行长期国债筹集资金，也是希腊摆脱债务危机的一个决定性步骤；葡萄牙在成功发行12.5亿欧元的短期债券之后，还将标售5亿—7.5亿欧元的国债，这是它三年来首次标售国债，而恢复常规的国债标售是重获市场准入的关键一步。三是投资者对欧元区几个最弱经济体的信心正在增强。继爱尔兰在2013年12月正式退出欧盟、欧洲央行和国际货币基金组织的救助计划之后，葡萄牙在经过近三年的经济与财政改革后也明显改善了经济环境和融资能力，2014年如期结束国际救助计划。希腊也实现了债务危机以来的首次基本预算盈余，2014年经济增长0.5%，这是它连续6年衰退之后的首次增长。外界认为，重债国"回归"可能是欧洲走出债务危机的开端。当然，这并不等于说，欧元区经济不再面临通货紧缩、经济结构性顽疾以及欧元汇率走强等难题。

同时，在另一方面，欧元区国家虽然在主权债务危机的严重冲击下，保住了欧元、欧元区的继续存在，保住了它的覆盖范围，但原本存在于南、北欧洲国家之间的差异却更加彰显了：在经济上，南欧国家重振乏力，失业率继续高企；在经济和社会主义改革中，欧洲北方国家相对来说越走越快，而欧洲南方国家，特别是葡萄牙、意大利、希腊、西班牙、爱尔兰五国则有沦为欧洲北方国家的"加工厂"、"劳动力源头"等"附庸"的危险。

第三章

美国联邦和地方政府债务危机

正当欧洲主权债务危机持续发酵之际,2011年8月5日又爆发了美国联邦政府债务危机,以后又爆发了美国地方政府的债务危机。

一、美国联邦政府债务状况的历史演变

由于美元在世界上所处举足轻重的地位,美国债务危机爆发后所造成的后果与影响,其严重程度要远远超出欧洲主权债务危机。这是因为,美元是国际兑换和储备货币,世界上超过70%的外汇储备是美元,20%是欧元;各国央行几乎2/3的储备是美元资产,据国际清算银行的数据,美元占各国外汇资产和负债的55%;全球每天发生的国际贸易中,86%涉及美元结算,2001年更达到了90%。世界银行和美国商务部指出,80%的国际贸易、70%的世界进出口贸易、几乎所有的石油贸易,都是用美元来结算的;国际金融体系正在美元化,股市和国际货币市场主要用美元来经营,大型银行和投资基金在全球范围内发行美元资产和债券,在华尔街设立业务总部;新兴国家和发达经济体超过75%的GDP以美元结算,那些严重依赖原材料(如石油)出口的国家,其美元化的比例可能更高;在全球范围内控制投资金融体系和生产经济体系的跨国企业和金融集团,大多使用美元交易、投资和获取利润。因此,要是美元倒下,就意味着全球资本主义体系的大范围崩溃,其他资本主义国家很难幸免;要是美元

崩溃,华尔街就会爆炸,拖累世界所有货币市场;要是美元突然终结,世界经济有可能在数小时内陷入瘫痪。

既然美元在世界上具有这样举足轻重的力量和地位,那么,美国怎么会爆发联邦政府的主权债务危机的呢?

在过去,美国政府的债务危机的发展历程往往呈现为:在发生战争和大规模冲突事件时,巨额的战争开支就推高国家的债务水平,而在战后经济复苏和发展时,国家的债务水平就下降。例如,在1775—1783年美国进行独立战争,1812—1815年爆发英美战争或美国的第二次独立战争,1861—1865年爆发美国内战即南北战争,1914—1918年爆发第一次世界大战,1939—1945年爆发第二次世界大战时,美国联邦政府的债务水平就急剧上升。如在一战后的1922年,美国的债务水平曾达到美国GDP的92%,二战推高美国的债务水平曾达到完全失控的地步,二战时达到GDP的121%,1946年更达到美国GDP的138.8%;反之,在独立战争后的1790年,美国的债务水平曾降为GDP的33%,南北战争后的1866年,美国的债务水平降为GDP的28%,1880—1913年间,因为全球化经济增长大大加速,债务水平下降,1913年的债务水平为GDP的29%,20世纪50—70年代,在资本主义国家处在二战后经济发展的黄金时期,美国的债务水平曾持续下降,到1974年时降至GDP的31%,在1981年,美国的债务水平相当于国家经济规模的32.6%。

但在20世纪70年代以后,在世界范围内没有发生大规模战争和冲突的情况下,却出现了美国的债务水平持续增长、日益触及历史高位这种新现象,在2008年爆发国际金融危机以后,更其如此。在1968—2008年间,美国40年来的平均债务水平相当于GDP的37%,2008年的债务水平也只相当于GDP的40%。在其中的1990—2001年间,由于以信息技术为核心的高新技术革命带来了美国"新经济"的繁荣,美国联邦政府债务规模增长缓慢,在12年中间只有4年调整债务上限,年复合增长率为3.3%;但在进入21世纪以后,随着IT泡沫破裂,美国经济全面减速,联邦政府的债务规模就呈现出按指数增长的趋势,债务上限几乎年年上调,由2002年的6.4万亿美元猛增到2010年的14.294万亿美元,达GDP的99%,年复合增长率高达10.57%,远远高于同期GDP的增长率,平均每个美国人负债4.6万美元。而美国民间机构开设的"美国债务钟"网站,则列举了美国各项债务和资产。在债务中,除美国国债外,还包括美国各州债务、各级地方政府债务、美国个人债务。据此计算,美国面临的总债务约55万亿美元,与2010年美国的GDP 14.5万亿相比较,接近于它的4倍;每个美国公民负债17.6万美元,每个美国家庭负债66万美元。

二、美国联邦政府债务的构成和债主情况

截至2013年7月,美国16.7万亿国债由两部分构成:一部分由国外的债主购买,另一部分由国内的债主购买,其中,美国本土持有5.1万亿,美国联邦政府持有6万亿。在由国外债主持有的5.6万亿美元中,各国和地区的持有情况是:

中国	12773 亿美元
日本	11354 亿美元
加勒比地区	2877 亿美元
石油出口国国家	2577 亿美元
巴西	2564 亿美元
瑞士	1782 亿美元
比利时	1677 亿美元
英国	1569 亿美元
卢森堡	1468 亿美元
俄罗斯	1316 亿美元
爱尔兰	1179 亿美元

而在美国本土持有债券的债主中,其持有情况是:

美国私人养老基金和其他储蓄基金	16000 亿美元
美国个人投资者	12000 亿美元
美国的州和地方政府	5000 亿美元
美国的银行和保险公司	6000 亿美元

为什么在美国一再爆发联邦政府的债务危机之后,还有美国之外那么多国家、特别是中国会购买那么多美国国债?

对于这个为世界上许多人所关心的问题,2013 年 10 月 23 日美国《福布斯》双周刊网站曾发表过伊恩·谢波德森的一篇文章作过分析,他认为"中国之所以通过购买美国国债来借钱给美国,是因为中国几乎没有其他选择,而不是出于对美国的喜爱",他阐述了在美国人心目中"中国将继续购买美国国债的四大理由":

一是中国对美国存在巨大的贸易顺差。在截至 2013 年 7 月的一年时间里,美国从中国进口了价值为 3190 亿美元的货物,大多数美国企业需要为他们从中国进口的商品支付人民币,他们用来购买人民币的美元最终流入中国人民银行的手中,从而增加了中国的外汇储备,这些美元不得不通过一些方式投资出去。

二是如果中国通过出售相当一部分美元转而购买欧元,结果可能会导致美元汇率大幅下跌,但如果发生那种情况,中国持有的美元资产的人民币价值也将大幅下跌,从而造成巨大的资本损失。

三是在中国的绝大部分美元收入不得不以美元的形式储备的前提下,中国除了持有美国政府和私人证券之外,别无选择。对于如此巨大的投资额来说,没有其他投资具有这样的安全性和流动性。

四是中国知道美国不会违约。

其实,中国等新兴市场国家购买美国国债的原因很简单:主要因为新兴市场国家和资源富集国家资本市场发展相对滞后,其外汇储备需要到国际资本市场寻求保值增值,美国等发达国家在虚拟经济领域进行了大量所谓"金融创新",使新兴市场国家和资源富集国家结余的外汇储备大量回流到美国资本市场。

三、美国联邦政府债务的形成机理

一个更深层次的问题是:美国这个当今世上最大的发达资本主义国家、最大的发达经济体,怎么会背负这么巨大的债务包袱?克林顿担任美国总统期间,曾经创造了20世纪50年代以来美国最大的财政盈余,他在2001年的国情咨文中还曾提出过美国联邦政府将在2013年消灭赤字的目标,然而,当前的实际情况却是:美国的债务超过了16万亿美元,美国的财政赤字率、债务率在2009年就甚至高于西班牙和爱尔兰,所有这一切到底是怎么发生的?

美国债务问题的直接根源是长期超常规赤字政策刺激经济的必然结果,而国际金融危机则加剧了其深度和烈度。

在20世纪70年代,在日本、德国的接连打击下,以纺织、钢铁、汽车为主要标志的美国制造业开始全面溃退。在这种情况下,美国不是努力重振制造业,而是步19世纪英国的后尘,全面走向"金融立国"之路,在"华盛顿共识"的旗号下,在全世界强力推动金融开放、金融自由。美国一方面挟美元霸权之力,向全世界提供金融市场,吸引世界资本以各种有价证券(股票、债券)的方式流入美国,另一方面又将制造业外包给德国、日本、中国,从此成为世界的银行家,专职向世界发行货币、提供金融服务,并据此而进口来自世界各国的消费品而且挥霍无度,以致最终需要大规模借款,事实证明美国依赖金融衍生工具的增长方式是难以持续的。

然而,在20世纪90年代美国在同苏联的冷战中胜出以后,石油出口国、新兴国家更放心地使自己从出口中赚得的大量美元重新回流美国,转化成一张张的债券储存起来。而美国则利用它们来进行技术创新,推动高新科技革命,再次将日本、德国甩在后面,重新站在世界产业链的最前端。次贷危机、国际金融危机爆发以后,特别是雷曼兄弟的倒台,敲响了美国金融链条的丧钟,美国私人金融机构的纷纷破产,使世界资本涌入美国政府债券以求庇护,人们把它看成是以美国为中心的全球金融体系最后的安全港。然而,危机爆发以后,不断出台规模空前的经济刺激计划,动辄上千亿美元的救市资金在不断增加着美国的财政赤字,在财政投入无法支撑所需开支后,政府不得不大量对外举债。据统计,在 2008 财年,美国财政赤字创下了 4500 亿美元的新纪录,较上一财政年度增长了 180%,2009 财年受国际金融危机的严重影响,美国的财政赤字规模达到 1.42 万亿美元,较 2008 财年飙升了 207%,再加上在危机中新上台执政的民主党人,不是量入为出,而是大肆挥霍,在不到 3 年的时间里,就使美国政府的债务暴涨了 4 万多亿美元。据统计,在共和党人小布什执政的 2001—2008 年期间,美国的政府债务从 5.77 万亿美元增加到 9.99 万亿美元,而在民主党人奥巴马 2009 年初上台执政后到 2011 年,美国的政府债务就已增加到 15.48 万亿美元。

既然美国政府背负这么巨大的财政赤字和主权债务包袱,那它怎么没有陷入像希腊那样的主权债务危机呢?

对此,法里德·扎卡里亚在 2011 年 7 月 3 日的美国有线电视新闻国际公司网站上发表的《美国会重蹈希腊的覆辙吗?》一文中,提供的分析是:"美国的处境与希腊根本不同","希腊有两大问题。其一是,预算赤字庞大,市场对其还偿能力丧失信心。其二是,其经济是非生产性的,在今后几十年无法创造足够的经济增长。用经济学的说法,希腊既有流动性的问题,又有偿付能力问题。相比之下,美国不存在偿付能力问题。美国经济仍然是世界上最具竞争力的,在多数先进产业中,拥有很多快速增长的公司,它拥有世界上最好的资本市场、最出色的大学和最具活力的社会。由于移民的缘故,美国在人口方面也充满生机,今后 25 年,它将是唯一人口增长的富国"。至于美国可能面临的流动性问题,扎卡里亚说,如果市场对其失去信心,美国将难以支撑其债务和赤字,然而,在实际上,当前借给美国的资金比以往都便宜。扎卡里亚漏掉的一条原因是:美国的美联储可以持续发行货币满足美债偿还需求,以此防止希腊式债务危机的发生。

除此之外,美国之所以没有陷入希腊式债务危机的另一个原因是,由于传统的计量方法,没有反映出美国以知识经济为基础的经济实况,美国经济要比通常想象的更加庞大。例如,通常认为,在美国经济中潜在地存在着:只有微不足道的投资率、数额庞大的经常项目赤字以及可怜的储蓄率等问题。但在实际上,美国公司每年的投资额要比官方的统计数字多出大约 1 万亿美元,储蓄率在实际上是正数,GDP 的增长率要比显示出来的数字来得高①。

但这只是意味着美国不会以希腊那种方式爆发债务危机,而并不意味着美国政府不会爆发主权债务危机,不过以一种不同于希腊危机的方式罢了。

四、美国通过总统与国会、民主与共和两党博弈的方式解决联邦政府债务的风险

美联储可以持续发行货币来满足偿还美债的需要,但这又并不意味着它可以随心所欲地开动印钞机无限度地印发美元,以偿还美债。不,美国从 1917 年开始,从法律上确定了联邦政府债务总量的最高限额,联邦政府举债不得超过这个限额,如果需要超过这个限额,就必须由议会通过、总统批准提高债务上限。否则,美国联邦政府就面临债务违约的风险,或者就得关门停摆,这就构成美国式的主

---

① 参见迈克尔·曼德尔:《美国的经济为何比你想象的强得多——在以知识经济为基础的世界,传统计量方法无法解释这个问题》,载 2006 年 2 月 3 日美国《商业周刊》。

权债务危机。而要避免这些,就得让国会提高债务上限。

美国所谓债务上限,是指美国国会通过的一定时期内美国国债的最大发行额。在1917年以前,每当美国政府需要借款时,每一次都要获得国会的授权;在第一次世界大战时期,为提高国家机器的灵活度,立法者决定授予政府以一揽子的借款权限,条件是联邦政府的总借款量应小于已有的数量限制。根据美国财政部的定义,所谓"法定债务上限",是指联邦政府依据国会授权,为履行现有法定义务而能举债的债务总额。制订法定债务上限的本意,是希望国会利用立法权对联邦政府的举债规模进行约束,防止联邦政府滥用国家信用,维持联邦政府的债务偿付能力和主权债务的可持续性。但在实际操作过程中,如果美国的民主党和共和党、总统和国会对提高债务上限持不同意见,提高债务上限就成了在他们之间进行博弈,成了两党选票之争的政治秀,从而使提高债务上限成为"债务游戏"的事情。

以奥巴马任美国总统时期为例,美国的民主党和共和党都不反对提高债务上限,但在处理债务方式和附带条件上却各执己见:民主党认为要开源节流,而共和党则倾向于大幅度地紧缩开支;民主党希望一次性地大幅度地提高债务上限,共和党则坚持小步慢走。对于提高债务上限问题上的这种不同的处理方式,实质性地影响民主党和共和党两党所各自代表的利益阶层的权益;而提高债务上限的幅度和频率,则会对未来美国大选过程中的政党之间的斗争产生影响,因此,两党经常在这些问题上争执不下,玩"走钢丝"直到面临债务违约"死限"的最后一刻才峰回路转、谈妥协议。

以2011年围绕提高美国债务上限的两党谈判为例,2011年美国法定的举债上限是14.29万亿美元,而美国财政部的数据显示,到5月16日,美国联邦政府已经突破了这个上限,如果国会不能在8月2日前提高债务上限,美国政府就将面临违约风险,于是,美国民主、共和两党就围绕提高债务上限进行了长达数月的艰难谈判。经过多番激烈争执,美国国会两党终于在7月31日晚这个最后时刻就提高债务上限问题达成一致。据奥巴马在电视讲话中宣布的内容，两党达成的协议的第一部分要求，政府在10年内须先期削减1万亿美元的开支，这将使美国的年度国内开支降至半个多世纪以来的最低水平，但仍能保证在教育和科研等领域的投资以创造就业。双方同意，削减开支的步伐不会过急，以免拖累脆弱的经济。债务上限为2.1万亿—2.4万亿美元。但要分三步：第一步，是立即将债务上限提高4000亿美元，第二步是到2011年秋再提高5000亿美元，第三步再提高1.2万亿—1.5万亿美元。这样，协议可以确保到2012年总统换届选举时奥巴马不用再为提高债务上限发愁。这是奥巴马所坚持的"唯一底线"。从这个方面来看，奥巴马是赢家，但奥巴马在削减医疗等社会福利支出方面所作出的让步，却使民主党内一些议员不满，奥巴马原先提出的改革税制、增加收入等主张，现在也要视国会特别委员会的建议而定。而对共和党来说，它所提出的削减的赤字要大于提高的债务上限的主张以及不增加税收等要求，都得到了满足。协议的第二部分，是要在10年内紧缩财政开支约2.5万亿美元——先期削减国防与非国防开支近1万亿美元；后根据国会特别委员会的建议，再削减约1.5万亿美元赤字。第三部分，是要在国会设立一个由两党议员组成的委员会，负责在2011年11月底前对第三步提高债务上限以及未来10年继续削减赤字的内容向国会提交报告。第四部分，是暂不提税，前布什政府的减税政策延续至2013年1月1日。

但通过这样的协议来解决美国联邦政府的债务危机，只是一种暂时性措施。当美国联邦政府的举债要求超过和突破法定债务上限时，它又将再一次地面临危机。

五、国际信用评级机构标普公司下调美国信用评级

在实际上，即使美国民主、共和两党通过协议提高了法定债务上

限,也并没有使美国联邦政府完全摆脱债务危机,因为国际金融分析机构标普公司(S&P)认为美国国会通过的赤字削减计划不够有力、不足以稳定美国的债务状况,并认为美国在面临持续不断的财政和经济挑战时,其决策和政治体系的有效性、稳定性和可预测性有所削弱,而在2011年8月5日将美国的信用评级首次从AAA下调到AA+,将其评级前景定为"负面"。标普公司对美国信用评级的这次下调,在国际上产生了对美国巨大的负面影响。

标普公司的来历是:先是普尔(Henry Varnum Poor)在1860年创立普尔出版公司,1941年他又把普尔公司和标准统计公司合并组成标准普尔公司(Standard and Poor,简称S&P)。标准普尔公司为投资者提供信用评级、独立分析研究、投资咨询服务。1975年,美国证券交易委员会认可标普为"全国认定的评级组织"或称NRSRO。现在,标普1200指数和标普500指数已经分别成为全球股市表现和美国投资组合指数的基准,它同时为世界上超过22万家证券及其基金进行信用评级。

标普公司把长期债券的信用等级分为10个:AAA,AA,A,BBB,BB,B,CCC,CC,C,D。其中,长期信用等级AA至CCC各级还可用"+"和"-"号进行微调;短期债券信用等级则共设6个等级,分别为:A-1,A-2,A-3,B,C,D。在标准普尔评级机构对127个国家和地区的评级中,享有最高的AAA级别的有18个国家和地区:加拿大、英国、法国、德国、瑞士、大多数北欧国家、中国香港、新加坡、澳大利亚。

标普这次将美国主权信用评级由AAA降为AA+,终结了美国维持了94年之久的最高信用评级,标普在2011年8月5日的声明中称:对美国信用评级的"降级反映了我们的观点,即美国国会和政府最近达成的财政巩固方案不足以达到我们所认为稳固美国政府中期债务状况所需要的程度"。标普推断,要巩固美国财政状况,同时期至少需要削减4万亿美元赤字。标普还把美国长期国债信用前景展望维持在"负面",如果美国债务和财政状况未见好转,可能在两年内把美国信用评级进一步降为 AA。具体地说来,标普这次下调美国主权信用评级,其原因有三:一是美国债务状况堪忧,债务占 GDP 的比例逐年上升;二是美国国会日前通过的提高债务上限法案效力不够;三是标普对美国国会未来应对类似问题能力的信心受挫。标普将美债状况与加拿大、英国、德国、法国四国的状况相比较后得出结论认为,美国的债务状况不满足 AAA 的评级要求,包括美国在内的这 5 个国家的净政府债务和 GDP 的比例在 34%—80% 之间,美国为 74%。这 5 个国家的公共债务和 GDP 比例区间在 30%—83% 之间,美国为 79%。标普主权评级部门主管戴维·比尔斯认为,根据标普自己的测算,对于解决美国公共财政问题,比较理想的减赤额为 4 万亿美元。国会通过、奥巴马签署的 2.1 万亿—2.4 万亿减赤数额,在中期不足以应对政府债务的波动,"在这次面对财政和经济挑战时,美国政策制定机构和政府机构的效率、稳定性以及预见性都比我们预计的显著降低",因此对美国决策者在此次提高债务上限问题上的表现非常失望,标普担心未来这些方案的通过又将是困难重重。

由于国际评级机构标普公司从 1941 年以来,穆迪公司从 1917 年以来,惠誉公司从 1994 年以来,都一直是把美国的信用评为 AAA 的,因此,这次标普公司把美国的信用评级降级,就不能不在美国国内外带来极大的震动,引起强烈的反响。首先是美国联邦政府财政部,它在 2011 年 8 月 5 日当即作出反应称,标普的评级计算存在 2 万亿美元的错误:标普关于可自由支配开支的估算结果比实际高出 2 万亿多美元,标普不得不从分析报告中删除这些数字。鉴于这一"误差"涉及估算结果的核心,因此,标普所作降级判断的可信度是"不言而喻"的。美国财政部负责经济政策的代理助理部长约翰·贝洛斯说,他们已经证明政府的计划会在 10 年内将美国的预算赤字削减 4 万亿美元以上,而标普的分析仅仅对大约 2.1 万亿美元的削减进行了估量,因此它采取了"错误的出发点"。贝洛斯说,标普是从国会预算的一个基数或基本预算框架中得出2.1万亿美元的,但是,该机构不是用同一个基数预测美国的债务同GDP的比率,而是将这2.1万亿美元应用到对开支有不同假定的另一个基数上,这就使它对债务比率的预测大大超过财政部所说的正确数字。事实上,如果标普采用的是有正确基数的正确开支削减数额,它就会看到星期二签署的政府赤字削减计划会在10年里节省4万亿美元以上。贝洛斯说,这个错误的影响是戏剧性地夸大了预测的赤字——10年内夸大2万亿美元。

尽管如此,标普公司对美国信用评级降级的影响却已无可挽回地造成了。《纽约时报》专栏作家弗里德曼说,美国正在以一种最坏的方式衰落,其缓慢的速度恰好足以使美国人自欺,认为将来的日子会与过去一样,因而不需要作什么改变,因此,美国的实际衰落,是比下调评级更为可怕的事情。《华尔街日报》发表文章称,"史无前例的美国信用评级下调,让华尔街和华盛顿不得不倾力应对一个新的世界秩序",这说明评级下调问题涉及美国的信用还能否支撑住现存秩序,评级下调是否成为一个新旧秩序的转折之点。当其他国家和地区发展迅猛,世界贫富差距加大,局势动荡加剧时,美国再想独立擎天,那是再也不可能之事,因为这种世界秩序是依赖其使用而存在的,20世纪70年代时的美国财政部长康纳利曾经说过"美元是我们的货币,却是你们的问题"。诺贝尔经济学奖获得者克鲁格曼在《纽约时报》上撰文说,美国政府不可靠,美国的确已经失去了稳定而又可靠的力量,美国债券和信用危机的罪魁祸首首先是美式资本主义制度危机,美国列车早已进入错误的轨道,美国的困境是制度困境,在现行体制下,美国无法解决自己的债务危机,无法根除贫富不均、分配不公、寅吃卯粮、借贷消费等,更无力让少数富人向高税收投降。

早在2011年7月底,中国的国家通讯社新华社就批评美国在如何提高债务上限问题上玩弄边缘政策的做法"危险而且不负责任",

可能会使全世界陷入比2008年金融危机时更为严重的衰退。2011年8月6日,新华通讯社又对标普下调美国长期主权信用评级发表评论说,"世界唯一超级大国最大的债权国中国现在有充分的权利要求美国解决它的债务问题,确保中国美元资产的安全",中国还敦促美国削减军费和社会福利开支,重建并运用"量入为出"的常识来"治愈其借债成瘾的问题","美国政府必须接受痛苦的现实,即靠借债解决自己制造的困境的好日子已经结束了","应该引入对发行美元的国际监督,新的稳定安全的全球储备货币也是一个选择,从而避免单一国家引发的灾难"。

六、美国联邦政府因债务危机关门停摆16天及其影响

2013年10月1日,由于美国国会中共和党一方坚决要求修改奥巴马的医保法案,以此作为批准联邦政府预算的条件,而总统奥巴马与民主党一方则誓不让步,于是,美国联邦政府在时隔17年之后又再次被迫部分关门。在关门期间,除了维持政府核心业务的关键部门"照常营业",其他非核心部门被迫关门"歇业",其中包括美国航天局、环境保护署、劳工部、内政部、能源部等在内的部门均有超过50%的雇员被迫休假,而航天局被迫休假的雇员更高达97%。

自从1976年以来,美国联邦政府已经被迫关门18次。在1977—1996年的19年间,美国联邦政府曾被迫关门17次,致使数十万政府雇员被迫回家"待业",数百个国家公园被关闭,各种福利、医保、旅行、签证等服务也饱受影响。这次导致联邦政府停摆的导火索"奥巴马医保",其全称为"患者保护与平价医疗法案",在2010年3月生效。共和党人曾多次以"废法"相威胁,但美国最高法院2012年夏裁定其符合宪法。2013年9月20日以来,共和党人又借审批新财政年度政府开支之机,谋求限制这个法案中个人强制保险等重要内容,为争取民众支持,众议院议长在其政府开支方案中加入了"六

亲不认"的条款：取消议员、国会工作人员、议员助手享受多年的医保津贴。这种补贴平均水平为个人保险补贴5000美元,家庭保险补贴10000美元,这相当于大幅降薪。共和党之所以集中火力对奥巴马医改法案发动攻击,不仅因为这是奥巴马的标志性政治遗产,更因为它是扩大政府影响的治国理念。这个法案的核心内容是,对于年收入低于43320美元的个人、年收入低于73240美元的三口之家,联邦政府给予医疗补贴,而对于高收入群体则加征个人所得税,并对高额保单加征消费税。这个法案扩大针对低收入群体救助计划的覆盖范围,使3200万没有医保的人获得医保,使美国的医保覆盖率提升到95%,它不仅惠及最贫穷阶层,也惠及普通工薪阶层,近3200万美国人可在其实施后获得医疗保险,这是民主党"大政府"理念的胜利,它将极大地改变美国民众与政府的关系,并有可能对共和党四十年来奉为圭臬的"小政府"思想构成致命威胁。美国昆尼皮亚克大学2013年10月1日公布的一项民调结果显示:72%的受访群众反对共和党的做法,只有22%的人表示支持。甚至连资深共和党参议员麦凯恩都认为,共和党人想用政府停摆的方式推翻医改法案,违背了公众意愿。

虽然2013年10月美国联邦政府因债务危机关门停摆的时间是16天,少于20世纪70—90年代最长的一次停摆21天,但其破坏性影响却远远大于以前。

一是经济方面的直接损失。据标普2013年10月16日的研究报告称,美国联邦政府这次关门停摆,在经济方面至少已造成240亿美元的直接损失,并将美国经济按年率计算的增长率从上个月预测的3%,调降到2%(2011年为2.8%)。然而,真正的经济损失源于由政府关门所造成的不确定性的加剧,这会导致企业方面启动新项目时心生犹豫,也会促使消费者省钱而不是花钱,最终损害到金融市场。

二是重创了美国的"软实力"。由于联邦政府债务危机已经导致政府关门停摆,致使美国总统奥巴马不得不在取消原定对马来西亚和菲律宾的访问之后,又取消去印尼、文莱出席 APEC 峰会和东亚峰会,造成在会议的照片中,呈现出中国和俄罗斯两国的领导人站在前排中间,而代表奥巴马总统出席峰会的克里国务卿则只能站在角落里、差点从舞台上掉下去的景象。这就投射出一个萎缩的美国形象——总统寸步难行,国家由于内斗而疲惫不堪。人们必定会质问:一个无法让自己的政府运转的总统如何能领导亚太地区步入一个政治经济相连接的时代?一个没有金钱在手的总统如何能振振有词地宣称美国将加强其在亚洲的存在、领导一个新的区域贸易倡议?美国前国防部助理部长、哈佛大学教授约瑟夫·奈说:"从政府有效管理的声誉和世界储蓄货币的损失来看,美国的软实力遭到严重破坏",使美国因斯诺登揭露的全球互联网监控而受损的声誉再次遭受重创。奥巴马本人也在 2013 年 10 月 17 日承认,政府关门 16 天,已影响到华盛顿的全球地位。美国外交学会会长理查德·哈斯说:"这向美国的盟友发出了一个信息:他们得靠自己了。毫无疑问,这冲淡了美国模式的魅力,使美国的可预测性和可靠性再次受到质疑,而这些特性对具有影响力的大国至关重要"。美国国务院发言人玛丽·哈尔夫说,联邦政府关门具有"破坏性",对美国"在国际上的地位造成严重的负面影响"。有些美国政府前官员也纷纷表示,在税收、公共支出和借款等重要问题上不愿做出妥协的长期分裂的政府体制,削弱了美国的影响力。日本政界则认为,联邦政府关门、奥巴马缺席 APEC 和东亚峰会表明,美国"转向亚洲"的外交战略正在动摇。他们认为,奥巴马的这次亚洲之行,本该是奥巴马为确立美国主导的亚太自贸圈,大幅推进 TPP 谈判的一个重要日程,奥巴马的缺席,让大多数国民感到失望,当这种失望扩展到全球时,全球力量平衡可能被打破。

　　三是美国的"债务游戏"惹恼了全球。人们从债务危机导致美国联邦政府关门停摆中开始担心美国政府的信用、甚至美国的信条,包括市场经济和美国的民主制,并对美国是否仍有能力管理全球经济提出质疑。西班牙《国家报》发表文章说,关门危机"弱化了美国的国际领导地位,给那些支持在美国即将衰退后建立多极世界的国家以武器";德国《南德意志报》则发表文章认为,美国周期的财政冲突"令国外怀疑美国实现其领导大国角色的能力"。中国国家通讯社新华社更在2013年10月13日发表英文评论,呼吁建立"去美国化"世界。文章指出,"既然美国两党的政治人士仍在白宫和国会之间摇摆不定,没有达成可行协议,让他们自我吹嘘的政体恢复常态,也许现在对迷惑混乱的世界而言是个好时机,开始考虑建立一个去美国化的世界",评论呼吁建立"一种新的世界秩序",在这种秩序下,"所有国家,不论大小贫富,其重要利益都可以在平等的基础上得到尊重和保护",评论说,美国政治僵局仍将继续,"这意味着取代'美式和平'的时机已经到来。"

七、美国联邦政府的债务危机凸显美国资本主义政治制度的危机

美国联邦政府的债务危机本身无疑是经济方面的危机,但在其发展进程中,它所凸显出来的却又是资本主义的政治制度危机、特别是美国资本主义政治制度危机。这种政治制度的危机首先表现在资本主义的选举政治使其政客们把选举胜利的狭隘利益看得重于更大的国家长远利益。美债危机不同于欧债危机的一个重要方面在于,引发欧债危机的一个重要原因是,欧元区只有统一的货币政策而缺乏统一的财政政策,而美债危机在很大程度上却是由美国国会两党之争带来的政治危机。由于美元是国际货币体系的核心,美联储是特殊的中央银行,只要美联储还掌握着美元这种带有国际性的货币的发行权,那么,美国国债的违约风险实际上就不存在。但是自2011年以来,美国共和党却以削减乃至取消奥巴马的医改法案为目

标,以美债上限为武器不断发动斗争,不断地造成美国联邦政府的债务危机。

2013年的美债风波,到10月16日总统奥巴马签署参、众两院通过的削减政府开支和提高债务上限法案时,终算使这场旷日持久、一波三折的美国国会两党债务争斗,赶在美国债务违约的大限之前尘埃落定。但美国国内外舆论普遍认为这场风波的平息是妥协而没有赢家,是急救而不是根除,是缓解而不是病愈,是迫不得已而不是心甘情愿。以致亚太主要股市和欧洲主要股指的反应是普遍急跌大跌,因为他们原希望看到美国经济现实的改变与体制弊端的消除,不确定的阴影不再笼罩全球经济的上空,但美国国会两党最终达成的协议却并没有使投资者获得足够的动力去重建信心。

究其原因,在于美债不仅被美国国内经济所绑架,要承担美国国内外种种经济风险,而且被美国国内政治所绑架,要承担由美国政治制度派生出来的选举政治和党派政治的风险。美国共和党和民主党在债务辩论中所持立场都是要保护其忠实选民的利益:对于共和党来说,这意味着要反对给其富裕的支持者加税,而对于民主党来说,这意味着要维护住中产阶层的补助计划和福利开支。他们所关心的都不是削减赤字、提高经济竞争力,而是把眼光停留在下一次选举计票上。于是,他们就把真正的问题和实质性问题搁置一边、不议不决,如在美国这次达成的债务协议中,稳定国家财政状况这一重大任务基本上未能解决,改日将一议再议。在美国历史上,低收入阶层大多支持民主党,而富人则向来拥护共和党。民主党人奥巴马在2010年3月23日签署的联邦法《患者保护与平价医疗法案》,标榜对私人医保行业与公共医保项目进行改革,将3000万没有医保的美国公民纳入医保覆盖范围。其首次"关爱"3000万无医保群体及总统的承诺在当时看起来非常有感召力,但为穷人提供免费医疗保险的支出却来自对富人的税收。于是,在美国众议院占据多数席位、代表富人利益的共和党人就自然要反对奥巴马的医改法案,他们要求削减奥巴马医改计划的支出,并进行改革;但在美国参议院占据多数席位的民主党人也态度强硬,要求通过不带任何附加条件的"干净"的法案来提高债务上限。在2013年10月1日(美国2014财年第一天),由于对奥巴马医改法案的分歧,国会两党未能达成新财年预算或临时拨款议案,美国联邦政府自1996年1月6日以来首次出现"停摆",非核心部门关门。10月12日,在多次谈判未果的情况下,美国国会参议院领袖里德与麦康纳开始启动谈判,这也是美国避免政府违约并结束政府关门的最后一道防线。10月15日,众议院议长博纳提出一项方案:推迟两年征收医疗设备税,增加该项目补贴的收入证明、取消该项目对国会和政府内阁补贴的内容,政府拨款授权将延续到1月15日,债务上限将被延长到2月7日。根据这一方案,众议院和参议院就税项和福利计划等一系列分歧进行新税年预算谈判、寻求达成协议的最终期限,定在12月13日。但这个方案很快就遭到白宫的拒绝。10月16日,博纳提出的方案先后在参议院和众议院获得通过,随后,美国总统奥巴马在议案上签字。10月17日,数十万无薪休假的联邦机构雇员才重返工作岗位。当天,奥巴马在谈到美国的财政僵局时称:"这鼓舞了我们的竞争对手,并让那些期待国家运行稳定的朋友感到失望。"然而,在实际上,奥巴马健保法的实质并不是"全民健保",而是"全民必须买健保",法案要求所有美国公民都必须购买医疗保险,否则就需要缴纳一笔罚款。至于奥巴马保护3000万低收入群体的承诺也未必能兑现,因为奥巴马政府一方面能神不知鬼不觉地拦截谷歌、雅虎这些美国消费科技巨头的通信数据,另一方面却又无法建设一个运转良好的联邦医疗保险网站,以致它故障频发而遭到批评。奥巴马健保网站从一上线就开始出现问题。据《华尔街日报》分析,网站瘫痪的主要原因是,投保者打开网站后本应浏览所有的保险条款政策,但该网站却要求投保人先进行个人信息注册登记,然后才可以浏览网站内容,于是,大批民众的集中注册导致网站瘫痪。这里的关键问题在于政府的优先事项,包括政府上述两个方面的开支及雇用的人才和专家上存在的巨大差异：美国国家安全局 2013 财年的预算略超过 70 亿美元，而花在网站建设上的费用为 1.18 亿美元。2013 年 10 月 30 日，美国卫生与公共服务部部长凯瑟琳·西贝利厄斯就医改网站故障频发向国会道歉；11 月 13 日，在关于网站建设的听证会上，美国白宫首席技术人员托德·帕克仍无法正面回答"何时可以修理好网站故障"和"到底投入了多少资金建设该网站"等问题。所以，随着政府关门停摆的结束，公众视线投向麻烦不断的"奥巴马医保"，奥巴马的支持率跌到历史上最低的 42%，不支持率则升至历史上最高的 51%。

其次，美国资本主义制度的政治制度危机，也表现在美国备受推崇的制约和平衡（check & balance）制度，这种制度为了阻止政府采取强有力的政治行动，特地在宪法中设置了非同寻常的障碍，在一定条件下可使代表少数人立场的政治派别能够阻止多数派的行动，并阻止政府采取任何行动，甚至使政府陷于瘫痪。托马斯·曼和诺曼·奥恩斯曾经指出，政党两极化再加上权力的极度分散，导致了政府的瘫痪。2013 年这次导致美国联邦政府关门停摆的一个重要原因，是因为美国的一个在国会中同共和党一起行动的小党——茶党，希望用预算和债务上限作为"人质"，迫使奥巴马总统修改其医保改革法案。众议院议长共和党人约翰·博纳等未能控制这股势力，而共和党的稳健派由于担心影响 2014 年中期选举预选，也未采取任何行动，以致出现了茶党少数人绑架共和党的现象。有人认为，在这次的事件中，共和党甚至不是一个政党，而是"两党联盟"（指共和党与茶党的两党联盟）。

茶党（Tea Party）的名称，最初出现在 18 世纪。当时，由于英国殖民政府和英皇佐治三世对北美殖民地征收茶叶进口税的税率高达每磅茶叶 3 个便士，而在国会中却又没有代表北美殖民地人民说话的议员，于是，在 1773 年 12 月 16 日，一群波士顿人就假扮印第安人控制了三艘装满茶叶的英国商船，将船上 342 箱茶叶全部倾倒入海中，人们把这些人称作"茶党"，之后在南卡罗来纳州的查尔斯顿、费城等地也出现了类似事件，北美殖民地的独立战争由此揭开了序幕。以后，人们通常把茶党同抗税、革命联系起来。茶党的重生，肇源于2009年2月，美国国家广播公司电视台主持人桑特利在其主持的节目中表示反对奥巴马政府的房屋救济贷款政策，呼吁茶党的再现。于是，就有人开始谋划并成立了茶党，600余名代表从各地聚集到了田纳西州，召开了重生的茶党的首届全国大会。茶党在2009年4月15日这个美国的纳税日，发动了有上万人参加的全国性游行示威活动，口号是反对高税收、高支出和医保改革，要求削减政府规模。他们高举的横幅上所写"税收已经够了（Tax Enough Already）"的第一个字拼在一起刚好是茶党的"茶（Tea）"字。从此，茶党成为保守的民粹主义者发泄不满的平台。

茶党是一种没有形状的、分散化的反叛，它没有明确的领导、没有中枢机构，其全国性组织有5个，以"茶党爱国者"的影响最大。总起来说，茶党还只是一个松散的民间团体，把这些人聚集在一起的共同点，一是都反对大政府，认为要解决问题，靠政府还不如靠个人，担心政府过多的干预会造成权力过度集中；二是民粹色彩浓厚，对非主流族裔的歧视往往赢得喝彩；三是延续了20世纪90年代初美国民间政治运动思潮兴起的特点，即经济不景气，民间对政府有诸多不满，谋求自上而下改变现状，重塑美国政治格局。茶党之反对奥巴马的背景源于奥巴马上台执政时，正值国际金融危机加剧，为此他扩大财政赤字，以刺激经济，还准备增加19万亿美元的税收。有些人担心奥巴马的经济社会政策会使一向自由和资本主义的美国向左转舵；有些人则认为奥巴马没有把税收用在刀刃上，认为在每个美元的税金中，浪费的就有53美分。从2010年5月开始，有茶党的人被选入参议院，在2013年中期选举中，茶党更有33人赢得众议院初选、8人赢得参议院初选，由于茶党的政治理念比较倾向于共和党，因此在议会中他们往往依附于共和党，却又并不完全听从共和党的指挥，他们可以自己行动，自主性很高。因此在国会中的共和党人分为温和派和激进派，多数人没有主导局面的情况下，出现了被茶党少数人所绑架的景象。美国的历史说明，权力平衡和有利于少数派的机制，在有些时候确能运行良好，但当一国的命运由于茶党绑架了在参议院占多数的共和党，而攥在一个茶党参议员手里，或作为少数党的茶党在参议院的影响力和威慑力竟能凌驾一切时，事情就不是想象中那个样子了。

八、美国地方政府的债务危机

在美国，除了联邦政府背负沉重的债务包袱之外，许多地方政府也同样背负大大小小的债务包袱，其中，有一些甚至发展到为此而申请破产保护的地步。据统计，自1937年制定《美国破产法》以来，截至2012年8月，美国大约已有640多个地方城镇申请破产保护。在过去30年中，有近250个地方政府申请破产保护；而自进入21世纪以来、特别是2008年爆发金融危机以来，申请破产保护的美国城市和地区就有：罗得岛州森特勒尔福尔市，爱达荷州的博伊西县，亚拉巴马州的杰斐逊县，宾夕法尼亚州的哈里斯堡市，加利福尼亚州的斯托克顿市、马默斯湖群镇和圣贝纳迪诺市，以及密歇根州的底特律市。这些申请破产保护的城市和地区的债务或赤字额，多则数十亿美元，如亚拉巴马州的杰斐逊县，负债40亿美元；少则仅负债数百万美元，如爱达荷州的博伊西县，因违反联邦住房公平法案，被判向一家开发商支付赔偿金和律师费，该县就申请破产保护，但因未能证明其无力赔偿而遭拒。在这些申请破产保护的地方政府中，债务额高踞榜首，达到180多亿美元的，当数曾经位列美国第五大城市的"汽车之都"、密歇根州的底特律市。作为一个可循先例，它还让同样负担沉重的芝加哥、洛杉矶和费城等大城市选择仿效。

(一) 美国地方政府债务危机形成的原因

一般地讲,拉响美国地方政府债务危机警报的主要因素有三:

一是在经济上,由于美联储长期实行低利率政策,借债成本过低,致使美国地方政府大量举债,从而为债务危机在尔后的爆发埋下了伏笔。据底特律紧急管理人奥尔介绍说,不断上升的养老金债务是底特律破产的核心原因,底特律市政府亏欠已退休和即将退休的政府等公共部门工作人员的养老金高达35亿美元。在实际上,滚雪球般增长的养老金债务是全美很多城市都面临的问题。从东部濒海城市巴尔的摩到西海岸的洛杉矶,都背着沉重的养老金债务包袱。据皮尤中心估计,2010年整个美国的公共养老金计划就有1.4万亿美元的缺口。其中,芝加哥最近还因为190亿美元的养老金债务而被信用评级公司降级,穆迪公司甚至认为芝加哥的养老金债务可能高达360亿美元,据一些专家估计,洛杉矶的债务也超过300亿美元。

二是在政治上,长期以来,美国各政党为争夺选票的票仓,争相向美国政府中的常任文官许诺各种福利措施,致使政府机构臃肿,公务员工资和福利过高。

三是美国实行的多党制,使每个政党上台执政时都拼命借债花钱,而把还债的责任留给下任官员。许多届政府的过度负债为尔后债务危机的爆发,直接埋下祸根。

特殊地讲,美国每个地方政府其债务危机的形成和爆发,又都有自己的独特的原因,以底特律为例,它的爆发债务危机和申请破产保护,又是和其一任市长治理不力、导致犯罪不断,另一任市长贪腐索贿密不可分的。

底特律的衰落始于1967年由于白人排斥非裔而导致的持续5天的大骚乱。在此之前,居住在底特律的白人排斥非裔,用暴力和恐吓阻止黑人进入。1967年底特律警察为清理市内无照酒吧而搜查黑人酒吧事件点燃了骚乱的导火索,导致持续了5天之久最终动用了军事力量才得以平息的骚乱。此后,白人中产阶层开始大量从城里搬迁到郊区、乃至逃离底特律,到1980年,白人的比例已从以前的占底特律人口的55%下降为34%,现在,黑人更占了居民的83%。而人口与财富外流、税收下降、公共服务减少,又导致更多的人出走。1974年就任市长的科尔曼·杨在长达20年的任期内,正值美国经济社会面临国内外诸多挑战:经济衰退、石油危机、汽车工业衰落,再加上他对城市的管理不善,以致不仅未能遏制犯罪率的上升,反而使腐败和无能在警察局和其他政府部门内越来越盛行,科尔曼·杨的这种治理不力和政治腐败严重地推进了底特律的衰落。而2001年就任底特律市长的夸梅·基尔帕特里克,不仅不顾该市薄弱的家底,举债大搞城区改造,使它欠下巨额债务,最终走上破产道路,而且把腐败政治发挥到了极致,他先后卷入性丑闻、谋杀妻子、滥用公款、贪污索贿等20余项丑闻,直到把市长办公室变成了"基尔帕特里克注册公司",最终因丑闻败露被迫辞职并被送上法庭,而底特律的败落更因此而雪上加霜。

(二)底特律的衰落历程

底特律,1701年由法国贵族探险家、毛皮商安东尼·门斯·凯拉克建立,是美国密歇根州最大的城市,位于密歇根州东南部的底特律河畔。底特律东临圣克莱尔湖,与加拿大安大略省的温莎隔河相望,面积370.2平方公里。底特律河穿过闹市区,河畔耸立着一座72层高的建筑物——"复兴中心",是底特律的地标性建筑。

18世纪末,底特律建造了大量镀金时代建筑而被称为"美国的巴黎",1896年,亨利·福特在这里制造了他的第一辆汽车,20世纪初,福特T型车下线,后来,通用、克莱斯勒等汽车巨头也发家于此,而1939—1945年的第二次世界大战为底特律的工业带来了极大的发展,底特律逐渐成为世界汽车工业之都。20世纪40年代,世界上

第一条高速公路在底特律建成。到了20世纪50年代，底特律成为美国最繁荣最富有的城市之一，拥有180多万人口，民众以居住于汽车城而自豪。然而，随着在20世纪60年代美国各地接连爆发种族骚乱，底特律也在1967年爆发第十二大街种族骚乱，并随着公共汽车业废除种族歧视，白人大量逃离底特律。到了20世纪70年代，石油危机重创了美国的汽车工业，使之把在引领美国经济社会发展的龙头产业的位置，让给了电脑、互联网、现代通讯技术等等。在这种形势下，底特律不仅没有实现产业结构调整、升级，反而继续依重传统汽车工业，导致生产力低效、城市竞争力损耗严重。进入80年代，美国经济萎靡，进一步削弱了底特律重工业制造中心的地位。进入21世纪以后，底特律的人口和税收基础急剧减少，不少企业撤离底特律，更使它的财政就业状况日益恶化。2008年爆发的国际金融危机则成为导致底特律破产的最后一根稻草。

导致底特律陷于债务危机乃至申请破产保护的状态，其表现是多方面的：

首先，表现在财政收入方面，随着底特律的人口由180多万锐减为70万，它税基已大大缩小，同时，底特律的税率已达上限。然而，在2011年时，47项应税财产却拖欠了财政税，致使2012年预算赤字累计达3.266亿美元，如不实行结构性改革，预计2017年的财政赤字将突破13亿美元；也正因为这样，底特律的财政已经连续6年入不敷出。

其次，表现在财政支出方面，由于底特律承诺给予劳动者以它根本无力承担的好处、尤其是医疗保险和养老金，以后又不得不长期依赖借债和延期支付来支撑，以致仅养老金一项就已亏欠35亿美元债务（据报道，美国各州和地方政府养老金计划共有3.8万亿美元债务），底特律的总债务高达180亿—200亿美元。

再次，表现在失业率方面，底特律的失业率自2000年以来已经增加了2倍，在2012年6月达到18.3%。

又次，财政困难使底特律削减用于市政服务、公务人员薪水等方面的开支。在 2013 年第 1 季度：底特律有 40% 的路灯不亮；2/3 的救护车停止工作；警察接到报警后作出反应的平均时间为 58 分钟（全美的平均反应时间为 11 分钟）；刑事犯罪的破案率为 8.7%（密歇根州全州的破案率为 30.5%）；约 8 万栋被废弃荒芜的摩天楼、工厂、住宅等建筑物随处可见；社会治安急剧恶化，盗窃、抢劫、杀人频繁发生。

根据上述情况，密歇根州州长里克·斯奈德在 2013 年 3 月 1 日指派企业重组专家、擅长处理破产问题的华盛顿律师凯文·奥尔接管底特律，授予他以底特律市管理的极大权力，希望这位曾使克莱斯勒汽车企业起死回生的专家也能把底特律从濒临破产的危境中拯救出来。凯文·奥尔在 3 月 25 日走马上任后，采取了一系列挽救底特律的措施，并与底特律的债权人以及养老基金等机构开展艰巨的谈判，希望他们能大幅减免债务和养老金补贴等。但经过三个多月的艰苦磋商，未能获得成功，因此只得向斯奈德州长建议：底特律只能选择破产之路。据《今日美国》报道，凯文·奥尔指出，不断上升的、毫无资金来源的养老金债务是底特律破产的核心原因。

据此，底特律于 2013 年 7 月 18 日根据美国联邦《破产法》向法院申请破产保护。经过漫长的听证和数周的辩论，美国联邦破产法院法官史蒂文·罗兹在 2013 年 12 月 3 日作出裁定：底特律符合美国《破产法》第 9 章的破产保护条件，可据此申请破产保护，重组债务。他同时裁定，密歇根州运用紧急管理法推动底特律宣告破产是合适的，底特律市政府可以通过削减公务员的养老金来削减债务。罗兹说，底特律的破产是迟到的结论，早在多年前就应该走这条路。他说："这座城市已经不具备向市民提供基本服务的资源。为扭转颓势并吸引更多新人口，促进城市新生和振兴，底特律需要帮助。"里克·斯奈德州长欢迎法院的决定，称这是"底特律走向光明未来的唯一道路"。凯文·奥尔则表示，他希望各工会、养老金基金和一些债权人能和他一道,在双方愿意的情况下成立一套削减城市债务方案,以使城市财政能够出现良性复苏而变得充裕。

应该说,罗兹法官的这个裁定,颠覆了密歇根州宪法关于保护政府雇员的养老金权利的规定,但罗兹裁定,联邦法庭的权力可超越各州立法。美国联邦《破产法》第9章设有"自动中止"条款,即在有关市政府提出破产保护获准后,所有针对该市的索偿行动就中止,这就使得负债城市可免遭债权人起诉。根据罗兹的解释,养老金权利虽是受密歇根州宪法保护的合同权利,但根据联邦破产法律,这一合同存在被削减的风险。这样,掌握市政债券的投资人可能血本无归,靠市政府支付养老金的人可能失去经济来源,邮局、公立学校等可能面临裁员减薪。所以,在法院作出裁定后,底特律市政府雇员工会立刻向美国第六巡回上诉法院提出上诉申请,其他工会组织与养老金基金也考虑上诉。代表涉案州、县、市雇员利益的律师莎朗·列文表示,联邦法官的裁定极具"破坏性"。但更多的法律专家对裁定并不感到意外,还认为它可能成为一个可循的先例,让同样负担沉重的芝加哥、洛杉矶和费城等大都市选择效仿。

第四章

像达摩克利斯剑一样高悬头顶的日本主权债务危机

如果说,在21世纪头一个十年里,欧元区的主权债务规模达到其GDP的80%以上,就使它成为世界经济震荡中心的话,那么,应当说,同期日本的主权债务占其GDP的比率已经接近230%。据日本财务省2012年5月10日发布的数据显示,截至2012年3月底,包括国债、借款和短期政府债券在内的国家债务余额已达历史最高水平的959.9503万亿日元(约合12万亿美元)。现在,日本国家债务的余额是其每年GDP的两倍多,平均每个日本国民肩负着761万日元(约合8.5万美元)的国家债务,但这却并没有使日本因此而成为世界经济震荡中心。这到底是什么原因呢?

一、日本经济当前的主要问题,首先在于通货紧缩、衰退消沉

其原因正如日本庆应义塾大学教授竹森俊平在接受《朝日新闻》记者采访时所说,是由于:"95%以上的日本国债都是通过日本银行、保险公司和养老金的方式掌握在以节俭闻名的日本人自己手里,而且现在日本国民的存款总数还大于国债的总余额"。这就是说,债权人并不缺乏资金,日本国债很难发生内部危机。但当某一阶

段,国内债务市场出现饱和,新的政府债务就不得不让多变的外国投资者来购买了,而且在三四年时间里,随着日本婴儿潮一代的退休,家庭储蓄开始减少,如果那时还没有想出解决办法,情况就会变得很艰难。日本经济学家伊滕隆敏和星岳雄认为,如不采取措施避免的话,饱和点会在7—10年里出现,从而推动危机的爆发。所以,日本经济当前的主要问题还不在于主权债务高企,而在于在二战以后,由充满活力走向衰退消沉,但主权债务危机却又像达摩克利斯剑一样高悬头顶,掉下来就会造成巨大灾难[①]。

  大家知道,当代资本主义在20世纪50—70年代,经历了一个快速发展的"黄金时期"。在这20年间,当代发达资本主义国家的年均增长率为5.5%,超过二战前20年的年均增长率2.3%达一倍左右。在1953—1973年间,日本的年均增长率为9.8%,是二战前20年的年均增长率的好几倍。这样,以1973年与1950年相比,日本的GDP增长了28.1倍。在1952年同盟国结束对日军事占领时,日本的GDP略高于法国或英国的1/3,而到了20世纪70年代后期,日本的GDP已相当于英、法两国的总和,超过了美国GDP的半数,而到了20世纪90年代,日本的GDP更由50年代初相当于美国GDP的6%,上升到相当于美国GDP的66%。日本在世界制造业产量和世界GDP总量中所占份额则从占2%—3%上升到占10%左右。美国在工业部门的许多领域如汽车、机床、半导体、消费性电子工业等领域,都被日本迎头赶上,这种情况进而影响到日本与美国在经济方面的力量对比、日本与美国的经济增长率对比等等。正是在这种情况下,日本在美国大兴购买之风,纽约的一些百货公司、百货大楼都换成了日本老板,截至1988年,日本在美国投资530亿美元,开设了837家企业,雇用了30万美国工人,……以致1991年4月,在由美、

---

  ① 达摩克利斯剑意指时刻存在的危险。这源于古希腊的一则传说:迪奥尼修斯国王请其大臣达摩克利斯赴宴,却让其坐在用一根马鬃悬挂头顶的寒光闪闪的利剑的座位下。

欧、日企业、工会、经济政治领导人组成的"三边委员会"在东京召开的年会上,东道主日本宣布说,他们在过去10年中赋予英国工业以新的活力,之后的"下一个巨大的任务是要使美国重新工业化"。石原慎太郎则在20世纪90年代初出版的《可以说不的日本:为什么日本将成为平等伙伴的第一名》一书的日文版中说:"20世纪超级大国的军事战将为21世纪的经济战所替代,日本便是21世纪经济战的胜利者。"

但就在这个时候,以1984年日、美关于改变汇率的"广场协议"为转折点,导致20世纪90年代初日本金融泡沫的破裂,导致日本制造业在其中发展的经济环境的巨大改变。1984年的日、美"广场协议"规定了日元对美元的汇率,要求日本从1985年起提高日元对美元的比价(如在1986年底,1美元等于160.1日元,到了1987年底,1美元等于122日元。日元对美元的比价升值54.5%),要求日本放宽对金融体系的约束,逐步取消阻碍竞争的行政干预措施。这一举措带来了极度的自由化,导致巨大的金融泡沫。在这种泡沫经济的发展中,日本在1986年1月以后的13个月中,七次下调了基准利率,同时,日元升值又使公司拥有的不动产,其账面价值急剧上升,并扩建其在亚洲国家的桥头堡,促使亚洲奇迹的出现,形成了由日本任头雁的"雁阵模式",使日本的投资到20世纪80年代末已涉及制造业、大理石宫殿、美式高尔夫球场,而这又酿成了银行业的瘫痪,以及在很长时期内没有理清的坏账局面。到了1990年,日本的这种经济泡沫终于破裂,东京股市在一年内下跌了54%,房地产市场狂跌60%,银行坐在5000亿—8000亿美元不良贷款的火山上,随后就出现了通货紧缩。日本陷入危机以后,银行破产增加,失业者达到318万的创纪录数字,1997年日本出现了0.7%的负增长,1998年进一步恶化为2.8%的负增长,1999年国家新的举债达到GDP的10%,劳动生产率也急剧下挫。

更其严重的是,经济方面的这种一直延续到21世纪的危机形势,导致日本的社会价值观也面临崩溃。据日本青少年研究所公布的对日、韩、美、法四国中学生进行"新千年生活与意识调查"的结果,发现日本青少年中有61.5%的人把"享受"当作"人生目标",而美国只占4%;选择"获得崇高的社会地位和名誉"的,在被调查的日本青少年中只占1%,而在美国却占40.6%;选择"为社会作贡献"的,在被调查的日本青少年中,仅占4.4%,而在美国青少年中却占11.95%。而就整个国家来说,日本继1997年出现负增长0.7%之后,在2001年又出现0.75%的负增长,这引起了日本国民的不安和不信任情绪,从而导致消费不旺、通货紧缩和一系列消极的连锁反应。

以美国为震源的国际金融危机爆发以后,美欧经济深陷金融系统和主权债务双重危机,在这种情况下,依赖出口的日本经济的外部环境恶化,日本的GDP在2008年和2009年连续大幅度下滑,其下降幅度甚至超过了美国(如在2009年,发达资本主义国家的GDP平均下降3.2%,其中美国下降2.5%,日本则下降5.3%;在衰退期间,美国的工业生产下降了13.9%,日本则下降了33.9%)。到了2011年,随着欧债危机恶化,金融危机开始转向主权债务危机,日本经济再度下滑,此时,日本又发生了地震、海啸、核泄漏灾难,生产停滞,物流中断,出口受阻,市场秩序混乱,日本经济雪上加霜,全财年经济增长率滑至-0.5%。同时,日本的国际交易条件恶化,全年贸易收支出现31年来的首次赤字;随着美欧经济下滑,日元升值达到历史最高水平,不仅打击了日本的出口,也加剧了通货紧缩。在人口结构老龄化的情况下,通货紧缩又导致日本年度税收总额持续低于年度国债发行总额,政府债务风险上升,市场投资魅力下降,对内直接投资和新上市股票融资双双下滑,尤其在内忧外患下,政策刺激不足,个人消费低迷,日本经济的内生支撑不稳,自律复苏乏力。截至2011年9月,日本领取最低生活保障的,就有206万人,数量之多,创下历史纪录。时任日本首相的民主党人野田佳彦表示:过去的20年是

"日本经济失去的20年"。

2010年10月16日,美国《纽约时报》网站发表其记者马丁·法克勒从日本大阪发回的一篇报道《曾经充满活力的日本如今因衰退而消沉》,生动地勾画了在这个过程中日本人生活状况和世界观的变化。文章写道:

和日本许多中产阶级一样,正户20年前享受着其他国家的人们羡慕的富裕生活。做小生意的正户花50万美元买了一套公寓,经常去夏威夷度假,还开着一辆最新款的奔驰。

但随着日本经济的下滑,他的生活水平也逐步下降。他先是不得不减少海外旅行,后来彻底取消了这样的奢侈。接着他把奔驰车换成了一款更便宜的国产车。去年,他卖掉了公寓,价格只是购房款的1/3。

在近代历史上,还没有几个国家在经济上经历了日本这样的大起大落。日本当初是亚洲的成功典范,20世纪80年代时,充满投机色彩的股市及房地产泡沫膨胀到了空前的水平,日本成为第一个要挑战西方长期主导地位的亚洲国家。

但泡沫在20世纪80年代末、90年代初破裂了,日本随之陷入缓慢但无可挽回的衰退,巨额的预算赤字和汹涌而至的低息贷款都无法逆转这样的势头。二三十年后的今天,日本陷入低增长和物价不断下跌的恶性循环,也就是通货紧缩的怪圈,从经济巨人萎缩为全球经济领域基本上可有可无的角色。

从日本街头可以看出雄心壮志的消退,在这里,"微型房屋"成为日本年轻人的最爱,他们甚至负担不起父辈居住的那种狭窄的住房,也没有稳定的工作来申请传统的数十年分期偿还的贷款。这种火柴盒般的房子占地面积几乎停不下一辆运动型多功能汽车,可是却足足有三层,卧室像壁橱一般大小,壁橱则像旅行箱大小。

对于许多40岁以下的人来说,很难理解这与20世纪80年代的距离有多远,当时强大且咄咄逼人的"日本公司"似乎准备彻底摧毁美国的各种产业，从汽车制造到超级计算机。日本股市规模增长了3倍，日元上升到了难以想象的水平，日本公司一统天下，吞并了好莱坞的电影公司（环球电影制片公司和哥伦比亚影片公司），著名的高尔夫球场（圆石滩高尔夫球场）和具有地标意义的建筑群（洛克菲勒中心）。

1991年，经济学家都在预测日本会在2010年取代美国，成为全球最大的经济体。事实上，日本经济规模至今仍与当年相同：以目前的汇率计算，GDP为5.7万亿美元。这种衰落对日本人来说是痛苦的，公司和像正户这样的个人在股市损失了数万亿美元，如今日本股市的市值只相当于1989年的1/4，而在房地产领域，住房的均价和1983年时持平。未来的形势更加渺茫，因为日本面临着全球最大的政府债务规模（约为GDP的两倍），不断减少的人口和日益上升的贫困率和自杀率。

但最明显的影响也许是日本的信心危机。就在20年前，这是一个充满活力与野心的生机勃勃的国家，自豪到了傲慢的地步，渴望在日元的基础上创建亚洲新的经济秩序。如今，这些雄心壮志全部抛诸脑后，取而代之的是疲惫和对未来的恐惧，以及令人窒息的与世无争。日本似乎已经缩进壳里，乐于接受逐渐淡出世界舞台的命运。

日本消费者曾经坐着飞机踏上前往曼哈顿和巴黎的奢华购物之旅，如今他们更多的时候是待在家里，攒钱以备未来之需。在日本年轻人身上，能够最清楚地看到进取精神的缺失，外界普遍嘲笑他们是"食草动物"，原因是缺少父辈那种在工作上吃苦耐劳的精神。昭和电工公司的前首席执行官大桥光夫说："日本人过去被称为经济野兽。但是不知从什么时候起，日本失去了这种兽性。"当问到怎样看待这种衰落时，从日本的决策者到公司老总再到街头普通购物者，人们说的最多的就是活力的丧失。虽然日本面临的问题很多，其中最重要的就是社会老龄化，但对于其他国家来说，最深刻的教训是，一个曾经富裕而且充满活力的国家退化为墨守社会与文化陈规的国家。

在日本,二三十年的通货紧缩造成了更加深刻的后果,潜移默化地影响了日本人的世界观。这让日本人对未来产生了严重的悲观情绪,让人不愿去冒险,自然也就不愿消费或投资,进一步拉低了需求和物价。日本早稻田大学研究通货紧缩的武村和久教授说:"这样一来,就出现了一种新的认识,消费者认为购买或借贷行为都是非理性的,甚至是愚蠢的。"

虽然整个日本经济都感受到了这种影响,不过最明显的还是像大阪这样的地方,与相对繁荣的东京相比,这座日本第三大城市受到的冲击更大。在这里,商家想尽办法劝说紧张不安的购物者再度消费。但这往往体现为价格战,最终加剧了日本的通货紧缩。这里的自动售货机出售10日元一听的饮料,餐馆提供50日元一瓶的啤酒,公寓第一个月的租金只需100日元,约合1.22美元。甚至连结婚典礼也能优惠,打折的结婚礼堂只需600美元,还不到10年前举办这样一场婚礼的1/10的费用。

在大阪的商业街上,商家最近开展了"百元日"的促销活动,当天店内大部分商品都可以用100日元买下。在大阪的娱乐区,也能感受到活力的丧失。每到夜晚,这里霓虹闪烁,女招待穿着紧身的衣裙。在一些顶级俱乐部,光是预订一个座位就会花费高达500美元。但是近15年来,这类时尚俱乐部和娱乐场所的数量从1200家锐减到480家,取而代之的是价格低廉的酒吧和餐饮连锁店。酒吧招待说,现在的客人对花钱很在意,再不会流露出对金钱的漠视,而过去这曾被视为最高层次的高贵。

日本已经造就了一代不相信能拥有稳定职业和不断上升的生活水平的年轻人,而在过去,这似乎是一种与生俱来的权利。

二、"安倍经济学"三支箭的由来和内涵

所谓"安倍经济学",是日本自民党的安倍晋三在2012年12月

中旬第二次上台组阁,在2013年1月28日发表施政演说时提出的经济政策的总称。如果单从经济层面来看,那么,在那次演说中,安倍将重振经济视为当务之急,强调要将大胆的货币政策、灵活的财政政策和刺激民间投资作为其经济增长战略的"三叉戟"(后改称"三支箭"),力争实现2%的通货膨胀目标,从而让日本最终摆脱通货紧缩和日元升值的困局,摆脱日本高企的主权债务。但从安倍重新执政以后所推行的战略路线的全局来看,那么,十分明显,"安倍经济学"是他为推行推翻二战以后所确立的国际秩序、使日本重新军国主义化的政治军事战略所提供的经济保障。2013年2月,安倍晋三在美国华盛顿发表《日本回来了》的演讲时,他援引了日本明治天皇"富国强兵"的口号,认为日本只有富裕起来,才有财力保护自己,只有在能够保护自己的情况下,才能同中国对抗。他明确提出了富国与强兵的联系:"日本必须保持强大,首先是经济强大,同时也要保持国防的强大。"

安倍经济学的"三支箭",实际上是安倍晋三、麻生太郎、甘利明等人所喜欢的经济政策的集束,它们并不是一个相互联结的整体性政策体系,而是一些基于相互不同、甚于矛盾的政策的思想:

第一支箭,是宽松大胆的金融政策。其内容包括设定2%的通货膨胀目标,实行无限制的宽松金融政策,两年后把日本银行的158万亿日元增加到290万亿日元;纠正日元汇率过高的情况,实现名义GDP 3%以上的经济增长。这支箭是安倍经济学中最主要的政策。"金融缓和"政策是经济学界通货膨胀学派所主张的基本政策手段,这个学派主张摆脱通货紧缩而又不陷入通货膨胀状态,或通过调节财政和金融政策而达到上述状态。在日本,支持这种理论的,有日本央行行长黑田东彦、日本银行副总裁岩田规久男等经济学家。他们认为,可以通过中央银行设定通货膨胀目标,刺激通货膨胀,以达到预想的通货膨胀率;可以通过大量增加货币供应量,来提高财富和货币的相对价格;可以通过降低利息,增加贷出,来刺激投资和消费。

反对这种理论的意见则认为,安倍经济学不是通过增加收入来提高消费的正道,而是依靠煽动对通货膨胀的担心,从而让老百姓用存款增加消费的手段,是一种歪门邪道;是一种诱发极端通货膨胀的政策,其结果将把日本引向历史性崩溃,今后无可控制的通货膨胀将与日元贬值长期共存,带来超级通货膨胀。

第二支箭是积极的财政政策。其内容是日本银行通过购买民间银行的国债和长期持有国债。其立足点是通过发行国债筹集为此所需的20万亿日元资金,前提则是设定适当的通货膨胀率(2.5%—3%),同时根据需要争取各种政策,如金融政策、税收制度等等。

对这一根源于凯恩斯主义的理论的反对意见认为,"泡沫经济"以后,巨大的公共投资一直依靠发行国债,结果是政府负债如山,但经济形势未见好转。如今在日本,公共投资已不再对刺激经济产生爆炸性作用,因它在国民经济方面的价值已跌落了,但现在实行的财政政策却与过去自民党政权的财政政策没有什么变化,与20世纪90年代撒芝麻盐式的公共投资一模一样,其结果只能是债台高筑,而不是经济复苏。

第三支箭源于美国里根总统实行的新自由主义,其主要内容是,为刺激民间设备投资而实行减税和增加储蓄政策,废除或缓和导致非效率经济活动的行政限制,实行"小政府",充分发挥民间活力等。为实行这一目标,安倍内阁制定了《日本再兴战略》,规定今后5年为"紧急改革结构期",一要通过扩大民间投资促进设备新陈代谢,以增强技术创新的源泉;二要放宽行政限制,创造能够向新事业挑战的机制;三要消除过度竞争,恢复飞跃性提高收益的能力、能够在世界上取胜的制造业。提出要在2015年度之前的3年间,把民间设备投资从2012年的63万亿日元增加10%,达到雷曼冲击之前的70万亿日元的水平。为此,国会通过了《国家战略特区法》,规定将实行"雇佣自由化"作为放宽限制、进行制造业改革的突破口,创造在世界上最容易进行商业活动的环境,以吸引外资、加强产业竞争力。这项法律的通过是安倍视国家战略特区为"第三支箭"的关键之举。随后出台的《竞争力强化法》则规定通过促进以企业为单位的缓和限制、为提高企业收益而进行事业重组、鼓励创业等,加速企业的新陈代谢,增强企业的竞争力。

综上所述,可以看出,安倍经济学的三支箭,来源于不同的经济理论,它们之间并没有什么有机联系,更没有相辅相成的作用,特别是由于国内外经济环境发生了巨大变化,因而难以形成合力拉动日本走出"紧缩萧条",更由于安倍经济学服务于安倍晋三妄图推翻二战以后确立的国际秩序,使日本摆脱和平宪法的约束,重新走上军国主义道路这一政治军事战略,这就更注定它要处处碰壁直至彻底破产。

三、安倍经济学的神话正在破灭,承诺化为泡影

经过"失去的20年",日本2011年的GDP与1991年的相同,主权债务高达GDP的230%,成为全球负债最严重的国家。日本经济的年增长率2011年为-0.5%,2012年为1.4%。正是面对日本经济的这种通货紧缩、衰退消沉现状,安倍晋三在2012年12月二度执政时,射出了安倍经济学的"三支箭",发誓要协助日本经济从长达20年的阴影中走出来:

在射出第一支箭宽松的货币政策时,他以大规模货币宽松为核心,日元贬值为主要特征,具体细节是在2013年内,安倍内阁提出年度预算修订案,斥资10.3万亿日元刺激日本经济,推动日本经济增长2%,并创造60万个新就业岗位。2013年4月,日本央行又推出"定性定量"货币宽松政策。日本央行行长黑田东彦宣布,两年内将基础货币量扩大一倍,在2015年前达成2%的通货膨胀目标。

在射出第二支箭财政刺激政策时,安倍内阁在2013年5月17日公布,以进一步提振经济为目标,一是恢复国内私营部门的投资水

平,三年后要使私营部门的年投资规模恢复到危机前的700万亿日元的水平;二是希望到2020年基础设施出口从目前的10万亿日元增加到30万亿日元;三是使农产品出口翻番,10年后达1万亿日元;四是旅游业要使目前每年吸引1000万游客的目标翻番;五是希望用10年时间使日本有8所院校跻身全球高校100强之列,而目前只有2所大学跻身此列。

在2013年6月5日射出第三支箭经济复兴计划时,安倍设想成立国家战略经济特区,对此,内阁总务大臣新藤义孝介绍说,成立特区的目的是通过大胆的监管改革和减税优惠,在日本创造全球最宽松的企业经营环境,所采取的措施包括:增加从羽田机场起飞的国际航班的数量;改善海外日本高管的医疗服务;为前沿行业的研究人员和工作人员建立更灵活的就业体系等。目标是通过创设特区,在对象地区放宽管制和原则上解禁网上销售大众药等,使10年后人均国民收入增加150万日元。这第三支箭的关键是"民间活力的爆发"。

安倍经济学在发表的当时,曾经迷惑了一些不明真相的人,如凯投国际宏观经济公司经济学家米利安·杰索普说:"安倍经济学肯定代表了解决日本问题的正确政策";日本企业大和资本市场欧洲经济师托比亚斯·布拉特纳说:安倍经济学的"这些项目能够带来的短期帮助是非常受欢迎的,会得到欧洲大部分国家的热烈欢迎"。诺贝尔经济学奖获得者保罗·格鲁克曼在接受法国《回声报》记者的专访时,认为"走出通货膨胀过低的局面是困难的、甚至是不可能的。欧洲需要发起安倍经济学,也就是说要和日本一样做,在陷入通货紧缩的国家中,日本是唯一真正可以借鉴的例子"。甚至连国际货币基金组织总裁克利斯蒂娜·拉加德在2013年4月初参加博鳌论坛时也认为:安倍经济学"宽松的货币政策和非常规措施已协助促进了全球增长",而"日本银行刚刚公布的改革是朝这个方向迈出的受欢迎的一步"。

那么,安倍经济学的实践效果究竟如何呢?

应该说,在大约半年的时间里,安倍经济学的三支箭的确曾收到"立竿见影"的效果。这突出地表现在以下几个方面:

一是日元对美元的汇率,从2012年12月77日元等于1美元,上升到2013年5月底102日元等于1美元,而且在延续一年左右的时间里,使日元在24个月里贬值近25%。

二是使日本的股价上升。东京证券交易所的指数上涨65%,使日本公司的市值增加了150万亿日元(约合1.5万亿美元)。

三是对实体经济的影响,以汽车业的"龙头老大"丰田为例,2013年5月8日公布的2013财年业绩预期显示,集团营业利润预计达1.8万亿日元(约合1120亿人民币),盈利水平刷新了历史纪录。

四是使日本经济的出口增长,2013年第一季度日本经济出口增长了3.8%。

五是拉抬了日本经济的年增长率。2013年第一季度日本的GDP环比增长了0.9%,按年率换算,GDP年增长率为3.5%,而按2013年全年的情况计算,日本经济增长了1%,年化增长率为4.1%。使日本一举而摆脱了通货紧缩局面,成为八国集团中年增长率最显眼的国家。

这就拉抬了安倍晋三内阁的民意支持率,在最高时超过了70%,远高于安倍在2006年第一次组阁时只获30%左右的民意支持率。

但就在当时,也就有一些有识之士在不断揭示安倍经济学的缺陷和消极面。他们指出,安倍经济学令日元贬值的政策固然有利于一些商品的出口,但却不利于一些商品的进口,特别在地震、核泄漏以后,日本的能源天然气大量依靠进口,这就要大量增加日本的能源支出。共同社曾就此发表评论说,日元比价连续走低,或将引发以食品价格上涨为首的"涨价多米诺骨牌"效应,日本企业和家庭将因预计价格上涨而增加开支,而安倍经济学只是增加了一些主营某些出口商品的企业的利润,而未能同步提高薪金水平,以赶上物价上涨的步伐,这就会对普通民众的日常生活造成负面影响。据《朝日新闻》调查,随着日元大幅贬值,以玉米为主要成分的进口"混合饲料"将同比上涨15%,使奶农经营难以为继;汽油价格上涨,幅度达每升10日元,运输业叫苦不迭;使普通家庭的电费和燃料费支出明显增加,普通民众低收入家庭的日常生活将更加艰难。如一个有两个孩子的四口之家,夫妇双方工作,年收入500万日元,家庭开支将因此而增加6.68万日元;一个夫妇二人都已退休的两口之家,年收入养老金240万日元,家庭开支将因此增加9.24万日元。再加上安倍内阁从2014年4月1日开始将消费税的税基从5%提高到8%,并打算在2015年10月再提高到10%。日本目前相对贫困人口的比例为16%,工薪家庭和单亲家庭的儿童贫困比例已超过50%。在这种情况下,有许多经济学家认为,安倍经济学以日元贬值带动企业业绩,使获利企业增加国内投资,扩招员工,提高员工薪水,从而增加普通民众的消费能力和投资愿望,这种美好的预期不可能达到。日本原大藏省财务官榊原英资更批评安倍经济学两年内实现通货膨胀2%的目标,基本上只是"梦想"。

对于"日本再兴战略",人们提出的质疑是,在放宽行政管制等方面的力度不足,恐难达到经济增长的预期目的;而且指标多为中长期目标,却没有提出实现它的具体对策;单就当前日本社会老龄化和少子化的现状,仅仅社会保障一项支出就足以令安倍晋三提出的财政政策目标难以实现;对于日本国民和企业最关心的补贴、减税等举措的具体内容闪烁其词、语焉不详;日本十大电力公司、四大城市燃气公司连续多月提价,连食用火腿、香肠都涨价,只有工资没涨。经济学家们说,在不对日本的官僚体制及其农业、工业和劳工政策进行彻底改革的情况下,安倍经济学注定只能给经济增长以短暂的推动,还将加剧公共债务负担,只有改革才能摆脱通货紧缩,并使经济增长得到持续。

在安倍经济学的对外影响方面,早在2013年1月,德国总理默克尔就对安倍经济学的日元贬值政策提出严厉批评;2013年6月17日,在出席八国集团在英国北爱尔兰召开的峰会时,默克尔更明确地批评安倍晋三搞日元大幅贬值的汇率政策损害了劳动力成本低的国家的竞争力。而中国学者则把它看作是针对中国等本地区出口国的"货币讹诈"。

果然,在2013年5月以后,安倍经济学的消极面开始显现:

首先,是由于安倍经济学三支箭缺乏切实可行的实质性举措,使投资者对股市缺乏来自实体经济方面支撑的长期信心,导致股市如同出现过山车那样大涨大跌的局面。先是日经指数在2013年头5个月内上涨了50.3%,涨幅达12.7%,但在2013年5月23日,却遭遇它的"黑色星期四",日经225种股票平均价格指数暴跌1143.28点,收报14483.98点,跌幅达7.32%,为2011年3月大地震以来最大跌幅。法国兴业银行外汇策略师巴师蒂恩·加莱说:"这好像是日本的雷曼时刻。"随后就影响亚太股市,大宗商品市场也遭到打击。接着在6月5日,股市又大幅回落,下跌518.89点,收于13014.87点,重挫3.8%,跌至过去两个月来的低点,这是第四次单日跌幅超过500点的暴跌。随后在6月13日,东京股市日经指数再次重挫843.94点,跌幅为6.35%,收于12445.38点。

其次,安倍经济学使日元贬值的政策并未达到大幅增加日本出口商品的效果。这是因为日本制造业为了避免日元升值风险以及减少贸易摩擦,纷纷在海外投资设厂,国内制造业有所萎缩,商品出口势头趋缓。因此,尽管日元贬值幅度很大,但对日本出口的提振作用并不明显。然而,在另一方面,由于日本的石油、天然气和煤炭等能源基本上全部依赖进口,日元贬值导致成本急剧上升,使日本贸易赤字创历史新高。日本财务省的统计显示,2014年4—9月,日本出口总额同比增幅仅为1.7%,而进口同比增幅却达2.5%,这就导致在实体经济领域连续出现贸易逆差。2013年4—9月,日本经济出现4989亿贸易逆差,同比增长54.2%;2013年10月21日,据日本财务省报告,日本经济出口增加11.5%,达5.97万亿日元,进口增加16.5%,达6.9万亿日元,9月的逆差为9321亿日元(约合95亿美元),远高于去年同期的5682亿日元。2014年4月21日,日本经济在上一财年的贸易逆差增加70%,达13.75万亿日元(约合1340亿美元),其中,出口增加10.8%,为70.8万亿日元,进口增加17.3%,达84.6万亿日元,2013年3月的贸易逆差为1.45万亿日元,已连续第21个月出现贸易逆差。

再次是日本经济增长率比预期的下降。日本政府表示,2013年7—9月的年化增长率为1.1%,低于早先估计的1.9%,2013年第4季度的增幅低于欧元区1.1%的年化增幅,更远远不及美国3.2%的增幅。日本2014年第2季度GDP修正后萎缩1.9%,按年率计算萎缩7.3%;2014年第3季度GDP又萎缩0.4%,按年率计算,萎缩1.6%(而据12月8日发布的修正数据显示,日本经济2014年第3季度按年率计算,也应为萎缩1.9%)。这样,2014年11月17日日本公布的官方数据显示,日本经济在连续两个季度出现萎缩后陷入了衰退。这就使安倍试图扭转多年来日本经济增长迟缓局面的努力遭受巨大打击。

四、安倍经济学要是失败了,将引爆日本庞大的主权债务危机

在这种情况下,安倍经济学成败的命运引起了世界的密切关注:

假如安倍经济学失败了的话,日本政府庞大的债务大山将会坍塌,给全球经济造成巨大冲击。

鲁比尼全球经济咨询公司高级经济师迈克尔·马内塔说:"它绝对有成为巨大冲击的潜力。依据资本市场的行为来看,其后果可能会类似雷曼兄弟破产后的情况。"

国际货币基金组织将假如安倍经济学失败的可能性,列为全球

经济面临的最大新威胁之一,这是因为日本政府的债务规模是其经济的近 2.5 倍,远远超过任何其他大国,投资者迄今为止一直在以超低的利息借贷给日本政府,从而使其可以比较轻松地偿债。如果经济增长没有能够实现,投资者可能就要质疑日本政府的偿债能力了。风险是投资者开始担心债务的可持续性,于是就提出更高的利息。国际货币基金组织首席经济学家奥利维尔·布雷查德说:"这将使日本更难维持债务的可持续性。"为了避免拖欠,政府可能会迫使央行继续买下债券,这样就有可能引发恶性通货膨胀,日本人生活水平下降,银行业危机以及利率的激增,将对本地区造成一连串的影响,并使已经脆弱的世界经济再受伤害。

甚至连安倍晋三本人,有鉴于消费税从 5% 上调到 8%,使 2014 年日本经济的增长率萎缩了 7.1%,因而在 2014 年 10 月 19 日接受英国《金融时报》记者的采访时,他暗示将暂缓再上调至 10% 的计划,他说:"如果提高消费税使经济脱轨或减速,国家的税收收入就不会增加,这个举措变得毫无意义。"2014 年 11 月底,安倍正式推迟了 2015 年消费税上调至 10% 的既定计划,该计划可能将延期至 2017 年 4 月实施。

第二编

国际金融危机爆发的原因

第五章

国际金融危机的具体成因和制度根源

由2007年的美国次贷危机引发的国际金融危机,从2008年爆发时算起,绵延至今已经6年,它给世界上的许多国家、特别是发达资本主义国家造成了巨大的物质经济损失,使亿万人民失去工作,生活陷于贫困,至今还没有见到尽头。可以说,这是自1929年至1933年世界资本主义经济危机之后,最严重的一次金融—经济危机。那么这次国际金融危机,到底是怎样爆发和蔓延的?

历史的经验告诉我们,在考察资本主义金融—经济危机的原因时,应该像认识任何事物一样,通过现象认识本质,通过分析具体成因进而深挖其制度根源,这是人们认识事物的基本方法,也是正确认识金融—经济危机的基本途径,而要是笼统地直溯危机的制度根源,把它归结为资本主义社会的基本矛盾,那就不会了解危机具体的诱发机制、基本特点和表现形式,就会人为地割裂危机爆发的必然性和偶然性、本质和现象之间的联系。因为事情正如马克思在《剩余价值理论》中所指出的:"现实危机只能从资本主义生产的现实运动、竞争和信用中引出。"[1]

但在另一方面,要是仅仅满足于了解金融—经济危机的具体成因,而忽视对其制度根源的考察,也同样是不行的,因为只有由对金融—经济危机具体成因的分析进而认识其制度根源,搞清楚金融—

---

[1] 《马克思恩格斯全集》第26卷,人民出版社1973年版,第585页。

经济危机的本质和现象、具体成因与制度根源之间必然联系和表现形式,才能深刻揭示金融—经济危机的发展规律。

那么,这次国际金融危机的具体成因和制度根源到底是什么呢?

一、危机的具体成因之一:美国新自由主义的宏观经济政策

导致这次国际金融危机的具体成因是多方面的,主要的有:发达资本主义国家美国新自由主义宏观经济政策不当;美国政府金融监管的缺失;以及美国长期负债的过度透支消费模式难以为继。

后来因为爆发了1929—1933年资本主义世界经济危机,经济自由主义应对无方,只得把它在资本主义经济中的主导地位,让位给了力主国家干预的凯恩斯主义。但是到了20世纪70年代,当西方经济出现"滞胀",凯恩斯主义应对乏力的时候,经济自由主义又力图在新的条件下复活,于是,就打着"对凯恩斯革命的反革命"、反对国家干预的旗号,在撒切尔夫人、里根总统先后在英国和美国上台执政的时候趁机崛起,并随着全球化的发展,进而演变成为美国的国家意识形态和主流价值观念,演变成为美国资产阶级在世界范围内推行其经济、政治、文化体制一体化的工具。

而在追查这次国际金融危机的具体成因时,国际国内的许多有识之士,都把新自由主义的推行,归结为造成国际金融危机的直接诱因、罪魁祸首,指出新自由主义的长期泛滥,是导致资本主义内在矛盾继续激化的必然结果。

美国麻省大学经济学教授大卫·科茨在《美国次贷危机的形成、影响与根由》一文中,从宏观上追溯资本主义的发展历程,他指出:每到新自由主义思潮占据主导地位时,金融危机就频发、多发的情况,说"导致这次金融危机的深层次原因,是新自由主义的资本主义,在1945—1973年,无论是在美国还是在全世界,管制的资本主义都占支配地位,这种资本主义的特征,一是政府对经济和金融系统实行严

格管制;二是为保证低失业率而对宏观经济进行主动调控;三是国家制定大量社会福利政策;四是大型企业与工会的合作关系;五是大型企业之间比较克制的竞争;六是国际贸易和资本流动受国家和国际机构的控制"。而到了20世纪80年代,这种处于统治地位的资本主义形式发生了急剧变化,让位给了新自由主义。新自由主义的特征,一是放松对经济和金融的管制,容许自由市场的存在;二是政府不再对宏观经济进行积极调控,追求的是低通胀率、而不是低失业率;三是社会福利的急剧减少;四是大型企业和政府打击和削弱工会力量,劳动市场格局改变,资方完全控制劳方;五是自由残酷的竞争,取代了有克制的竞争;六是商品、服务和资本,在不同国家之间相对自由的流动。

科茨指出:"新自由主义的理论家们宣称,如果没有国家的管制,金融市场会更有效率,人们就能把有限的资源,投入到回报率最高的领域。但是他们忽略了一个重要的事实,即没有管制的市场非常容易发生危机,而且在新自由主义条件下,金融危机变得更加严重。这一点已经被历史所证明,美国在19世纪实行的是比较自由的市场经济,那时大约每十年左右,就有一次非常严重的金融危机爆发。到1929年自由市场经济导致了美国金融体系的崩溃。此后美国在1945—1973年期间实行的是管制的资本主义,在此期间没有发生过一次大的金融危机,也没有一家大的金融机构破产。但是自1980年以来,随着新自由主义的抬头,美国经济出现了一系列的资产泡沫,并伴随着产生了相应的金融问题。譬如20世纪80年代,美国出现了一次比较大的危机,一种特别的金融机构——储蓄银行破产了,中央银行不得不耗资数千亿美元来挽救这些银行。90年代美国股票市场又出现了一个吸引了全世界范围资金的巨型泡沫,这个泡沫在2000年破裂的时候,也造成了数千亿美元的损失。进入21世纪以来美国房地产市场又出现了巨型泡沫,而这个泡沫目前也在破裂。"[1]

资本主义发展史确实表明,自从1847年爆发第一次世界经济危机以来,到1929—1933年为止资本主义实行比较自由的市场经济期间,总共爆发了10次世界经济危机,即1847、1857、1866、1873、1882、1890、1900、1907、1920、1929—1933年的经济危机,大约每隔10年就爆发一次严重的金融危机;而在1945—1973年实行管制的资本主义期间,总共爆发了1948、1957、1969、1973年四次危机,在这几次危机中,没有一次是大的金融危机,也没有一家大的金融机构破产;而自1980年新自由主义重新抬头、在资本主义世界经济中取得支配地位以来,金融危机就频发、多发,在20世纪70年代以后,在以前往往是生产过剩危机在货币信用领域里的表现、反映和伴侣的货币危机,现在却成了社会资本再生产的经常伴侣。据国际货币基金组织的研究报告显示,在1980—1995年间,181个成员国中有131个国家遭受了至少一次包括银行业困境在内的经济危机。正如美国纽约大学教授威廉·塔布所说,在新自由主义盛行的这些年代,"经济和金融危机已成为流行病"。总之,在布雷顿森林体系正式宣告瓦解以后,世界金融不稳日益加剧,到了20世纪90年代,资本主义世界货币金融危机又变本加厉,发展到了一个新阶段:先是在德国统一以后,德意志的银行为稳定处在衰退中的德国经济,坚持提高利率,使英国、意大利货币被迫退出欧洲汇率机制,动摇了1979年3月13日建立的欧洲货币体系;随后是1993年8月,欧洲又发生法郎和其他货币再度贬值的第二次货币危机;接踵而来的是1994年美国加州桔县宣告破产和墨西哥比索大幅贬值;1995年西班牙、葡萄牙,随后是瑞典、比利时、意大利和英国的货币相继贬值,英国投资银行巴林银行一家分行垮台,法国最大的里昂信托银行因投机而遭受重大损失;日本在

---

[1] 见程恩富主编:《金融风暴启思录》,中国法制出版社2009年版,第19—20页。

1990年泡沫经济破裂以后,1995年又发生一连串银行和金融机构倒闭,美元对日元比率忽而升腾、忽而暴跌的剧烈动荡;1997年的东南亚金融危机,从90年代到21世纪又发生了美国股票市场巨型泡沫的破裂,随后又是美国房地产市场巨型泡沫的破裂……

为什么与受管制的资本主义相比,新自由主义的资本主义更易招致金融危机?

这主要有两个原因。一个是因为新自由主义推行的私有化政策加剧了资本主义社会的贫富两极分化,激化了生产无限扩大的趋势与劳动人民购买力相对缩小之间的矛盾。从1971年至2007年,美国企业平均工资从每小时17.6美元下降到10美元,而企业高管与普通员工的工资差距则从40:1扩大到357:1,占人口1%的美国富人的收入在美国GDP中所占比重,在20世纪70年代是9%,到了2007年则已达23.5%,美国的贫困人口则由2000年的3160万人,增加到2007年的3620万人,其中有2950万人靠领取食品券过活。而在此期间,美国最富有的30万人,其收入在社会总收入中所占份额翻了一番,与占人口1.5亿最穷的人所占份额相当。这种贫富两极分化带来的结果之一便是:进入21世纪以来,工薪家庭的收入水平或者停滞、或者下降,他们不得不把房屋作为抵押进行借贷以保持以前的生活水平,而当这种债务变得过高而无法持续,不再能进行正常借贷、无力偿还之前的债务时,危机便爆发了。

另一个原因是新自由主义解除了对金融的管制。在1929—1933年世界经济危机期间,美国总统罗斯福有鉴于危机是从信用金融危机开始的,因而在1933年颁布了加强金融管制的《格拉斯—斯蒂格尔法》(即《1933年银行法案》),规定银行必须分业经营,银行不得经营投资、证券等非银行的金融业务,这迫使金融资本尽量把资金借贷给实体经济部门的企业,只能从事指定类型的业务,而不能按自己的意愿去追逐利润最大化。但到了1980—1982年间,美国国会通过了两个法案,解除了对金融机构的管制,使得银行等金融机构可以去自由追逐最大利润并从事投机性业务。1987年初,美联储投票放松了《格拉斯—斯蒂格尔法》禁止商业银行从事华盛顿投资业务的限制条件;1999年,美国国会投票完全废除了《格拉斯—斯蒂格尔法》,而出台了《1999年金融服务法》,允许美国银行、证券、保险业之间的混业经营,实行全能银行模式,对商业银行拥有投资银行职能的限制完全解除了;《2000年商业期货现代化法案》还从立法上削弱政府的金融风险防范能力。于是在股票、债券、汇票等初级虚拟资本的基础上,又创新出了各类金融资产的期货、期权合同以及诸如利率、股指等各类指数的期货、期权合同,使金融体系与实体经济严重脱节。据统计,在2007年,美国实物经济为3.5万亿美元,而美国的金融衍生品却高达320万亿美元;全球的实物经济为10多万亿美元,而全球的金融衍生品却高达681万亿美元。在这种情况下,大量资本从生产领域流入流通领域,实体经济与虚拟经济严重分离,发达国家资本市场迅速泡沫化。在资本再分配机制中,越来越多的实物资本转化为货币资本,货币流通领域的投资超过了物质再生产领域的投资,有价证券的增值率超过了利润率,货币借贷资本超过了产业资本,投机大股东控制了再生产职能的资本经理人,市场活动的短期行为超过了长期行为,到处滋生扑不灭的泡沫经济,而一旦金融泡沫破裂,金融危机和经济危机就不可避免,它不但会引起金融体系的彻底崩溃,也会给实体经济带来巨大破坏。

新自由主义不仅在美国引发金融危机—经济危机,而且在其被推行到的所有国家和地区,都没有例外地引发金融危机—经济危机。首先是在拉丁美洲,新自由主义推行的私有化,贸易、投资和金融自由化,非调控化,使那里的民族企业陷入困境,一批又一批地破产倒闭,经济发展停滞,失业率不断攀升;资金外流严重、外债负担沉重;收入分配不公、两极分化严重,导致社会动荡加剧。例如,1994年的墨西哥的金融危机、1999年的巴西货币危机、2001年的阿根廷债务危机,都与新自由主义、特别是其推行的所谓金融自由化密切相关。

接着是东欧剧变、苏联解体以后,美国人萨克斯在俄罗斯推行新自由主义经济转轨的"休克疗法",使俄罗斯陷入前所未有的经济社会危机。1989年时,俄罗斯的GDP曾是中国的两倍多,可在10年以后,只剩下中国的1/3。随后,20世纪90年代初,新自由主义在泰国、韩国、印尼、菲律宾、马来西亚等国的大肆推销,酿成了损失达数千亿美元的亚洲金融危机。而20世纪90年代初开始在埃及推行的新自由主义,则使那里的经济陷入混乱,两极分化加剧,最终酿成社会动乱。

二、危机具体成因之二:政府监管缺失

自从1987年被美国总统里根任命为联邦储备委员会主席以后,格林斯潘在整整18年里一直担任这个职务。他是自由市场体制的积极鼓吹者。1999年,正是在他的一手策划下,衍生品交易监管机制被彻底废除。当时,曾经有些学者、官员要求政府介入加强监管,但是遭到以格林斯潘为首的自由市场倡导者的坚决反对。格林斯潘认为,银行家们为了各自的利益都是会妥善地行事的。这些华尔街的精英们是靠得住的,而"与个人开明的私利相比较,集体权力是一种邪恶的力量。因为政府的过度监管必将降低市场效率,扼杀创新的动力,滋生道德风险"。他在《动荡的年代》中说:"政府干预往往带来问题,而不能成为解决问题的手段","只有在市场自我纠正机制威胁了太多无辜的旁观者的那些危机时期里,监管才是必要的","最少的监管就是最好的监管"。风险投资家索罗斯把格林斯潘的这些主张,称作"极端的市场原教旨主义"。

正是在格林斯潘这种思想的指导下,美国政府先后颁布了《1987年公平竞争银行法》、《1989年金融机构改革、复兴和实施方案》。在格林斯潘和时任财政部长鲁宾的推动下,美国国会在1999年又通过了《金融服务现代化法》,彻底废除了1933年《格拉斯—斯蒂格尔法》的基本原则,永久地废除了商品期货交易委员会对金融衍生品的

监管权,为金融投机大开方便之门。这就导致华尔街贪婪的银行家在缺乏监管的情况下,肆无忌惮地放大交易风险,最终导致崩盘。

人们认为格林斯潘对2007年美国爆发的次贷危机以及随后引发的国际金融危机负有责任。美国众议院监督和政府改革委员会召开听证会,请格林斯潘、美国证交会主席考克斯、前财政部长斯诺一起前往作证时,国会监督委员会主席韦克斯曼曾直接向格林斯潘提问说:"我的问题很简单:你错了吗?成立你们这些机构并给予你们解雇人员的预算,就是希望你们防患于未然,避免问题变成危机。你说你们就是没有看见问题。这个说法我难以接受。"韦克斯曼认为,美联储有权阻止那些不负责任的贷款行为,但是却一直拒绝出手,致使次贷危机接踵而至。面对议员们的质询,格林斯潘承认自己应该承担"部分责任",他说自己"寄希望于奉行利己主义的贷款机构能保护股东权益",但结果令"我们——尤其是我本人深感震惊,难以置信"。当然,他认为,热情过高的投资者没有考虑到当时房屋价格止升回跌时将面临的局面,也是爆发次贷危机的原因之一。

那么,解除对金融资本的管制、对于金融机构的政府监管的缺失,到底是怎样导致次贷危机、金融危机的爆发的呢?事情的经过是:解除了对金融资本的管制以后,大量的资本便从生产领域流入流通领域,实体经济与虚拟经济严重分离,发达国家的资本市场迅速泡沫化。在资本再分配机制中,越来越多的过剩资本转化为货币资本,货币流通领域的投机超过了对物质再生产的投资,利率和有价证券的增值率超过了利润率,膨胀的货币借贷资本超过了萎靡的产业资本,从事投机的大股东控制了再生产职能资本经理人,市场活动的短期行为超过了长期行为,所有这一切,到处滋长出扑不灭的泡沫经济,最终导致了美国次贷危机的爆发。

美国次贷危机之所以发展成尔后的国际金融危机,正是美国政府放任金融衍生品无节制蔓延的结果;放贷机构明知贷款户无力偿还贷款,还是毫不犹豫地把款贷出去,反正可以把贷款证券化,卖给投资银行,投资银行可以把它再卖给投资人,反正可以获取手续费,评估机构可以故意高评,反正可以收取评级费,投资人可以放心投资,反正可以衍生为"担保违约掉期"再卖给对冲基金。华尔街上演的一幕幕闹剧说明了,在金融管制解除所创造的巨大投机收益面前,整个美国都疯狂了。在这里,市场这只"看不见的手"所起的作用,不过是为这种疯狂投机的行为提供学理和道义上的支持罢了。

所以,从博兰尼、凯恩斯到熊彼得、斯蒂格利茨,所有资本主义社会的有识之士一直反复强调单纯的市场自由放任的危害。博兰尼早就指出,自发调节的市场从来就是人为缔造的神话,市场的缺陷——不仅仅就它的内在运动而言,也包括它的后果——是如此重大,以致政府干预成为必需;如果要想坚持完全没有调节的市场经济,就必须把人类和自然环境变成纯粹的商品,而这必然会造成社会和自然环境的毁灭。斯蒂格利茨则根据历史和现实的经验反复强调了政府监管金融机构的重要性。他在2008年11月号美国《名利场》杂志上发表的《命运的逆转》一文中说:"经济理论和历史经验早就证明管理金融市场的必要性。但是自从里根总统那时起,放松管制已成为一种盛行的宗教。已数次试验了'自由银行制度'——最近一次是在皮诺切特领导下的智利,受到教条的自由市场理论家米尔顿·弗里德曼的影响——这种试验结果以灾难告终。别放在心上,智利现在仍然在偿还因为其不幸而产生的债务。随着1987年(记得黑色星期五,当时股票跌了25%)、1989年(储蓄和贷款崩溃)、1997年(东亚金融危机)、1998年(拯救长期资本管理公司)和2001—2002年(安然和世通的垮台)大量问题的出现,人们可能认为,对于让市场自己决定这种智慧,将会产生更多的怀疑态度。"

在美国次贷危机引发国际金融危机以后,是否加强全球金融监管问题成为欧盟和美国之间的一个重要分歧。在欧盟看来,美国的放任自由主义是这次危机的直接根源,因此在2009年的G20峰会上,欧盟主张应对现存国际体系实行全面改革,集中讨论建立新的国际金融监管机制,纠正美国式的宽松监管,防范危机再现,美国则不以为然。与此相反,美国主张全球主要经济体要扩大政府开支,投入更多资金刺激经济。在加强金融监管方面,美国尽管认同需要进行大力改革,但却反对建立类似于二战以后的布雷顿森林体系式的国际监管秩序,反对在国际金融体系改革中设立"超级监管者"。总之,由于多年来美国利用其美元的霸权地位,通过主导国际金融机制从其他国家、尤其是从发展中国家得到极大利益,甚至转移财富,因此在国际金融危机爆发后,美国认为自己的最大利益就是尽快恢复昔日的辉煌,重新做回世界的唯一霸主,而反对全球金融监管。

但在国际金融危机中,解除管制和金融经济的发展在21世纪给世界金融带来了一系列新的发展趋势。马丁·沃尔夫在2009年11月9日的英国《金融时报》上发表了《新动向》一文,强调"金融全球化受到质疑,其结果必将是一定程度的重新国家化";"不受约束的市场将受到控制","潮流转向控制"。特别"对大多数新兴国家和发展中国家来说,金融业的存在是为了推动经济沿着基本的国家决定的发展道路前进,它不得决定经济中的资源分配","这意味着新兴经济体将日益主宰金融监管"。

正是在这种新的形势下,取代共和党人小布什政权上台执政的美国民主党人奥巴马政府决定改弦更张,在2010年7月15日推出自1929年至1933年世界经济危机以来最严厉的金融改革法案——《多德—弗兰克华尔街改革和个人消费者保护法案》,又称美国《金融监管改革法案》,对金融机构的规模施加严格限制,并取缔自营交易和内部对冲基金等高风险活动。奥巴马说,大银行"为追求快速盈利和巨额奖金而承担不计后果和巨大风险"几乎使美国经济崩溃。为平息公众对金融危机最猛烈时政府向银行提供7000亿美元紧急援助款的不满,他誓言"再也不让美国纳税人成为某家'大到不能倒'的银行的人质"。

具体地说,这份长达1279页的美国《金融监管改革法案》,包含以下具体内容：

一是成立金融稳定监管委员会，负责监测和处理威胁国家金融稳定的系统性风险。该委员会由 10 人组成，财政部长牵头。

二是在美国联邦储备委员会下设立消费者金融保护局，对提供信用卡、抵押贷款等消费者金融产品及服务的金融机构实施监管。

三是将此前缺乏监管的场外衍生品市场纳入监管视野，大部分衍生品必须在交易所内通过第三方清算进行交易。

四是限制银行自营交易及高风险的衍生品交易。在自营交易方面，允许银行投资对冲基金和私募股权，但资金规模不得高于自身一级资本的 3%。在衍生品交易方面，要求金融机构将农产品掉期、能源掉期、多数金属掉期等风险最大的衍生品交易业务拆分到附属公司，但自身可保留到利率掉期、外汇掉期以及金银掉期等业务。

五是设立新的破产清算机制，由联邦储备保险公司负责，责令大型金融机构提前做出自己的风险拨备，以防止金融机构倒闭再度拖累纳税人救助。

六是美联储被赋予更大的监管职责，但其自身也将受到更严格的监管，美国国会下属政府问责局将对美联储向银行发放紧急贷款、低息贷款以及为执行利率政策进行的公开市场交易行为，进行审计和监督。

七是美联储将对企业高管薪酬进行监管。

美国参议院多数党领袖哈里·里德说："（国际金融危机）这场地震来袭的时候，金融界的监管度、透明度和问责度都远远不够，无法保护我们不受冲击，新法律将强化这三者。"奥巴马则说，法案将可能引爆金融的"可疑交易"，这项改革将为银行客户带来前所未有的保护。他表示，"因为这项改革法案，美国人民不再需要承担华尔街犯下的错误，纳税人不再需要出钱纾困"。反之，反对这一改革法案的共和党人则说，事实将证明该法案是个失败。他们警告说，2008年金融危机的一些深层次原因不会得到解决，因为法案并无针对两家抵押贷款巨头房地美和房利美的条款,而对无辜公司却造成不公平的负担。这项法案让政治人物可以扩权插手市场,并会抑制经济增长,因而这是一项根本没有解决问题却插手搞乱游戏规则的法案。

尽管对这个法案的评价,民主党人和共和党人说法不一,能否奏效,也还有待在实践中观察,但它毕竟开启了美国在体制上与新自由主义分道扬镳的过程。

三、危机具体成因之三:过度的透支消费

这次美国次贷危机——国际金融危机的另一个具体成因,是透支消费、而且是过度的透支消费。

所谓"透支消费",是指人们为了支撑当下的消费,不仅用尽了自己的收入,而且还透支"未来"的收入,乃至透支"虚拟"的收入;而政府和社会为支持人们进行这种透支消费,还设置和发展了诸如分期付款、贷款消费、信用卡购物、次级房贷等等消费办法。这是西方发达资本主义国家在面对个人消费需求不旺,不能适应不断扩张的生产能力,为避免出现生产过剩危机时所采取的一种应对办法。由于这种"寅吃卯粮"的办法,虽并不最符合资本的眼前利益,但它毕竟通过让消费者提前支付其长远利益的办法,销售出了资本的产品,同时又通过这一办法让消费者提前满足了消费需要,既能为资本家所接受,也可为普通消费者所认可,因而成为西方社会一种极为流行的生活方式。在美国,由于资本家对相对剩余价值的无限追求,导致美国企业利润和工资的比例由 1960—1969 年的 43∶49,下降到 2000—2007 年的 63∶8,1971—2007 年,美国企业平均工资由每小时 17.6 美元下降到 10 美元,企业高管与普通员工的工资差距从 40∶1 扩大到 357∶1,贫富差距扩大造成社会有效需求不足,过度透支消费甚至成为美国社会的生存方式,成为美国控制成千上万人思想的一种"新宗教"。

然而,正是这种生活方式、生存方式成为这次国际金融危机的一个重要成因。2008年10月20日,俄罗斯战略文化基金会网站发表乌克兰科学院院士、世界经济和国际关系研究所所长尤里·帕霍莫夫的《金融危机是美国文明的危机》一文,文章指出:对于美国来说,这次国际金融危机"源于该国价值观的堕落,新教价值观(如崇尚劳动、勤俭持家、清心寡欲等)变得日益衰微。如今,这个世界上最强大国家正深陷狂热消费的旋涡,人们拼命追逐最新的财富和乐趣,过度浪费资源,心灵空虚,贪图享受。在数千万美国人看来,长期入不敷出很正常,这导致了贷款消费的持续增长","美国人口仅占世界的5%,却要消费全球30%的资源,为了弥补巨大的贸易和消费赤字,美国人绞尽脑汁,想出种种投机方法,不只是印刷美元,还出售自己的债务,通过债务去侵吞其他国家的财富,数额巨大。美国的国内生产总值是13万亿—14万亿美元,其所有债务(包括国家、公司债等)却已突破了50万亿美元。这在人类历史上是绝无仅有的。不难想见,依赖这一机制,这个贪婪的国家有借无还地使用着全球的资源,将给世界带来多大的灾难性影响。在美国,经年累月地大量购入商品与支付能力之间的鸿沟越来越大,最终金融危机不可避免地降临到这个国家头上,因为债务危机总会有山穷水尽的时候。全球已开始对抗空头美元,抵制用它来换取珍贵的物质资源,抵制购买美国债务。这场危机或许会得到平息,但效果不会持续太久,因为导致这场危机的,并非单纯的金融市场过热,而是唯一全球大国的生存方式。如果不抛弃现行的肆意消费方式,美国就不可能不再成为世界经济的破坏者"。"美国所发生的,正是古罗马从鼎盛走向瓦解、衰落和毁灭的那些进程的再现。美国民主也是促使美国丧失领袖地位的一个因素。美国没有哪位总统候选人敢于推翻现有的消费模式,这种大胆的人无处可选,民主状态下选举出的不过是会讨好选民的人,同古罗马民众向帝国政要提出'要面包,要娱乐!'的情景一模一样"。

正是这种过度的透支消费,使美国经济在20世纪90年代以来进入了一个表面上的"稳定增长时期",以致有不少美国经济学家误以为市场经济的周期波动不复存在,"经济周期已经消失",结果是次贷危机—国际金融危机不期而至。

也正是这种过度的透支消费,使美国居民的个人储蓄在不断下降,使美国全国进入不储蓄状态。据统计,美国的储蓄率,20世纪70年代为10.3%,1984年为10.08%,以后再不断下降,1995年为4.6%,2004年为1.8%,2005年为-0.4%,2006年为-1%,2007年为-1.7%。美国的家庭债务在20世纪80年代高债峰时期占平均可支配收入的80%,2000年这个比例上升到98%。与美国居民储蓄率不断下降的同时,美国住房贷款却不断扩大,到2006年累计余额高达13万亿美元,与美国的GDP相匹敌。其中,次级贷款尤其在2001年以后急剧增加,2006年占住宅贷款的20%,累计余额占13%(1.7万亿美元),如平均每笔贷款为20万美元,平均每个家庭为3口人,那就有850万个家庭共计2550万人靠次贷获得住房。

正是过度的透支消费,也使美国结束了1914年以来作为纯债权国长达70年的历史,从1985年起成为债务国,并且使美国联邦政府债务由2002年的6.4万亿美元猛增到2010年的14.294万亿美元,达到美国GDP的99%。在国债之外还包括美国各州债务、各级地方政府债务、美国个人债务在内的美国总债务,更高达55万亿美元,与2010年美国GDP 14.5万亿美元相比,接近它的4倍。平均下来,每个美国家庭负债66万美元。

也正是过度的透支消费,现在就已经超越地球的再生能力,如果中国、印度等新兴经济体发展成和美国一样大的经济体,人均消耗能量和美国的一样多,地球将无法支撑,因而过度的透支消费将成为不可持续的。

四、危机的制度根源：资本主义社会的基本矛盾

这次国际金融危机的具体成因虽然是多方面的，但是其制度根源却只有一个，这就是资本主义社会的基本矛盾，资本主义社会生产关系和生产力、上层建筑和经济基础之间的矛盾，简洁地说，就是生产社会化和生产资料资本主义私有制之间的矛盾。这个矛盾在发展中又衍生出两个方面的矛盾：

一个矛盾是资本逐利的本性既决定了其生产规模要无限扩大，又决定了人民群众有支付能力的需求总是相对不足这两者之间的矛盾。马克思在《资本论》第 3 卷中说："一切真正的危机的最根本的原因，总不外乎群众的贫困和他们有限的消费，资本主义生产却不顾这种情况而力图发展生产力，好像只有社会的绝对消费力才是生产力发展的界限。"① 这种矛盾积累到一定程度就爆发生产过剩的经济危机。

另一个矛盾则是资本主义由市场自发调节的运行方式和社会经济按比例发展的要求之间的矛盾。这种矛盾引起社会生产宏观上的比例失调，矛盾积累到一定程度就会造成经济不能正常运行而爆发危机。

由美国次贷危机引发的国际金融危机，它的发生发展机制，与由资本主义社会的基本矛盾到群众有效需求不足、到生产过剩、到过度的透支消费、到违约率上升、再到金融危机—经济危机的爆发的历史过程和理论逻辑完全吻合。它和资本主义古典的经济危机并没有本质的区别：它们都是生产过剩的危机，都是以实体经济中的生产过剩为其实质。

它们之间的区别在于：在资本主义古典形式的危机中，生产过剩

---

① 《马克思恩格斯全集》第 25 卷，人民出版社 1974 年版，第 548 页。

直接表现为人民群众有效需求不足,生产出来的商品卖不出去,最终引发金融动荡、股市崩溃。例如,在1929—1933年的世界经济危机中,由于信贷扩张造成实体经济生产领域中的过剩,就是如此。而在资本主义当代形式的危机、资本主义的次贷危机中,生产过剩不是直接表现为人民群众的有效需求不足,而是与此相反地表现为信贷扩张引起消费领域、特别是房地产领域内需求旺盛,甚至表现为需求过度(如过度的透支消费、寅吃卯粮),但在实际上,那时的有效需求不足和现时的需求表面旺盛乃至过度,却是一种异曲而同工的现象。因为所谓次贷危机,是指没有购房能力、信用程度很低的穷人,通过贷款购房以后却无力偿还抵押贷款而引发的一种金融问题。金融机构又把这种金融贷款通过金融衍生产品"住宅抵押贷款支持证券"放到市场上去流通,就是把住房抵押贷款权证券化,由此形成难以控制的金融交易。

从虚拟经济与实体经济的关系来说,虚拟资本一方面在一定程度上缓解了资本内部矛盾,另一方面又在新的条件下、新的基础上加深了这种矛盾。这种虚拟资本的发展,一方面满足了资本不断逐利的本性,另一方面又导致了由此带来的虚拟经济活动成倍地扩大虚假繁荣,它对实体经济的发展造成假象,诱导其盲目发展。当社会信用链条在某个环节上发生断裂,首先爆发的就是金融危机或信用危机。这就是说,虚拟资本的过度发展、无序发展会引发金融危机。但这只是引发金融危机的具体原因,因为从表面上看,金融危机是由虚拟资本自身的特殊运动所产生,但在实际上,现实资本的内在矛盾才是危机的基础。资本主义生产相对过剩的经济危机,是以货币危机或信用危机为先导的。马克思指出:"在再生产过程的全部联系都是以信用为基础的制度中,只要信用突然停止,只有现金支付才有效,危机显然就会发生","这种现实买卖的扩大远远超过社会需要的限度这一事实,归根到底是整个危机的基础"①。所以,"信用制度加速了生产力的物质上的发展和世界市场的形成","同时,信用加速了这种矛盾的暴力的爆发,即危机,因而加强了旧生产方式解体的各种要素"②。只有在再生产出现普遍的生产过剩时,信用制度的内在矛盾才会绝对化、公开化,金融危机或经济危机才会成为现实。信用是影响危机的一个重要因素,但并不是危机的根本条件和原因,因为在货币市场上作为危机表现出来的实际上不过是表现生产过程和再生产过程的失常。虚拟经济过度发展必然造成与实体经济严重脱节,不可避免地导致经济危机发生的客观规律,一方面是由虚拟经济所产生的巨大需求的假象,使实体经济盲目扩张,另一方面,社会有支付能力的需求又远远跟不上实体经济的盲目扩张,生产过剩的危机由此爆发。在现代金融高度发达的条件下,其表现不是生产出来的房屋卖不掉,而是通过贷款已经得到住房的穷人无力现实地支付房款。从现象上看,生产出来的房屋已经卖掉,实际上在实体经济领域中的生产过剩已经存在,实际上仍是生产过剩。所以,作为经济危机先兆的次贷危机,并不是经济危机的原因,而是生产过剩的结果和危机的表现形式。

信用危机或金融危机的爆发,与以虚拟资本为代表的信用制度和金融系统超常的混乱发展有直接的联系。而"虚拟经济是资本独立化运动的经济,资本以脱离实物经济的价值形态独立运动,是虚拟经济的根本体现,由于货币资本积累并非完全来源于生产的扩大化,它的积累必然比现实存在的资本积累更大,并总会在周期的一定阶段上出现货币资本的过剩和膨胀,出现一定规模的日益扩张的虚拟资本。这时,这个货币的相当大的一部分也必然只是虚拟的,也就是说,完全像价值符号一样,只是对价值的权利证书"③。虚拟资本的

---

① 《马克思恩格斯全集》第25卷,人民出版社1974年版,第554—555页。
② 《马克思恩格斯全集》第25卷,人民出版社1974年版,第499页。
③ 《马克思恩格斯全集》第25卷,人民出版社1974年版,第576页。

疯狂扩张,完全脱离了实体资本的规定与运行,虚拟资本的过度膨胀和信用链环的断裂是金融危机、经济危机爆发的直接导因。

而从生产关系和生产力之间的关系来说,资本主义经济危机的制度根源,就在于表现为生产过剩的资本主义经济运动中物质生产力的发展,同它的表现为所有制关系的社会形式之间的冲突。马克思在《资本论》第3卷中指出:"当一方面分配关系,因而与之相适应的生产关系的一定的历史形式,和另一方面生产力,生产能力及其要素的发展,这两者之间的矛盾和对立扩大和加深时,就表明这样的危机时刻已经到来。这时,在生产的物质关系和它的社会形式之间就发生冲突。"[1]马克思还由此揭示了立足于资本主义基础之上的、有限的消费范围和不断地为突破自己固有的这种限制的生产之间的冲突,以及资本增值的生产目的和社会生产力无条件发展这一手段之间冲突的根本性质。无论以什么形式出现的经济危机,都是通过对社会生产力的极大破坏,强制地使资本主义经济的一些矛盾得以缓解,但是,"危机永远只是现有矛盾的暂时的暴力解决,永远只是使已经破坏的平衡得到瞬间恢复的暴力的爆发"[2]。

美国新自由主义宏观的经济政策,美国政府金融监管的缺失,美国过度透支、长期负债的消费模式,是这次国际金融危机的具体成因,但其制度根源却是资本主义社会的基本矛盾。新自由主义迷信市场万能,反对政府调节,在实践中大大加强了市场经济的盲目性和破坏性,加剧了资本主义社会的两极分化和阶级对立,加剧了资本主义制度包含的生产社会化与资本主义私有制度之间的矛盾,因而全面激化了资本主义社会的基本矛盾及其表现的各种矛盾,导致了金融危机的频发、多发,也导致了当前这场国际金融危机的爆发。但是,要是回到凯恩斯主义,能否摆脱资本主义的危机

---

[1] 《马克思恩格斯全集》第25卷,人民出版社1974年版,第999页。
[2] 《马克思恩格斯全集》第25卷,人民出版社1974年版,第278页。

呢？同样不能。资本主义的发展历史说明，在实行管制的资本主义期间，虽然没有频发、多发的金融危机，但是周期性经济危机还是照样发生。凯恩斯主义主张和实践的政府调节政策，无疑可以减轻市场调节的盲目性以及由此导致的市场调节的破坏性，在危机爆发前可以暂时推迟危机的到来，在危机爆发后可以在一定程度上减轻危机的破坏程度、缩短从危机到复苏的过程，但是，说到底，它只能缓解经济危机的烈度，而并不能从根本上解决危机，并不能终止资本主义经济危机的周期性爆发，这是因为金融危机、经济危机是资本主义经济制度的永久伴侣，只要存在资本主义制度，就必定会发生金融危机、经济危机，因为这些危机是资本主义所固有的根深蒂固的制度性危机。之所以说经济危机是资本主义制度固有的根深蒂固的制度性危机，是因为经济危机的可能性早就蕴含在简单的商品流通中。对此，马克思在《资本论》第1卷中就作了详细的分析论证说："流通所以能够打破产品交换的时间、空间和个人的限制，正是因为它把这里存在的换出自己的劳动产品和换进别人的劳动产品这两者之间的直接的同一性，分裂成为卖和买这两者之间的对立。说互相对立的独立过程形成内部的统一，那也就是说，它们的内部统一是运动于外部的对立中。当内部不独立（因为互相补充）的过程的外部独立化达到一定程度时，统一就要强制地通过危机显示出来。商品内在的使用价值和价值的对立，私人劳动同时必须表现为直接社会劳动的对立，特殊的具体的劳动同时只是当作抽象的一般的劳动的对立，物的人格化和人格的物化的对立，——这种内在的矛盾在商品形态变化的对立中取得了发展的运动形式。因此，这些形式包含着危机的可能性"，随后，通过"整整一系列的关系"，使这种可能性变成了资本主义经济危机的现实①。很显然，凯恩斯主义并不能消除导致危机必然爆发

---

① 《马克思恩格斯全集》第23卷，人民出版社1972年版，第133页。

的制度根源：资本主义社会的基本矛盾。就是说，只有在社会主义制度取代了资本主义制度，从根本上铲除了导致资本主义金融危机、经济危机的制度根源，这些危机才会随资本主义制度的终结而一起终结。

第三编

国际金融危机对当代资本主义的严重冲击

第六章

新自由主义与国际金融危机

21世纪初,由美国的次贷危机发展而成的国际金融危机,把"新自由主义"这个名词带到了人们注意的中心。可以毫不夸张地说,在一定范围内,每当人们谈到这次危机时,总会这样那样地扯到"新自由主义"。那么,"新自由主义"到底是怎么一回事?它同国际金融危机又有什么关系呢?

一、新自由主义的由来和演变

在这里,所谓"新自由主义",是指当代西方经济学中以宣扬经济自由主义为特征的思潮。经济自由主义原本是资本主义自由竞争时代的一种经济思潮。在18世纪和19世纪初,这个以亚当·斯密和大卫·李嘉图为主要代表的思潮,对内主张自由放任,对外主张自由贸易,而反对国家的干预和保护。新自由主义则是在新的历史条件下,在这种古典自由主义思潮的基础上发展起来的思潮,它包含有以下几个流派:

一是以哈耶克为主要代表的伦敦学派。哈耶克是一个出生于奥地利的经济学家,他一贯主张自由化,强调自由市场、自由经营,认为私有制是自由的根本前提,而反对任何形式的经济计划和社会主义,他狂热地鼓吹经济自由化、市场化、私有化,反对公有制、国家宏观调控和社会主义,甚至认为货币发行权也该还给私人银行,而不能由政府垄断。哈耶克的新自由主义观点是其他新自由主义者的主要思想源泉。

二是以米尔顿·弗里德曼为主要代表的现代货币学派。弗里德曼是美国芝加哥大学的教授,曾任尼克松总统的经济顾问委员会委员。他认为资本主义体系之所以不稳定,是因为货币受到扰乱,货币是支配资本主义产量、就业和物价变量的唯一重要因素,他主张货币政策只要求货币数量稳定的、有节制的增加,即支持长期的货币规则或目标,除此之外,不需要政府干预私人经济,应让市场机制充分发挥作用。他在1976年获诺贝尔经济学奖。

三是以拉弗和费尔德斯坦为主要代表的供给学派。它赞同萨伊的"供给自动创造需求"定律,认为购买力永远等于生产力,政府不应刺激需求,而应刺激供给;认为高税率会阻碍经济主体的经营活动。它竭力主张大幅减税,主张最大限度地削减社会支出。

四是以罗纳德·科斯为主要代表的新制度经济学派。科斯也是美国芝加哥大学的教授,他在研究经济组织或制度问题时,主要强调明晰私人产权,降低产权交易费用,实现资源有效配置,认为只要产权落实到私人,就会对提高经济运行的效率产生影响。由于这一"产权理论"在20世纪80年代以后适应于美国在全球推进私有化进程、对社会主义国家进行和平演变的需要,因而科斯在1937年发表的《企业的性质》被挖掘出来重新包装炒作,并在1991年被授予诺贝尔奖。

五是以罗伯特·卢卡斯为主要代表的新古典宏观经济学派。卢卡斯也是美国芝加哥大学教授,他认为个人一般都会充分调动自己的智力和各种信息资源对经济未来的发展进行尽可能准确的推测和预期,从而使市场机制确保就业均衡。这样,政府干预经济的政策要么是无效的,要么只是加剧经济波动,因而是不必要的。卢卡斯还在这种理性预期假设的基础上,对以往的宏观经济学进行批判性的重建,对社会总需求和总供给货币理论、经济周期等概念进行了重新定义。

六是以欧根为代表的弗赖堡学派。国内外有些学者把德国的弗赖堡学派也列入新自由主义思潮,但有的学者鉴于这个学派主张建立的是有许多调节原则的市场经济,如瓦尔特·欧根明确提出国家干预经济要遵循"限制利益集团"、"干预针对经济秩序"和"经济与社会政治系统化"等原则,与一般的新自由主义观点明显不同,因此要重新评价。

新自由主义这种思潮早在二战以后乃至更早的时期(如其中的伦敦学派就形成于20世纪30—40年代)就已形成,但只是到20世纪70—80年代,当西方经济发生了"滞胀",而当时占主流地位的凯恩斯主义又应对乏力时,它才打着反对国家干预的旗号,以"对凯恩斯革命的反革命"而广泛流行起来。美国总统里根在竞选期间就多次声明自己信奉供给学派经济学。据此而制定其竞选的经济纲领,当选以后更以要职委予这个学派的重要代表,并以供给学派的观点作为主要理论依据,提出"经济复兴计划",使供给学派成为其"官方经济学"。而英国首相撒切尔夫人则以新自由主义现代货币学派的经济观点,作为处置经济生活中种种问题的指导思想。因此,新自由主义的这两个流派在应对英、美经济生活中的"停滞膨胀"时,就以减税政策和赤字财政政策去对付"停滞",而以严格控制货币供给量的货币政策去对付"膨胀"。这种两面作战的政策在一定时期内提高了经济增长率,压低了物价上涨率,使英、美两国进而使西方资本主义国家走出了"滞胀",也使新自由主义得以在西方经济学取代凯恩斯主义而取得了主导地位。

这里需要指出的是,西方经济学中的这种新自由主义思潮,与西方政治学、特别是英国政治学中的新自由主义思潮,是有区别的。在19世纪70年代,当英国发生严重的经济危机,资产阶级为应对工人阶级有组织的挑战,既需要进一步强化国家机器,又需要作出妥协让步、采取改良措施、推行社会福利,以避免剧烈的社会动荡时,以T.

H. 格林为代表的英国学者适应于资产阶级这种新的政治要求,首先提出了既要坚持英国自由主义传统,又要实施国家干预,充分发挥国家作用的新自由主义理论。其最早的代表大多为牛津大学的教授、学者,如 D. G. 里奇、B. 博赞基特、L. T. 霍布豪斯、J. A. 霍布森、E. 巴克等等。这种新自由主义主张扩大国家的干预作用,认为国家要为个人自由的发展扫除障碍,创造更多更好的有利条件,同时又强调公民的社会义务,要求个人维护国家。与此形成鲜明对照的是,西方经济学中的新自由主义思潮,却是以排除国家介入的"市场原教旨主义"著称于世的。虽然在实际上,它所排除的,只是那些限制资本横暴的制度,而对于那些被它所需要利用的国家力量,它不仅不加排斥,而且会毫不客气地最大限度地加以利用。

然而,尽管有这个区别,在当时,西方经济学中的新自由主义毕竟还只是一个学术流派。虽然在 20 世纪 70 年代末、80 年代初英国的撒切尔夫人和美国的里根相继上台、推行新自由主义以后,它就在资本主义发展史上开启了一次重大变革:在发生了 1929—1933 年世界经济危机以后,美国罗斯福总统引入了社会保障体系,在庞大的社会福利计划和针对富人和企业集团的增税措施的相互作用下,美国从此前贫富非常不均的资本主义社会变成为相对均衡的资本主义社会,这种状况一直延续到二战以后。二战和工人运动的国际力量推动着这种社会秩序朝着相对有利于经济发展和群众生活条件有所改善的方向发展,20 世纪 50—70 年代的所谓"资本主义黄金发展期"就出现在这个时期。但随着 20 世纪 70 年代出现了"滞胀"现象,当时占主导地位的凯恩斯主义又无力应对,新自由主义就趁机崛起,它在掌握了主导权以后,就开始逆转在收入分配和生活条件方面已经实现的相对均衡,降低了对富人和企业集团的税率,开始全面解除国家对经济的干预,使美国资本主义又重新变成那种贫富差距极大、资本家的利润和工人的工资有天壤之别的资本主义了。但在当时,这种变革在开始时还只限于英、美国内。而在 20 世纪 80—90 年代,随着经济全球化的发展,西方经济学中的新自由主义流派又演变成为美国的国家意识形态和主流价值观念,被美国资产阶级当作它用来在世界范围内推行其经济、政治、文化体制"一体化"的工具,这集中表现在所谓的"华盛顿共识"中。

1990年,美国共和党政府所控制的美国国际经济研究所,为迎合其金融寡头全球扩张的需要,在美国首都华盛顿召开了一次研讨会,宣布就拉丁美洲经济的调整和改革达成了"华盛顿共识"。这个"华盛顿共识"把全球化趋势引导到新自由主义的发展方向上,它以压缩财政赤字、降低通货膨胀率、国有企业私有化、利率市场化、金融自由化、贸易自由化、放松对外资的监管、放松政府的管制为主要内容。具体地说,"华盛顿共识"包括十个方面:一是加强财政纪律,压缩财政赤字,降低通货膨胀率,稳定宏观经济形势;二是把政府开支重点转向经济效益高的领域和有助于改善收入分配的领域(如文教卫生和基础设施);三是开展税制改革,降低边际税率,扩大税基;四是实施利率市场化;五是采用一种有竞争力的汇率制度;六是贸易自由化,开放市场;七是放松对外资的管制;八是对国有企业实施私有化;九是放松政府的管制;十是保护私人财产权。

"华盛顿共识"有三个支撑点:一是否定和排除对资本的社会限制,使弱肉强食这种丛林法则在社会上流行起来;二是颠倒经济体制,把金融经济奉为获取利润的主要舞台;三是作为向世界强制推行美国模式的工具,它在经济援助、贷款的名义下,通过国际货币基金组织、世界银行、世界贸易组织等国际机构,把"华盛顿共识"推行到拉丁美洲、苏联东欧、东南亚等地区和国家去,从而使之成为一种与国际金融垄断资本主义的发展相适应的经济范式、政治纲领和意识形态。

美国哲学家乔姆斯基在《新自由主义和全球秩序》一书中,概括新自由主义"华盛顿共识"的特征说:"新自由主义,顾名思义,就是在古典自由主义思想的基础上建立起来的一个新的理论体系。亚当·斯密被认为是其创始人,该理论体系也被称为是'华盛顿共识',包含了一些有关全球秩序方面的内容";而所谓"'华盛顿共识',指的是以市场为导向的一系列理论,它们由美国政府及其控制的国际组织所制定,并由它们通过各种方式实施——在经济脆弱国家,这些理论经常被用做严厉的结构调整方案。其基本原则简单地说,就是:贸易自由化、价格市场化和私有化"。

自从新自由主义在1990年形成"华盛顿共识"之后,便加快向全球蔓延,给多地带来灾难与祸害。

二、新自由主义给全球各地带来的祸害

(一)新自由主义在拉丁美洲催生出1994年的墨西哥金融危机、1999年的巴西货币危机、2001年的阿根廷债务危机

在20世纪80年代,拉丁美洲地区普遍爆发了债务危机和经济危机。在此情况下,美国以解决拉美地区的债务危机为由,提出了以新自由主义为基础的"贝克计划",要求拉美国家对国有企业实行私有化,进一步开放国内市场,放松对外资的限制,实现价格自由化等。进入20世纪90年代以后,美国政府和国际货币基金组织、世界银行等利用贷款及其苛刻的附加条件,进一步强制拉美国家进行新自由主义的经济改革,推销"华盛顿共识"。这些经济改革虽然取得过一些成效,但总的来说,不仅成效小,而且还带来一系列严重问题,使拉美地区接连不断地发生前所未有的经济危机、金融危机和货币危机。具体地说来,在推行经济自由化改革以后,反而加重了拉丁美洲国家失业、分配不公和贫困化三大社会问题,经济增长几近停滞,在1992—2001年的十年中,拉丁美洲国家的年均增长率为1.8%,2001年时拉丁美洲国家的外债已近8000亿美元,比20世纪80年代的外债翻了一番,失业率大幅攀升,1994年拉丁美洲国家的贫困人口为

2.09亿人,2003年为2.27亿人,2004年的贫困人口占拉丁美洲总人口的43.9%,其中19.4%约1亿人为极度贫困人口。

在拉丁美洲各国中,新自由主义的经济改革给阿根廷带来的祸害尤为典型。在二战以后,阿根廷的经济总量曾一度居世界第9位,社会福利居于拉美国家前列,生活水平接近欧洲的西班牙。但自20世纪80年代推行新自由主义改革开始,即推行贸易、投资、金融自由化的改革开始,经济转入下滑轨道,由此前30年的年均增长30%转而陷入经济停滞,在推行国家银行私有化,允许外国银行收购本国银行以后,阿根廷本国控制的银行资产,由1992年的占82%,降至1997年的占48%,1997—2001年进一步降为占33%,截至2001年,在阿根廷最大的10家银行中,被外国资本控股的已达8家。在农业方面,阿根廷本是"拉丁美洲的粮仓",但至2001年12月,阿根廷的食品消费减少了19%,2002年1月,又减少了12%,仅2001年10月至2002年3月,就有150万人加入贫困大军,失业率急剧上升到总人口的25%。截至2002年10月,社会贫困人口的比重已达57%。

鉴于新自由主义在拉美国家造成的种种灾难,1998年4月在智利首都圣地亚哥举行的美洲国家首脑会议上,明确提出了以"圣地亚哥共识"(其主要内容是强调必须减少经济改革的社会成本,使每一个人都能从改革中受益;不应该降低国家在社会发展进程中的作用等)取代"华盛顿共识"。进入21世纪以后,委内瑞拉、智利、巴西、阿根廷、乌拉圭、玻利维亚、厄瓜多尔和尼加拉瓜等国家的左派力量迅速崛起,通过总统选举掌握了国家政权,这是拉丁美洲国家广大人民、多数政党痛定思痛、一致反对和抵制"华盛顿共识"的表现和结果。

(二)新自由主义的"休克疗法"在原苏联东欧国家引起经济大幅度的倒退

在1989—1991年东欧剧变、苏联解体以后,根据美国哈佛大学经济学家杰弗里·萨克斯依照"华盛顿共识"提出的自由化、国有企业私有化和经济稳定化的"休克疗法",原苏联东欧国家实行了经济转型,结果带来了生产的不断滑坡:仅在1990—1994年间,俄罗斯的工业产值就下降了一半多,其中机械工业的产值下降了60%,基本建设投资下降了75%。在这3年多时间里生产下降了一半的幅度,超过反法西斯卫国战争4年中生产下降23%的幅度。而在原东欧社会主义国家中,从1989年至1993年,国民生产总值(GNP)的下降率,保加利亚为40%,罗马尼亚为32%,斯洛伐克为28%,捷克、匈牙利各为21%,波兰为15%,生活在贫困线以下的居民达到总人口的20%—30%。世界银行的报告指出,原苏联东欧国家这种"转型萧条",要比20世纪30年代大萧条所造成的后果更加严重,直到2009年,俄罗斯大部分工业部门的产出仍然没有恢复到1991年的水平,整个工业的增加值只达到1990年的72%,其中纺织、皮革等轻工业的产出水平,只达到1991年的20%多一点,降幅达77%,重工业的产量则减少了50%;格鲁吉亚、摩尔多瓦的经济总量只恢复到1990年水平的51%、66%。如果说,在1989年时,俄罗斯的GNP是中国的两倍多的话,那么,在10年以后就仅为中国的1/3。而在匈牙利,在1998年私有化结束时,原来属于匈牙利国有资产的生产资料,80%转属私人或外资,国家仅保留了总资产的20%。在原东欧社会主义国家中,现在有4个国家的银行业资产,65%以上属外国资本所有,其中:爱沙尼亚达80%,克罗地亚达85%。

只是在2000年普京当选俄罗斯总统以后,才断然取缔了新自由主义政策,逐步扭转了新自由主义经济改革给俄罗斯经济、社会造成严重破坏的局面。

(三)新自由主义在东南亚的推销,导衍出东南亚经济危机

1991年,由美国国会议员和知名学者组成的代表团到东南亚国家游说推销新自由主义,称该地区加快实行金融自由化、贸易自由化和投资自由化,将为该地区的国家创造数千亿美元的巨大优惠。在他们的蛊惑下,泰国、韩国、印尼、菲律宾等国家积极推行了新自由主义的改革,结果在 1997 年爆发了东南亚金融危机,使这些国家蒙受了几千亿美元的重大损失,有些国家的经济甚至倒退了 10—20 年。对此,美国政府反而说亚洲发生金融危机的原因在于这些国家的政府缺乏经济管理能力,甚至说是这些国家政府官员的裙带关系和腐败造成了危机。与此同时,美国一面袒护和纵容其金融投机大鳄在东南亚地区的金融货币市场上套利套汇,加剧危机;另一面又操纵国际货币基金组织利用贷款作为迫使受害国进一步推行新自由主义改革的先决条件,以致招致基辛格、格鲁克曼等知名专家的一致抨击:

美国前国务卿基辛格在 1998 年 2 月 8 日的《洛杉矶时报》上发表《美国怎样才能最终显得是好人》一文,告诫美国不要被看作是"决心为了美国的基本利益而把社会和经济苦药强加于人的恶霸",而为此就"迫切需要重新评估"国际货币基金组织的救助计划。这个计划的"模式是在 80 年代拉丁美洲债务危机中制定的,当时大部分债务是政府债务,当时的补救办法是缩小政府行政部门、使货币贬值并促进出口。其目的是累积盈余而使这些国家值得信贷,并使商业贷款得以恢复"。文章指出,这些补救办法"造成了严重的政治问题,因为它们对已经困难重重的国家强加进一步的紧缩措施",这些紧缩计划"实际上已使基本商业停止下来。由于国际货币基金组织的严格限制,国内银行系统完全崩溃,因此有活力的行业的有活力的公司正在被迫破产,而这种情况正是在没有社会安全网的社会里发生的"。

美国麻省理工学院教授保罗·格鲁克曼则在 1998 年 9 月 7 日的美国《财富》杂志上发表《拯救亚洲:是该采取激进手段的时候了》一文,指出国际货币基金组织应对东南亚金融危机的办法的错误在于:"坚持(亚洲)国家削减开支以及减税,并采取不必要的通货紧缩政策,反而导致经济衰退加剧及情势恶化":"亚洲已动弹不得,他们的经济有如一潭死水",而且"看不出此法何以能够促进短期复苏,其他方面,该计划似已退化为等待果陀:拖延时间,期望好事终究会发生"①。

三、新自由主义是引爆美国次贷危机——国际金融危机的罪魁祸首

新自由主义在把祸害带给拉丁美洲、原苏联和东欧社会主义国家和东南亚一系列发展中国家以后,接着就来祸害它的原产地西方发达资本主义国家、特别是美国了,这就是在美国引爆次贷危机进而引爆国际金融危机。

周期性经济危机始终是折磨资本主义社会的一种痼疾,它之所以如影随形地始终伴随着资本主义,根本原因在于,在机器大工业的基础上形成的社会化大生产和巨大生产能力,使以资本家追逐利润为动力的资本主义制度,具有一种不顾市场限制地无限扩大生产的趋势,而在生产资料资本主义私有制基础上发生作用的剩余价值规律和资本主义积累规律,却把劳动群众有支付能力的需求限制在一个狭小的范围内。于是,社会化大生产和生产资料的资本主义私人占有之间的矛盾,就造成了资本主义生产力无限扩大和广大劳动群众有支付能力的需求相对狭小之间的矛盾,造成了相对意义上的生产过剩;再加上资本主义自由市场自发调节的运行方式与社会经济按比例发展要求之间的矛盾所引起的社会生产在宏观上的比例失调,这一切积累到一定程度就会爆发经济危机。

由 2007 年美国的次贷危机在翌年引发的国际金融危机,也是一种资本主义生产过剩危机。所谓次贷危机,是指没有购房能力而且信用程度又很低的人,在通过贷款购房以后无力偿还抵押贷款,而金

---

① 保罗·格鲁克曼:《拯救亚洲:是该采取激进手段的时候了》,载 1998 年 9 月 7 日美国《财富》。

融机构又把这种贷款通过一种称为"住宅抵押贷款支持证券"的金融衍生品拿到金融市场上去交易,把住宅抵押贷款证券化,由此形成了难以控制的金融交易。一旦在一个环节上出现问题就会引起连锁反应,造成金融链条断裂而酿成金融危机。这种金融问题之所以会酿成"次贷危机",是因为以股票、债券和各种金融衍生品为主要载体的这种虚拟资本获得了极大的发展。这种虚拟资本一方面与实体经济严重脱节,另一方面它所造成的需求假象又诱导着实体经济盲目发展,而社会有支付能力的需求却远远跟不上实体经济的发展速度。当社会信用链条在某个环节发生断裂,就爆发作为经济危机先导的货币危机。从表面上看,美国次贷危机的表现并不是生产出来的房屋卖不掉,而是通过贷款买到房屋的穷人无力支付贷款,这就使实体经济领域中已经存在的生产过剩危机暴露了出来。

资本主义的周期性经济危机根源于资本主义社会基本矛盾,只要这种基本矛盾还继续存在和运转着,那么,在一定条件下就会爆发经济危机。所以,经济危机之于资本主义,就犹如地震之于地球性质,是内在的。而在这次美国次贷危机—国际金融危机中,新自由主义就是为危机准备条件并且引爆危机的罪魁祸首。

新自由主义主要从两个方面导致美国次贷危机—国际金融危机的爆发:

一是推行私有化,加剧贫富之间的两极分化,加剧经济失衡和生产过剩。据美国政策研究会2011年度的报告,平均来看,美国大企业CEO的年收入为1020万美元,比普通职工的收入高出325倍;而从整个美国来说,占人口1%的美国富人的收入在美国GDP中所占比重,在20世纪70年代是9%,到了2007年则已达23.5%;美国的贫困人口由2000年的3160万人增加到2007年的3620万人,其中有2950万人靠领取食品券过活;而在此期间,占美国人口0.1%的最富有的30万人,其收入在社会总收入中所占份额翻了一番,与占人口50%的1.5亿最穷的人相当。而从世界范围来说,最富国家与最穷国家的人均收入差距,在1973年到2000年间,从44:1扩大到227:1。在贫富之间的两极分化不断发展的形势下,由于富人的边际消费倾向很低,社会平均消费倾向下降,社会产品必然会出现相对过剩。为使资本获利最大化,新自由主义就通过金融杠杆去扩大消费,即创造一种"贷款购物"的社会风尚。在美国这次的次贷危机中,新自由主义就是通过这种欺诈性消费需求扩大策略,把低收入人群的住宅需求变成金融经济巨额利润的源泉,从而成为这次次贷危机的直接导火索的。

二是解除对金融的管制。2008年爆发的国际金融危机,它与前几次资本主义世界经济危机最大的区别在于,它是一次由金融经济的极度膨胀以及和实体经济相背离而引发的危机。在过去,金融资本是为实体经济融资和服务的;而在今天,它却只为它自己融资,以致实体经济还依赖金融经济,而金融经济却脱离和独立于实体经济而运作,进而发展到挟持政府,在发生危机时要政府救济,而被救活后却无意去拯救实体经济,而且开始操纵政府决策,它既不产生就业,还竭力使世界上的一切"货币化"、"商品化"。在1929—1933年的世界经济危机中,美国总统罗斯福鉴于那次危机是从信用金融危机开始的,因而在1933年颁布了加强金融管制的《格拉斯—斯蒂格尔法案》(即《1933年银行法案》),规定银行必须分业经营,银行不得经营投资、证券等非银行的金融业务,它迫使资本尽量把钱贷给实体经济部门的企业,而不能按自己的意愿去追逐最大限度的利润。但自从新自由主义在20世纪70年代崛起以后,各金融机构力图从金融创新中摆脱管制。1980—1982年,美国国会通过了两个法案,解除了对金融机构的管制,使银行等金融机构可以去自由追逐最大利润,并被吸引去从事投机性业务。1987年初,美联储投票放松了《格拉斯—斯蒂格尔法案》禁止商业银行从事华盛顿投资业务的限制条件;1999年,美国国会投票完全废除了《格拉斯—斯蒂格尔法案》,而出台了《1999年金融服务法》,允许美国银行、证券、保险业之间混业经营,实行全能银行模式。对于商业银行拥有投资银行职能的限制完全解除了。《2000年商品期货现代化法案》还从立法上削弱了政府对金融风险的防范能力。于是,在股票、债券、汇票等初级虚拟资本的基础上,又创新出以上各类金融资产的期货、期权合同以及诸如利率汇率、股指等各类指数的期货、期权合同,使金融体系与实体经济严重脱节。据统计,在2007年,美国的实物经济为3.5万亿美元,而美国的金融衍生品却高达320万亿美元;全球的实物经济为10多万亿美元,而全球的金融衍生品却高达681万亿美元。在这种情况下,大量资本从生产领域流入流通领域,实体经济与虚拟经济严重分离,发达国家资本市场迅速泡沫化,在资本再分配机制中,越来越多的实物资本转化为货币资本,货币流通领域的投机超过了物质再生产领域的投资,利率和有价证券增值率超过了利润率,货币借贷资本超过了产业资本,投机大股东控制了再生产职能的资本经理人,市场活动的短期行为超过了长期行为,到处滋生扑不灭的泡沫经济,而一旦金融泡沫破裂,金融经济危机就会成为不可避免,它不但会引起金融体系的迅速崩溃,也会给实体经济带来巨大破坏。

  推行新自由主义的结果,不仅导致了这次的美国次贷危机——国际金融危机,而且在以前就频繁地给世界各地各国带来危机和灾难。如1994年的墨西哥金融危机,1997—1998年发生在马来西亚、韩国、菲律宾等国的东南亚金融危机,1998年俄罗斯金融危机,1999年的巴西货币危机,2001年阿根廷的债务危机;它还使俄罗斯的经济在苏联解体后生产能力削减一半、工业产品下降60%、轻工业和食品工业降低2/3;它又使20世纪的90年代成为日本"失去的十年"并一直持续到21世纪日本经济的急剧恶化;而在美国,它在20世纪80年代就导致了储蓄银行破产、央行不得不耗资数千亿美元去挽救的危机,10年以后,它又导致了一场吸引了全世界范围资金,以致在2000年泡沫破裂时又造成数千亿美元损失的巨型泡沫……如此等等。所有这一切,全都是新自由主义的"杰作"。

四、国际金融危机宣告了新自由主义的破产

新自由主义在导致美国次贷危机—国际金融危机以后,改变了世界经济金融模式、格局和体系:2007年3月13日,美国第二大次级抵押贷款机构新世纪金融公司因为无力偿还84亿美元的债务濒临破产,并引发了股市的"黑色星期一";6月,贝尔斯登的对冲基金爆出巨亏而申请破产;接近年终,一贯被认为经营稳健的金融机构不约而同地冲销资产;进入2008年9月,美国次贷危机骤然恶化,为维护市场稳定,各国政府纷纷出手救援金融机构;9月7日,美国出资2000亿美元接管了房地美公司和房利美公司;9月15日,雷曼公司申请破产保护,同日,美国银行收购了美林公司;9月15日,美国第一大保险公司AIG因为流动性困难,被政府注资800亿美元加以收购。在两个月时间内,美国前九大商业银行都接受了政府国有化性质的注资,华尔街五大独立银行全军覆没。欧洲银行业同样如此:9月15日,英国劳埃德银行收购陷入困境的HBOS银行,B&B银行则被政府接管、国有化;10月8日,英国政府出资870亿英镑对英国前十大银行进行注资或国有化援救;德国Hypo银行因担保贷款拖累而被政府救助;比利时富通银行被比荷卢三国经济联盟救援;冰岛前三大银行被政府国有化……各发达资本主义国家的这一系列大规模救援活动的出现,标志着国际金融危机宣告了新自由主义的破产。如果说,在20世纪80年代初,美国里根政府叫嚷着"政府不能解决问题,政府本身才是问题",而推出其新自由主义政治和经济纲领的话,那么,在国际金融危机中各发达资本主义国家出台大规模救市措施时,则意味着它们在齐声宣告着"现在是只有政府才能解决问题!"

为什么国际金融危机会宣告新自由主义的破产?当时的一些媒体评论提供了清楚的说明:

2008年9月26日香港《亚洲时报在线》发表《金融危机威胁美

国的影响力》一文,说"美国几家知名金融机构相继破产和国有化……使在纽约参加联合国大会的外国领导人似乎一致认为,美国财政部采取的激烈措施,标志着华盛顿倡导的自由市场和不受限制的资本主义模式的终结"。

2008年日本《世界》月刊11月号发表北海道大学教授山口二郎的《新自由主义的终结与政权选择》一文说,2008年9月爆发的世界金融危机告诉我们,过去30年一直持续的新自由主义时代已经无法继续下去。鼓励追求利润,财富集中的合法化等等,必然会导致投机行为;另一方面,在贫富差距和贫困日益壮大的过程中,低收入阶层无法偿还贷款,债台高筑,就此次的金融危机是过去30年推行金融资本主义和追求浮华利润的必然结果而言,市场、追求利润和竞争等一系列的政策理念已无法解决社会经济问题,它本身成了问题的根源。转变新自由主义的路线应成为新时代的主流。

2009年2月号的日本《外交论坛》发表早稻田大学教授榊原英资的《21世纪式危机的冲击与世界变革》一文,认为"上世纪90年代,资本主义回到近似于古典自由主义的市场原教旨主义",但"泡沫经济的破灭,宣告了市场原教旨主义的失败。不管喜欢不喜欢,今后政府必须有组织地进行某种程度的干预","今后将探索实行政府部门在不抹杀市场职能的前提下进行干预的'修正市场主义'"。

德国企业家德普夫纳则认为,所谓的金融危机也许是自由市场经济此前从未经历过的最严重的信任危机,它发生在三个重要领域:市场具有自我调节能力、放松管制是私有经济取得成功的前提、不在私营经济领域进行国有化和国家投资的美国政策,这三个教条似乎都失去了魔力。

新自由主义在国际金融危机中的破产,还迫使美国的一些政要和决策者出来检讨错误。例如,据2008年10月23日的《纽约时报》报道,美国美联储前主席格林斯潘就在美国国会听证会上作证时,承认"现代风险管理的范式已经走偏了好几年了",他已经"动摇了对放松监管这一政策的信念"。

如果说国际金融危机打破了新自由主义的神话、宣告了新自由主义的终结的话,那么,美国在2010年7月通过和颁布的《多德－弗兰克华尔街改革和个人消费者保护法案》则开启了它在体制上同新自由主义分道扬镳的历程。这个法案长达1279页,它旨在全面重塑金融监管体系、有效遏制金融机构过度投机行为。虽然这个法案的效果还有待实践的检验,但无论如何它在美国金融史上具有里程碑意义,并将对全球金融监管机构产生深远影响。

更为重要的则是,2011年9月17日在美国兴起的群众性"占领华尔街"运动,半个世纪以来第一次将资本主义整体作为批判的核心对象,在短暂的时间里就使政府的关注点从削减联邦预算和债务转到了经济不平等及其带来的社会不公正现象,并深刻影响到美国群众对资本主义的看法,从而为终结新自由主义资本主义奠定广泛的群众基础。

五、新自由主义的终结与全球经济秩序的改变

随着国际金融危机对资本主义社会的生产和生活越来越广泛而深刻的冲击,人们对资本主义制度进行越来越迫切的反思,面对着资本主义世界日益扩大的贫富差距和失业,甚至连原来是资本主义制度的拥护者和受益者以及保守派政治家,也开始忧心忡忡地发出了改革资本主义的呼声,要求寻找新自由主义的替代品,改变全球经济秩序。在这样的社会氛围中,2012年1月在瑞士达沃斯开幕的第42届世界经济论坛确立了"大转型:塑造新模式"的主题。论坛主席施瓦布在会上会下多次发表谈话指出:"虽然目前迫切需要对资本主义体系进行修缮,但仅凭修缮,无法克服目前的危机",因为"过时的资本主义体系把世界逼入危机,世界需要新的模式去解决全球面临的新挑战"。他强调说:"经济危机凸显资本主义亟待改革,试图使用

过时的制度去解决现实问题,只能使世界陷入新一轮经济危机,造成经济螺旋式衰退,社会动荡、贸易保护主义和民族主义盛行。"

但到底用什么东西去取代业已终结的新自由主义,建立什么样的全球经济新秩序？在不同立场观点的人们的心目中,答案又是各不相同的。大体说来,人们对此提出了三种不同的答案:

第一种,主张在改良和拯救资本主义的框架去寻找新自由主义的替代品。在提出这种方案的人看来,一方面,一个可持续的经济制度是不能建立在日益增长的债务上的,也不能允许公司来管理政府、掠夺财富,那种"不计代价求增长"的做法会导致整个制度的毁灭;但在另一方面,他们又认为,陷入危机的并不是一般的资本主义,而是新自由主义的资本主义、粗放的金融资本主义。英国工党领袖埃德·米利班德就说,"目前的经济过于依赖金融机构的虚幻利润,财富不断集中到富人手中"。因此,他们认为,资本主义只要冠以"责任"、"伦理"、"可持续"等形容词,寻找一种限制过度的资本炒作、重视财富的公平分配的资本主义新模式即可解决问题,无须否定资本主义本身。他们还认为,注重社会政策的社会民主主义并没有太多的市场,在国际金融危机后欧洲举行的选举中,社会民主主义阵营的成绩是5胜19败。但是,对于在资本主义框架内替代新自由主义的新模式究竟是怎样的？目前似乎还无具体答案。

第二种,由左派提出的主张,认为要充分实现平等主义的目标,就必须超越资本主义本身,因为一种只要求国家进一步干预而没有带来社会变革的做法,并不能减少人民的痛苦。所以,现在应该是明确提出针对新自由主义全球化的"社会主义替代方案"的时候了,在当前,这才是"真正的替代"。但究竟怎样实现、又由谁来实现这种"真正的替代"？目前还没有见到具体方案。

第三种,是由日本共产党中央前主席不破哲三提出的比较贴近现实的主张,认为要探索一种像以G20取代G7那样的资本主义与社会主义共存的新的国际经济新秩序。不破哲三在《激荡的世界将走向何方》一书中,呼吁:"为了适应世界结构的变化","我们应该吸取列宁时代的经验与教训,不能再错过建立社会主义与资本主义经济体制共存的机会,真正开始对资本主义与社会主义共存的新的国际经济秩序的探索。G7发展成为G20的过程,可以看作是这种摸索的一个具体而现实的体现"。

不破哲三在这里所说,指的是:2008年11月,在华盛顿召开了第一次"20国集团峰会";2009年9月在匹茨堡召开的20国集团峰会后宣布,G20将取代G8成为永久性的国际经济协作组织,从而结束了第二次世界大战以后一直由G8垄断世界的命运。所以,在峰会后,英国《观察家报》发表文章说此次峰会为8国集团所代表的富国俱乐部敲响了丧钟,未来将由包括主要发展中国家在内的20国集团主导;美国《新闻周刊》则认为,这表明"二战后诞生的国际秩序将让位给一个植根于新世纪客观现实的国际秩序",它证明:"如果没有已成为关键伙伴的新生潜在竞争对手的合作,世界列强的领袖无法再应对世界经济提出的挑战"。

第七章

国际金融危机加速了世界重心由西方向东方的转移

在从2008年开始的国际金融危机期间,有一种此前已经出现的趋势在加速发展着,这就是世界重心由西方向东方转移的趋势。由于这种趋势涉及世界范围内的力量对比、世界格局以及国际经济政治秩序等等的发展变化以及世界的未来,因此,这种趋势的出现和加速发展,引起了人们的密切关注。例如:

早在1995年6月9日的德国《时代》周报就在《亚洲——伙伴还是对手》一文中,提出了世界重心重新东移的发展动向。

在2006年的达沃斯世界经济论坛上,美国前财政部长拉里·萨默斯指出这种转移所具有的重大意义:"全球正在经历一场变迁,其影响之深远不亚于文艺复兴和工业革命。"[1]

2008年,英国政治哲学家约翰·格雷则指出这种转移对于改变国际格局的重大影响。他说:世界正在经历"一场历史性的地缘政治变革,世界的政治格局正在发生不可逆转的变化,二战以来美国作为全球领导者的时代已经结束"[2]。接着,英国《独立报》网站,又在2008年11月16日发表《世界必须认识到金融力量向东转移》一文,

---

[1] 萨默斯:《全球必须认真对待经济大变迁》,载2006年2月1日英国《金融时报》。
[2] 参见2008年10月13日法新社纽约电的相关报道。

文章指出:"据预测,明年所有经济增长,都来自新兴经济体,而不是发达国家",在世界经济形势展望中,"引人注目的两点是:主要经济体下滑的速度和主要新兴经济体将承担起推动世界经济明年继续前进的重担。现在,事态正在向两个方面发展:一方面,这次经济周期性下滑,已经成为人们普遍的共识;另一方面,世界经济正呈现重心向新兴国家转移的结构性调整,经济周期正加快这一调整步伐。上世纪90年代初,发达国家经历了最近一次经济衰退。当时,中国和印度的经济规模与发达国家相比还微不足道,所以,中国经济虽然以远远超过欧洲或北美洲的速度增长,但并没有改变世界经济力量平衡。现在,中国将大大改变这种力量平衡"。

2009年,法国前总理多米尼克·德维尔潘指出,由于中国、印度等新兴经济体的崛起,"统治了世界长达5个世纪的欧美的权力秩序正在发生根本变化"[1]。

2011年,在目击了世界重心东移的趋势在国际金融危机中进一步加速的情况以后,阿根廷迪特利亚大学国际关系教授胡·加·考卡特利安发表《处于十字路口的一年》一文,强调国际金融"危机表现和推动了世界权力的重新分配,这是其最突出的政治特点"[2]。

2013年10月7日,美国《纽约时报》网站发表汇丰银行首席经济学家斯蒂芬·金的《当财富消失的时候》一文,惊呼"我们正在接近西方富庶的尾声时代"。文章说:"从第二次世界大战结束,到冷战之后短暂的繁荣时期,政客们曾经可以用这样一种想法来自我宽慰:迅速的经济增长将最终把他们从短期的财政失误中解救出来。生活水平不断上升的奇迹激励富国们越来越多地寅吃卯粮,心安理得地相信房地产和投资组合的优异收益能让人们偿清债务,支付子

---

[1] 《法国前总理德维尔潘谈世界格局和国际关系等问题》,载2009年2月3日《朝日新闻》。

[2] [阿根廷]胡·加·考卡特利安:《处于十字路口的一年》,载2011年1月21日阿根廷《民族报》。

女的教育费用,并为医疗和退休后的养老埋单。这似乎成为战后几代人的集体宿命。但是这些数字不再合理。即使在'大衰退'到来之前,富国就因为经济增长率降低而出现了税收收入减少、社会开支上升、政府债台高筑和债权人觉得不安等现象。我们正在接近西方富庶的尾声时代。在2000年到2007年间,即在'大衰退'的前夕,美国经济以每年平均大约2.4%的疲软速度增长——这比上世纪80年代和90年代3.4%的平均增长率低了整整一个百分点。从2007年到2012年,年增长率只有0.8%。众所周知,欧洲的情况甚至更糟。北大西洋两岸都已成为日本式'失落的十年'的受害者"。

那么,世界重心由西方向东方的转移,到底是怎么一回事?它的表现和内容是什么?造成这种转移的原因是什么?在国际金融危机期间它是怎样加速的?西方又采取了哪些措施来阻拦其发展?这种转移又怎样影响世界形势的发展?

一、世界重心由西方向东方转移的表现

世界重心由西方向东方的转移,首先表现为世界形势的发展扭转了多少个世纪以来重心由东方向西方转移的发展趋势,开始倒过来呈现出世界重心由西方向东方转移的发展趋势。

英国历史学家阿诺尔特·汤因比在其历史研究中发现,人类历史的重心在几千年的过程中日益由东方向西方转移,它起源于亚洲的内陆草原,然后转移到底格里斯和幼发拉底两河流域,再后又越过希腊和罗马,向西北欧转移,最后在2000年前跨过大西洋。而现在,这个发展趋向正在颠倒过来:世界重心正向东移动,即从北美重新移向太平洋—亚洲地区。

对于世界重心由东方向西方移动、再由西方向东方移动的这种情况,美国耶鲁大学历史学教授、英国皇家历史学院院士、《大国的兴衰》一书的作者保罗·肯尼迪曾经以印度的纺织业为例,作过生动的

描述：

回顾18世纪，印度的纺织业无论在规模方面还是在质量方面，在全球都是首屈一指的，印度生产的优质亚麻布、丝绸和棉布，都是独一无二的纺织品，当时的欧洲国家向其征收关税，以禁阻这些印度纺织品进口。可是，当英国开展工业革命，接着陆续出现一批拥有数百部蒸汽纺织机的工厂以后，情况就完全改变了。英国纺织机生产的布料比印度的手织布料更均匀，价格也更便宜，特别是在英国占领了印度次大陆以后，更是顺利地取消了当地原有的配额限制和各种保护，让来自英国的纺织品源源不断地在当地倾销。随着外国机械化生产的浪潮排山倒海地涌入，印度最著名的纺织业也难以匹敌，以致急剧萎缩。至19世纪末，单以英国兰开夏郡生产的纺织品而言，其中多达40%都是出口到印度去的。到了1900年，英国人均工业化比率（即一个国家的工业制品相对于人口的比率）竟然是印度的100倍！而在一个半世纪以前，两国的发展还不相上下。

保罗·肯尼迪接着描述说，然而，时移势易，到了21世纪初的今天，世界局势的发展又倒转过来了。过去数十年来，富国不断地把纺织业与其他机械运送到穷国去，发达国家在全球多个地区投入资金和成立合资企业，迫使当地政府开放市场，从而使印度输往富国的纺织品又增长起来。时至今日，中国和印度每年的经济增长率高达10%和8%，两国进一步垄断全球生产，分占全球财富，继而享受全球权力，似乎是毋庸置疑的趋势。

在文章的结尾部分保罗·肯尼迪说："当我们的读者、公众及传媒沉迷于伊拉克危机或恐怖分子等话题时，世界生产重心也同时出现急剧变化，从'第一'世界转到'第三'世界。风水轮流转，我们却仍懵然无知。"[1]

如果说保罗·肯尼迪所描述的，还只是微观地考察纺织业由东

---

[1] 保罗·肯尼迪：《世界生产重心急剧转移》，载2004年6月2日香港《东方日报》。

方到西方、再由西方到东方转移的历史变迁的话,那么,作为发达资本主义国家政府间经济协调机构的经济合作与发展组织(OECD)在2010年6月16日发布的有关世界发展前景的报告,则宏观地描写了世界重心正由西方向东方转移的具体情景。经济合作与发展组织2010年的这个《报告》称:

1. 经济合作与发展组织成员国的GDP之和,在全球GDP中所占比例,已经由2000年的占60%,下降为2010年的占51%,预计到2030年还将降至占43%。

2. 随着发展中国家经济的快速增长,全球贫困人口数量将大幅减少,作为最突出例子之一的中国的贫困人口,已由1990年的占60%,下降至2005年的占16%。

3. 新兴国家的"起飞",使得贫穷国家的数量,在过去10年中由55个减少至25个。其经济增长速度达到或超过经济合作与发展组织国家平均增长速度2倍的国家,由12个增加到65个。

出现这些变化的原因主要有三:一是中国、印度和原苏联国家等经济体的开放,使大量劳动力进入市场经济;二是这些经济体的发展刺激了对化石燃料、工业用金属等初级产品的需求,从而使中东、非洲和美洲的原料出口大为受益;三是许多新兴国家由负债国变成债权国,同时还积累了高额的外汇储备①。

世界重心由西方向东方的转移,首先是世界生产重心的转移,表现为发达资本主义国家和发展中国家、新兴经济体在经济增长速度上的此消彼长,从而在世界GDP中所占份额的此跌彼涨;其次是表现在世界金融格局、银行格局、国际地位和影响力等等方面的调整;再次是表现在全球治理结构中权力的再分配、权力中心的转移;最后则归结为文明的转换,如此等等。

世界重心的这种转换趋势,在2008年国际金融危机爆发以后呈

---

① 埃菲社巴黎2010年6月16日电。

现出加速发展的趋势。例如,在这场危机刚刚爆发的时候,2008年10月6日的英国《金融时报》就发表多米尼克·莫伊西的《西方势力全球性下滑》一文,指出"这场(金融)动荡加速了美国的相对下滑,从单极世界转向多极世界","借用法国前总统密特朗的话来说:东方在增长,西方在衰退。此外,西方充满担忧,东方充满希望","如果我们不能找到解决办法,2008年的金融危机将加速西方——作为今日一股势力和作为世界其余部分明天的模式——的相对下滑";2011年2月14日的法国《论坛报》发表埃里克·肖尔、弗朗索瓦·朗格莱的《危机加快了权力由西方向东方转移的步伐》一文,强调"当前的金融危机是在经济力量大规模地从西方向东方转移的大背景下出现的,事实上,这种力量的转移在2007年前就已经开始,而这场危机不过是加快了转移的步伐而已"。

二、世界重心由西方向东方转移的原因

为什么世界重心会不断地转移,先是由东方向西方、现在又由西方向东方转移？是不是在不同时期东方或西方有着固定的发展优势？

对于世界重心转移的原因,美国《纽约时报》先是在2010年12月12日发表了一篇书评,介绍现任美国斯坦福大学教授的英裔历史学家、考古学家伊恩·莫里斯在《为何当今世界由西方统治》一书中提出的观点,说他通过研究世界的长期发展过程观察从史前到现代的周期性摆动的力量,展示东方和西方怎样在不同的年代,以不同的方式进行变革,来达到渐进性的发展高度,最终揭示这一轮兴替的规律。他从中得出结论说,东方、西方只是"地理标签,而不是主观上的价值判断",任何一方都不拥有与生俱来的优势。西方世界之所以在18世纪取得成功的进步,原因是矿物燃料的发现。历史昭示人们:当一个文明衰落时,就会有另一个文明在其他地方崛起,在新技术、

社会变革和创造性组织方式的推动下腾飞,将整个发展进程推到新的水平。如今随着西方国家的实力和信心下降,中国在全世界逐渐上升到前所未有的主导地位。他指出:"过去建立起来的模式表明,财富和权力从西方向东方的转移,是不可阻挡的。"[①]

仅仅9天之后,伊恩·莫里斯本人又在《纽约时报》上发表《东方来了》一文,亲自出面来阐述世界重心西移和东移的原因。他说:"我们目前正在经历的财富、权力和声望的变化,是200年前工业革命将西欧推上全球主导地位以来最大的变化。推动东方崛起的这股力量恰恰就是当初推动西方崛起的那股力量:地理因素与经济和技术产生的互动。"他接着说,回溯到15世纪,中国开创的航海新技术使得船只跨越大西洋成为可能。一夜之间,详尽的地理资料成为世界上最有价值的东西。地理资料显示,西欧距美国东海岸只有3000英里,而中国与美国西海岸的距离为8000英里,这就意味着是欧洲人、而不是中国人让美洲成为殖民地,并在大西洋沿岸创建了新型的市场经济体。这些市场所产生的新动力,促使欧洲人、而不是中国人在工业革命期间使用了由矿物燃料所产生的能量,这场革命带来的蒸汽机和铁路使19世纪的世界大大缩小了,并且激发了北美大陆巨大的工业潜力,美国取代欧洲成为世界的重心。技术的突飞猛进使20世纪的世界变得越来越小,到了1950年,太平洋也已经不是贸易壁垒了,这就轮到东亚发挥巨大的工业潜力了。先是日本,后来是韩国、中国台湾地区、新加坡和马来西亚,现在是中国大陆,纷纷融入到全球经济中来了。在2000年之前,中国还在追赶美国,到2050年,它很可能将超越美国。从长远看,技术的日新月异和全球化所产生的不可抗拒的力量,或许使今天有关东方崛起的担忧变得无足轻重。

2010年12月26日《印度时报》网站发表的《东方在新的文明冲突之中崛起》一文补充说:"一直到1755年之前,中国和印度的经济

[①] 参见奥维尔·谢尔:《最后的冲突》,载2010年12月12日《纽约时报》。

力量还占到全球经济产量的50%,对亚洲和非洲的殖民统治、大西洋奴隶贸易以及在南北美洲和大洋洲的入侵定居,扭转了力量对比,让重心从东方转移到西方"。

那么,为什么世界重心近来又从西方向东方转移呢?

2008年10月6日墨西哥《改革报》发表胡安·加夫列尔的《对美国霸主的打击》一文,指出从美国开始的这场国际金融危机意味着世界权力从西方向东方转移过程的加快,而导致这个过程的本质是世界发展动力从大西洋中心国家向亚洲国家转移。当美国和欧洲纷纷放弃积极的工业政策而满足于金融投机时,以中国和印度为首的亚洲主要经济体重组生产基础,加快发展技术能力,加大对世界贸易的参与并提高国际储备。

2010年1月14日的美国《新闻周刊》发表克洛德·斯马贾、克莱德·普雷斯托维茨的《全球化革命》一文,它指出:"危机的真正原因并不是银行家的贪婪,而是全球储蓄、投资和贸易失衡。这种失衡20年来不断加剧。这是高消费、盎格鲁－撒克逊式自由放任的经济模式以及东亚及德国出口导向型重商主义经济模式相互作用的结果。"

归结起来,可以看出,促使世界重心由西方向东方转移并在国家金融危机中加速的基本原因,主要有二:这就是新自由主义主导下金融资本的病变和畸形发展,以及狂热的借贷消费的生存方式。原先,在西方资本主义社会,金融产业的主要功能是以银行为代表从事的借贷活动,它为实体经济提供资金,而从实体经济的成功发展中获得利息等回报;但是从20世纪90年代以来,在新自由主义以经济全球化为借口,强制实行国际金融自由化、贸易自由化、投资自由化方针的主导下,美国的金融产业却摆脱了管制,发生了病变和急剧的畸形发展;现在,它主要的不再是通过投资和服务于实体经济去获得利润,而是背离了实体经济,通过管理风险去获利,也就是用钱去套取更多的钱,于是,在股票、债券、汇票等初级虚拟资本之上,又创新出了各种金融衍生品,如股票、债券等各类金融资产的期货、期权合同以及利率汇率、股指等各类指数的期货、期权合同。这种金融产业把各种风险分散后重新组合,以致一旦出现破绽,就会波及各个领域。2008年美国雷曼兄弟公司的破产,清楚地说明了在全球产业结构调整、国际产业转移升级、西方资本主义国家出现产业空心化的形势下,新自由主义主导的金融资本的畸形发展,必然导致资本主义经济实力严重下挫,导致世界重心由西方向东方的加速转移。

为了解决资本主义社会中由人民大众贫困所带来的生产过剩和有效需求不足的问题,新自由主义采取了通过金融杠杆去扩大消费的方针,创造了"贷款购物"的社会风尚去欺骗低收入的消费者。这种欺诈性的消费需求扩大战略在把低收入人群的住宅需求变成金融经济巨额利润的源泉的过程中,又诱发了美国等发达资本主义国家价值观的日益堕落。使当年推动资本主义发展起来的诸如崇尚劳动、勤俭持家、清心寡欲等新教价值观日渐衰微,取而代之的,是使人们深深陷入狂热消费、贷款消费的那个过度消费的旋涡,致使人口仅占世界1/5的美国人,却要消费全球30%的资源。与此同时,举债度日的惯常生活方式,也使国家同样背负越来越多的债务,美国的年国内生产总值10多万亿美元,可是其债务却突破了50多万亿美元,于是,为了弥补收入和支出之间的鸿沟,就年复一年地通过举债去占有其他国家的劳动成果。这种生存方式在破坏别国经济的同时,也必然首先加速世界重心由西方向东方的转移,这正是当年古罗马从鼎盛走向瓦解、衰落和毁灭过程的再现。

三、世界重心的转移改变着全球力量的对比

世界重心由西方向东方转移的直接结果,便是改变着全球力量的对比。

首先,是改变发达国家同发展中国家、新兴经济体之间的力量

对比。

长期以来,西方发达国家和发展中国家经济发展的态势,一直是发达国家持续较快增长,而发展中国家则发展缓慢、有时甚至停滞倒退,以致两者之间的差距越来越大。如它们之间的人均 GDP 的差距,就从 1983 年的 43:1 扩大到 2000 年的 60:1。联合国开发计划署1999 年《人类发展报告》显示,占世界人口 20% 的发达国家,它们拥有的 GDP 高达世界 GDP 总量的 86%,占有全球出口市场的份额达82%,而占世界人口 75% 以上的发展中国家所占这两项的比例仅分别为 14% 和 18%。

在经济史上,也曾出现过发展中国家和地区利用了世界的先进技术和发明,避开了发达国家所走过的弯路和新科技成果的实验过程,以较低的代价仿效发达国家的方法和技术,赶超发达国家的事例。其典型代表就是亚洲在 20 世纪 80 年代出现的"四小龙",特别是其中的韩国,在 20 世纪 80 年代初,其人均 GDP 仅为 1400 美元,而在经过不到 20 年的时间,在 1999 年时就增长到 8490 美元,使它同发达国家之间的差距由 6.38:1,缩小为 3.03:1。所以,在当时,英国《经济学家》杂志就发表评论指出:"历史表明,今天的一些发展中国家有朝一日会超过一些富裕国家,在经济规模和人均收入方面都将如此,正如 18 世纪末英国变得比荷兰更富裕,19 世纪末美国超过英国一样。"

但在那时,崛起的还只是一些较小的国家和地区,它们对全球范围内力量对比的改变还不甚明显,而在世界重心由西方向东方转移的过程中,特别在国际金融危机期间出现的,却是发达资本主义国家的相对衰落,发展中国家、特别是其中的新兴经济体的大面积的迅速崛起,这就不能不比较显著地导致全球力量对比的快速改变。

世界银行行长佐利克认为,未来世界经济格局的鲜明特点是主要新兴经济体的崛起。在 1997 年到 2007 年的 10 年间,东亚 14 个新兴经济体克服了亚洲经济危机的负面影响,经济增长速度居于世界前列,GDP年均增长速度超过9%,对世界经济增长的贡献率越来越明显。

美国高盛集团全球经济研究部主管、首席经济学家奥尼尔在2003年发表题为《与"金砖国家"一起梦想》的研究报告,提出了"金砖国家"这个概念,指巴西、俄罗斯、印度、中国等四国(后又增加南非,共五国);2007年,高盛集团又提出了"钻石11国"的概念;日本"金砖国家"研究所则提出了"展望5国"的概念。以后,国际社会就给这些国家冠以"新兴市场"、"新兴经济体"、"新兴工业国"等称号。现在,新兴经济体已经遍布亚洲、非洲、拉丁美洲、东欧和中东各个角落,大约有40多个新兴市场或新兴经济体,形成"新兴经济群体"。

在世界重心由西方向东方转移的过程中,发达国家同发展中国家之间力量对比的改变,主要表现在以下几个方面:

一是经济增长率的对比。由发达经济体组成的经济合作与发展组织国家经济增长率在逐渐下滑:它们在20世纪60年代的年增长率为5.3%,70年代为3.7%,80年代为2.8%,90年代为2.5%。据国际货币基金组织的数据计算,在2000—2005年,发达资本主义的"8国集团"的名义GDP增长率为5.6%,在世界GDP总量中所占比重从67.1%下降至62.6%,在世界GDP增量中的比重为51.6%;而中国、巴西、印度、墨西哥四国的名义GDP的增量达9.9%,在世界GDP总量中所占比重从9%上升到10.3%,在世界GDP增量中的比重达13.4%。如果用购买力平价计算,在2005年,8国集团的GDP在世界GDP总量中占43.7%,而中、巴、印、墨四国的GDP在世界总量中则占25.7%。

国际货币基金组织在2010年秋季号《世界经济展望》上发表了《2007—2010年世界各主要经济体GDP增长率》:

2007—2010 年世界各主要经济体 GDP 增长率

	2007 年	2008 年	2009 年	2010 年预测
发达国家	2.7%	0.2%	-3.2%	2.7%
美国	1.9%	0.0%	-2.6%	2.6%
欧盟	3.2%	0.8%	-4.5%	1.7%
日本	2.4%	-1.2%	-6.2%	2.6%
新兴国家	8.7%	6.0%	2.5%	7.1%
中国	14.2%	9.8%	9.1%	10.5%

而在 2008—2010 年的 3 年中,就世界 20 个最大的经济体而言,中国增长 20%,印度增长 16%,巴西增长 7%,韩国增长 6%,美国、加拿大恢复到 2008 年的水平,法国下滑 1%,意大利下滑 4%。

二是新兴经济体的 GDP 在世界 GDP 总量中所占比重。如按购买力平价计算,在 2006 年新兴经济体就已经达到世界 GDP 总量的一半,根据现在的发展趋势估计,在 2026 年将占世界 GDP 总量的 2/3。如按市场汇率计算,在 2010 年,新兴经济体的 GDP 在世界 GDP 总量中占 30%,预计到 2020 年时占 50%。

三是新兴经济体对全球贸易的参与率。在 2010 年时,新兴经济体的出口占世界的份额达 40% 以上。

四是发展中国家外汇储备的拥有量。在 2010 年时已经占世界外汇储备总量的 75%,并成为购买美国外债的主要力量;在欧元危机期间,"金砖国家"又介入到"拯救欧洲"的活动中。以致出现了西方发达富国"穷",而发展中国家里外汇储备多的穷国反而"富"的怪异现象。

五是跨国公司的拥有量。在 1998 年,世界跨国公司 500 强中,属于发展中国家的还寥寥无几,仅占其总市值的 2%;但到 2007 年时,发展中国家已经拥有跨国公司 35 家,占世界跨国公司总市值的 20%。

六是在国际金融危机中的表现和对世界经济增长的贡献率。新兴经济体在国际金融危机中率先复苏和回归增长轨道,成为全球经济增长的主要引擎,特别是其中的金砖国家,它们在 2010 年时,在全球金融产出中占 15%,人口占 42%,国土面积占 26%,但其对世界经济增长的贡献率却超过 60%。所以,位于纽约的瑞士信贷集团的首席研究员尼尔·索斯在接受《纽约时报》记者的采访时表示:"此前向着中国等亚洲地区慢慢东进的世界经济重心,通过此次经济危机经过了一大转折点"①。需要强调指出的是,与 20 世纪 90 年代不同,所有的发展中力量中心都没有复制西方模式,而是走自己的路。

特别在亚洲,这里不仅拥有世界 61% 的人口,而且早在 1995 年,就在世界 10 大银行中拥有 9 家;世界上 10 个吞吐量最大的港口,有 7 个在亚洲;它还拥有世界上最大的造船厂、钢铁厂和集装箱港口。所以,有的西方人惊叹说,世界上的最高建筑在迪拜,最大的上市公司在北京,最大的炼油厂在印度建设,最大的投资基金在阿布扎比,最大的电影产业是宝莱坞,最大的赌场在澳门。

总之,从全球存在来看,在相当一段时期里,世界一直在进行着"去西方化"的进程,虽然最新的"全球存在指数"前 20 位的国家仍与 1990 年时的差不多,但它们的名次已经发生了改变,中国从第 12 位跃升到第 4 位,在 20 多年间上升了 9 个名次;巴西目前处于第 19 位;而韩国则从第 19 位上升到第 14 位,印度排名第 16 位。美国仍保持第 1 位,但与其他国家的差距越来越小;多个欧洲国家的排名都在下降,其中包括法国、意大利、西班牙、比利时、瑞士和瑞典。总的来说,全球存在正趋向于分布在越来越多的国家中。如果说在 1990 年时,美国和苏联占据全球存在的近 36% 的话,那么,此后这一数据对这两个国家来说都一路下滑。柏林墙的倒塌意味着苏联的全球存

---

① 引自〔韩国〕李泰勋:《"中国时代"比预想来得更快》,载 2009 年 8 月 26 日韩国《朝鲜日报》网站。

在份额由1990年的11.7%下滑到2000年的主要由俄罗斯体现的3.6%,目前这一数字为4%。美国所占的比重从1990年的超过24%降至2012年的不到17%,而中国的全球存在的比重已经大幅上升到5%;德国和英国在欧洲范围内的存在比重也都在上升。

然而,由世界重心东移所直接导致的全球力量对比的变化,更突出的还是表现在超级大国的资本主义美国同发展中国家的社会主义中国的力量对比的变化上。

在1989—1991年东欧剧变、苏联解体时,所谓自由民主的资本主义已经获得最终胜利的"历史终结论",成了西方资本主义社会的主流意识形态,尘嚣甚上。但曾几何时,在世界重心东移的过程中,社会主义的中国同资本主义的美国之间的力量对比,却迅速从各个方面朝着向社会主义中国一边倾斜过去了。

1. 这种力量对比的变化,首先还是表现在经济增长率的对比上:

	1980—1989年	1990—1999年	2000—2004年	2005—2007年
中国	9.5%	8.5%	9%	9.8%
美国	3.5%	3.3%	1.8%	2.9%

而在爆发美国次贷危机—国际金融危机以后,社会主义中国和资本主义美国的经济增长率就更以双层双速的姿态发展着:

	2007年	2008年	2009年	2010年
中国	14.2%	9.6%	9.2%	10.3%
美国	1.9%	0.0%	-2.6%	2.6%

2. 经济增速的不同,直接影响到中、美两国的经济力量的对比以及在世界GDP总量中所占份额的变化:

	1990年	1995年	2000年	2005年	2007年	2008年	2010年
中国（亿美元）	4045	7570	11928	23027	34004	44016	58786
美国（亿美元）	57572	72423	97648	127361	137765	142646	141200
中国占美国的比重	7.03%	10.31%	12.22%	18.61%	24.68%	30.86%	40.2%
中国占世界的比重	1.83%	2.54%	3.74%	5.11%	6.22%	7.23%	9.5%

如果说在1970年时，中国的GDP还排在世界第13位的话，那么，在2007年，中国就超越了德国，成为世界第3大经济体，在2010年又超越了日本，成为世界第2大经济体；中国同美国之间的力量对比，也从1990年时的仅占美国的7.03%，上升到2010年时的占美国的40.2%；中国在世界GDP总量中所占的比重，从1990年时的占1.83%，到2010年时的占9.5%。在短短20年中，力量对比改变的速度分别增加了5.7倍和5.19倍。要是我们能够胜利地克服面临的种种困难和挑战，顺着这种趋势发展下去，那么，社会主义中国超越资本主义美国，进而实现中华民族的伟大复兴，就将是完全可以期待的事情了。

3.2010年，中国取代了美国保持达110年之久的、作为世界上最大的制成品生产国的地位。2011年6月28日的英国《每日电讯报》网站除了报道中国要为美国旧金山建一座新桥再把它运到美国外，还排列出了近年来中国的"五大工程壮举"：一是在2001—2010年间投资5265亿元人民币的西电东输工程；二是预算约5000亿元人民币的南水北调工程；三是耗资约9000亿元人民币、提前13年全部建成"五纵七横"的国道主干线工程；四是耗资1800亿元人民币的三峡大坝工程；五是以平均每米1.6万英镑修建的京沪高铁工程。

4.2009年，中国取代德国成为世界上最大的商品出口国，出口份额占世界的9.6%。

5.中国的外汇储备额，从1978年的16亿美元、占世界第38位，上升到 2007 年的 15283 亿美元、占世界第 1 位和美国的最大债权国。

	1978年	2000年	2007年	2008年	2009年	2010年	2011年3月
中国的外汇储备额（亿美元）	16	1656	15283	19460	23992	28473	30447
在世界上所占名次	38	2	1	1	1	1	1

6. 在国际经济合作与协调中、在国际货币基金组织和世界银行中的地位变化。2009年,20国集团会议在美国匹茨堡发表联合声明,宣布包括中国等金砖国家、新兴经济体在内的20国集团取代发达经济体的8国集团,成为国际经济合作与协调的首要全球性论坛,并将新兴市场和发展中国家在国际货币基金组织中的份额至少增加5%,将发展中国家和转型经济体在世界银行中的投票权至少增加3%。今后,除传统的工业国外,巴西、俄罗斯、印度、中国四个金砖国家也将跻身国际货币基金组织最大的11个股东之列。此前,美国在国际货币基金组织中的投票权比重为17.4%,中国仅占3.72%,经一轮改革以后,中国的投票权比重将由原先的第6位升至第3位。

7. 在世界大银行格局中出现的变化。在20年前,世界10大银行中,有9家是日本的;10年前,世界10大金融机构中有6家来自美国,头两家就是花旗银行和美国银行。到了今天,只有3家美国银行进入世界前10家大银行。而在2006年,中国建设银行进入世界10大银行,位列第9;在2008年,中国工商银行、中国建设银行和中国银行3家位居世界10大银行的前3名;在2009年,这3家中国银行继续位居世界10大银行的前3名,而且其市值占世界10大银行总市值的51%。

8. 在对外投资方面的变化。在2008年,中国的对外直接投资净额为569.1亿美元,截至2010年底,中国对外直接投资累计净额达

3272.1亿美元,这就使中国从"产品生产国"向"资本输出国"发展。

9. 中国提供了消除贫困落后的模范。根据世界银行公布的数据,从1981年到2005年,世界贫困人口共减35亿,使之由占发展中国家总人口的52%减少到占26%,而中国是发展中国家减贫成就最显著的国家,如果把中国的减贫成果排除在外,那么,从1981年到2005年间世界贫困人口在实际上还增加了1亿多[①]。

随着我国的扶贫开发从以解决温饱为主要任务的阶段,转入到巩固温饱成果、加快脱贫致富、改善生态环境、提高发展能力、缩小贫富差距新阶段。2011年11月底,我国又将贫困线从2010年的年收入1274元人民币提高到2030元人民币,比2009年提高92%,以保证使扶贫对象不愁吃、不愁穿,保障其义务教育、基本医疗和住房的目标能够得到实现。

10. 中国人民的生活水平得到了在发展速度上远远超欧美各国的迅速提高。美国《外交》杂志前总编、《新闻周刊》国际版主编法里德·扎卡里亚指出:"2007年,中国对全球经济增长的贡献率超过了美国,这至少是20世纪30年代以来第一次有一个国家做到了这一点。中国还成了世界上最大的消费国,在5种基本食品中的4种食品、能源以及工业初级产品等消费领域中超过了美国。"他还援引美国前财政部长劳伦斯·萨默斯的话说"工业革命期间,欧洲的平均生活标准在他的有生之年内(当时大约40岁)提高了大约50%"。他计算,"在亚洲,主要是在中国,人均生活标准在一个人的一生中大约要上涨100倍!中国经济增长的规模和速度一直大得惊人,完全是史无前例,而且中国已经产生了同样惊人的变化,它在20年时间里经历了欧洲用两个世纪才完成的同样程度的工业化、城市化和社会转型"[②]。

---

① 据新华社华盛顿2008年8月26日电。
② 法里德·扎卡里亚:《一个强悍、然而尚显脆弱的超级大国的崛起》,载2007年12月22日美国《新闻周刊》。

然而，尤其需要指出的是，甚至连西方资本主义社会的一些有识之士，也越来越清楚地认识到中国和美国之间力量对比的这种变化，特别是在国际金融危机期间中国和美国的不同表现的影响和性质：

对于中美之间力量对比的变化所产生的影响，美国花旗集团研究员迈克尔·桑德斯表示："二战以后，每逢世界经济摆脱低迷局面的时候，都是'火车头'美国领路，欧洲和其他国家跟随在后。但是现在，通过对西方贸易顺差积累巨额资金的中国和亚洲则发挥着摆脱危机的中轴作用"；而美国哈佛大学经济学教授肯尼思·罗戈夫则在接受《纽约时报》采访时表示："中国的真正挑战是（当前这种增长）以后的阶段。如果美国和欧洲的消费得不到恢复，中国和亚洲是否拥有代替方案，令人怀疑。"[1]

对于中美之间力量对比变化所具有的性质，西方国家的有识之士也越来越清楚地认识到，这种力量对比的消长源于国家经济战略及其目标的不同，而其对发展中国家的不同吸引力，则源于不同的发展道路和理念。这就折射出它们并不限于不同国家的力量的消长，而事关不同社会制度的优劣。

2011年1月19日美国《赫芬顿邮报》发表美国前劳工部长罗伯特·赖克题为《中国能够给我们的真正经济教训》的文章说："中国的国家经济战略旨在使中国和中国民众成为未来的经济引擎。他们打算尽可能向我们学习，然后超过我们（他们在太阳能等技术领域已经做到了这一点）。他们慷慨投资于各个层次的基础研究和教育。他们的目标是使中国成为实力最强和高工资就业岗位最多的国家"，反之，"美国缺少国家经济战略。我们倒是拥有一些碰巧把总部设在美国的全球企业。它们的目标是实现利润最大化，找的是最能赚钱的地方"。他据此强调指出，"中国正在占据我们的上风。为什么？

---

[1] 引自〔韩国〕李泰勋：《"中国时代"比预想来得更快》，载2009年8月26日韩国《朝鲜日报》。

因为中国的国家经济战略旨在创造更多更好的就业机会,我们却只是专注于为股东赚钱的全球企业"。

英国剑桥大学太平洋研究项目主任、美国尼克松研究中心研究员斯蒂芬·哈尔珀认为:"如今中国在世界上打出最大的广告牌,给那些希望向中国学习的发展中国家提供了一条绕开西方的道路。中国这个榜样有着迅猛的经济增长,国内局势稳定,大多数人的生活一年比一年强,它驳回了'西方的思想'","直到最近几年,西方提出的'华盛顿共识'一直认为,较小的政府、较少的管制和强大的私营部门——换言之,就是自由市场——将带来派系和多元化,最终带来民主。但这一切未能实现,许多非洲和拉美国家的领导人认识到,在尝试按照国际货币基金组织和世界银行的规划奋斗了 20 年之后,他们国家的情况没有改善,却有所恶化。于是,北京得以带着另外一种方案畅行无阻","美国迄今为止未能充分解决、甚至未能充分估量中国骤然上升所构成的挑战","我们没有认清或明确中国所构成的观念挑战,它的市场权威模式比美国的产品,也就是市场民主对第三世界政权更富有吸引力"[①]。

应该说,从社会制度的优劣的高度来看社会主义中国同资本主义美国力量对比的消长变化,才真正凸显了中国特色社会主义建设的伟大意义所在。早在 1987—1988 年的时候,邓小平就指出,到中国基本实现社会主义现代化,年国民生产总值属于世界前列时,就"为占世界总人口四分之三的第三世界走出了一条路","更重要的是向人类表明,社会主义是必由之路,社会主义优于资本主义"[②];"我们中国要用本世纪末期的二十年,再加上下个世纪的五十年,共七十年的时间,努力向世界证明社会主义优于资本主义。我们要用发展生产力和科学技术的实践,用精神文明、物质文明建设的实践,

---

[①] 引自本杰明·泰里:《思想斗争迫使西方后退》,载 2010 年 2 月 18 日美国《华盛顿时报》网站。

[②] 《邓小平文选》第 3 卷,人民出版社 1993 年版,第 225 页。

证明社会主义制度优于资本主义制度,让发达资本主义国家的人民认识到社会主义确实比资本主义好"[1]。

四、欧美的"再工业化"和"制造业回归"方针,无法扭转世界重心东移的发展趋势

在过去200年间,西方发达资本主义国家相继推进了工业化进程,建立了门类齐全、产业规模大、技术水平高、知名品牌多的制造业体系。但是自从在世纪之交兴起信息技术革命以来,这些国家又适应于国际产业调整和转移的发展趋势,致力于发展高新技术产业和现代服务业,推进产业结构"服务化",导致制造业的产出在国民经济中的比重开始下降的结果。例如,美国的制造业岗位在美国全部就业岗位中的比重,在20世纪90年代为16%,到2011年就仅占9%了,在1977—2009年间,减少了600多万个就业岗位;制造业的产值在美国经济总量中所占比重,也从1970年的占28.9%,下降到1990年的占18.5%、2007年的占12.1%、2009年的占11%;欧洲制造业的产值在2007年下降到占经济总量的17.1%。在爆发国际金融危机以后,欧美的制造业遭遇到更大的冲击,欧盟制造业的产值一度下滑了20%,美国制造业的就业岗位大量流失。针对这种情况,诺贝尔奖得主约瑟夫·施蒂格利茨指责美国奥巴马政府对衰退作出不冷不热的反应,他担忧金融体系的崩溃会妨碍美国经济复苏;历史学家尼尔·弗格森认为,高额的债务与肆意挥霍会让这个一度强大的美国衰败下去;哈佛大学经济学教授肯尼思·罗戈夫则担心美国会成为下一个希腊。

正是在这种情况下,欧美发达国家制定了旨在扭转世界重心东移的危机应对措施,决心大力扶持制造业回归,力推"再工业化"方

---

[1] 《邓小平年谱(1975—1997)》(下),中央文献出版社2004年版,第1255页。

针。例如,美国联邦政府推出《制造业促进法案》、《鼓励制造业和就业机会回国策略》,美国地方政府则制定土地和纳税优惠政策改善投资经商环境等等,去吸引制造商在本地置业;英国政府出台了"制造业振兴"、"促进高端工程制造业"等等政策举措;法国政府筹资2亿欧元,直接向制造业发放"再工业化"援助资金等等。欧美的一部分跨国公司也实施全球战略布局调整,重估生产环节外包战略,减弱对外投资力度,考虑制定回流计划,如美国通用电器公司将原来包给中国的节能热水炉迁回美国肯塔基州;福特汽车公司把原来在海外生产的部分零件转包给美国供应商;德国Steff公司从中国撤回长毛绒玩具等等。

在采纳这种种举措之后,西方发达国家、特别是美国的制造业确实在一时出现了一些复苏迹象,例如2010年以来,美国的整个制造业就新增了24万个雇员,制造业成为少数几个明星行业之一,在美国经济创造的6个就业机会中,就有一个来自制造业,在2011年第一季度,美国制造业产值增加了9%,是美国整体经济增速(1.8%)的5倍。在这种情况下,美国出现了"美国正在东山再起"、"制造业从美国大举迁往中国的时代快要结束"的乐观主义情绪不断发酵,似乎世界重心由西方向东方转移的发展趋势将要得到扭转。

然而,这样的估计是不切实际的,这是因为,事情的发展正如中国商务部一个专题报告的负责人宾建成教授所指出的那样,西方发达资本主义国家的所谓制造业回归和"再工业化"方针,属于国际产业转移中的"逆向流动",虽然在一时有利于发达国家的经济复苏,但从长远的视角来看,却不利于全球经济结构的调整和持续复苏[①]。更扭转不了世界重心由西方向东方转移的大趋势、改变不了全球力量对比朝着发展中国家、社会主义中国倾斜的发展。

首先,从生产的角度来说,由于它人为地扭曲市场配置社会资源

---

① 宾建成:《欧美"再工业化"趋势分析及政策建议》,载《国际贸易》2011年第2期。

的机制和效率,有可能导致全球资源的错误配置,无助于有效改善西方发达国家产业空心化的现状,也不利于培育其国内战略性新兴产业,并将延缓全球产业结构调整和国际产业转移升级进程。

其次,从流通的角度来说,欧美发达资本主义国家这种过度干预制造业回归,不符合国际贸易大趋势,因为欧美的产业和产品,其比较优势主要体现在资本和技术要素上,而新兴经济体和发展中国家的比较优势,则体现在劳动成本上。根据国际劳工组织的数据,美国与中国的平均工资差别,2000年时为26倍,2008年时为10倍。技术进步提高了制造业的标准化程度,劳动成本在制造业竞争中的重要性上升,导致传统制造业、特别是加工组装环节不断从欧美向发展中国家转移,进而形成欧美重点发展服务业和高科技产品,而从发展中国家进口传统劳动密集型产品的国际经济与贸易格局。欧美"制造业回归"和"再工业化"的方针举措必然影响世界贸易作为世界经济发动机作用的发挥。

再次,从国际分工的角度来说,美国制造业在经济总量中所占比重的下降,本来是科技发展的必然趋势,也是经济效率提高的客观需要;同时,又还是新自由主义解除对金融的管制、脱离实体经济的畸形发展金融资本主义,以及推行借贷消费、过度消费的生存方式的必然结果。现在,欧美发达资本主义国家却把所有这些撇在一边,企图用强制推行"制造业回归"、搞"再工业化"等等举措去扭转乾坤,这就不仅不利于国际分工的有序深化,而且更有点"缘木求鱼"的味道。

最后,从企业的经营、产品的成本效率和迅速成长的能力来说,欧美推行的"制造业回归"方针,在某些行业中,已经不再是可行的选项。

且以美国制造高科技产品的苹果公司为例,它在美国雇用着4.3万人,在海外雇用了2万人,另有设计、制造和组装iPad和iPhone以及苹果公司其他产品的70万人,则大都不在美国、而在中国的富士康工厂等处工作。为此,在2011年2月,当美国总统奥巴马和苹果公司的CEO乔布斯等硅谷的头面人物在一起共进晚餐时,就问乔布斯说:"这些工作为什么不能回到国内来进行?"又问:"要想在美国制造iPhone,都需要投入什么?"而乔布斯则回答说:"这些工作回不来了!"原因是苹果公司始终不渝地进行着全球经营,在目前来说,进军海外已经是他们的唯一选择。这不仅因为国外的劳动力比较廉价,而且因为外国工人的灵活性、勤劳与工业技能,以及海外工厂的巨大规模已经大大超越了美国同行,以致"美国制造"对于苹果公司的大部分产品来说已经不再是一项可行的选择。

先从供应链说起,苹果公司曾依靠一家中国工厂在距离iPhone摆到商品货架上只有几周的时候改进了其制造工艺。因为当时,它在最后时刻重新设计了iPhone的屏幕,这将迫使一条生产线进行彻底的改造。于是,在一个接近午夜的时刻,当新的屏幕送到这家工厂时,一位工长立即叫醒了公司宿舍内的8000名工人,每名工人分到一份饼干和一杯茶,并被引导到一个工作站,不到半小时就开始了12个小时的轮班,把玻璃屏幕安装到斜面手机的框架中。结果在96个小时内,这家工厂就日产1万部手机。就速度和灵活性来说,没有任何一家美国工厂能与它媲美。别的姑且不说,在21世纪的美国,有多少人愿意住在公司的集体宿舍内呢?!同时,亚洲是电子器件制造中心,中国工厂能更快更便宜地拿到重要的零部件,中国当地的工厂还生产制造苹果手机所不可或缺的像螺丝那样的小金属零件;而美国则与那些供货网络相隔绝,从逻辑上讲,在美国制造高科技小配件也不那么明智。

再从合适的人才培训和供给来说,管理指导制造苹果手机的20万装配线工人,需要有大约8700名产业工程师。中国在培养具有管理iPad生产线技能的产业工程师方面也很出色,因此在中国要招到这么多合格的工程师,只需15天时间,而在美国,估计要用9个月的时间,因为美国已经不再培训工厂所需要的中等水平技能的足够人力了。

还有就是政府产业政策的大力扶持。中国政府扶持苹果公司所选中为其手机切割高强度玻璃显示屏的工厂,使它有财力承办这种工程。二战以后,德国、日本之所以能够从废墟中崛起,重新成为工业强国,很大程度上也是得益于这种"政府参与挑选赢家和输家"的产业政策,而美国的多数工厂则不指望华盛顿为其提供这样的支持,大部分民众也对这种做法深感不安。

正因为这样,所以尽管近年来随着中国提高工人工资,企业产品的成本都有所提高,但像苹果公司那样的美国企业却仍留在中国,而没有回到美国去增加其就业岗位。这是因为,要是 iPad 在美国生产的话,售价将大幅提高,公司将无法保证像现在那样在 2010 年获利 300 亿美元,在 2011 年获利 400 亿美元。

也正因为这样,欧美发达资本主义国家所采取的"再工业化"和"制造业回归"等种种举措,就没有、也不可能扭转世界重心由西方向东方的转移以及由此导致的力量对比改变的发展趋势,在国际金融危机期间,在结束了衰退之后,美国还长期走不出经济低迷的局面,欧元区的债务危机更是一波接着一波地连续不断,就是对此的最好证明。

第八章

国际金融危机加快了世界格局的转换

所谓世界格局,是指世界上的各种力量经过此消彼长的不断发展和重新分化组合的变化,在一定时期内形成相对稳定的均势所产生的国际关系结构。这种国际关系结构由各种力量的对比达到相对均衡而形成,又随着它们力量对比的改变而变化。

一、第二次世界大战以后世界格局的演变

英国在18世纪中叶完成其产业革命以后,资本主义扩展到全世界,形成了资本主义的世界体系和世界市场,也形成了英国长达百余年独霸天下的世界格局。但在19世纪中叶以后,德国、法国相继崛起,美国在结束独立战争,日本、俄国在摆脱了封建束缚之后,也沿着资本主义道路紧紧追赶。于是,在19世纪末20世纪初,形成了群雄并起、激烈争夺的多极格局取代英国的一家独霸。这种局面在第一次世界大战以及战后凡尔赛体系的确立,一直延续到第二次世界大战,虽然这种多极格局的内容在战前战后是有所不同的:第一次世界大战打破了资本主义的一统天下,出现了社会主义的苏联,形成了多个资本主义大国联合包围苏联、但在它们之间又相互对立的局面。

在1945年结束的第二次世界大战以及在战争接近尾声时确立的雅尔塔体系,使世界格局发生了与战前相比的根本变化,这就是从多极到两极的变化。所谓雅尔塔体系,是指1945年2月,美、苏、英

三国首脑在雅尔塔召开的战时第二次会议上所确立的战后体制，其主要内容是三大国划分势力范围和维持战后的合作；在西方，它通过了关于分区占领德国以及德国赔偿的原则协定，关于波兰疆界及其临时政府组成的协议和"被解放的欧洲宣言"等，并划分了美英和苏联在西欧和东欧的势力范围；在东方，它通过了关于苏联对日作战的条件的秘密协定，满足了苏联对外蒙古、库页岛南部、千岛群岛和旅顺大连的要求；苏联则承诺同"中国国民政府签订一项中苏友好同盟协定"，并支持美国的对华政策和整个亚太战略，让美国控制中国和占领日本。

之所以说这种从多极到两极的变化是一种根本的变化，是因为二战完全改变了资本主义世界的力量对比，美国不仅成为头号军事强国，而且成为控制整个资本主义世界的超级大国；苏联也在战争中大大地发展了自己的军事实力，并使自己的势力扩及东欧大部、到达中欧乃至远东，它不仅摆脱了资本主义在战前对它的包围，而且还和尔后相继成立的社会主义国家一起形成了社会主义阵营。这样，在二战以后，就形成了美苏在欧洲乃至全球对峙的两极格局，美苏两个超级大国之间的这种冷战对峙的两极格局一直延续到1991年苏联解体，而这个过程又划分为不同的发展阶段：

第一阶段是从二战结束到20世纪50年代中期大约十年的时间。1946年3月6日，美国总统杜鲁门陪同英国首相丘吉尔到美国密苏里州的富尔敦去，指使他发表反苏演说，指责苏联在从波罗的海边的什切青到亚德里亚海边的里雅斯特的铁幕后面，让中东欧国家处在其高压控制之下，鼓吹英语民族联合起来，共同对付苏联，这就揭开了二战以后美苏由合作转向冷战对峙的序幕；1947年3月12日，杜鲁门又在向美国国会宣读的咨文中，攻击苏联是"极权国家"，要求批准向希腊、土耳其提供4亿美元的紧急援助，"以抵制极权政体强加于它们的种种侵犯行动"，这成为苏美冷战正式开始的标志，形成了以苏联为首的社会主义阵营同以美国为首的资本主义阵营之间冷战对峙的两极格局。

第二阶段是在20世纪50年代中期以后,由于苏联从反对美国霸权主义演变为同美国又勾结又争夺世界霸权,妄图共同主宰世界,这就使中国得以独立于美苏之外,与苏联由同盟转为对峙,与美国由对抗变为互容,从而在世界格局上形成了两个阵营与中美苏三角并存、相互影响的局面,虽然并未从根本上改变两极格局。

第三阶段是在20世纪70年代以后,出现了"三个世界"的划分。就是说,在苏、美两极对峙之间,出现了不满苏美统治的"两个中间地带":一方面是反对新老殖民主义的共同斗争,促使刚刚摆脱殖民枷锁的发展中国家逐步联合成一支独立于美苏两极之外的第三世界力量。事情正如邓小平所指出的:"第三世界尽管穷,但在国际政治中的力量已经大大增加,这是任何人不能忽视的"[1];另一方面则是日本与西欧在新技术革命的形势下逐渐发展成为强大的经济实体,它们作为重要的独立力量同美苏相抗衡。形势的这种发展越来越冲击着二战以后的两极格局。

第四阶段则是继1989年东欧剧变之后的、1991年的苏联解体,也宣告了二战以后两极格局的最终解体。两极格局终结以后,世界格局向着多极化的方向发展,但由于两极格局的这种终结,并不是在战争结束以后由各主要强国通过斗争与妥协达成的一致安排,由两极格局到多极格局的转换,是在苏联这一极解体以后和平地推进的,这就不能不经历一个较长的时期。早在20世纪90年代初,邓小平在谈到国际形势时就指出:"现在旧的格局在改变中,……新的格局还没有形成。"[2]江泽民则在1992年党的十四大报告中指出:"当今世界正处在大变动的历史时期,两极格局已经终结,各种力量重新分化组合。世界正朝着多极化方向发展,新格局的形成将是长期的、复

---

[1]《邓小平文选》第2卷,人民出版社1994年版,第416页。
[2]《邓小平文选》第3卷,人民出版社1993年版,第353页。

杂的过程。"①

由两极格局到多极格局的转换,之所以需要有一个较长的时期,另一个重要原因是因为在两极格局由于苏联的解体而宣告终结时,剩下的那一极超级大国美国挟其保持有强大的军事、经济和科技实力,企图搞单极霸权主宰世界,因而事情的发展就将如江泽民所指出的那样:"这种多极化","它的最终形成将经历一个漫长、曲折、复杂的演进过程。单极和多极的矛盾,称霸和反霸的斗争,将成21世纪相当长一个时期内国际斗争的焦点"②。

美国在冷战结束以后要搞单极霸权的企图,在它的一些代表在21世纪初发表的言论中,得到了极其清楚的表达。例如,美国前国家安全事务助理兹比格涅夫·布热津斯基在2001年元旦接受德国《明镜》周刊记者采访的时候,明确宣称:让世界大部分都处在华盛顿新型霸权的政治领导下,是美国任何一个新政府都必须承担的现实赋予它的责任。"因为它在经济上是全世界的火车头,在科技上是创新的源头,在军事上是唯一的全球性强国,甚至在文化上——无论您对美国大众文化有什么看法——美国也拥有非比寻常的吸引力,所有这些都赋予这个国家在全球发挥作用的可能性",所以,"我们至少开始了一个新的美国世纪",而且"至少对下一代来说",都不会"出现竞争对手"。

美国外交政策专家萨缪尔·亨廷顿在21世纪初接受记者采访时,用"一超多强"三个层次的说法来形容新的世界权力结构。他说:唯一的超级大国美国将成为这一结构的第一层次;第二层次由几个地区强国如印度,中国,俄罗斯,法国、德国为首的欧洲以及巴西等组成;第三层次由可能被称作次要地区强国如巴基斯坦、英国、乌克兰、日本、阿根廷等组成。在这三层结构中,存在着导致超级大国与

---

① 《江泽民文选》第1卷,人民出版社2006年版,第241页。
② 《江泽民文选》第3卷,人民出版社2006年版,第159页。

地区主要强国爆发冲突的天然基础,而在第三层次上又存在着地区强国与次要强国之间的紧张,以致后者把超级大国看作是一个制约地区强国支配地位的砝码。

美国前助理国防部长、哈佛大学教授约瑟夫·奈则在2002年3月29日的英国《经济学家》周刊上发表文章指出,在全球信息时代,力量在各国之间的分配,其形式类似于三维象棋的棋盘,在棋盘的上部,军事力量基本上是单极的,美国精良的海陆空三军能够涵盖全球范围;但是在棋盘的中部,经济力量是多极的,美国、欧洲和日本的产品占世界的2/3,中国的高经济增长率可能使它成为第四个经济大国;在棋盘的底部,是跨国关系范畴,包括加银行、恐怖等等各种各样的行为者,由于力量非常分散,致使单极、多极或单一化的说法根本没有意义。

"9·11"恐怖袭击以后,在美国2002年9月发布的《国家安全政策》中,居于核心地位的正是它要搞单极化体制。这个《国家安全政策》的重点是说,它要运用强大的国力去推行实力均衡体制;对于紧急威胁,它可能采取先发制人的行动;国际机构的作用虽然重要,但美国在必要时也将单独行动;美国在将来也要维持安全上的优势地位,要打消潜在挑战者建立与美军事对抗的念头等等。

而在行动上,美国的这种单独霸权意图,更表现在它同不同种类国家的关系中:

在对穷国、弱国的关系中,美国的单极霸权表现为:或者把先发制人的军事进攻合法化,用美式民主重组世界秩序;或者充当世界警察,用"人道主义干预"和先发制人的军事进攻,否定民族自决和主权平等的国际法准则。例如,在1999年,以美国为首的北大西洋公约组织为迫使南斯拉夫接受其处理科索沃的少数民族问题的原则和办法,对南斯拉夫进行了长达两个月的狂轰滥炸;而在对盟国、特别是在对欧洲盟国的关系中,美国的单极霸权则表现为自行其是地把自己的政策和价值观强加于人的单边主义,特别是在美国布什政府决定把反恐战争扩大到伊拉克时,根本无视欧洲人的反对意见,随后,美国国防部长拉姆斯菲尔德又公开指责反对美国发动对伊拉克战争的法国和德国所代表的只是"老欧洲"。

正因为在冷战结束以后,美国从言论到行动上大力推行这种单极霸权,这就使两极格局解体后向多极格局的转换过程,不能不经历一个漫长、曲折过程。但是,从两极格局到多极格局,这毕竟是一个不可阻挡的发展趋势,美国强行推进的单极霸权举措,在世界形势发展中留下的,到头来至多只是一个暂时的插曲罢了。美国前国务卿基辛格早就指出,冷战结束制造出观察家所说"单极世界",美国比十年前更占优势,可是具有讽刺意味的是权力也更加分散,因此美国能够用来改造世界其他地区的力量实际上也减弱了,虽然军事上是个超级大国,美国却不再能够随心所欲,因为它的力量和意识形态都不容许它有帝国野心。基辛格认为,无论是美国,还是联合国,大概都不可能建立新的世界秩序,美国、欧洲、俄罗斯、中国、日本,或者可能还有印度,大概将起主导作用。这就是说,冷战结束后两极格局最终还将让位给多极格局,而不是让位给美国的单极霸权。

而在2008年爆发的国际金融危机则更主要地从两个方面加快着世界格局的这种转换:一是美国的衰落,二是新兴经济体的群体性崛起。

二、国际金融危机加快了美国的衰落

关于美国的衰落,应该说这是一个已经历时数十年的老话题,而且肯定和否定这个话题的队伍还在络绎不绝地扩大着。

早在20世纪60年代,英国历史学家汤因比就预言说,美国将重蹈罗马帝国和大英帝国的覆辙,走上衰退的道路。1986年,美国耶鲁大学教授保罗·肯尼迪发表《美国的相对衰弱》一文,指出美国称霸世界的世纪已经终止。1988年,肯尼迪发表《大国的兴衰》一书,他在该书最后一章最后一节《相对衰落的头号大国美国及其问题》中,从战略高度上论述了美国所处困境,指出美国正在承受决定以往列强衰落的"帝国过分扩张"的风险,因为"美国今天承担的全球义务之多,与1/4世纪以前大致相当,但那时,美国在世界GDP中所占份额、军费以及军队人员编制都比现在大得多",美国承受着工业的相对衰落、农业的衰落,"两者合在一起造成惊人的有形贸易赤字","勉强维持局面的唯一出路是进口前所未有的大量资本,这样,几年之内就会把美国从世界最大的债权国变成世界最大的债务国",虽然"美国的经济和军事、综合国力仍将超过任何一国",但与"二战结束后几十年内那样的力量对比过于悬殊"了,当然,他说这里所说美国的"所谓衰落,是指相对衰落,而不是绝对的衰落"[①]。

肯尼迪此书出版以后,引起了一些人的共鸣,如美国约翰斯·霍普金斯大学教授戴维·卡莱奥也出版了《美国的破产》一书;美国乔治敦大学教授查尔斯·库普钱则出版了《美国时代的终结——美国的外交政策与21世纪的地缘政治》一书等等;但肯尼迪的观点也引起了不同意见的争论。而随后发生的一系列重大事件诸如东欧剧变、苏联解体,冷战的终结,日本经济出现十年停滞,克林顿时代美国的繁荣等等,更使得以肯尼迪为代表的"衰落主义"销声匿迹了一段时间;取而代之的,是美国自信心的恢复和美国总统布什的狂妄自大。

但进入21世纪以后,肯尼迪又在美国《新闻周刊》2002年12月—2003年2月特辑上发表《到了美国退场的时间?》一文,他借用英国诗人吉卜林在20世纪初警告英国不要狂妄自大、过分扩张和在全球进行干预时所用"退场"一词去警告美国。文章指出,虽然从军事角度看,没有国家可以与美国抗衡,但从经济和科技角度看,"仅仅几年前,美国的互联网流量大约占全世界的45%,可去年国际电信

---

① 保罗·肯尼迪:《大国的兴衰》,中国经济出版社1989年版,第632—648页。

联盟公布,美国所占份额已降至占29%,与欧洲相同,低于亚洲所占31%,这一点具有重要意义:经济实力的转移通常先于军事实力的转移";而从软实力的角度来说,美国的软实力在世界各地都受到了争议,美国面临着将自己孤立起来的危险。

随着在阿富汗、伊拉克的两场战争中,美国在军事上的压倒性优势不仅没有自动转化为政治上的胜利,反而陷入协助被占领国进行国家建设的泥潭中,而随着美国次贷危机—国际金融危机的爆发,在美国更出现了一股"新衰落主义"情绪:首先,是作为美国安全机构的核心——美国国家情报委员会,在2008年11月20日4年一度的向美国总统提供的全球趋势报告中,预测虽然"美国仍将在全球事务中扮演重要角色,但只是诸多世界强国之一";而它在4年前提供的那份报告中,则预测"美国将继续占主导地位"。这份报告在全球引起了轰动。在这个过程中,还出现了一批惊叹美国衰落的书籍,例如,法里德·扎卡里亚的《后美国世界——大国崛起的经济新秩序时代》,安德鲁·巴切维特的《美国的极限——实力的终结和深度危机》,伊曼纽尔·沃勒斯坦的《美国实力的衰落》,芝加哥大学教授罗伯·佩普的《帝国的衰落》,小施莱辛格的《美国的瓦解》等等,还有许多专家学者则发表文章论证美国的衰落,他们或者说美国正在失去自由世界,或者说美国正在失去全球领导地位,或者说全球秩序正在发生巨大转变,美国正在失去超级大国的作用等等。

2011年6月6日,英国《卫报》发表其经济版主编拉里·埃利奥特的《美利坚帝国的衰落》一文,指出美国是一个受严峻问题困扰的国家,近1/6的人口靠政府的食品券才能获得足够的食物。美国的预算现在已达到希腊的赤字级别,华盛顿的政策已处于瘫痪状态。他认为,2011年的美国就像公元200年的罗马或一战前夕的英国:一个处于权力顶峰但裂痕开始显现的帝国,军事过度扩张,财富分化加剧,经济外强中干,公民入不敷出、靠举债度日,曾经有效的政策不再奏效,居高不下的暴力犯罪率,肥胖成为流行病,沉迷色情及能源使用过度,这些弊端或许告诉我们"美国已处于文化堕落状态晚期"。

2011年8月7日,美国《纽约时报》发表托马斯·弗里德曼的《共赢还是共输》一文,认为美国正经历最可怕的缓慢衰退,一个极其重要的原因是"冷战结束以来,我们听任经济增长的五个基本支柱(教育、基础设施、高智商革新者和企业家移居入境、鼓励冒险和创业的规则、政府资助的促进科技发展的研究项目)的不断削弱",面对由此形成的挑战,"我们非但没有投入必要的力量来完成这项事业(也就是增强实力),反而给自己注射了剂量极大的'信贷类固醇',如此一来,千百万人得以购买他们根本买不起的住房,从事无须接受太多教育的建筑业和零售业的工作"。

在2011年9月29日美国总统奥巴马承认美国"已经变得有点软"的说法遭到右翼人士激烈的公开谴责以后,扎卡利亚在2011年10月17日的美国《时代周刊》上发表《有关美国正在"变软"的残酷事实》一文,历数美国衰落在各个方面的表现:

1. 从大部分全球竞争力指标来说,美国都在走下坡路。它在世界经济论坛(WEF)的排名略微下降,排在第五位,位于瑞典、新加坡、芬兰和瑞士之后。其他研究显示,美国下滑得更远。

2. 信息技术创新基金会发现,从实际的风险投资到研究的各方面,美国都落后于日本、韩国和瑞典等国家。该基金会评估了44个国家和地区在过去10年提升自己竞争力的努力,结果美国排名倒数第二。

3. 二三十年前,美国的高校毕业生在人口中所占比例居世界之首,如今排到了第九,而且还在下滑,WEF的报告令人吃惊地将美国的科学和数学教育排名第51位。2004年,美国仅6%的学位是工程学学位,这个比例是发达国家平均水平的一半。在日本，这个比例是20%，在德国是16%。2008—2009年，美国主修心理学的学生多于工程学专业的学生，健身专业的学生超过了自然科学的学生。

4. 新教伦理学孕育了工业文明，它曾经是美国的重要特征。20世纪50年代，家庭负债仅为可支配收入的34%，如今则为115%。

5. 20世纪50年代，美国政府对研发基础设施和教育进行了大规模的投资，今天，所有这些领域的开支都在减少，基础设施和研发开支在GDP中所占比例足足下降了一个百分点。在1970年以后的25年间，支持自然科学研究的政府基金下降了54%，而且还在继续下降。

6. 30年前，加州总收入的10%流向了高等教育，结果形成了美国公共教育的王冠——加利福尼亚大学系统，当时仅3%的总收入流向监狱；今天，加州总收入的11%流向监狱，8%流向高等教育，而且还在迅速下降。目前，在监狱系统工作的人数几乎相等于在汽车制造业工作的人数。

7. 联邦政府为每个65岁以上的成年人花费4美元，而对每个18岁以下的孩子的花销则仅为1美元。我们青睐消费而不是投资，看重眼前而不是未来，关心自己而不是后代。

8. 自由论者彼得·蒂尔在《国民评论》杂志上发表的文章中指出，美国中档工资几十年来都没有改变，美国的创新文化已经被普遍的对"轻松成功"的追求和速战速决的心理所侵害。[1]

---

[1] 扎卡利亚：《有关美国正在"变软"的残酷事实》，载2011年10月17日美国《时代周刊》。

但在这个过程中,持反对意见的专家学者也在不断发表驳斥美国衰落论的著作和文章。例如,在著作方面,有:约瑟夫·奈的《注定领导世界》、《金融危机后的美国实力》;帕拉格·康纳的《大国时代的全球新秩序:第二世界》;艾肯伯里的《自由利维坦》;布热津斯基的《战略憧憬——美国和全球实力的危机》;罗伯特·卡根的《美国打造的世界》;罗伯特·利伯的《美国未来的权力和意志力》等等。在论文方面,有:在2008年9月21日《华盛顿邮报》发表的哈佛大学教授尼尔·弗格森的《艰难的一周,但美国时代仍将继续》一文,指出"断言美国衰落,为时过早";2008年10月14日《华盛顿日报》发表《美国仍将是超级大国》一文;约瑟夫·奈在2009年1月8日的德国《时代》周刊和2009年10月17日的日本《东洋经济》上先后发表《别再单干——美国仍是超级大国,但世界上的问题只能由各国共同解决》和《"美国衰退论"并没有切中要害》两文;2010年1月18日的德国《时代》周刊发表美国前国务卿康多利扎·赖斯的《这关系到一种思想——未来世界应该怎样》一文,认为"真的相信美国衰落就是一个错误";2011年1月26日《日本时报》网站发表意大利佛罗伦萨欧洲大学学院研究员肯尼思·韦斯布罗德的《美国领导力不同寻常的复兴》一文;2011年7月2日美国《华尔街日报》发表美国巴德学院沃尔特·米德的《未来依然属于美国》一文;2012年5月5日美国《华盛顿邮报》发表欧亚集团总裁伊恩·布雷默的《关于美国衰落的五个错误观点》一文,如此等等。

综合这些否定美国衰落论的论著,它们的论据主要有两个方面:

第一个方面的论据是运用历史的类比。据统计,过去60年来,美国已经遭到衰落主义论调的五轮冲击,但在过去几次冲击之后,美国并没有垮掉,因而人们现在驳斥美国衰落论的时候,就往往采取历史的比拟方法。而运用这种手法的典型代表则是美国前国务卿赖斯。她在2010年1月18日德国《时代》周刊上发表的答记者问中,针对着美国出版的一本畅销书《后美国世界》,以及美国《纽约时报》

周末副刊《正在严重萎缩的超级大国》的封面标题所散布美国衰落论,严词驳斥说:"真的相信(美国)衰落就是一个错误","'亚洲的崛起'只是美国'衰落'这个无穷无尽故事的最新篇章。在上世纪50—60年代的时候,苏联被视为未来的老大,然后是欧洲和日本,现在则是中国和印度",然而,在实际上所有这些国家都未能取代美国,因为"势力和影响不仅仅与经济实力有关,也与军事实力、外交地位和文化影响有关"。在谈到中国正以两位数的百分比增长,而美国现在的增长只有一位数时,赖斯强调说:"我们不能走入线性思维的陷阱,那就是认为明天会和今天一样。有很多这样的例子,一个国家起初取得了不可思议的增长率,因为它的起点很低。例如日本在上世纪70年代的增长率很高,但随后增长放缓,并在90年代开始了负增长。直线不是可靠的预言家。日本的高增长是在工业化时期取得的,但是,当信息时代到来时,日本人开始用国家工业化政策的旧方法着手计算机和软件产业,并热衷于大型计算机,但那时未来已经属于个人电脑和互联网——而这要求迅速转变思维和创造性的调适。"美国保守派学者罗伯特·卡根在《美国打造的世界》一书中把所谓的美国衰落论说成"不过是神话"时,也用这种历史比拟法去论证过去有过类似的预言且已经被证明是错误的,如在20世纪40年代的中国共产主义革命,50年代苏联发射人造地球卫星,60年代越南战争爆发,70年代石油输出国组织垄断集团的形成,80年代日本经济繁荣等等时期,我们都曾听到过这种老调重弹。为了驳斥这种美国衰落论,卡根强调了美国的适应能力、开放的政治制度和回报创新的能力。

然而,历史比拟从来代替不了历史分析。当着赖斯等人洋洋自得地援引当年苏联、日本等等对于美国霸权构成的威胁最终证明都是空想企图,以此来类比今天的形势时,英国《金融时报》国际事务首席评论员吉迪恩·拉赫曼在2011年1—2月号美国《外交政策》双月刊上发表《三思:美国的衰落》一文,不点名地回应赖斯的观点说,事实最终证明苏联和日本对美国霸权构想的威胁都是空想，但问题在于，今日中国提出的挑战与苏联、日本不同。"中国对美国的挑战在经济和人口方面更为严峻。苏联垮台的原因在于它是效率极低的经济制度"，"相反，中国则在全球舞台上证明自己的经济力量，这可绝非空架子式的苏联经济。日本当然经历了多年的经济增长，目前仍是出口强国，但日本从来都不是头号大国靠谱的候选者，日本人口还不到美国的一半，也就是说，日本经济要超越美国，日本就得比美国富一倍以上，这种情况不可能发生。相比之下，中国的人口是美国的四倍以上"；而更有甚者，是"众多新兴经济和政治参与者的崛起，中国只是这个故事的主要内容。美国在欧洲的传统盟友，包括英国、法国、意大利甚至德国，都在经济排行榜上不断下滑。印度、巴西和土耳其等新兴强国则不断崛起。这些国家都有各自的外交政策倾向，这些倾向的共同作用就是限制美国影响世界的能力。想想印度和巴西如何在全球气候变化谈判中支持中国，或土耳其和巴西在联合国投票反对美国制裁伊朗，这还只是开始"。

否定和反驳美国衰落论者提出的第二个方面的论据，就是炫耀美国在各方面都超过其他国家的实力。这方面的典型代表当数美国欧亚集团总裁伊恩·布雷默。他在2012年5月5日《华盛顿邮报》上发表的《关于美国衰落的五个错误观点》一文中强调说，美国在可以预见的未来仍将继续是世界上唯一的超级大国，其经济规模是排名第二的中国的两倍多；美国有能力在全球各个地区投放军力，并在世界3/4以上的国家派有驻军，每年的国防开支超过排名在其身后的17个国家的总和，美国的高等教育体系举世无双，仅去年就录取了72.5万名外国学生；美国是世界研发中心，没有哪个国家的技术创新能力超过美国；美国是世界上最大的天然气生产国和食品出口国；在人口构成方面，美国的情况优于其他大型经济体；……虽然美国在世界上所发挥的作用在减少，但不要把它与衰落混为一谈。卡根在《美国打造的世界》一书中，也用美国的超过其他国家的实力来慷慨激昂地驳斥美国衰落论,然而却没有谈到可能存在美国军事实力久盛不衰而经济实力却日益衰落的情况,也没有多谈美国实力的国内基础。然而,要是经济不行,美国在其他方面的领先优势就不是坚不可摧的。例如,要是美国的经济产生不了更多的工作岗位,那些在美国名牌大学就读的才华横溢的亚洲毕业生就将大批回国;要是美国不能解决迅速增长的国家债务,美国的军事预算就将在紧缩的时代面临巨大的压力,更谈不上到外国去探险的兴趣了。……归结起来,美国经济增速不断下滑,使得它再也不可能拥有从1991年苏联解体到2008年国际金融危机这17年间的全球优势,那个时期已经一去不复返了。首先,是国际金融危机使美国的国力大幅倒退。据英国《经济学家》周刊网站2012年2月23日报道,为了评估这场危机对经济造成的损害,它设立了一套衡量标准,以统计受危机影响最严重的国家到底倒退了多少年。结果表明,美国倒退了10年。其中,仅2008年9月雷曼兄弟公司破产后的一个月内,美国股市市值就缩水1/4,使5年的增长消失殆尽;接着,是美国的所作所为又使它的影响力衰落成为必然。2012年6月10日,英国《金融时报》网站发表该报首席经济评论员马丁·沃尔夫的《一个超级大国衰败的时代》一文指出,凭借着经济、政治、军事、地理等方面的绝对优势,美国在20世纪成为了全球主导者,"无论我们喜欢与否,我们都生活在美国创造的世界里";在21世纪,美国仍可以保持在科学和商业创新上的领先地位,但是,"排外情绪加上对科学的敌视、自我施加的财政约束和古怪的开支重点可能会使美国丧失世界人才,以及它对世界领先研究和创新的承诺"。"1990年,(加利福尼亚)在大学上的开支是监狱的两倍。而现在,它在监狱上的开支几乎是大学的两倍","美国医保制度的代价高昂和效率低下也同样如此,而这是长期财政前景暗淡的主要原因"。更有甚者,是"美国经济不再像以往那样带来广泛共享的利益。2002年到2007年之间,1%的人几乎占收入增长的2/3,而0.1%的人口则占收入增长的1/3以上。这种零和经济催生了不满和绝望。危机又让愤怒情绪加剧。所有这些都将影响美国在全世界扮演其历史角色的能力。即将实施的财政紧缩将削减军费开支。更重要的是金融危机和其他重大错误使美国的政治、经济和社会丧失了以往的威望。无论美国内部发生什么情况,它在21世纪的影响力都要小于20世纪"。这是就国家层面来说的美国衰落。

而从家庭层面来说,据2012年6月11日美联储公布的一份数据显示:美国人财富在2007年至2010年期间缩水近40%。最近的经济衰退吞噬了美国人近20年的财富,中产阶级家庭则首当其冲。据美联储说,美国家庭的中位数净资产仅仅在三年中就缩水了39%,从2007年126400美元降至2010年的77300美元。由于财富如此大幅地缩水,美国人的生活大致回到了1992年的水平。这一数据具体体现了经济衰落是如何改变家庭的经济情况的。过去三年,美国人所看到的是,花了几乎一代人时间积累起来的财富一夜之间蒸发殆尽。美国穆迪分析公司的首席经济学家马克·赞迪说:"怎样强调经济倒退的严重性都不会过分。我们的经济遭受了'自由落体式下滑'。"美联储的数据显示,只有大约50%的美国中产阶级在经济衰退期间保住了原来的经济地位。他们的中位数净资产——指的是诸如住房、汽车和股票等资产减去所有债务后的价值——遭受的损失最大。此外,美国人不仅面临着沉重的债务负担,而且所赚的钱也比以往少。中位数收入下降了近8%,降至2010年的45800美元,投资于股市的退休金账户的中位数价值则下降了7%,降至44000美元。但给美国人造成重创的还是房地产市场的崩溃。最贫穷家庭因房价暴跌而蒙受的损失最大,而住房在美国中产阶级净资产中所占的比重超过了50%,所以,房价每下降一点,他们也会有很深的感受。美联储的研究报告还说,账面财富——正式说法应该是未兑现的资本收益——缩水了11个百分点,在美国人资产总额中所占的比重大约降至25%。美国人口普查局2012年6月20日公布的一份报告则显示,许多经济拮据的美国人与他人共享住宅和公寓,以缓解经济衰落的压力。该报告称,从2007年至2010年,和家人或其他人合住的成年人数量激增11.4%。2010年总计有2200万户家庭做出了这样的居住安排——占美国家庭总数的18.7%,相比之下2007年的这一比例是17%。该报告说,在2007—2010年间,住在父母家中的成年子女人数增加了120万,达到1580万。在这增加的120万人中,有2/3年龄在25岁至34岁之间,这是组建家庭速度放慢的一个主要原因。经济学家称,组建家庭速度放慢既是美国经济持续萧条的症状,也是其原因之一。建立家庭的速度放慢导致对住房、装修和电器的需求降低,进一步拖累了经济。该报告的共同执笔、人口普查局分析师拉里沙·米基塔说:"我们的分析表明,许多成年人和家庭通过与其他人或家庭合住来应对衰退过程中艰难的经济状况。"该报告说,许多美国人通过与亲友合住摆脱了贫困。年轻人尤其如此。和父母同住的人的贫困率为8.4%,而如仅凭个人收入来确定贫困状况,这些和别人挤在一起的年轻人的贫困率就会达到45.3%。

国家层面、家庭层面上的这些事例,难道不是在无可辩驳地论证美国衰落论、论证国际金融危机更加快着美国衰落吗?

三、国际金融危机加快了新兴经济体的群体性崛起

在这次国际金融危机中,以美国为首的发达经济国家力量被削弱的趋势加快了,新兴经济体群体性崛起成为全球经济推动力的趋势也加快了,这就使世界经济呈南高北低的态势;而且新兴经济体还率先走出危机的阴霾,这是对二战结束以来由西方主导的经济体系的一次最严重的打击,也是对西方资本主义阵营的一次严重打击。

现在的发达资本主义国家与发展中国家之间北富南穷的差距,源于二战以前资本帝国主义对于殖民地、半殖民地的残酷剥削和压榨。发达资本主义国家的经济是靠牺牲发展中国家的利益发展起来的。在二战结束以后,发达资本主义国家的殖民统治终结了,但由于

世界经济秩序是由发达资本主义国家主导建立和确定的,它所反映的主要是它们的利益,发展中国家的正当利益和合理要求并没有得到应有的体现,以致发达国家与发展中国家之间北富南穷的差距还在继续扩大着。例如,进入20世纪80年代,国际经济环境对发展中国家更为不利,石油和其他初级产品价格下降,市场利率上扬,致使许多发展中国家陷入债务危机,大量资金外流,经济发展受到严重挫折,在整整十年里,其经济增长率都低于发达国家,许多发展中国家人均收入水平停滞不前或连年下降,致使发展中国家在世界GDP中所占比重,从1980年的占20.6%,下降为1989年的占16.1%,而发达国家所占比重则在同期从占65.9%,上升为占71.1%;发展中国家的人均GDP与发达国家人均GDP之比,由1980年的15.36:1,上升为1989年的23.86:1。联合国开发计划署发表的1999年度《人类发展报告》显示,占世界人口20%的发达国家所拥有的世界总产值高达86%,它们占全球出口市场的份额也高达82%。而占世界人口75%以上的发展中国家所占的这两项比例仅分别为14%和18%。世界经济在不断发展,而全球最不发达国家的数量也在逐步上升。10年前最不发达国家总共有36个,在2000年已经增加到48个。

所以,在随着苏联解体,两极格局宣告终结时,德国有位彼得·格鲁贝在《第三世界覆灭——南北战争已开始》一书中,曾经悲观地宣称,随着苏联的解体,东西方对抗结束,第三世界也许再也没有利用大国彼此对抗获得两个集团的援助的可能性了,这就阻塞了南方走向经济发展的每一条道路,并使其毫无反抗地听从北方制度的摆布、服从北方的利益。他在其书的最后一页中归纳其观点说:"对北方寄予期望,或者要求它援助贫困的南方,这是毫无意义的。北方之所以不会这样做,是因为它只认得已经使其生活富裕的方案,但这些方案对南方却是不适用的。……其实,与官方所保证的相反,北方也许根本就不愿意帮助南方,因为南方的贫穷是南方依赖于北方的重要前提,在经济上和政治上都是如此,而且在北方的我们是从南方的贫穷中获得好处的。东方崩溃以来,由于我们再也没有敌手,不必害怕敌手的竞争,所以我们就能单独决定南方必须走什么道路。我们将利用这一点。"[1]

但是,这种悲观主义的估计却是建立在观察的片面性的基础上的,因为在世界经济的发展中可变因素很多,没有任何东西可以保证现在的发达国家永远会处于经贸、科技的领先地位,发展中国家则将永远处处落后,赶上发达国家毫无希望。发展中国家可以利用世界的先进技术和发明,避免发达国家所走过的弯路和新科技成果的实验过程,赶超发达国家。例如,就在20世纪80年代,当许多发展中国家的经济发展处在"失去的十年"的时候,韩国就先行崛起,在短短二三十年中由一个贫穷、落后的国家跻身到发达国家的行列中,其人均GDP由20世纪80年代初的1480美元,到1999年跃升到8490美元,使其与发达国家的差距在同期由6.38∶1缩小为3.03∶1。所以,在那时,英国的《经济学家》杂志就发表文章指出:"历史表明,今天的一些发展中国家有朝一日会超过一些富裕国家,在经济规模和人均收入方面都将如此,正如18世纪末英国变得比荷兰更富裕,19世纪末美国超过英国一样。"而就整个发展中国家来说,经济发展的新转机开始出现在20世纪90年代。出现转机的原因,一是因为出现了经济全球化和资本主义世界国际分工的发展变化;二是因为一些南方发展中国家吸取过去的经验教训,着手进行经济改革和调整,适应于形势的发展变化,积极推动经济增长。

经济活动全球化的一个根源在于发达国家的资本为自我扩张而进行的跨国运动。在二战以后,由于殖民地附属国已经成为独立的主权国家,资本跨国运动的剥削性质受到了限制,互惠作用则得到了初步的显现。这样,发达国家的资本可以通过全球化,实现生产要素的最佳组合,而发展中国家则可以通过全球化获得它们急需的资金、

---

[1] 参见1992年3月19日德国《法兰克福汇报》。

技术和管理经验,促进经济的起飞和加快发展。20世纪80年代以后,东亚的新兴工业国家和地区、所谓"亚洲四小龙",之所以能扩大其工业品在世界中的份额,就是因为它们抓住了二战后全球化以及因美国侵略朝鲜战争、越南战争而出现的历史机遇,参与了国际分工和国际竞争,实现了工业化。

至于资本主义世界的国际分工,应该说在五百年来已经经历了三个发展阶段:第一个发展阶段,是以农业和手工业为基础的殖民地分工体系。当时,资本主义国家把自己的手工业产品卖到非洲,又在那里买进奴隶运往美洲,让他们去从事印第安人所不能胜任的采掘劳动,以获得美洲的黄金白银;随后就用这些黄金白银去换取亚洲的胡椒、丝绸、瓷器……然后再把它们运回欧洲去牟取暴利。第二个发展阶段,是以资本主义工业化为基础的殖民地分工体系。在这个发展阶段上,资本主义通过工农业产品的不等价交换去剥削殖民地,国际分工的主要形式是垂直分工,是资本主义国家与自己势力范围内的殖民地在原料和工业领域的分工。但是由于随着科技革命的发展,出现了大量的合成原材料,各国经济对原材料的依赖程度相对下降;由于科技革命加强了产业结构的技术优势,在行业之间、企业之间、生产流水线上不约而同地开展了水平分工合作,这就带动了资本输出的空前扩大;又由于殖民体系的瓦解和发展中国家的兴起,旧式垂直分工已难以为继,于是,资本主义世界的国际分工就进入到第三阶段的水平分工,而水平分工的发展则促进了生产要素在全球的合理配置。同时,这种新的国际分工又为新兴工业化国家和地区的勃兴创造了条件。

20世纪90年代,有些发展中国家适应于全球化和新型国际分工的发展趋势,积极发展对外开放,大力引进外资,推动了经济的快速增长,于是,发展中国家的经济发展开始拨云见日,据国际货币基金组织1994年10月的《世界经济展望》和世界银行《世界发展报告》提供的经济增长数据(如下表):

国际货币基金组织 1994 年 10 月提供的经济增长数据列表

	1980—1989 年	1990 年	1991 年	1992 年	1993 年	1994 年	1991—1994 年
世界	3.1	2.3	0.7	1.8	2.3	3.1	2.4
发达国家	3.0	2.3	0.7	1.5	1.3	2.7	2.4
发展中国家	3.8	3.4	3.4	4.9	6.1	5.6	5.5

所以,在当时,英国《经济学家》杂志就在一篇题为《世界之战》的文章中就此发表评论说:发展中国家与发达国家在经济增长速度上"这么大的差距,会使世界明显地发生变化"。这种变化表现在,在这种明显不同的经济增长速度之下,南方的发展中国家在世界经济中所占比重、它们的出口额在世界中所占比重也将逐步提高;南方与北方相比的人均 GDP 增长率、南北之间经济水平的差距都将逐步缩小;南北经济发展水平差距扩大的趋势从此可望得到扭转。其次是南北双方经济的相互依赖关系也将有所加强。因此,《经济学家》的这篇评论接着指出,发展中国家的面貌已经与过去大不相同,它们已经不完全是"原料出口国并从这种出口中挣得收入来进口西方的制成品"了,相反地,现在它们自己的制成品正在大量出口,而且这种出口的制成品在它们国家的出口总额中所占比重,已经从 1955 年的占 5%,增加到 1993 年的占大约 60%,而它们在世界制成品出口总额中所占比重则从 1970 年的占 5%增加到 1993 年的占 22%。而北方国家除了从南方国家进口原材料和大量制成品之外,还将越来越多地向南方国家出口生产资料、技术产品,越来越多地依赖南方市场,越来越多地向南方国家进行投资,开拓和占领这个广大的新兴市场。虽然南方国家和北方国家仍然处在不同的发展阶段,不平等的

国际经济秩序依然存在①。

为什么一些南方发展中国家的经济增长速度会反超发达国家,而且差距还那么大?这里且以一些拉美国家和东亚的"四小龙"(韩国、新加坡两个国家和香港、台湾两个地区)的崛起为例来加以阐释:

1948年,联合国拉美经济委员会执行秘书劳尔·普雷维什从当时拉美的经济特点出发,提出了在拉美国家要推行进口替代工业化战略,就是说,拉美国家在进口能力不足的情况下,应通过在国内生产一部分原来依靠进口而国内却有可能生产的产品去替代进口,以保证另一部分必须进口的产品的进口,通过这种发展战略逐步实现拉美国家的工业化。这种战略的主要内容,一是国家通过征收高额关税,对进口进行数量控制,通过设置非关税壁垒,限制、甚至完全取消外国产品的进口;二是通过采取财政、税收、价格、信用等优惠措施,保证本国企业的发展,减少对发达国家的依赖;三是避免外部干预,在半封闭状态下迅速构建自己强大的经济体系,在国际竞争中立于不败之地。这种战略在一些拉美国家实施以后,成效显著,但随后这些国家的经济情况又每况愈下,到20世纪80年代以后更爆发了严重的经济危机,从而宣告这种发展战略走进了死胡同。

与拉美的进口替代工业化战略不同,东亚"四小龙"推行的是面向出口的工业化发展战略。这些国家和地区之所以采用这种战略,其内部原因是它们多数都幅员较小,内部市场容量很小,不适宜长期实行进口替代发展战略;其外部原因则是,20世纪60年代正逢这些国家和地区发展出口加工业的大好时机。它们利用了西方发达资本主义国家正把劳动密集型工厂大量向外转移的时机,适应于西方国家的跨国公司全球经营战略的需要,把它们引进的外国资金、技术、外国市场(特别是美国市场),同本国的廉价劳动力结合起来,大力发展所谓(原料和市场)"两头在外"的出口加工业,取得了良好的效

---

① 《世界之战》,载1994年10月1日英国《经济学家》。

果。东亚一些国家和地区,原来的条件和非洲基本相同,但在采取面向出口的工业化发展战略以后,在短短的30年中,其经济增长速度已经5倍于撒哈拉以南的非洲国家。

然而,东亚"四小龙"毕竟只是一些较小的国家和地区,它们的崛起对发达国家与发展中国家在全球范围内力量对比的改变还不甚明显,更谈不上对世界格局转换的重大影响了。但是,当像中国这样的世界大国,一旦走上了符合时代主题和本国特征的发展道路,找到了恰当的发展战略,而奋力崛起的时候,当像印度、巴西、俄罗斯等等这些大国也迅速发展起来的时候,世界格局的转换,就会被日益明显地提上日程了。世界银行行长佐利克认为,未来世界经济格局的鲜明特点是主要新兴经济体的崛起。

在1997—2007年的10年间,东亚14个新兴经济体克服了亚洲经济危机的负面影响后,经济增长速度居于世界前列,GDP的年均增长率超过9%,它们对世界经济增长的贡献率也越来越高。

2001年11月20日,美国高盛集团全球经济研究部主管、首席经济学家吉姆·奥尼尔在为美国寻求未来市场的战略对手、寻找最有投资潜力的国家和地区时,在一份题为《全球需要更好的经济之砖》的研究报告中,首次提出了"金砖四国"(BRICs)这个概念,他把巴西、俄罗斯、印度和中国这四个重要的新兴市场国家放在一起考量。2003年,他又在《与"金砖国家"一起梦想——2050年之路》研究报告中,详细论述了这个概念,指出在世界经济的许多方面,诸如商品市场、外汇市场、资产包括个人资产市场、固定收入市场等等方面,"金砖四国"已经开始发展成为最重要的影响力量,世界经济之所以能够从容地应对美国经济的减速,主要原因之一就在于有"金砖四国力量的支持"。

美国政治学家帕拉格·康纳在2009年4月一次接受俄罗斯《独立报》记者的采访时,认为"金砖四国"一词是高盛公司经济学家为形容4国的经济发展奇迹而创造出来的,它并不是一个同盟,因而组建

"金砖四国"集团是"不现实"的[①];美国哈佛大学教授约瑟夫·奈更认为"金砖国家这个词在政治上没有太大的意义","金砖国家不太可能成为一个重要的联盟,甚至不可能成为由志趣相投的国家组成的政治组织"[②]。然而,事情的发展却和他们的说法相反,由于"金砖四国"这个概念,确实反映了在现实生活中一群伴随着全球化与产业结构调整而崛起,共同致力于和平发展,正在用强劲的经济增长实现现代化、赶超西方发达国家的新兴国家的现实,因而人们就目击了它逐渐变成为一个现实的国际合作平台:2009年6月16日,"金砖四国"在俄罗斯叶卡捷琳堡举行第一次峰会,发表《"金砖四国"领导人俄罗斯叶卡捷琳堡会晤联合声明》;2010年4月15—16日在巴西巴西利亚举行第二次峰会,会后发表《联合声明》;2010年12月,"金砖四国"一致商定,吸收南非为正式成员加入"金砖国家"合作机制,"金砖四国"更名为"金砖五国"(BRICS);2011年4月14日在中国三亚举行第三次峰会,会后发表《三亚宣言》;2012年3月28—29日在印度新德里举行第四次峰会,会后发表《新德里宣言》。金砖国家的国土面积占世界的26.8%,人口占世界的42.88%,经济规模占世界18%,但其平均经济增长速度在21世纪的头十年超过8%,远高于发达国家年均增长速度的2.6%,因而其对全球经济增长的贡献率在2012年已达到56%(同期发达国家七国集团对全球经济增长的贡献仅为9%),外汇和黄金储备占全球近一半,因而是国际社会的一支重要力量,拉动全球经济增长的火车头。乌拉圭国际问题专家西韦奇甚至认为,由于金砖国家领导第四次会晤针对美国和欧盟放松对世界银行和国际货币基金组织的控制,决定成立金砖国家开发银行,这就开始为构建取代布雷顿森林体系的

---

① 见2009年4月29日俄罗斯《独立报》。
② 约瑟夫·奈:《另一个被过分宣扬的对美国实力的挑战》,载2011年7月20日美国《华尔街日报》。

新秩序打下了基础①。

继金砖国家之后,国际社会中还涌现出一系列新兴国家集合体的名称,如"展望5国(Vista)"、"新钻11国(Next 11)"、"基础4国(Basic)"、"灵猫6国(Civets)"等等,尽管这些名称所指国家有些重叠交叉,但它们却也反映了新兴经济体群体性崛起的事实。

关于新兴经济体群体性崛起的意义和影响,2006年9月16—22日一期的英国《经济学家》周刊曾发表题为《新巨人》的文章论述说:"去年,新兴经济体达到了重要的里程碑,占据世界GDP总和的一半以上(按购买力平价计算)。这意味着富国不再主宰世界经济。新兴经济体正在推动全球增长","由于这些新来者进一步融入全球经济,它们将为世界经济提供自工业革命以来最大的推动力"。"IMF预测,今后5年新兴经济体的年均增长率将达到6.8%,而发达经济体将增长2.7%。照此下去,在20年时间里,新兴经济体将占全球产值的2/3(按购买力平价计算)"。"从2000年以来,由于新兴经济体增长的加速,世界人均GDP每年递增3.2%。这超过了1950—1973年的黄金时代,也超过了工业革命期间。从1870年到1913年,世界人均GDP每年平均仅增长1.3%。这意味着21世纪的头十年,世界平均收入的增长可能会是有史以来最快的"。

2008年9月8日的法国《论坛报》发表达尼埃尔·德亚努的文章,就上述问题阐述说"亚洲国家经济的强劲增长削弱了西方制定游戏规则的能力,全球经济权力的再分配反过来又影响着地区经济和政治,以及各种各样的军事联盟"。

2011年1月4日的英国《金融时报》网站发表的马丁·沃尔夫的《处于大趋同的掌控之下》一文,则把新兴经济体群体性崛起看作是新兴经济体与西方发达经济体的"收入趋同,增长趋异"的结果。

---

① 劳尔·西韦奇:《金砖国家与另一面墙的倒塌》,载2012年4月3日西班牙《起义报》。

他认为,西方发达国家现在的地位是19世纪和20世纪初增长趋异时代的产物,但这种趋异现在发生了逆转,因而西方国家现在的地位将难以维系;与此同时,新兴经济体与发达经济体收入趋同的趋向又规模空前、不可阻挡地发展起来,于是,当年被边缘化的中国等新兴经济体正在重新成为核心。

在法国巴黎政治学院教授、经济学家亚历山大·卡提卜的《全球新大国——金砖国家如何改变世界》一书中,以金砖国家为代表的新兴经济体的群体性崛起,被看作标志着"西方大国独自决定地球未来的时代已经结束了"。"2008年的金融危机加快了一个始于上世纪80年代的进程,我们即将迎来由美国和西方国家主导的经济模式的终结,一个更多样化、更开放的多极世界正在浮现","工业化晚于西方的新兴国家正迎头赶上,寻求在世界治理、经济、金融、环境、地缘政治和安全等重大问题上发挥影响";世界进入"由南方国家主导的第二次全球化"新阶段,巴西和中国在重塑世界经济和道德中心的过程中扮演着核心角色。

十分明显,新兴经济体的群体性崛起正在促进着世界经济格局和全球经济治理的变革。

四、金砖国家经济增速一时的波动,并没有逆转世界发展大势

21世纪的头十年,人们目击了印度、巴西、俄罗斯、中国等4个金砖国家的GDP增速达到8%,几乎比发达国家7国集团的平均水平高出6个百分点。这10年的增长推动着金砖国家对外投资总额从2000年的70亿美元,增加到2012年的1260亿美元,在全球总量中由不足1%上升到9%;与此同时,金砖国家吸收的外国直接投资增长了3倍,达2030亿美元。与此相适应,新兴市场国家在全球GDP总量中所占比重从2000年的20%,上升到2010年的近1/3;在

全球贸易总量中所占份额从8%上升到20%；在全球产权投资市场资本总额中所占份额从7%上升到30%。

但是,在美国的次贷危机发展成为国际金融危机以后,危机的影响却使金砖国家的增长速度放缓、物价上涨、热钱外逃、外汇储备锐减、金融市场收紧。具体地讲,自2009年以来,中国经济增长的速度由二位数放缓到7.5%左右,而从2008年以来,巴西的经济增速从4.5%降至2%,俄罗斯的经济增速由7%降至3.5%,印度的经济增速则从9%降至6%。

(一)西方舆论界对金砖国家、新兴经济体的抹黑运动

正是在这种背景下,从英国的《金融时报》、《经济学家》周刊,到美国《华尔街日报》、《外交》杂志和摩根士丹利银行,英美垄断媒体机构掀起了一场抹黑乃至尽可能摧毁"金砖国家"乃至新兴经济体的不怀好意的运动。例如:2012年11月13日的英国《每日电讯报》网站发表文章宣告"金砖国家的奇迹行将终结";美国《华尔街日报》2012年12月26日发表文章宣称"人们对金砖国家的整个说法产生怀疑";2013年7月1日,法国作家盖伊·索尔曼在西班牙《阿贝赛报》上发表文章说"新兴经济体的增长率就要接近于零,将成为'潜水'经济体";2012年美国《外交》双月刊11—12月号发表文章论述"新兴国家为何会继续新兴下去";2012年1月1日英国《泰晤士报》网站发表文章说"金砖国家这个10年前创造、如今无处不在的首字母缩略词应该被送往天国的混凝土搅拌车"……2013年9月4日英国《金融时报》网站发表《IMF改变全球经济评论的调子》的报道称:"IMF放弃了它关于新兴经济体是世界经济引擎的观点,而且指出,动力将主要来自发达经济体,它们的产出预计将加速增长。"

(二)不是金砖国家、新兴经济体的危机,而是国际金融危机给金砖国家带去负面影响

然而,首先要澄清的事实是,一些金砖国家经济增速下降,这并不表明这些金砖国家发生了什么危机,而是由美国的次贷危机发展成的国际金融危机给金砖国家带去了负面影响。在2014年1月22日的世界经济论坛年会上,巴西财政部长吉多·曼特加就明确指出,当前出现的并不是金砖国家、新兴经济体面临的一场危机,而是一场全球范围的经济危机,当然对金砖国家也会造成一定影响。

国际金融危机对金砖国家的负面影响,主要有两个方面:一是由于金砖国家都是外向型经济,因此在国际金融危机、特别是欧美发达资本主义国家的主权债务危机爆发以后,它们的消费率大幅度下降,再加上发展中国家普遍地大幅度涨工资,这就不能不影响其出口率大幅度下降。例如,在2003年到2008年中,亚洲出口的年均增幅为22.5%,而在国际金融危机爆发后,这一增幅骤降为8.5%。另据设在日内瓦的国际劳工组织的数据,在2000—2011年间亚洲的平均工资几乎翻了一番,而在此期间,发达资本主义国家的工资只提高了大约5%,全球范围的工资平均提高了23%,这就使发达资本主义国家不再通过进口,而是通过把前段时间迁出的工厂回迁国内、通过"再工业化",用本地生产来满足需求的增长。据美国波士顿咨询集团称,由于中国的工资和福利每年提高15%—20%,因此,到2015年,在中国经营的成本将与美国持平。二是美国货币政策的变化。2010年以来,发达资本主义国家实施的非常规货币政策助推每年1万亿美元资本流入新兴经济体,引发了不具有可持续性的信贷增长,提高了资产价格,并使一些资本接受国更易受外部环境的影响。但在后来,美联储又根据自身的需要,发出了提前结束量化宽松政策的信号,并暗示最终结束零利率,这就影响国际资本纷纷从新兴国家撤离。这两个方面的因素结合在一起,导致新兴经济体的经济减速。所以,2013年10月2日,中国国家主席习近平在接受印尼、马来西亚媒体联合采访时指出:"一些亚太新兴市场经济体金融市场出现波动,主因是外部因素影响市场预期,导致国际资本抽离。我们呼吁发达经济体采取负责任的宏观经济政策,避免引发负面溢出效应,同时,新兴经济体也要增强风险意识,提高抵御风险能力。"

(三)在一些金砖国家经济增长势头减弱的时候,另一些新兴经济体还在快速增长

金砖国家是新兴经济体,但新兴经济体并不限于金砖国家,它们的经济发展状况并不是千篇一律、完全相同的。德国的德意志银行经济学家玛丽亚·兰泽尼就在国际经济的风云变幻中观察到一种极其有趣的现象:2012年3月28日,《德国之声电台》网站发表克劳斯·乌尔里希的《金砖四国能否继续推动全球经济?》一文,文章说:"金砖四国的增长势头刚一减弱,立即就有其他门槛国家进入视野。据专家估测,这些国家对全球经济增长的贡献已经达到1/4,到2050年,这一比例将达到40%。"那么,哪些国家的潜力最大呢？乌尔里希援引兰泽尼的话指出:"我们看到有6到8个比较大的、发展比较有活力的门槛国家,例如印尼、波兰、墨西哥和韩国。当然这些国家的增长速度各不相同,但都是有潜力的市场,有些国家的经济发展程度已经很高,对投资者和企业来说,这都是很有吸引力的地方。"被西方经济学界列为长期以来颇具发展前景的国家,还有:越南、菲律宾、巴基斯坦和孟加拉国、埃及、伊朗和尼日利亚等等。兰泽尼还认为,"金砖四国今后仍将对世界经济起到重要的推动作用:'在过去几年,我们看到,当工业化国家因全球危机陷入衰退时,金砖国家还是有比较积极的增长率,这种增长速度的差距会保持下去'"。

2013年1月7日,在12年前将巴西、俄罗斯、印度和中国四个快速成长的国家命名为"金砖国家"的、美国高盛公司资产管理部主席吉姆·奥尼尔,在接受日本《朝日新闻》记者的专访时,也谈到了在一些金砖国家经济减速时,另一些新兴经济体依然在快速增长的现象。他指出:"印尼、韩国、土耳其、尼日利亚等11个人口众多的新兴国家将继金砖四国之后发展。它们比金砖国家更小、更加多样","但是这些国家都充满活力。去年,金砖国家虽然减速,但'新钻11

国'却依然快速增长,如果你观察印尼和土耳其近年来的经济指标,可以感受到良好的景气。2050年,这些国家的经济总量将相当于欧洲的两倍"。

所有这些事实清楚地说明,虽然金砖国家的经济增速主要由于外因一时有所波动,但亚太地区、新兴经济体谋和平、求稳定、促发展的共同愿望并没有改变,亚太地区、新兴经济体在世界政治经济版图中的地位和作用上升的历史趋势没有改变,亚太地区、新兴经济体持续增长的动力和潜力没有改变。

(四)中国为未来更可持续的发展,主动调控经济增速

西方舆论界在抹黑金砖国家、新兴经济体的时候,特别致力于唱空、唱衰中国经济,一些西方媒体甚至恶炒"第三波危机"降临,预言中国经济"硬着陆"将引发新兴市场经济、金融和社会危机叠加的"完美风暴"。

西方舆论界在恶炒中国经济增长速度回落的时候,显然忽略了这是中国主动调控经济增速的结果。中国共产党中央意识到了经济长期紧绷高速发展的弊端和不可持续性,主动调低了经济增长的预期目标,把科学发展确定为主题,把调整经济结构、转变经济发展方式确定为主线。"十二五"规划时期的经济增长预期目标由"十一五"规划时期的7.5%调低为7%,2012年的经济增长预期目标则由连续十年的8%调低为7.5%。

在1978—2010年的30多年间以接近于10%的年均增长率的推动下,中国的GDP在2010年达到58790亿美元,首超日本,成为世界第二大经济体。但人均GDP仍是发展中国家水平,在金砖国家中也位于俄罗斯、巴西之后的第三位,还不及周边的泰国、伊朗和哈萨克斯坦;从单位能耗上看,我国单位GDP所含能源和环境成本都较高,高污染、高能耗、低效益的粗放式发展之路,既破坏了人们赖以生存的环境,又使经济发展的后劲不足;从产品结构上看,我国GDP多以劳动密集型产品为主,基本停留在国际劳动分工的产业链低端,赚取少得可怜的"加工费",却在资源、环境等方面付出沉痛的代价,我国科技进步对经济增长的贡献度不足40%,而对外技术依存度却高达50%以上;从区域发展上看,各地区的GDP差别较大,特别是东部地区和中部、西部地区的人均GDP相比,城镇居民人均可支配收入与农村居民人均纯收入相比,都有较大差距。按照国际标准,我国还有1.5亿人没有达到每天1美元收入的贫困标准,按我国人均收入1300元人民币的贫困线标准,还有4000多万人没有脱贫。

十分明显,在这种情况下,过分依赖投资和外需的增长方式是难以为继的,我国资源短缺、环境脆弱、社会保障体系不健全的问题日益突出,越来越难以支撑庞大的需求带来的压力,只能使我国本来就短缺的资源更加紧张、本来就脆弱的环境更加脆弱;继续保持高速度将难以调整结构,难以实现可持续发展。

那么,中国主动调控经济增速的效果如何呢?西方有的媒体说,"这些新兴经济体的增长率就要接近于零,将成为'潜水'经济体,中国经济继续以7%的速度增长,但这个数字被通胀夸大了,真实性值得怀疑";有的媒体则预测"中国的经济增速2013年将下降到6.9%,2014—2018年将继续降至5.5%,2019—2025年将只有3.7%"。实践是检验真理的唯一标准。事实是以习近平为总书记的中共中央正在推动中国经济社会持续健康发展:

2014年4月15日,习近平总书记主持召开的中共中央政治局会议对2014年第一季度经济形势作出的重要判断是:经济增速处于年度预期目标范围,就业形势总体较好,物价水平基本稳定;经济结构呈现积极变化;第三产业增长持续快于第二产业,高耗能、高排放和资源性行业增速回落较多;各方面按照党的十八届三中全会确定的路线图和时间表有序有力推进。

2014年7月出炉的上半年经济数据显示,二季度经济增速高出一季度0.1个百分点,打消了人们对中国经济失速的担忧。与此前普遍下调对中国经济的预期形成鲜明对比,多家国际投行纷纷上调中国经济增长预期,汇丰银行上调中国2014年GDP增速估值0.1个百分点,达7.5%,花旗银行将预期从7.3%上调至7.5%。

经济观察家则从增长数字背后读出了更多的内涵和更重的分量:认为"这是结构改善的增长。上半年,化解产能过剩初见成效,钢铁、电解铝行业投资同比分别下降8.4%、31%;服务业增长速度为8%,比经济增幅高0.6个百分点。这是有助于生态环境好转的增长。上半年,能源消费保持较低增速,单位GDP能耗同比下降4.2%,各项排污工程如期推进,四种主要污染物排放量持续下降。这是为长远发展夯实基础的增长。上半年,一批重大交通项目建成投产,公共服务和社会服务统筹推进,全国城镇新增就业737万人,保障房开工530万套"。

以上事实、数据更说明,中国下决心稳增长、调结构、保改革,不再简单地以GDP论英雄,而以经济增长质量和效益为立足点。今天的调整转型,是为了明天更健康、更高质量、更可持续的增长。因而,中国经济持续健康发展,将为全球经济复苏注入新的动力,为亚太地区和世界的共同发展作出更大的贡献;而不是像西方舆论界预测的那样,金砖国家经济增速的一时下滑将逆转新兴经济体的群体性崛起。国际货币基金组织(IMF)在2014年10月初的年会上所提交的个别国家GDP的修正数据,就清楚地说明了问题。德国《我们的时代》周刊在2014年10月31日一期刊出弗雷德·施密德的《向前跳出的最大一步》一文。文章说,根据IMF提交的这个修正后的数据,在2014年,按购买力平价计算,不仅中国将超越美国成为世界第一经济体,而且新兴工业国家也明显比迄今认为的更强大:印度明显将日本这个目前的世界第三大经济体甩在身后,俄罗斯和巴西排在德国之后,分别居第六和第七位。按照购买力平价计算,巴西、俄罗斯、印度、中国和南非这5个金砖国家2013年的GDP总计为30.1万亿美元,紧跟GDP总计33.2万亿美元的7国集团之后。由于经济增长率的不同,2014年这一差距或将缩小至2万亿美元。尤其是在2007年之后,新兴工业国家得以将实力对比朝有利于自己的方向转变。英国《金融时报》针对IMF修正GDP数据进行报道说,发达国家的经济在2007年至2013年间仅增长4%,而崛起中的经济体相应的增长率为37%,比前者快8倍。

五、世界格局向多极化发展的趋势,是不可阻挡的历史潮流

国际金融危机加快了美国的衰落和新兴经济体的群体性崛起,这就加快了世界格局的转换。那么,现在的世界格局到底是什么样的?应当说,对于这个问题的回答还是众说纷纭的。

一种意见认为,当今世界仍然是单极时代。例如,2009年美国《外交》双月刊3—4月号发表美国达特茅斯学院斯蒂芬·布鲁克斯和威廉·沃尔福思的《重塑世界秩序》一文,他们一方面说"当今世界是个大国纷纷崛起、新的挑战(从恐怖主义和核扩散到金融危机和全球变暖)层出不穷的世界",另一方面又认为,"综合财富、规模、技术能力以及生产力等各种因素,在可预见的将来,其他任何国家都没法跟美国相比,世界现在是、在将来很长一段时间里仍将是一个1+X的世界,也就是一个超级大国加若干个大国的世界","美国将长期处于世界领导地位,比任何其他国家都要强大得多";2011年美国《美国人》双月刊3月号则发表美国企业研究所研究员卜大年的《为什么现在仍然是单极时代?》一文,以国际社会对利比亚局势的反应来论证:由于美国与北约盟友具有共同的世界秩序构想,使美国具有了无法衡量的道德优势和正当性,这就使美国在物质实力方面与中国、印度等国缩小差距时仍能维持单极时代。他说:"我们在见证单极时代。为什么?因为'其他国家'——也就是中国和印度——不愿也不能发挥领导作用。"

另一种意见则认为,世界虽已脱离单极体系,却并没有走向多极

时代,而是走向了"无极世界"、"零极"或"非极"或"零国集团"、"集极时代"等等。

例如,2008年1月18日的日本《时事解说》双周刊发表该刊评论员明石和康的《日益复杂的"无极"世界》一文说,由于美国地位下降,无力维持单极秩序,而同时又缺乏其他出色的领导国,世界将进入不稳定的"无极化"时代。他引证说"伦敦国际战略研究所所长约翰·奇普曼将目前世界上这种缺乏出色领导国家的现象,称为'无极的世界'。他认为,当今世界不是走向有秩序的'多极化',而是走向不稳定的'无极化'"。2009年5月27日的俄罗斯《消息报》发表美国世界安全研究所俄罗斯和亚洲项目主任、俄罗斯政治学家尼古拉·兹洛宾就其新书《第二个世界新秩序》一书的出版答记者问说:"在我看来,世界正在成为一个无极世界,而不是多极世界。不会有影响力超群的力量中心,超级大国也失去了自身的意义","美国无法像几年来那样充当世界领袖,而中国又尚未成熟到足以承担这一角色。结果,单极世界向无极世界转变"。2009年10月21日的俄罗斯莫斯科电又发表兹洛宾的《世界走向无极化》一文,进一步阐述其观点说:"我觉得,关于我们正走向多极化世界的说法没有说服力。它不过是为旧思维模式所束缚,想当然地认为单极世界之后就会是两极或多极世界。与此同时,无极世界即将来临的证据却历历在目。8国集团被20国集团取代,难道这还不能证明?"

又如,2008年日本《外交论坛》月刊7月号发表春原刚的《集极时代——21世纪美国外交和八国峰会的走向》一文,冷战结束后,美国成为唯一的超级大国,但阿富汗、伊拉克战争及美国在其中的所作所为,使"美国的'单极'时代草草宣告结束","作为美国'单极'时代的负遗产,联合国和八国峰会等传统国际机制出现了强烈的制度疲劳","作为这种'负连锁反应'的终点,如今的世界进入了一个历史上很少见的时期。作为一个大'极',美国失去了曾经拥有的力量,而另一方面,俄罗斯、中国以及印度等新兴大国却成为潜在的

'极',还有欧洲、日本等旧有大国。这一体制既非单极支配,亦非多极结构或无极状态,这就是如今国际社会的现状"。现在,"美国不可能再回到'单极支配'状态。而应以这种新的现实为前提,建立以美国为中心,集结多个中小规模'极',汇集各'极'力量的新世界体制。既非'单极'又非'多极'亦非'无极',即将到来的是'集极'的时代";2011年美国《华盛顿季刊》春季号发表西蒙·瑟法蒂的《迈进一个后西方世界》一文,他认为,在21世纪中,在后西方的世界,"单极状态已经让位于事实上的零极,亦称'非极'",但美国仍然享有优越地位,"美国的角色很可能仍将是核心性的";欧亚集团主席伊恩·布雷默则在就其新书《各自为政:"零国集团"世界中的赢家和输家》一书答记者问时,说他所谓"'零国集团'世界是指一个没有哪个国家或国家联盟愿意和能够持续发挥全球领导作用的世界"[1]。

为什么面对着冷战结束以后世界格局从两极向多极转换的同一个发展趋势,人们会提出那么多众说纷纭的说法?为什么有的说法对超级大国美国已经不再能为所欲为地主宰世界的客观事实竟然视而不见,而有的说法又离奇地提出只有出现了另一个取代美国的霸主,才叫做向多极化发展,否则就只是向无极、零极、零国、集极、非极化发展的古怪说法?这里当然不能排除人们各自认识论上的原因,但在实际上,更重要的,则是因为美国为了在一个变化了的世界里,继续维持其已经失落的单极霸权,而从在舆论上抨击多极世界,到在行动上竭力阻挡向多极格局发展的缘故。

例如,美国小布什政府时的国务卿康多利扎·赖斯就说:"一些人满怀喜悦……谈起多极化,似乎这一体系本身好得无懈可击,应当为实现这一体制本身而努力。而现实在于,多极化从未成为一种团结各国的理念。它只是一种阻止战争所必需的恶魔,但也并不能促进和平"。有些人也制造舆论说,在当今条件下,追求多极世界或许

---

[1] 见《应对一个"零国集团"世界》,载2012年6月4日日本《外交学者》杂志网站。

是一种倒退,是回到19世纪,当时,每个国家只为本国利益服务,反对其他所有国家,这样的体制注定是无法稳定下来的。因此,一些国家经常会结成联盟,当积累的政治失衡超过某个临界点,就会爆发血淋淋的、旷日持久的战争。在目前的全球化世界中,这样的政治模式绝对是无法接受的①。

应当说,赖斯等人把当今世界向多极化格局发展的趋势和历史上大国争霸、瓜分势力范围的局面混同起来,是没有根据的。首先,这是因为,当今世界正在走向的多极世界格局,是在世界各大力量和地区性强国和国家集团在相互交往的过程中,进一步彼此借重、相互牵制、竞争共处的产物,它是与日益发展的经济全球化和科技进步相互结合、相互促进的,由于世界民主与和平力量的壮大,由于时代主题已经由战争与革命转变为和平与发展,因而未来的多极化政治格局,必然不同于历史上列强争霸的政治局面,它将使世界各种力量在平等互利的基础上,加强协调和对话,不搞对抗,共同维护世界的和平、稳定与发展;因此,推动世界多极化,完全不是要重演历史上大国争霸和瓜分势力范围的旧剧,而是要推动世界各国各地区平等竞争、互利合作、和平相处、共同繁荣。所以,积极推动世界走向多极化,尊重各国和各国人民的意愿与利益,这是在促进世界和平与发展的重要基础,它有利于削弱和抑制霸权主义、强权政治,有利于推动建立公正合理的国际政治经济新秩序,有利于促进世界政治经济文化的协调平衡发展。

更重要的是,当今世界走向多极格局反映了当代世界发展的客观规律,因此,积极推动世界格局多极化,就是走历史的必由之路。2003年8月号俄罗斯《国际生活》月刊发表历史学博士叶夫根尼·巴扎诺夫的《多极世界的必然性》一文指出:"全球化使各国相互依

---

① 参见亚历山大·科诺瓦洛夫:《世界不应是多极的》,载2008年9月16日俄罗斯《独立报》。

赖程度越来越高,以致将来不再会借助武力来解决矛盾,而是会越来越多地参与合作。美国人面临的将是一个在日益加深的相互依存基础上进行合作的更为完善的多极世界";而2011年10月28日法国《费加罗报》发表的法国战略研究基金会特别顾问弗朗索瓦·埃斯堡的《危机打造的世界》一文则指出:"经济危机正在深刻改变着力量对比关系,甚至是国际的游戏规则","所以人们看到许多重大的战略后果产生了",其中之一便是"一个真正多极世界的降临。今后,一些新兴大国将同联合国安全理事会常任理事国平起平坐",而"北美、欧洲、日本等工业革命'继承国'的普遍削弱则成了一个重大的现实。这些国家中的每一个都背上了沉重的债务"。

既然多极世界的出现符合客观规律,又有利于和平和发展,那么美国为什么不予接受,还要加以抨击呢?

2009年12月5日的英国《金融时报》,发表了扎基·拉伊迪的《为何奥巴马不希望一个多极世界》一文予以剖析说,由于美国在实力的三个方面,即在物质财富、战略实力、实力本能这"三个方面均具备相对其他国家的明显优势,因此没有理由接受对全球秩序的重新配置","美国确实明白它无法再随心所欲地主宰世界,而且它与世界其他国家之间的差距也愈来愈小。因此,美国需要世界其他各国来维持其卓越地位,而不是瓦解这种地位。美国的目标是,为国际行动挑选特别伙伴,以更好地维持在所有领域的领导力"。美国总统奥巴马2012年5月23日在美国空军军官学校的毕业典礼上就明确宣布"美国现在是、今后仍将是国际关系中必不可少的国家。因为我坚定地认为,只要我们在这一历史时刻屹立不倒并履行责任,21世纪将与20世纪一样,成为另一个伟大的美国世纪"。

应该说,这就是美国国务卿希拉里·克林顿2009年7月15日在美国外交会发表讲话,提出美国要建立"多伙伴世界"的缘由与底蕴所在。在那次全面阐述美国对外政策的讲演中,希拉里说:"我们的外交政策必须真实地反映这个世界。采取19世纪的大国协调策略或20世纪的均势战略没有意义。我们不能恢复冷战时期的遏制政策,也不能采取单边主义……我们应该在更多国家间引入合作机制,减少竞争,建立一个多伙伴世界。"她企盼着通过"在更多角色中开展更广泛合作和减少竞争,天平有可能从一个多极世界向一个多伙伴世界倾斜"。

对于美国人提出的这种"多伙伴世界"战略,2009年8月3日的俄罗斯《独立报》发表叶夫根尼·克洛奇欣的《从多极世界到多伙伴世界》一文评论说,这表明"美国人决定对其所不喜欢的'多极世界构想'作些温和的修改,把它变成一种'多伙伴'战略,也就是说同世界上尽可能多的国家建立伙伴关系",以便让美国"以世界领袖的身份走出危机"。

不仅如此,美国还通过所谓"重返亚太",多次伙同日本搞"联合军演",并企图利用日美同盟撑腰支持日本霸占我钓鱼岛,又挑动、支持菲律宾、越南等肇事挑衅中国、激化南海局势,乃至构建巨大的对华包围网等举措,竭力阻挡世界格局向多极化发展。希拉里在2011年11月号美国《外交政策》杂志上发表《美国的太平洋世纪》一文,表示美国将加强从印度次大陆到美国西海岸这一横跨印度洋和太平洋广大区域的战略结合;然后是奥巴马也发表以此为基调的堪培拉讲演;接着是美国国防部又在2012年1月和5月发表《维持美国的全球领导地位:21世纪国防的优先任务》和《与中华人民共和国有关的军事与安全发展》年度报告,为从军事、经济和外交上全面包围和封锁中国进行周到准备。对此,美国欧亚集团主席伊恩·布雷默指出:"加强美国在亚洲的存在已经成了美国外交政策中的头等大事","这有双重动机:首先,华盛顿希望利用中国邻国对中国崛起的担心增强与其现盟友(例如日本和韩国)之间现有的安全关系和新盟友(例如印度和印度尼西亚)建立伙伴关系。其次,美国希望在这一很可能在未来数年内为全球经济提供主要推动力的地区建立更加广泛和强大的商业势力,从中获利。华盛顿为加入和扩大《跨太平洋战略经济伙伴协定》(TPP)——一项旨在使太平洋两岸各成员国的经济实现自由化的自由贸易协议——所做的努力就是这一趋势的明证。就这一协议进行的谈判并不包括中国。"但是,布雷默担心"美国'重返'亚太未必奏效"。他说:"不能保证这一战略定会奏效",因为"随着时间的推移,众多亚洲国家可能会发现,如果美国这个全球超级大国与中国这个地区强国之间的关系急剧恶化,它们将越来越难以继续发展与中国的贸易关系的同时与美国维持紧密的安全关系。更有可能的是,它们将被迫支持某一方"。

　　超级大国的美国从反对和抨击世界的多极格局,到提出"多伙伴世界"这一企图在变化了的世界里继续保持美国领导地位的战略,再到"重返亚太",搅乱南海局势、构建对华包围网,阻挡世界格局向多极化发展却又未必奏效,……凡此种种,清楚地说明了在冷战结束以后,世界格局由两极向多极发展、特别是多极化格局的最终形成,虽然是一个充满着曲折、复杂斗争的长期过程,但这一历史方向却终究是不可逆转的。逆历史潮流而动者妄图螳臂当车,到头来只是说明其不自量力而已!

第九章

国际金融危机击碎了"美国梦"

虽然从 17 世纪 20 年代一批英国清教徒为逃避宗教迫害而出走美洲新大陆开始,一个"没有国王,也没有刽子手,可以自由自在地传教和生活"的希望和憧憬就在他们心里珍藏着,随着美利坚合众国的建立和美国经济与国力的发展,一个"机遇之乡"的美国梦想更在一代又一代的美国人中间流传着,甚至吸引着其他国家的人们。然而,"美国梦"这个词组却直到 1931 年 5 月,才由詹姆斯·特拉斯洛·亚当斯在其所著《美国的史诗》中第一次提出,并在随后变得家喻户晓。

尽管 1931 年时的美国正处在 1929—1933 年世界经济危机及其引发的大萧条的关键时刻,但亚当斯在这部关于美国历史的著作中,还是怀着充沛的乐观进取精神写道:他这本书的主题是"让我们所有阶层的公民过上更好、更富裕和更幸福的生活的美国梦,这是我们迄今为止为世界的思想和福利作出的最伟大的贡献",他还说,这种认为明天将会比今天更好的"梦想或希望,从一开始就已经存在了"。

一、"美国梦"的精神和物质支撑的构建

亚当斯所说那种认为明天将会比今天更好的信念从一开始就已经存在,至少可以追溯到在 1620 年时 102 名英国清教徒乘"五月花"号木帆船登上美洲新大陆的十年之后,温思罗普关于清教徒对"山巅

之城"即"希望之乡"的寻找的布道文。

以后,由于北美殖民地在英国议会中并没有议员代表,而英国议会为弥补英国在与法国的七年战争后造成的巨额亏空,却在1763年以后向北美殖民地不断地征税和增税,被北美殖民地认为这是在剥夺他们作为英国臣民的权利而加以反对和反抗,矛盾积累和发展到一定程度之后,终于爆发北美殖民地反对英国统治者的独立战争并在1776年取得了胜利。由此揭开了美国人构建"美国梦"的精神和物质支撑的新的一页。虽然把北美当作"希望之乡"的梦想早就存在,但具体的"美国梦"却又是在作为"美国梦"的精神和物质支撑逐步构建起来的过程中渐渐成形和发展而来的。而这个构建过程,大体上来说,主要包含有以下三个关键性环节:

第一个环节是1776年托马斯·杰弗逊执笔起草的《独立宣言》。

《独立宣言》把英国唯物主义哲学家洛克提出的天赋人权——自然权利论奉为美国的立国之本,把希望作为国家这部戏剧的中心思想。它庄严地宣称:"我们认为下述真理是不言而喻的:所有人在被创造出来时就是平等的。造物主赋予他们若干不可剥夺的权利,其中包括生命、自由和对幸福的追求",正是为了保障这些权利,人们才设立的政府,而英皇乔治三世这么一个暴君却"不堪做一个自由民族的统治者",英国在北美的殖民统治是一贯压制人民的专制政府;正是由于它侵犯了这些天赋人权——自然权利,各殖民地才在忍无可忍的屈辱下起来推翻它的统治,力求成为"地球上的国家之一,自然法和上帝法认为它们该享受独立和平等国家"。

马克思曾经把美国的这个《独立宣言》评价为全人类"第一个人权宣言"。《独立宣言》的特点在于:它在谴责英国的殖民统治时所依据的,并不是北美殖民地的一些具体的不满,而是一种不仅在美洲、而且同样也在欧洲赢得普遍支持的宽泛论据,因此就具有更为普遍的历史意义;与此同时,更重要的是,它在这么做的时候,又使原来由英国哲学家洛克所表述的人的不可剥夺的生命权、自由权、对幸福的追求权这种天赋人权——自然权利,从抽象的理论思维,上升到了现实的政治权利和原则的高度。应当说,这是支撑"美国梦"的第一个精神支柱。

但在另一方面,这个《独立宣言》又用有关权利和平等的抽象议论掩盖了现实生活中的种族矛盾、阶级矛盾:首先,在当时的北美殖民地里生活着的,不仅有从英国和欧洲其他国家去的移民,而且更有以此为生活栖息之地的土著的印第安人。但在欧洲移民到来用血与火把他们征服之后,又把他们排除在《独立宣言》所说的"被创造出来时就是平等的""所有人"之外。据统计,在1492年,美洲的印第安人有120万人,在被欧洲来的移民杀戮、驱赶、强迫迁移到所谓"保留地"的变相集中营后,到1910年时仅剩22万人,而印第安人直到1924年才获得美国公民的资格。

其次,北美殖民地的黑奴也被排除在《独立宣言》所说"被创造出来时就是平等的""所有人"之外。在杰弗逊执笔起草《独立宣言》时,他的庄园里还有200多名奴隶。本来,在《独立宣言》的草稿里,杰弗逊曾列有一项谴责奴隶制"违反人性"的专门条款,但后来在南部奴隶主集团的压力下,这个条款被删去了。在以后很长一段时期里,美国的宪法在承认人权的同时,又确认存在于美国的有色人种奴隶制。直到1862年林肯签署《解放宣言》时才把占美国成千上万的黑奴解放出来成为和白人一样享有天赋人权——自然权利的人,但种族歧视却还在很长时间内继续保留着。所以,在1963年8月,马丁·路德·金在向参加全国"向华盛顿进军"的人群发表演讲时,还表示自己坚信没有种族界限的美国梦想是"深深植根在美国梦之中"的,呼吁让黑人获得正当的生活方式,不要以种族、而要以"品德的优劣"来作为评判人的标准。直到1970年的《民权法》,美国才废除了"文化测验"、"人头税"等等对黑人选举权的限制。

此外,美国人民中一切被统治阶级视为异己的言行、人员和组织也都被排除在人权保护之外。

第二个环节是,1860年开始就任美国第23届总统的林肯,不仅领导美国人民打败了企图分裂美国的南部奴隶主,赢得了南北战争,签署了《解放宣言》,把黑奴解放了出来,为美国的发展奠定了坚实的基础;而且还签署了一系列法案去推动"西进运动",壮大了美国经济,塑造了美国的民族精神。

从1803年到1867年间,美国先后以极其低廉的价格从法国、英国、墨西哥和俄罗斯手里购买到路易斯安那、北达科他、阿拉斯加和阿留申群岛等处的大批土地,又从西班牙手中夺取了佛罗里达,使美国的版图由宣布独立时的400万平方公里扩大到了930万平方公里,随后掀起了向西迁移的移民运动,仅1860年以后的40年内,美国西部的新垦地就达到2.52亿英亩。在这个过程中,林肯签署的几个法案,在推动这一西进拓荒运动中发挥了重要作用:

一个是《太平洋铁路法案》,它要求两家铁路公司联合修建将美国的东部和西部、将太平洋和大西洋连接在一起,横贯东西长达2800多公里的铁路,以修建铁路的方式去加速推动西进拓荒运动。为此,政府决定在铁路的两侧把一条宽16公里(后改为32公里)的公共土地划归铁路公司所有,并对已建成的铁路,每英亩给予1.6万—4.8万美元贷款的赞助办法。这一举措同时又促进了美国国内市场的统一。

另一个是对西进运动有深远影响的《宅地法》。这个法案规定,凡是成年的美国公民只要没有持械反抗过美利坚合众国的,只需交纳10美元的登记费,就可获得一块160英亩的土地,耕种5年后还可成为土地的拥有者。这就直接把西进运动推向了高潮。据统计,在此后几十年里新开垦的土地相当于过去270年垦殖的土地面积,从而形成了美国的"小麦王国"、"棉花王国"和"畜牧王国"这样的三大农业专业区,并使美国的人口、农业、工业中心全面西移,把美国由一个弱小的国家推上世界经济大国的宝座。马克思在评价美国的西进运动时曾经说过:"在英国需要数百年才能完成的那些变化,在美国只有几年就发生了。"

还有一个《莫利尔法》则规定,通过政府赠地的办法去设置大学,使全国各地的许多人都能接受高等教育。

十分明显,林肯的这些举措,为"美国梦"的形成构建了众多的精神和物质支撑。

第三个环节是,罗斯福的"新政"为"美国梦"增添了新的含意和支撑,这就是对于政府要在促进个人幸福方面发挥作用的期待。

在罗斯福出任美国总统前的1929年10月24日,美国证券交易所发生了世界经济危机行将到来前夕那种史无前例的恐慌,10月29日,股市行情一天中间下跌了23.6%,而人们在恐慌中的挤兑则摧毁了7000多家银行,并在一年多时间里导致14万家企业倒闭、1700多万人失业,失业率高达28%。一方面是大萧条使农产品难以出售,到处都是过剩和价格暴跌,另一方面则是饥民在大小城市里排成长队等候免费面包和一点汤的发放。但时任美国总统的胡佛却仍坚持自由主义信条,期望市场能自动调节国家经济生活,而拒绝援助失业人员,甚至还提高税率,结果使美国的GDP从1929年的1040亿美元下降到1932年的580亿美元,使美国生产财富的能力打了个对折。1932年3月,3000名失业工人在底特律的福特汽车工厂门前示威,警察更向人群开枪,打死了4人。

罗斯福就是在这种哀鸿遍野、国运危殆的氛围里就任美国第32届总统的。在1933年3月4日宣誓就职时,他说:"我们唯一该恐惧的只是恐惧本身。一种无名的丧失理智的、毫无根据的恐惧心理,只能把我们搞瘫痪,什么事也办不成,使我们无法由退却转为进攻";"我将要求国会授予我一件足以应付目前危机的武器","这种授权之大要如同我们正遭遇到敌军侵犯一样"。罗斯福的以改革、复兴、救济为核心的"新政",加强了金融管制,开建了国家工程,通过了农业调整法、全国工业复兴法、全国劳工关系法,成立了工程开发总署、复兴总署，提出了言论、宗教、不虞匮乏、免受恐惧的四大自由。其中最有创新意义的当数"不虞匮乏的自由"，这意味着国家确认摆脱贫困是人的基本权利。罗斯福还第一次通过建立社会保障系统来干预经济，在美国，以前没有老年人的保障计划，罗斯福引进了社会保障体系，给退休者提供基本的收入保障，这就从一个方面有效地消除了贫困。罗斯福"新政"的影响一直延续到二战以后，美国在那以后经历了20多年的"黄金发展期"，再加上通过了《士兵安置法案》、住房贷款和抵押贷款利息的减免，洲际铁路、公路的修建等等，使得美国进入中产阶层行列的人数超过了以往任何时候；与此同时，美国在二战以后的头几十年里，贫富差距程度较小，但发展却比1980年以后快得多，直到20世纪60年代，美国的失业率还比较低，美国人的家庭收入较普遍地增加。这就极大地增强了"美国梦"中相信只要努力工作就会获得成功以及相信明天会比今天更好的信念。

二、"美国梦"的具体内容

在这个过程中逐渐形成的"美国梦"，主要包含两个方面的内容：

一是关于自由、繁荣、稳定和个人发展进步的机遇方面的，所谓美国是一个机遇之乡：在这里，只要勤奋工作，加上一点点才华，就会顺着阶梯一级一级往上走。

在个人的发展机遇方面，和那些在种族、宗教等等方面有严格的等级和界限的地方相比，美国无疑为个人的发展提供了更多的机遇，但却又并不像它所标榜的那样，真是实现了什么"人人生而平等"了。因为资产阶级执掌政权以后，在消灭等级之间的旧的差别和一切依靠专横而取得的特权的时候，却只是用金钱的特权去取代封建主的一切个人特权和世袭特权。在这个方面，美国的资产阶级并不是例外。据有关方面的概率估计，在美国，中产阶层出身的人，顺着阶梯上升和下滑的,各占一半;低收入家庭出身的人,由贫到富的,极为罕见;出身贫寒者,可能一直如此。又有估计说,处于顶层那1/5的家庭出身的人,在成年以后属于中产阶层的,占75%;处于收入水平底层那1/5的家庭出身的人,成年后取得中产阶层地位的,仅占35%。

新自由主义者往往把"美国梦"归结为纯粹个人的事情,这是与事实不符的,因为在实际上,恰恰是政府让个人的"美国梦"的梦想具有了实现的可能。2012年7月2日美国《时代》周刊发表乔恩·米查的《美国梦的历史》一文指出:在"关于美国粗犷的个人主义故事的平民版本中缺少了一个角色:政府。正是政府使得个人的崛起成为可能。美国人从来都不愿意承认,我们现在称之为公共部门的机构,一直是使私营部门取得成功的不可或缺的因素"。

二是关于在美国,明天会比今天更好,一代更比一代强的憧憬。罗斯福在1945年最后一次总统就职演说中,曾经引用其母校格罗顿学校校长恩迪科特·皮博迪的一段话说:"人生不会总是一帆风顺,有时候我们跃上高峰,而接下来一切会发生逆转,开始走下坡路,但是要记住一个重要事实,那就是文明的趋势是永远向前的,如果在数百年的高峰和低谷中间画一条线,那么,它总是保持向上的走势。"在尔后的几十年里,美国的国力和繁荣确实达到了史无前例的高度,美国人过上了亚当斯在1931年大萧条时憧憬的那种"更好、更富裕和更幸福"的生活。

人们常常把"美国梦"说成是美国"中产阶级"(即中产阶层)的梦想,这种梦想包含六个方面的具体细节:第一,有房;第二,有汽车;第三,接受过大学教育;第四,有退休保障;第五,有医疗保险;第六,有休闲时间。美国商务部代表副总统拜登领导的"白宫中产阶级特别小组"也解释说:"中产阶级是由他们的追求、而不是由他们的收入来界定的。中产阶级拥有住房、一台车、子女上大学、健康和退休保障以及偶尔的家庭度假"。

大体说来，特别在二战以后，美国人就是怀抱着这样的"美国梦"曲曲折折地走过来的：二战以后，美国的制造业欣欣向荣，在战场上退下来的大量官兵，转到建设超级公路大军的行列，促进了经济的快速发展；与此同时，在二战期间政府所采取和在战后奉行的一些政策，则促使美国社会实现了战后的相对平等。所有这些，使所谓"男人找到份好工作、娶妻生子买大屋、全面迈向中产阶级"的美国梦迅速繁荣起来。但是，随着在经济上美国遭遇"滞胀"、石油危机，在国际上美国模式被日本模式所超越，在国内崛起的新自由主义用主张自由市场的"华盛顿共识"取代推动底层阶级收入超过上层阶级收入的"底特律条约"，出现了一种截然相反的现象："向下流动"——经济衰退引发生活水准倒退，儿女一辈的日子比不上老爹一代，这就使美国人梦寐以求的美国梦"飘浮"了起来。正是在这种氛围中，美国地缘经济学家爱德华·勒特韦克在20世纪90年代初期发表了《没落美国梦》一书。在书中，作者以焦虑、急躁、无助的心情，提出了一个美国人连想也不敢想的问题：美国会变成第三世界国家吗？他用强烈对比的手法把20世纪80年代初的美国和日本进行对比，觉得美国处处比不上之后强调指出：美国在经历了20世纪50年代和60年代的强盛以后，面对德国、日本的竞争，走上了一条把产业出口到低工资国家以赚取高利润，而在本土则全力推动服务行业的道路，最终带来两极化和美国社会经济学家所说资本主义世界危机理论中的"危机出现说"。他认为，这又同美国教育素质下降有关：在20世纪50—60年代，外国的一些天才学生一个接一个来美国寻梦，在美国打天下，为美国夺得一个又一个诺贝尔奖，可如今，拿了博士学位的学生却赶紧订机票回国寻找另一个梦，人才从流入到流出，这也在一个侧面反映出一场由盛到衰的美国梦。只是在20世纪90年代，美国模式经过自我调整，在制造业等方面再度超越日本之后，对于美国梦由盛转衰的担忧才有所缓解。

但是，从2007—2008年开始，伴随着新自由主义的恶性发作而引爆次贷危机—国际金融危机,却又使美国人的这种美国梦再也做不下去了。就连美国政府的高层领导都说,现在的美国人不论有多努力,也不会达到父辈的生活质量和幸福感。

三、次贷危机首先惊醒了"美国梦"

首先是美国的次贷危机惊醒了这种"美国梦"。

2004年10月,美国前总统小布什在一次为竞选连任而发表的演讲中,提出了他所谓的"所有权社会"论,即要每个美国家庭都有自己的房子,而政府不干涉人们实现自己的美国梦。他说:"每次一个美国家庭搬进他们自己的房子,美国就变得更强大一些。"他所说的这种家庭是指的传统的核心家庭:一对异性夫妇,有至少两个孩子,生活在一套带院子的独立住宅里,有一两辆车,而且还有一个带有平板电视的多媒体房间。为了实现这一前景,布什推出了鼓励人们拥有房产的新政策。例如:"零首付计划",随后又出台了更多的五花八门的抵押贷款形式,其中包括24个月不用付月供的贷款,后来还有只要借款人的口头承诺而无须书面文件的贷款。再以后围绕这些抵押贷款出现的各种金融创新产品又经过包装和再包装最终变得面目全非,没有人知道它们到底包含什么内容,或者它们到底值多少钱。在这种情况下,大量资本从生产领域流入流通领域,实体经济与虚拟经济严重分离,到处滋生出扑不灭的泡沫经济,而一旦金融泡沫破裂,这种"次级贷款"引发的危机就成为不可避免的。

那么,出现次贷危机时的情景到底是什么样的呢? 在次贷危机发作时的2008年,据一家房地产研究所的报告显示,全美至少有750万户房主背负"负资产",即由于他们房屋的当前市场价低于其住房贷款总额,因而即使卖掉房屋,房主还必须垫付更多的钱才能还清贷款,这一类背负"负资产"的人占到美国拥有房屋者总数的18%,另有210万购房者处于背负"负资产"边缘,其房屋市价仅比贷款高出不到5%;而据美国有线电视新闻网(CNN)的估计,全美可能有多达1200万户房主背负"负资产"。

这里,且以美国俄亥俄州的克利夫兰为例,来展示次贷危机是怎样使这个"次贷之都"沦为有1/8的家庭弃屋而逃,从而由"最佳居住城市"变成"最悲惨城市"的。

克利夫兰是美国俄亥俄州最大的城市,在1851年通铁路以后,成为五大湖区和大西洋沿岸间的货物转运中心。克利夫兰以钢铁工业为首要产业,又在此基础上建立庞大的制造业,使它在美国工业史上辉煌了100多年,到20世纪中叶,其经济实力跻身于美国城市的前五位;在制造业转移后,它又着力发展金融和房地产业。克利夫兰有1/3的面积被公园绿地覆盖,素有"森林之城"的美誉,并与匹兹堡一起被列为美国"最佳居住城市"。在华尔街的金融机构放松风险控制、慷慨借贷时,克利夫兰又成了"次贷之都"。

在次贷危机爆发之前,金融机构和购房市民都认定克利夫兰的房地产价值、价格将与时俱增,但危机一来,房价却一落千丈,而房产税赋、贷款利息却并未减少,在危机深重之时,连四五百美元一栋的房屋也无人问津。于是,一些无力偿还房贷和房产税的"房奴",便选择了"断供",举家弃屋、逃之夭夭。据2010年2月16日《克利夫兰老实人报》的社论披露,该市的空房已逾一万多套,这意味着全市已有1/8的家庭弃屋而去。如在居住小区街道两旁绿树成荫、造型别致的木屋成排而立的典型居家环境的斯拉夫村,12万套住房就有10%被空置起来,3万多人弃屋出走。这些弃屋出走的居民,状况好一点的在亲友家借宿,大部分或者栖身于桥洞巷角,或在郊外支个帐篷度日。于是,在克利夫兰街头,失业者、无家可归者四处游荡;教堂或慈善机构的门口,贫穷的人们排队等候领取免费食物;寻找就业机会和求助的市民则挤满了政府的援助办公室。而在另一方面,因房主弃屋逃亡而空置的房屋,又成了消耗市政资源的巨大包袱。如该市有一座两层楼的住宅,因其市值还不到应交税赋的1/3而被弃置,但因长期空着无人看管,以致发生管道煤气泄漏爆炸,还伤及到邻居。

据美联储称,这场房地产消费狂潮过后留下的是,美国的房地产价值在2006—2010年损失超过6万亿美元,几乎达到其1/3,相当于每5名房主中就有1人资不抵债,也就是说他们要偿还的住房借款超过了他们住房本身的价值。

而据美国一家房地产研究所American Corelogic在2008年10月31日公布的报告称,另有210万购房者处于背负"负资产"边缘,其住房的市价仅比住房贷款高出不到5%。CNN说,这家研究所的分析报告所提供的,事实上还属于保守的数据。包括穆迪氏经济网在内的一些其他机构估计,全美可能有多达1200万房主背负"负资产"。

然而,次贷危机还只是惊醒了"美国梦",由美国的次贷危机引发的国际金融危机则在更大的范围内和更深的程度上,严重地击碎了"美国梦"。

四、经济低迷、失业率高企,中产阶层在痛苦中挣扎,许多人的"美国梦"成了噩梦

美国梦植根于无限的增长、扩张和可能性,而由美国的次贷危机在2008年引发的国际金融危机,则使美国经济先是陷入衰退,在走出衰退以后又长期处于低迷状态,美国的预算赤字连续4年超过1万亿,国家债务超过16万亿美元,这就不能不从根子上抽掉了"美国梦"的物质基础。据世界银行的数据,美国经济的年增长率,在1950年以后的半个世纪里,一直在3.3%以上,如1950—1959年间和1970—1979年间,美国经济的年均增长率都是3.7%,1980—1989年间为3.5%,1990—1999年间为3.3%,1960—1969年间还达到过5%。但在进入21世纪以后,美国经济的年均增长率开始下降到

2%左右,而在次贷危机爆发以后,美国经济的年均增长率在2008年为零,2009年为-2.6%,走出衰退以后,美国经济的年均增长率又一直处在2%左右的低迷状态。

与低迷的经济增长率相伴随的,是高企的失业率。美国的失业人员在1945年只有275万人,在国际金融危机爆发以后,美国的失业率在2009年一开始就攀升到7.2%的高峰,随后又逐月攀升到8.1%、9.5%……直到2009年9月攀升到10.1%,以后又长期徘徊于8%—9%之间,2011年的失业人员超过了1500万人,经过奥巴马政府又是"再工业化",又是"制造业回归"等等增加就业岗位的超常努力后,在2012年9月美国的失业率才回落到7.8%。

在经济低迷、失业率高企的情况下,美国家庭的中值收入2010年比1999—2001年减少7.1%;贫困人口直线上升,以四口之家年收入不低于22025美元为准,在2008年时美国的贫困人口为3980万;2009年攀升到4360万,占美国人口总数的14.3%;2010年更攀升到4620万,占美国人口总数的15.1%。据美国农业部的数据,在2011年,美国有1800万个家庭吃不饱饭;领食品券的人,在2009年1月为3200万人,到了2011年6月就跃升为4670万人。特别是生活在贫困中的18岁以下的儿童,在2007年是1330万人,2008年上升到1410万人,现在更上升到儿童总数的1/5。另一个受到伤害的弱势群体是老年人,早在2008年10月,美国预算局就估计,国际金融危机已经使美国的退休金账户缩水2万多亿美元,使养老金缺口达1000亿美元,从而迫使许多已经退休的老年人不得不再出去工作,以维持生活。

然而,从整个群体来说,受国际金融危机冲击最重的,当数美国的中产阶层。

中产阶层曾经推动了美国经济的蓬勃发展,他们使美国人相信这里是遍布平等与机遇的沃土,他们也是"美国梦"的主体。关于美国中产阶层的生活,有一段典型的描绘说:"住在郊区,有一幢分期付款的带两间至四间卧室的房子,两三个孩子,一只狗,两部汽车。丈夫每天辛勤工作,妻子在家带孩子做家务,拿薪水后马上开出15张以上的支票付账(房、车、水、电、煤气、电话、有线电视、分期付款的大件商品、5件信用卡的账单、孩子牙医的账单、医疗和人寿保险,等等)。平时看电视脱口秀,周末借两盘录像带,边看边喝可口可乐、吃爆米花,每年圣诞节扎圣诞树,妻子和丈夫都在发胖。"但是,在爆发了国际金融危机以后,他们的生活水平开始下降,机遇也越来越少,美国中产阶层的规模和财富发生了双缩水。据皮尤研究中心2012年8月22日公布的研究报告称,在2011年,美国的中产阶层占成年人总数的51%,而在1971年则为61%。其年均收入10年间下降了5%,从7.2956万美元降至6.9487万美元;而其资产则减少了28%,从12.5982万美元减至9.315万美元。在40年前,中产阶层占有全国财富的62%,今天则仅占有其45%。在报告所调查的1287名成年人中,85%的人认为现在比10年前更难维持自己的生活水平。例如,在美利坚大学教授经济学的玛莎·斯塔尔,先以20世纪60年代为例来说明经济海洋的一个风平浪静的时刻——当时失业率很低,家庭收入普遍增加。当然也存在不可避免的起伏。在就业和创业方面,有些人取得的成功比别人多。但是总的说来水涨船高,普通美国家庭的状况好于过去。接着,当她谈到现在时,她说:"现在的情况已经有所不同。过去10年到15年,人们看不到家庭收入上升的趋势","普通人没有看到自己的生活状况得到了持续改善","如果说有人实现了美国梦似乎就会有人不可避免地经历噩梦,那么从中呈现出的零和特性可以说是我们这个时代的产物。相对于劳动力规模来说,馅饼并没有真正增大,所以一个人得了一大块,另一个人就只能得一小块","如果你丢了工作,产生的巨额医疗费保险公司又不予报销,经历了棘手的离婚,你的住房价格下跌了30%,等等,你就无法出去找到一份好的工作,挣到钱后渡过难关"。总之,是美国萧条的现状吞噬了经济扩张的空间,馅饼没有变大,反而在萎缩,生存竞争又愈益剧烈,这就使许多中产阶层感觉到好像被困在一个房间里,四面墙在压过来,没有门窗,没有出口,美国梦渐渐变成了美国噩梦。

2013年9月,《华盛顿邮报》和米勒中心曾就美国人对成功的定义以及他们对本国未来信心所做的一项调查显示,在经济复苏4年来绝大多数好处都被最富有群体收入囊中的背景下,大多数美国人认为,美国梦对他们来说越来越遥不可及。调查结果显示:

一是维持生计已经越来越难了。近2/3的人对于维持家庭基本开销表示了担忧。

二是在职场上,大多数人都认为自己在原地踏步。一半以上的人怀疑自己在今后5年能不能涨薪或者找到收入更好的工作。事实上,58%的人说自己的劳动和收入不成正比。

三是对失业的恐惧是20世纪70年代以来之最。每10人中有超过6人担心自己会因为经济形势而失业。如今的担忧甚至超过了1975年,那年正值高失业和高通胀导致的严重衰退的尾声,只有不到一半的美国人认为今后几年自己的经济阶层会上升。更多的人认为自己只会原地不动——或者下降一个档次。

四是在费力挣钱的同时,大多数人开始质疑美国梦的基本准则——下一代人的生活水平会更高。只有39%的人相信子女一辈的生活会比自己好。28岁的发型师兼家庭主妇蕾切尔·布赖恩特说,相比我们这一代人,我父母那代实现理想要容易得多。而想想我孩子们的将来,我都担心得要命。他们说,社会保障体系已经不堪重负,我们非常担心这个国家的未来。很多美国人也开始对养老观念提出质疑,并且开始改变对成功的定义。

拥有一所房子,长久以来一直是美国梦的主要内容,而现在,房子的光环正在褪色,因为超过1/4的房屋主人所背的房贷比房子本身价值还高。虽然教育仍被认为是获得成功的关键因素,对大学文凭的追求却失去了30年来的吸引力。只有刚过一半的人认为上大学是美国梦的重要部分,而在1986年这个比例是68%。

像玛丽·爱德华兹一家这10年来就飞快地走了下坡路。她丈夫原来是工程师,但失业了,在换了一连串一个不如一个的工作后,他如今在一家工厂从事体力劳动。2008年股市崩盘让他们的大部分积蓄打了水漂,剩下的不多的钱也在她丈夫生病时花完了。他们的房子抵押后差点丧失赎回权。

在30—64岁的人当中,认为经济上更不安全的人是认为收入仍在增长的人的两倍。对社会阶层上升的希望与年龄成反比,在40—64岁的人当中,只有1/4的人认为自己的社会阶层会上升。超过一半的人说,两党以及奥巴马政府没有拿出有效的方案来帮助中产阶级。2013年11月,奥巴马总统在美国进步中心发表政策演讲时,谈到美国长期存在的经济不平等现象和日益加重的经济变动性危机。"经济变动性"的降低,意味着大部分穷人通过勤奋工作提高经济与社会地位的路正越来越窄,实现中产的美国梦可望而不可即。奥巴马警告说,越来越低的可变动性正在对美国梦形成根本威胁。1979年以来,美国的生产力有超过90%的提升,但是一般家庭的收入只增加了不到8%。奥巴马在讲演中承认,加拿大、德国和法国等国的人民比美国更容易有经济地位上的提升。美国媒体还发现,在最低工资标准上,美国的大部分州都是每小时7.25美元,而英国和加拿大均为10美元左右,法国是每小时13美元,最高的是澳大利亚,每小时15美元。最低工资标准过低,正是美国的经济不平等增加、经济变动性下降的一个主要原因。当前美国最低工资标准的购买力与1968年相比,已经缩水1/3。美国低端工作的报酬停滞,而高端工作的回报急升、贫富差距进一步拉大。

美国的许多中产阶层人士都在抱怨美国梦遥不可及,那么,能不能把这个问题量化一下,说明美国梦到底有多贵?英国《每日邮报》报道,最新研究显示,2014年只有1/8的美国家庭能实现美国梦。《追逐美国梦》一书讨论了金融危机、房地产泡沫和大萧条所带来的影响,在该书的启发下,《今日美国》的记者估算了过美国梦生活的总费用,发现要实现美国梦,家庭年收入需 13 万美元以上,而普通美国家庭年收入的中位数约为 5.1 万美元,这意味着大多数美国人只能望洋兴叹。

《今日美国》记者估算,实现美国梦的四口之家年具体花销如下:

1. 住房负担:1.7 万美元;
2. 食品开销:1.2 万美元;
3. 交通成本:1.1 万美元(一辆四轮驱动的 SUV);
4. 医疗保健:9144 美元(健康保险费和自己承担的医疗费);
5. 税收负担:占家庭总收入的 30%;
6. 子女教育:每个孩子 4000 美元,大学储蓄金每年额外 2500 美元;
7. 退休储蓄:1.7 万美元。

实际上,2013 年只有 1600 万个美国家庭能消受得起美国梦。《追逐美国梦》一书的作者之一,康奈尔大学教授托马斯·赫斯科指出,大多数受访者表示不奢望成为那些拥有高额收入的 1% 的人,只求有体面的生活。"这不是个求富发财的问题,而是有没有生活保证的问题。他们也想看到下一代成功,希望他们比自己过得更好"。然而,据布鲁金斯学会的一次民意调查,约 75% 的美国人表示美国梦难以企及。

如果说国际金融危机使美国的整个中产阶层在痛苦中挣扎的话,那么,黑人中产阶层所面临的打击就尤为严重,它使他们面临消亡的危险。早在 2000—2007 年间,美国的黑人就业减少了 2.4%,收入下降了 2.9%。而在这场国际金融危机的初期,就又有 33% 的美国黑人中产阶层面临丧失这一社会地位的危险,因为数以百万计的普通黑人将走向失业之路,他们当中包括工厂工人、银行职员和白领在内。在2009年白人的失业率为8.7%时,黑人的失业率已达14.7%,美国经济政策研究所估计,在2010年时有40%的非洲裔美国人处于失业或就业不足的状态,同时导致美国贫困黑人儿童的比例从1/3增长到50%以上。正因为美国的种族歧视和经济不平等现象在过去半个世纪中一直根深蒂固,所以美国的第一位黑人总统奥巴马在马丁·路德·金发表《我有一个梦想》的讲演50年后,还要强调指出美国仍必须推进金博士未竟的"梦想","只有一位黑人总统是远远不够的"。

五、史无前例的贫富差距,使"美国梦"虚幻成神话

国际金融危机对美国梦的冲击,还表现在史无前例的贫富差距使美国梦变得虚幻成为神话。21世纪开始,美国的两极分化就在加速,在2002—2007年间,65%的国民收入落入到最上层的纳税人的腰包里,平民的年均收入则减少了10%以上。而在爆发了国际金融危机后的今天,贫富差距更达到了史无前例的高度:现在,占美国人口1%的富人,其占有的财富,超过了占美国人口50%的1.5亿人所占有财富的总和,而在20世纪70年代,它在美国GDP中所占份额还只是9%,到2007年时,也还只占23.5%;与此相比,今天美国人的中位数收入低于15年前的水平,全职男性劳动者的中位数收入,甚至低于40年前的水平。据美国企业研究所2011年度报告,平均来看,大企业CEO的年收入为1020万美元,要比普通职工高出325倍。高盛集团董事会主席兼CEO更获得5400万美元的薪酬,其另5名高管则获得了总计2.42亿美元的薪酬。2011年美国的"占领华尔街"运动正是从抗议这种1%对99%的极端不平等的贫富差距中萌发的。

在20世纪初期,美国也曾存在过这种"财富集中在最上层的塔尖上"的情况,当时,约翰·洛克菲勒、安德鲁·卡内基和摩根等工业巨头控制着整个美国,作家马克·吐温用"镀金时代"来称呼这个时代,意思是说:那时只有表面上的金光灿灿,下面却掩盖着大规模失业、贫困和被撕裂的社会。而今天,美国又进入了一个由对冲基金经理和金融巨头等超级富豪掌控的新的"镀金时代",人们担忧这将给美国的发展带来严重的后果,使美国梦虚幻起来成为神话,便是其中之一。

诺贝尔经济学奖获得者约瑟夫·斯蒂格利茨在2012年6月26日的英国《金融时报》网站上发表《美国不再是机遇之地》一文,强调指出:"我们曾经被认为是机遇之地。而今天,与欧洲或其他任何有数据可查的发达工业化国家相比,美国儿童的人生机遇更多地取决于其父母的收入水平。美国曾经不辞辛苦地创造美国的机遇之梦,然而,今天,这个梦成为了一个神话。"其原因就在于新自由主义造成了使贫富差距空前扩大的经济不平等,而国际金融危机则使得这个在廉价信贷、房地产价格上涨和过度消费的年代里被掩盖起来的问题暴露无遗。

美国的另一位诺贝尔经济学奖获得者保罗·克鲁格曼则在《一个自由主义者的良知》等论著中,描述过这个过程:孕育着"美国梦"的美国中产阶层社会的出现绝非偶然,正是二战期间政府采取的政策,比如战时工资管制带来的收入"大压缩",以及其后长期奉行支持平等、强工会和累进税制的社会规范,促使美国社会实现了从19世纪末20世纪初"镀金时代"的不平等向战后相对平等的转变。自20世纪80年代开始,随着主张自由市场的"华盛顿共识"取代推动底层阶级收入超过上层阶级收入的"底特律条约",一种截然相反的现象出现了,绝大多数工人不再能够分享生产力发展的收益,而"富人们变得心满意足"。于是,美国社会的流动性呈现出显著的凝固化态势,以平等和机遇为主要内核的价值观遭到严重损害,"美国梦已不再"。

事情十分明显,出现贫富差距不断扩大的经济不平等的症结在政府的政策。斯蒂格利茨在上面所引那篇文章中指出:"市场由游戏规则左右。我们的政治制度制定了牺牲其他人群的利益而让富人受益的规则。金融管理条例使掠夺性的借贷和肆意妄为的信用卡业务畅通无阻,这些做法使金钱从底层流向顶层。全球化的规则——全球化使资本自由流动,但劳动者却不能自由流动——强化了一种早已存在严重倾斜的讨价还价条件:企业会扬言撤离某国,除非劳动者作出重大让步";"法律规定对投机者采取的税率可以是对自食其力的劳动者或改变社会的创新者所征税率的一半。这样的法律体现了我们的某种价值观,但是它们也扭曲了我们的经济,唆使年轻人进入非生产性的领域"。斯蒂格利茨指出:"我们是可以再次成为机遇之乡的。但这样的事情不会自然而然发生。在政界一心想着削减公共教育和其他提升低层和中层人群际遇的计划,同时要为顶层收入人群减税的情况下,这样的事情是不会发生的",而且还将导致一个更加分裂、增长放慢、政治和经济动荡的社会。

2012年9月4日,美国第一夫人米歇尔·奥巴马在美国民主党全国代表大会上发表为奥巴马竞选连任的助选演讲《他懂得什么是美国梦》,说她的丈夫"无论从他的性格、他的信念,还是从他的心灵来看,贝拉克仍是许多年前我所爱上的那个男人","今天,我的经历告诉我,如果我们真的想要为自己的后代留下一个更好的世界,如果我们想要给予我们所有的孩子实现梦想的基础和与他们的潜力相称的机遇,如果我们想要他们感觉到无限的可能性,相信在这里,在美国,只要你愿意为之努力,就一定会比现在更好",那么,我们就必须"支持这个值得我们信任、会推动着这个国家继续进步的人——我的丈夫、我们的总统奥巴马"。

她的演讲说得十分动情,也十分动听,只是忽略了一点,这就是:要想使美国重新成为机遇之乡,要想使美国人能够重温美国梦,仅有性格、信念、心灵不变的奥巴马是远远不够的,更重要的是要彻底改变美国的金融垄断资本主义的方针政策,修复被新自由主义、国际金融危机冲击得所剩无几的美国梦的精神和物质支撑!

2013年1月21日,奥巴马总统其第二任期的就职演说中,则劝告美国人抓住崭新的时刻(两场战争的结束和经济复苏的开始)向繁荣、和平与平等这个共同梦想致敬。他在演说中连续五次用美国宪法序言中的开篇词"我们,人民"作排比,为美国人民勾勒了一幅充满"无限的希望"的国家愿景,如说:"我们,人民,仍然相信,每位公民都应该得到基本的安全和尊严……","我们,人民,依然相信我们作为美国人的承诺不仅是对自己的,也是对所有子孙后代的……","我们,人民,依然相信不必通过无休无止的战争就能获得永久的安全与和平……"等等;他还用高亢的言辞重申了美国对机会平等这个梦想的承诺:"如果一个生在赤贫之家的小女孩知道她和别人拥有同样的成功机会,因为她是美国人;她是自由的,平等的,不仅在上帝眼中,也在我们自己眼中;这时就表明我们忠于了自己的信条。"

然而,奥巴马在这篇被有些人称作如"写给美国人民的情书"的就职演说中,显然忽略了他所宣扬的美国梦的理想,同美国当今的现实之间有巨大的差距。如在好久以前,说"美国是机遇之地"或者说美国的机会要比其他地方多,也许是恰当的话,那么多年来、特别是国际金融危机以来的情况就不是这样了,甚至已经成了一个神话:对于美国人来说,向上流动正逐渐成为统计中的异常。据美国智库布鲁金斯学会开展的研究,现在,美国的这种经济上的流动性低于欧洲大部分国家和所有的北欧国家;而且与有资料可查的其他多数发达国家相比,美国人的前途都更依赖父母的收入和教育水平。在当今的美国,出身至关重要,来自社会底层的人几乎没有机会爬到社会中层,更不用说社会顶层。到几十年后,美国的代际流动性甚至比现在还少,到那时,个人出生时的阶级地位将在很大程度上决定其未来的经济前景;美国社会这种不平等程度的扩大,源于寡头政治的崛起,表现为收入和财富越来越集中到少数特权精英手里,特别是20世纪70年代末以来,这些最富裕的美国人实际收入年增长率达到400%,其中60%是金融和非金融机构的高管。这就说明,社会不平等产生的根源是金钱而不是教育,教育程度不高人群的工作机会大幅度下降,这种变化是剧烈上升的不平等现象的结果,而不是它的原因,所以,事情正如斯蒂格利茨在2013年2月17日美国《纽约时报》上发表的《平等的机会,美国的神话》一文中所强调指出的:"挽回美国梦需变革","美国人逐渐意识到,他们珍爱的社会和经济流动性只是一种神话。这么大规模的欺骗难以长久维持,而这个国家已经经历了几十年的自我欺骗";"没有实质性的政策变革,我们的自我形象以及我们向世界投射的形象都将萎缩,我们的经济地位和稳定性也将降低。挽救美国梦不仅符合我们的经济利益,也是我们的道德义务"。在这种情况下,不是致力于彻底改变美国金融垄断资本主义的方针政策,而一味地吹嘘"机会平等"这个破灭了的美国神话,这不是在自欺欺人,又是什么?! 所以,随着不平等的日益加剧和社会流动性的不断下降,就连奥巴马本人,在2013年12月初的一次演讲中也不得不改口承认,这种局面"给美国梦、我们的生活方式以及我们在世界各地所代表的东西,造成了严重威胁"。

前引斯蒂格利茨所说那个"更加分裂、增长放慢、政治和经济动荡的社会",是在国际金融危机的严重冲击下,美国梦变成虚幻神话的要害所在。因为在当初北美移民憧憬美国梦的时候,美国基本上只是一个小业主共同体,但其后,随着垄断资本主义的发展,美国成了一个高度垄断的经济政治形态的社会。在这种社会中,1%的富人和99%的普通民众利益严重分化,前者形成为一个特权阶级,控制和损害着99%普通群众的利益,社会严重地分裂着。在这种钻石型的阶级结构中,经济增长和战后美国的平等,在很大程度上是政府抑制美国大企业和有钱人的最糟糕本能的结果。反之,要是听任新自由主义肆意横行,那么,1%的富人只会继续侵占和损害99%普通群众的利益,哪里有美国梦实现的空间和余地呢?!

下面就是一则媒体关于1%的富人占有99%普通群众利益的报道：

"在美国,1%的富人拥有40%的财富。我们99%的大众为国家纳税,却没有人真正代表我们。华盛顿的政客都在为这1%的富人服务"。越来越多的中产者认可了"我们是99%"这个新说法。1%的富人占有的财富越来越多,损害了广大中产阶级的利益。

"我们是99%"也是一个博客的名称。成千上万的美国人在博客上描述了他们绝望的财政窘境："我无法偿还我的助学贷款";"我领不到失业救济金了";"我要选择读大学还是做膝盖手术?"

Think Progress网站披露了一组有关1%富人的最新数据：

1. 1%的富人占有财富的40%。

2. 1%的富人占有国民收入的24%,平均收入为150万美元。

3. 1%的富人占有50%的股票、债券和共同基金,而50%的底层大众只有0.5%。

4. 1%的富人只有5%的私人债务,而90%的大众则拥有73%。

5. 1%的富人占有的收入为20世纪20年代以来之最。

此外,从2002年直到2007年,1%的富人收入每年增加10%以上,99%大众的收入每年增加可怜的1.3%,而且这种趋势还在进一步加剧。……

在这种情况下,事情就正如罗斯福的智囊团成员之一、企业经济学家阿道夫·伯利所说的："当70%的美国工业集中在600家公司手中;当东部工业区一半以上的人口的生活都依赖于这些公司的状况时……那么,就客观数据而言,个人是根本没有什么机会的。"

第十章

国际金融危机证伪了"历史终结论"

在1989—1991年东欧剧变、苏联解体以后,西方资产阶级欢呼雀跃,认为这标志着自由民主的资本主义最终战胜了社会主义共产主义。日裔美国学者福山随即抛出了"历史终结论",鼓吹人类社会的发展历史就是一部以西方的自由民主为方向的人类普遍史,自由民主的资本主义既是人类意识形态发展的终点,又是人类社会最后一个统治形式。这种"历史终结论"当即在西方社会广泛传播开来,成为其主流意识形态。然而,曾几何时,这种理论所包含的几个基本判断就遭到事实的驳斥和人们的质疑,随后爆发的国际金融危机更证伪了这种"历史终结论"。那么,事情的发展历程到底是怎样的呢?

原东欧国家在二战以后走上了社会主义道路,开始时他们都照搬苏联模式来建设社会主义,随着苏联模式一些弊端的暴露,他们和苏联一起进行了多种类型的经济改革,但由于这些改革或者墨守中央高度集权的基本框架,或者由一个极端跳到另一个相反的极端,或者改革进行得不彻底、不配套,以致发生了种种困难和危机,从而使戈尔巴乔夫有可能把改革推到改旗易帜的邪路上去,直接导致东欧剧变、苏联解体。在这种情况下,原来主要研究中东问题的哈佛大学政治学博士、日裔美国学者弗朗西斯·福山1989年在《国家利益》杂志上发表《历史的终结》一文,1992年又出版《历史的终结和最后的人》一书,鼓吹"历史终结论",随即被译成20多种文字在世界各地传播。

说国际金融危机"证伪"了福山的"历史终结论",是指国际金融危机证明这种理论是错误的、虚假的。在这里,"证伪"两字是从英国哲学家卡尔·波普的批判理性主义那里引用过来的。其意思是说:理论是通过猜测而提出的一种普遍命题,需要由观察和实验来检验;但经验所观察到的都是具体的事情,实验所涉及的也是有限的、个别的事情,它们只能证明个别而不能证明一般,例如观察只能证明这只或那只天鹅是白色的,却不能证明所有的天鹅都是白色的;反之,个别的经验事实却能够"证伪"普遍命题,如只要观察到有一只天鹅是黑色的,就足以"证伪"所有天鹅都是白色的这个普遍命题。在这里,"证伪"就是否证、证明其为错误的、虚假的意思。

国际金融危机主要"证伪"了福山"历史终结论"所包含的三个基本判断。

一、资本主义绝不是"历史的终结"

在《历史的终结和最后的人》中,福山宣称:自由民主的资本主义是"人类意识形态发展的终点"和"人类最后一个统治形式",并因此构成"历史的终结"[①]。而所谓"历史的终结","是指构成历史的最基本的原则和制度可能不再进步了。原因在于所有真正的大问题都已经得到了解决"[②]。

然而,由于金融危机动摇了世界对西方资本主义制度的信心,因而,在这场危机爆发以后,即使在西方社会,资本主义也遭到了人们广泛的质疑。例如,有的说,当人们看到了财富重新分配到金字塔的顶端,而牺牲了普通公民的利益,看到了美国民主体系政治问责制的

---

① 福山:《历史的终结和最后的人》,中国社会科学出版社 2003 年版,第 1 页。
② 福山:《历史的终结和最后的人》,中国社会科学出版社 2003 年版,第 2 页。

基本问题以后,就会得出结论说,资本主义民主本身存在无可避免的致命错误;有的说,现在,资本主义体制麻烦缠身,前景不明;有的说,从软实力、名声和声望竞争的角度来说,我们现在已经受到了严重的损害;有的说,资本主义的生命周期正在走向衰竭,这场危机是不是资本主义时代的中止符? 有的说,这场危机表明,西方文明既不是人类发展的终点,也不是它的顶峰;有的说,柏林墙倒塌后获得永久性胜利的西方自由民主资本主义,现在再也不是唯一的意识形态目标了……如此等等,甚至连原本是资本主义的拥护者、受益者的财界和保守派政治家,也越来越迫切地发出了要改革资本主义的呼声。

而在更大的规模上,以更密集的方式质疑资本主义的,则是2012年1月25日在瑞士达沃斯开幕的第42届世界经济论坛。在这届以"大转型:塑造新模式"为主题的论坛上,论坛主席施瓦布大声疾呼说:国际金融危机以来资本主义的恶劣表现,使人们感到资本主义病得很重,不再适合当今世界,"过时的资本主义把世界逼入危机,世界需要新模式去解决人类面临的新挑战","经济危机凸显资本主义亟待改革。试图使用过时的制度解决现实问题,只能使世界陷入新一轮危机,造成经济螺旋式衰退、社会动荡、贸易保护主义和民族主义盛行";而且"仅凭对资本主义进行修缮,也无法克服目前的危机"。

那么,福山当年提出"历史终结论"的事实根据究竟是什么呢? 为什么在当年被福山奉为"历史的终结"的资本主义,在短短20年后的今天,在西方社会众多人们的心目中竟是那样的不堪入目? 如前所述,福山的根据是1989—1991年间发生的东欧剧变、苏联解体。那么,到底应该怎样看待这个历史事件?

原来这个被福山视为事情正朝着"以自由民主制度为方向的人类普遍史"[①]发展的典型实例,实际上不过是社会主义发展过程中发

---

① 福山:《历史的终结和最后的人》,中国社会科学出版社2003年版,第54页。

生的一次严重曲折和暂时复辟罢了。资本主义所取得的表面胜利,既掩盖不了它内部的腐朽(它在这次国际金融危机中暴露出来的种种不堪入目的举动,正是这些内部腐朽的外在表现),更改变不了人类社会发展的规律。事情正如邓小平所指出的那样:"封建社会代替奴隶社会,资本主义代替封建主义,社会主义经历一个长过程发展后必然代替资本主义。这是社会历史发展不可逆转的总趋势,但道路是曲折的。资本主义代替封建主义的几百年间,发生过多少次王朝复辟? 所以,从一定意义上说,某种暂时复辟也是难以完全避免的规律性现象"①。

正因为福山的"历史终结论"是建立在这样地曲解历史事件的基础上的,所以,在它出笼不久之后,就遭到了像法国解构主义哲学家德里达那样的有识之士的批驳。1993年4月,雅克·德里达在美国加利福尼亚大学的思想与社会中心举办的一次大型国际讨论会上,发表了题为《马克思的幽灵》的讲演。他在讲演中针对着福山"历史终结论"的主题——"自由与民主的理念已无可匹敌,历史的演进过程已走向完成",明确地指出:福山提出的这个事实上的福音,是"安置在可疑的和充满悖论的根据之上"的,因为被福山吹嘘成大获全胜的资本主义自由世界,在实际上"满目皆是黑暗、威胁与被威胁"②。接着,他就列举了西方资本主义世界的十大弊端来说明它"病得非常厉害,一天不如一天了","衰败正在扩展,正在自行生长"。他抨击福山所描绘的当代资本主义世界的那幅"乐观主义图画""染有犬儒主义的味道",并强调指出,经济战争、民族战争、少数民族间的战争、种族主义和排外现象的泛滥、种族冲突、文化和宗教冲突,正在撕裂号称民主欧洲和今天的世界③。

2009年11月13日的英国《卫报》发表谢默斯·米尔恩的文章

---

① 《邓小平文选》第3卷,人民出版社1993年版,第383页。
② 德里达:《马克思的幽灵》,中国人民大学出版社1999年版,第75、76页。
③ 德里达:《马克思的幽灵》,中国人民大学出版社1999年版,第112、115页。

说:"在冷战结束后的 20 年里,战争频发,全球不安全,现在又陷入经济危机,这一切使得 1989 年以后所宣扬的更广泛的和平,资本主义繁荣和历史终结看起来十分荒谬","在本周英国广播公司对 27 个国家进行的民意调查中,只有 11% 的受访者说他们认为自由市场资本主义是行之有效的,近四分之一的受访者认为它有致命的缺陷,大多数人希望增加公有成分并加强对经济的干预。20 年前崩溃的制度已经成为历史,但是有一点似乎可以肯定,那就是会出现新的运动和模式,来挑战一种受生态和经济危机困扰的全球秩序"。

2010 年 4 月号的德国《国际政治》月刊发表沃尔夫冈·默克尔的《狂热的终结》一文说:"1992 年,福山宣布了'历史的终结'","差不多 20 年后这种狂热消失了,悲观的论调不断增多,以色列历史学家阿扎尔·加特看到了'历史的终结的终结'"。

2012 年 1 月 31 日英国《金融时报》网站发表德国经济学家奥特马尔·伊辛的《资本主义绝非历史终结》一文指出:"当柏林墙倒塌、铁幕被拉开之际,一场历史竞赛似乎已经结束","福山甚至宣称了历史的终结,即人类想必已经达到了最佳状态,资本主义已经无可替代。这种说法从一开始就错了","社会主义社会承诺实现平等的思想永远不会消失","历史永远不会终结——只有那些笃信玛雅历法的人,才以为历史会终结"。

福山在 2008 年 10 月 25—26 日发表的答记者问中,说"'历史的终结'这个概念来自于黑格尔,首先被马克思所继承"。言外之意,"历史的终结"这种说法,他是继承过来而不是首创的。然而,这却是对马克思的误解和曲解。诚然,在《政治经济学批判》序言中,马克思确实谈到过历史的终结的意思,但那是说的资本主义社会的结束是人类社会史前时期的终结,而并不是说资本主义是人类历史的终结。请看马克思的原话:"大体说来,亚细亚的、古代的、封建的和现代资产阶级的生产方式可以看作是经济的社会形态演进的几个时代,资产阶级的生产关系是社会生产过程的最后一个对抗形式",

"因此,人类社会的史前时期就以这种社会形态而告终"①。为什么说是人类社会史前时期的终结?因为史前时期的社会形态都是建立在阶级对抗的基础上的,在此之后的人类社会,就不再在等级、阶级对抗的基础上演进了。但这丝毫也不意味着人类社会的历史就此终结了,事情正如列宁所说"在到达完全的共产主义以前,任何形式都不是最终的"②,即使到了共产主义社会,人类社会也还是要向前发展而不会终结的。毛泽东曾经说过:进到高级阶段以后,共产主义社会的发展一定还会出现新的发展阶段,"能够说到了共产主义,就什么都不变了,就一切都'彻底巩固'下去吗?难道那个时候只有量变而没有不断的部分质变吗?"③

二、西方社会的自由平等人权民主在人类社会并不具有普世价值

福山在《历史的终结和最后的人》中宣称:"当今世界上,我们却难以想象出一种从根本上比我们这个世界更好的世界,或一种不以民主主义和资本主义为基础的未来";"在所有社会的发展模式中,都有一个基本程序在发挥作用,这就是以自由民主制度为方向的人类普遍史"④。什么是民主?福山说:"民主是所有公民用来人人分享政治权力的权利。"什么是自由?福山说:"自由是对以私有财产和市场为基础的自由经济活动和经济往来的权利的认可。"⑤

然而,在事实上,西方社会的自由民主制度并不像福山所吹嘘的那样美好无比,它在人类社会中更不具有普世价值。

---

① 《马克思恩格斯选集》第 2 卷,人民出版社 1995 年版,第 33 页。
② 《列宁全集》第 35 卷,人民出版社 1985 年版,第 217 页。
③ 《毛泽东文集》第 8 卷,人民出版社 1999 年版,第 108 页。
④ 福山:《历史的终结和最后的人》,中国社会科学出版社 2003 年版,第 52、54 页。
⑤ 福山:《历史的终结和最后的人》,中国社会科学出版社 2003 年版,第 48、49 页。

诚然，西方发达资本主义国家的自由民主制度，由于打破了封建专制制度和特权，根据所谓的天赋人权理论，在法律上承认所有公民都享有平等的民主权利，因而在人类文明发展史上无疑构成为一个重大的进步。但是，不应忘记：为了获致这个进步，人类曾经付出了沉重的代价：500年来，3000万印第安人的种族灭绝，5000万黑奴作为无偿劳动力被贩卖到美洲，南美的种族、文化灭绝，全球的殖民和掠夺，环境恶化和核威胁……时至今日，推行这种自由民主制度的西方发达资本主义国家还在全球化生产和分配格局中攫取巨额利润，把自己的发展建立在第三世界国家的基础上。

西方资产阶级的这种自由民主制度还具有不可克服的局限性。福山说西方的自由民主制度不存在"根本性的内在矛盾"，西方国家存在的"不公正或严重的社会问题"，是"因为建构现代民主制度的两大基石——自由和平等的原理——尚未得到完全实现所造成的，并非原理本身的缺陷"①。这个论断显然是不符事实的，因为无可争辩的事实是：

首先，由于西方的自由民主制度以交换价值的交换为基础，只是在形式上承认公民一律平等，而在现实生活中，由于那里实行的是生产资料的资本主义私有制，存在着严重的阶级对立和两极分化，这就使每个"以物的依赖性"为基础的独立公民，实际享受到的"平等"权利具有着天壤之别，正是在这种表面"平等"权利的掩盖下，有钱的资本家购买了无钱的工人的劳动力，去从事压榨和剥削；也正是在"一人一票"表象的掩饰下，有钱的资本家及其代理人被抬上执政掌权的宝座。正如有的西方学者所说，这种所谓的平等权利，实际上只是一切人都拥有"在桥梁底下睡觉"的平等权利而已。所以，西方社会的自由民主制度，是一种"形式上多数人参与，实际上少数人控制"，说到底，是由金钱决定一切的虚假的、伪善的自由平等和民主。

---

① 福山：《历史的终结和最后的人》，中国社会科学出版社2003年版，第1页。

其次,西方社会实行的三权分立、两院制,虽然在反对封建专制主义、防止权力高度集中方面具有积极作用,它们所体现的权力制衡与监督原则,更是对人类社会民主政治的发展作出了重要贡献,但它们所体现的权力的多元行使,在西方资本主义社会,却又引发了各权力机关之间的相互扯皮和掣肘,使政治权力运行效力不高;西方社会实行的多党竞争、轮流执政制度,更使其各政党只代表部分资本家集团的利益,不仅不能完全公平地对待其他社会力量,甚至会把制衡和监督变成各政党相互间的攻击与掣肘,从而严重影响和削弱了全社会整体力量的凝聚和发挥。应该说,对于西方社会自由民主制度的这些缺陷和弊端,福山本人在后来也是有所认识的。例如,在2010年出版的《政治秩序的起源——从史前人类到法国大革命》一书中,他说:"西方的自由民主制度却由于通讯技术的发展促成了社会思想的两极分化和僵化,造成政党尖锐对立的局面,使很多重要提案的讨论变成没完没了的扯皮,政府体制的分权制衡使政府决策僵局无法打破,重大决策无法作出,或实施困难",并指出,"美国人今天对自己制度优越性的迷思,造成制度惰性和思想僵化,无法应付变化了的环境所提出的挑战,也会导致政治衰朽"。在2011年1月17日的英国《金融时报》上发表的一篇文章中,他又更劝诫美国朝野说:"如果政府内部的分裂无法弥合,国家治理无力,那么,美国模式就无法被世人看好。"既然如此,福山"历史终结论"中所谓这些弊端不是西方自由民主主义"原理本身的缺陷",而是"自由平等原理尚未得到实现"所造成的说法,还怎么能够站得住脚呢?

如果说西方的自由民主制度,在西方发达资本主义国家都不像福山的"历史终结论"中所天花乱坠地吹嘘得那么完美无缺的话,那么,在那些拷贝西方自由民主制度的国家里,更可以说基本上是没有一个获得成功的。例如:

在1991年苏联解体以后,俄罗斯试图建立西方模式的民主,为此,它首先实行了完全的私有化,结果是国家财产遭到了大抢劫,使

10%的最富有者和10%的最贫穷者之间的收入差距由1991年的4:1提高到2010年的41:1,使俄罗斯的国内生产总值在到20世纪末苏联解体时的十年中下降了52%,工业生产减少了64.5%,农业生产减少了60.4%,物价上涨了6000倍。

南斯拉夫解体后情况与此类似。它原以为只要实行了多党制、私有化、言论自由,它所面临的所有问题都能迎刃而解,结果却是内战全面爆发,国家迅速崩溃,20多万人丧生,数百万人流离失所,酿成二战以来欧洲最大的人间悲剧。

再来看印度,它在世界上素有所谓"最大民主国家"之称,美国更把它当作向发展中国家展示西方议会民主制度的"橱窗"。然而,在这个有12亿人口的国家里,最富有的100名印度人所拥有的资产规模,相当于印度GDP的1/4,而其8个邦的贫困人口的数量,则超过了26个撒哈拉以南非洲国家的贫困人数的总和。印度著名作家罗伊说,在印度3亿新兴中产阶级的身边,有8亿穷困潦倒、无依无靠的农民;有每日生活费不足50美分的苟延残喘的人们;还游荡着25万个因负债累累而自杀的农民的幽灵[①]。

至于美国通过"颜色革命"等举措推行的输出民主战略,更是造成世界上矛盾、纷争迭起的重要原因之一。这是因为在不具备条件时强行嫁接竞争性民主模式,轻则会造成贿选、政府功能紊乱、国家发展动力不足,重则可能造成社会分裂和对立,甚至酿成流血冲突。所以,英国历史学家埃里克·J.霍布斯鲍姆在《传播民主》、《输出民主的危险》等多篇文章中指出,传播民主、输出民主战略认为,西方民主是普遍适用的标准化模式,能在任何地方取得成功,能把美国当作有效的模范社会去改造世界,但那是一种低估了世界复杂性的危险想法。如果一国用强力去改造世界,只会造成我们这个时代的野

---

① 参见阿伦德哈蒂·罗伊:《谨防让印度的亿万富翁富裕的"喷涌理论"》,载2012年1月28日英国《金融时报》。

蛮化。20世纪的发展历程证明,一个国家是无法改造世界或简化历史进程的,它也不可能通过越境向国外输出制度和机构,轻而易举地实现他国的社会变革。

西方的自由民主制度在上述不同国家里的不同遭遇,清楚地说明,自由、平等、人权、民主,并不是抽象的、永恒不变的,而是历史的、具体的,在不同的社会形态中是各不相同的,就是在同一个社会形态中,不同的阶级、不同的人群对于自由、平等、人权、民主的要求,也是各个特殊的。西方社会的自由、平等、人权、民主在人类社会并不具有普世价值。因此,忽视自由、平等、人权、民主的多样性、条件性、内在性,是不成的,2012年2月23日美国《新闻周刊》网站就发表沙伦·贝格利的文章,强调文化差异的根本性,强调"诸如人权、民主等普世概念可能并不是放之四海而皆准的东西"。所以,把西方社会的自由民主制度奉为人类历史中普遍的发展方向,所反映的只是西方资产阶级的幻想和霸权主义行径。

三、中国特色社会主义民主是在人类文明史上开拓的新路

在《历史的终结和最后的人》一书中,福山曾经说过:"在一个信息和技术创新起主导作用的所谓'后工业经济'时代里",中国等社会主义国家的"经济体制会变得极不适宜";"共产主义过去曾自封为是一种比自由民主制度更高级、更先进的文明形态",但在苏东剧变解体以后"却与相对的政治和经济落后联系在一起。尽管共产主义政权在世界上还仍然支撑着,但它已经不再产生一种充满活力并且具有号召力的思想。那些称自己为共产主义者的人们现在发现他们自己正处在一种尴尬的境地,正在捍卫着一种过时的社会秩序,就如同君主制主义者千方百计地延续到20世纪一样"[1]。

---

[1] 福山:《历史的终结和最后的人》,中国社会科学出版社2003年版,第5、40页。

30多年来中国特色社会主义的迅速崛起,特别是中国在国际金融危机中率先走出危机等无数客观事实,无疑是对福山的上述判断和描绘的辛辣讽刺,使得福山不得不一步步地作出自我修正乃至自我否定。例如:

2009年1月初,福山在答日本《中央公论》记者的专访时说:"随着中国的崛起,所谓'历史终结论'有待进一步推敲和完善,人类思想宝库需要为中国传统留有一席之地","世界需要在多元基础上实现新的融合"。

福山在2010年出版的《政治秩序的起源——从史前人类到法国大革命》一书中,以相当的篇幅分析了中国政权的历史发展,认为"中国在公元前221年秦国通过商鞅变法统一中国时,建立了以个人能力而不是以贵族身份作为选拔官员标准的制度,创造了一个有效的专制国家制度",他把中国当作国家形成的范本,并把中国模式的"强政府"拿来和西方的"软政府"模式进行对比,认为"中国模式"的适应性强,能作出艰难的决定,并有效地加以执行。

在2011年5月23日同英国《卫报》特约撰稿人史蒂芬·摩斯的讨论中,福山又承认"中国是一个真正令人着迷的挑战,一个高质量运转的政府","中国是目前唯一一个切实可行的替代模式"①。

在2012年1—2月号美国《外交》双月刊上发表的《历史的未来》一文中,福山又说:"当今世界对自由民主主义最严重的、也是唯一的挑战来自中国。中国领导人成功地领导了中央集权的苏联式计划经济向有活力的开放式经济转变的浩大工程,并在这一过程中表现出令人惊叹的能力","中国的体制能够迅速作出重大而复杂的决定,而且决策的结果还不错"。

尽管面对着国际金融危机的严峻现实,福山不得不对其"历史终结论"作出以上一些自我修正和否定,对中国模式作出一些赞美,但他

---

① 史蒂芬·摩斯:《与福山谈自由民主制度》,载2011年8月18日《社会科学报》。

又始终认为中国模式由于"具有文化特性"、"对人权尊重不够"等原因,不能真正取代西方的自由民主主义,因而在2011年同史蒂芬·摩斯的讨论中,他仍憧憬着"20年或30年后","自由民主制度很可能再次胜出,这个极具变动和创造历史的时代证明了关于'历史终结'观点的准确性,至少在理论上是正确的"。这就说明,福山还是站在西方中心主义的立场上,而根本没有看到中国特色社会主义不仅在经济上、而且也在政治上,在诸如自由、平等、人权、民主之类的问题上,正在人类文明史上开辟出一条不同于西方的自由民主的新路。

30多年来,中国在经济领域中发生的奇迹,首先是同我们党在改革开放过程中,在政治上采取的种种举措分不开的,如把党的工作重心由以阶级斗争为纲转变为以经济建设为中心,取消人民公社制度而实行家庭联产承包责任制,改革"一大二公"的所有制结构,确立公有制为主体、多种所有制经济共同发展的基本经济制度,实行政企分开,建立和健全现代企业制度等等,这些举措解除了旧体制对人们思想和行动的束缚,保障人们的合法权利,扩大人民的自由,鼓励和支持人们追求美好幸福的生活,允许各种生产要素按照市场经济原则进行自由活动和调配,从而使蕴藏在人民中间无穷无尽的积极性、主动性和创造性喷涌出来。所以,胡锦涛在访问美国前夕,在2011年1月16日书面回答《华盛顿邮报》和《华尔街日报》的提问时指出:"中国在过去30年里的经济成就证明了其政治模式的正确性。"

当前我国实行的社会主义民主政治,把党的领导、人民当家做主和依法治国有机统一起来,坚持和完善人民代表大会制度、中国共产党领导的多党合作和政治协商制度、民族区域自治制度以及基层群众自治制度,不断推进着社会主义民主政治制度的自我完善和发展。这一系列社会主义政治民主制度,既具有鲜明的中国特色,又体现了在生产资料公有制为主体基础上社会主义民主的实质内容,实现了民主的内容真实性和形式多样性的有机统一,与西方的自由民主制度仅仅局限于形式平等,形成鲜明的对比;中国特色社会主义民主还把协商民主纳入决策程序,使之和选举民主结合起来,从而使党和国家的重大决策建立在充分政治协商的基础上,这不仅扩大了公民的政治参与,扩展了民主的社会基础,而且增强了决策的科学性,提高了决策水平,从根本上克服了西方社会单纯实行选举民主所难以避免的缺陷。2010年3月10日新加坡《联合早报》网站发表宋鲁郑的文章指出:"中国模式的优异表现必然引发全球对其成功原因的研究","应该说,这些研究都一定程度地说明了中国成功的原因,但都有一个共同缺陷:回避了政治制度因素——如果不是决定性也是——最重要的作用","中国真正与众不同的特色是有效的政治制度,这才是中国实现经济成功、创造出'中国模式'的全新现代化之路的真正原因"。还是在2010年的达沃斯世界经济论坛上,英国《泰晤士报》的记者就注意到"西方领导人来到达沃斯时缺乏自信",反之,"对亚洲和非洲国家的领导人而言,中国模式似乎越来越具有吸引力。而且,这种模式的拥护者不像西方那样缺乏自信"。为什么会出现这种强烈的反差?其原因在于,正如美国的未来学家奈斯比特所说:"在全球金融危机的背景下,西方民主体制的弊端频频暴露,低效率,犹豫不决;与此同时,中国民主体制的优势却在逐步彰显,快速,高效率。"

然而,由于中国特色社会主义民主政治从建立到发展,迄今还只有几十年的时间,因而,在民主的具体实现形式、运行机制以及制度化、规范化和程序的建设等等方面还不够成熟,而西方社会的资产阶级民主,毕竟经过几百年的发展,在具体实现形式和运行机制等方面,积累了诸如强调民主的制度化、规范化、程序化,以及强调对权力的制约和监督等等反映人类社会民主发展的规律性内容,这些积极因素无疑可供我们在彻底否定西方资产阶级民主的阶级本质的同时,大胆地学习和借鉴,以便把我们的社会主义民主进一步完善起来。

福山再三强调中国模式的不可模仿性,这无疑是符合实际的。我们既反对照抄照搬别国的模式,也反对别国照抄照搬我们的模式,邓小平多次重申"无论是革命还是建设,都要注意学习和借鉴外国经验。但是照抄照搬别国经验、别国模式,从来不能得到成功",因为"每个国家的基础不同,历史不同,所处的环境不同,左邻右舍不同,还有其他许多不同";"过去我们搬用别国的模式,结果阻碍了生产力的发展,在思想上导致僵化,妨碍人民和基层积极性的发挥","我们就不应该要求其他发展中国家都按照中国的模式去进行革命,更不应该要求发达的资本主义国家也采取中国的模式"[1]。但这丝毫也不意味着要否定中国特色社会主义的世界意义。1987年4月,邓小平曾经展望到21世纪中叶,当中国达到中等发达国家的水平时,就给"占世界总人口四分之三的第三世界走出了一条路,更重要的是向人类表明,社会主义是必由之路,社会主义优于资本主义"[2];1988年10月,邓小平在一次讲话中,又进一步阐述说:"我们中国要用本世纪末期的二十年,再加上下个世纪的五十年,共七十年的时间,努力向世界证明社会主义优于资本主义。我们要用发展生产力和科学技术的实践,用精神文明、物质文明建设的实践,证明社会主义制度优于资本主义制度,让发达资本主义国家的人民认识到社会主义确实比资本主义好"[3]。中国特色社会主义民主在人类文明史上开辟的新路,同样具有世界意义,因为它将用自己与西方资产阶级民主对比的事实把恩格斯所揭示的一条真理告诉人们:资本主义"民主制和任何其他政体一样,最终要破产。因为伪善是不能持久的,其中隐藏的矛盾必然要暴露出来。要么是真正的奴隶制,即赤裸裸的专政制度,要么是真正的自由和平等,即共产主义"[4]。

---

[1] 《邓小平文选》第3卷,人民出版社1993年版,第2、265、237页;第2卷,第318页。
[2] 《邓小平文选》第3卷,人民出版社1993年版,第225页。
[3] 《邓小平年谱(1975—1997)》(下),中央文献出版社2004年版,第1255页。
[4] 《马克思恩格斯全集》第1卷,人民出版社1956年版,第576页。

第十一章

国际金融危机把西方民主制推下神坛、打回原形

自由、平等、民主、人权是人类共同的价值追求和理想,也是人类在追求文明进步中所创造的伟大成果。但是,不同的阶级,处在不同社会地位上的人,他们对于自由、平等、民主、人权的理解和要求又是各不相同的;不同的国家,处在不同的历史发展阶段上,其自由、平等、民主、人权的实现形式和途径也是各不相同的。因此,世界上又没有什么可以放诸四海而皆准、适用于一切民族和国家的普世的民主形式和制度体制。

以美国为首的当代西方国家的自由、平等、民主、人权理论,是对18世纪西方资产阶级自由、平等、博爱理论的继承和发展,它实质上是资本主义商品经济中自由贸易、等价交换原则在政治领域中的表现和反映。这种理论以及在它的指导下形成的制度、体制,在反对和摆脱封建王权与神权的束缚,争取政治上的自由、平等、民主、人权和巩固新生的资本主义制度的斗争中,具有重大的进步意义和积极作用,但它又具有反映资产阶级狭隘私利的极大的阶级局限性。

然而,自从资产阶级成为西方社会的统治阶级以后,就开始给它的自由、平等、民主、人权理论和制度涂上一层又一层的灵光圈,把它供奉到神坛上,让人们对它顶礼膜拜。在美国成为超级大国、夺取世界霸权以后,无论在国内还是在国际上,更把西方资产阶级的这种自

由、平等、民主、人权的造神运动,把西方资产阶级制造的这种民主迷信,推进到登峰造极、无以复加的地步。

然而,在2008年以后由美国次贷危机发展成的世界金融危机中,由于西方世界的经济普遍地陷入衰退,与被他们排除在民主政体之外的社会主义中国的快速崛起形成鲜明的对比,这就从根本上抽掉了西方资产阶级这种造神运动的物质基础,把被它们神化了的自由、平等、民主、人权从神坛上推将下来,打回了原形。

2013年3月21日,美国外交学会研究员乔舒亚·柯兰齐克在美国《大西洋》月刊网站上发表的《为什么"中国模式"不会消失》一文中,曾经提到过这个过程:"2008年和2009年的全球经济危机重创了几乎每一个主要民主国家的经济,而在经济低迷时期,中国却几乎毫发未损,中国经济在2009年增长了近9%(实为9.1%——引者,下同),而日本经济则萎缩了超过5%(实为-6.2%),美国经济收缩了2.6%","经济衰退过后,危机使许多西方国家领导人……不仅质疑自己的经济制度,而且怀疑自己的政治制度实际上包含严重的、而且无法修复的缺陷"。

于是,这场危机就在无意中成了对世界各国社会制度优胜劣汰的检验石。在危机爆发之初,许多西方学者都认为,美国和西方将率先复苏,依靠国际市场的中国随后才能好转。然而,事情的发展却是:中国不仅第一个复苏,而且还拉动世界各国走出危机,如果说在2007年,中国对世界经济增长的贡献率为19.2%的话,那么,到了危机后的2009年,中国对世界经济增长的贡献率已经达到50%。世界上许多人都在说,看看美国,他们的金融发生了大崩溃,他们不能控制市场的无节制,为此而付出了沉重的代价,而中国的平均增速却有9%,10%,盖过了别人。国际金融危机的性质和美国政府的对策,既使西方人对西式的自由民主制丧失了自信,也破坏了世界公众对于作为普世民主的西方民主唯一合法性的认识,使人们摆脱了对它的非理性的顶礼膜拜,认识到只要符合一国的文化和历史,非西方的政治治理模式同样是可以获得成功的,柏林墙倒塌后所谓获得永久性胜利的西方成熟的自由民主资本主义模式再也不是唯一的意识形态目标了。

2014年3月1日一期的英国《经济学家》杂志发表封面文章《西方民主的病在哪儿?》,在回顾了20世纪下半叶,西方民主在那些最困难的地域生根发芽,美国国务院发表报告,欢呼"现在看来,民主取得了最终胜利"之后,紧接着就指出:"20世纪晚期的进步势头在21世纪终止了",并寻根问底地说:"民主失势,原因何在?"

《经济学家》的这篇文章自己回答说:"有两个原因,其一是2007—2008年的金融危机,其二是中国的崛起。"

金融危机之所以会造成西方民主失势,是因为金融危机造成的心理创伤与经济损失一样大,它揭示了西方政治体制的根本性弱点,破坏了西方具有的自信。西方政府数十年来持续发放福利,任凭债务不断升高,政客们以为他们已经超越了繁荣泡沫的循环,并解除了风险。许多人对本国政治体制不再抱有任何幻想——尤其是当银行家们为自己制定高额奖金时,各国政府却掏出纳税人的钱为银行纾困,金融危机让华盛顿共识招致新兴世界的齐声谴责。

至于中国崛起之所以会导致西方民主失势,首先是因为中国共产党打破了西方世界在经济发展方面的垄断。哈佛大学前校长萨默斯说,美国每30年生活水平翻一番,而中国在过去30年间每10年生活水平翻一番;其次,中国的精英阶层认为,中国模式的效率,比西方民主的效率更高,更能避免僵局,中国领导人每10年左右换一届,按照完成施政目标的能力选拔干部。同时,中国领导人,有能力处理国家建设方面的重大问题,而这些问题可能困扰西方国家数十年。例如,中国仅用2年就实现了2.40亿农民享受养老保险——这要比美国公共养老保险体系的总人口多得多。所以2013年皮尤全球态度调查显示:85%的中国人对本国发展方向"十分满意",而在美国,这一数字仅为31%。随着中国的影响力越来越大,美国、欧洲失去了榜样的魅力和推广民主的胃口。在一些发展中国家看来,既然美国政府连预算都通不过,更谈不上对未来的任何规划,那么其他发展中国家,为什么要把西方民主、美国民主当作理想政体呢?!既然欧元国家的精英们为了财政原则踢走民选领导人,那么发展中国家的首脑,为什么要听从欧洲的民主教诲呢?!

那么,在国际金融危机中,西方的自由、平等、民主、人权,到底是怎样被推下神坛、打回原形的呢?

一、输出民主,是美国干涉别国内政,推行新殖民主义的战略

首先被推下神坛、打回原形的,当数美国的输出民主战略。

和其他西方发达资本主义国家一样,美国信奉的也是西方的自由、平等、民主、人权,但又和其他西方国家有所不同,美国特别热衷于把其民主的价值观和政治制度输出到别国、推广到普天之下,并把这当作上帝赋予自己的历史使命。还在第一次世界大战的时候,美国总统威尔逊就说过,民主是一个重要的指导原则,它代表着一种全新的国内秩序,由此当然也能普及于国际秩序。新的自由民主将是美国的重要输出品之一,要确保民主在全世界通行无阻。在第二次世界大战后,美国从1946年起正式在其他国家促进西方民主的发展,在60多年的时间里,为此而开支的总额达400多亿美元。特别是冷战结束以后,从老布什政府到克林顿政府,从小布什政府到奥巴马政府,美国更把传播民主、输出民主当作美国对外政策的"基石"、"最优先议程"、国家战略的重要内容和中心。在冷战向后冷战过渡的时期里,老布什就把在国外"促进自由民主的政治体制的发展",当作"人权和经济与社会发展项目的最可靠保障";克林顿则认为,在1977年时,卡特政府的人权政策是以个人为目的的,在冷战结束以后,则应从民主这个更基本的层面上去促进人权。为此,他把提高美国安全、发展美国经济,和在国外促进民主,作为美国国家安全的

三大目标,进一步明确地把在国外促进民主上升到国家安全战略的高度;小布什在2003年2月的一次讲话中说,"推广民主的价值观明显地符合世界利益,因为稳定、自由的国家不会培养出谋杀的意识形态,它鼓励人们以和平的方式追求幸福的生活"。过了两年,他又在其第二任期的就职演说中说:"我们受常识的指引和历史的教诲,得出如下结论:自由是否能在我们的土地上存在,正日益依赖于自由在别国的胜利,对和平的热切期望只能源于自由在世界上的扩展","有鉴于此,美国的政策是寻求并支持世界各国和各种文化背景下成长的民主运动,寻求并支持民主的制度化,最终目标是终结人世间的任何极权制度"。据此,2006年4月的《美国国家安全战略报告》指出"必须在全球范围里采取有效措施扩展自由、民主";奥巴马继续了这项推广和输出民主的事业,仅仅为在俄罗斯发展西方的民主和人权就拨款2亿美元。正是在这种输出民主的战略思想的指导下,美国用和平演变促成东欧剧变、苏联解体,对南联盟狂轰滥炸,在中东推行"大中东民主计划",在东欧、中亚推行"颜色革命",在西亚、北非推行"茉莉花革命",在东亚、东南亚有针对性地搞民主人权渗透等等。

美国推行输出民主战略的一个重要的理论支柱,是所谓的"民主和平论"。这种理论说:自由民主国家之间很少表现出互相不信任或对互相占领感兴趣,它们遵循共同的普遍平等和权利的原则,不存在互相质疑合法性的基础。自由民主的非战特性不仅源于它压抑了人的攻击和暴力的本性,而且源于它从根本上改变了人的本性,泯灭了帝国主义的冲动。美籍日裔社会学家弗朗西斯·福山在《历史的终结和最后的人》一书中也鼓吹说"建立在共和制原则之上的国家相互之间不太容易交战",有的人更据此鼓吹把推广西方的自由民主制度奉为维护世界和平的前提和保证。

然而,这种"民主和平论"即使在西方国家也遭到人们的广泛批评:例如,发表在2003年9月10日美国《国家利益》周刊网站上的

《信仰疗法》一文,就强调指出,自古以来,民主国家之间从不打仗,不是因为它们有着类似的政治体制,而是因为它们有着共同的利益,假如爆发了武装冲突,这些共同利益就会遭到致命的危害;美国外交学会会长里查德·哈斯在《自由不是一种原则》一文中说,民主国家并不总是和平的,不成熟的民主国家因为在选举中缺乏真正的民主所应有的许多制衡机制,特别容易受制于民众的情绪,这种国家会走向战争,如苏东剧变后的塞尔维亚;英国历史学家埃里克·J.霍布斯鲍姆则在《传播民主》和《输出民主的危险》两文中指出,强行输出民主去改造世界,会造成我们时代的野蛮性。20世纪的发展历程证明,一个国家是无法改造世界或简化历史进程的,它也不可能通过越境向国外输出制度和机构,从而轻而易举地实现他国的社会变革。

再从输出民主的实施情况来看。由于任何国家的民主体制的形成,都是在自己本土上生长和发展起来,具有自己独特的历史条件和民族特性,并不具有什么普世性,因而它虽可供别国借鉴参考,却又具有在别国不可照抄照搬的不可复制性和不可移植性。以美国为首的西方的自由、平等、民主、人权为例,仅在物质财富基础的一个方面来说,它就是建立在西方资产阶级500年来掠夺和攫取殖民地居民及其财富的基础上的,其中包括3000万印第安人遭到种族灭绝,5000万黑奴作为无偿劳动力被贩卖到美洲,以及西方发达资本主义国家在全球化的生产和分配格局中,盘剥第三世界国家而攫取最多利润等等。撇开了这个物质财富基础而把西方的自由、平等、民主、人权那一套强制输出和推广到历史和民族条件全然不同的别的国家去,又怎么能够行得通呢?在实际上,所有照抄照搬西方民主制度的第三世界国家基本上没有获得过成功。移植西方民主所带来的,绝不是他们原先期盼的经济发展、政治稳定和社会进步,而只能是政党林立、政局动荡、社会分裂和经济倒退:俄罗斯在苏联解体后照搬西方民主,结果是陷入了经济衰退、政局混乱、内外交困的境地,只是让戈尔巴乔夫获得西方颁发的一枚"和平奖";中亚地区的"颜色革命"

所带来的,是那里经济社会的巨大倒退,例如乌克兰,在"橙色革命"前,经济以5%的速度恢复增长,而在"革命"后的2009年,经济萎缩了15%;美国输出民主的伊拉克战争,吞噬了那里10多万老百姓的生命,使100多万人无家可归,也使美国消耗军费近万亿美元,近4500名美军阵亡,3万多美军受伤;而在非洲,移植的西方民主的多党制则引发了非洲部族之间的相互仇杀、生灵涂炭。如几内亚比绍在1994年实行多党制选举以后,政治对手之间的相互仇杀,导致军事暴动、政治冲突不断,2012年4月又发生叛军解散政府、逮捕总统的政变;2007年12月肯尼亚总统选举时,执政党和反对党之间的暴力冲突,导致几千人死亡和35万人无家可归……

所有这些说明:美国的输出民主战略及其理论支柱"民主和平论",从历史事实看,是站不住脚的;从理论上看,是错误的;从法律上看,是违反《联合国宪章》和现行国际法中有关国家主权和不干涉内政的一系列明确规定的;从政治上看,则是与维护世界和平、促进共同发展的时代潮流背道而驰的。事实说明,在经济全球化、政治格局多极化的历史条件下,只有尊重世界的多样性,才能保证各国和睦相处、相互尊重。一个国家的经济、政治制度,归根到底要由该国的人民根据自己的需要来选择或改变,而不是由别国去越俎代庖。一个和平相处、共同发展的世界,只能是一个各种文明相互交汇、相互借鉴,所有国家平等相待、彼此尊重的世界。

美国的输出民主战略,绝不是什么保证世界和平的战略,而完全是一种干涉别国内政,推行新殖民主义的战略。

二、竞争性选举导致金钱民主、短视民主、政党恶斗乃至国家机器瘫痪

在国际金融危机中,不仅美国的输出民主战略,就连西方民主本身,也被推下神坛,打回原形。

什么是民主？它的实质是什么？对此，西方世界历来是从程序至上的角度来加以界定的。美国著名的政治学家塞缪尔·亨廷顿在《第三波——20世纪后期民主化浪潮》一书中，开宗明义地写道："用普选的方式产生最高决策者是民主的实质"，"民主化过程的关键就是用在自由、公开和公平的选举中产生的政府来取代那些不是通过这种方法产生的政府"。接着，他又展开地阐释说："公开、自由和公平的选举是民主的实质，而且是不可或缺的必要条件。由选举产生的政府也许效率低下、腐败、短视、不负责任或被少数人的特殊利益所操纵，而且不能采纳公众所要求的政策。这些也许使得这种政府不可取，但并不能使得这种政府不民主"。

应该说，亨廷顿的这个民主定义，极其生动地勾画出了西方民主为了程序不惜牺牲内容和实质的特色：只要是选举产生出来的政府，那么，即使是效率低下、腐败、短视、不负责任、被少数人的特殊利益所操纵、不采纳公众所要求的政策，它终归还是民主的。而这也恰恰就是西方民主的病根所在。

首先，竞争性选举使西方民主沦为一种金钱民主。

美国在1907年的《蒂尔曼法案》中，曾禁止公司对联邦层次政治竞选参与者的直接金钱捐助；1939年的《哈奇法案》又限制政党组织用于选举的开销（每年300万美元）和民众付出的政治捐款（每年5000美元），以弱化特殊利益集团和富人对选举的影响力。但一种起到间接助选的"白手套"作用、叫做"政治行动委员会"的组织的抬头，却冲毁了上述两部法律建立起来的堤坝；于是，美国国会又出台了1943年的《史密斯—康纳利法案》和1947年的《塔夫脱—哈特利法案》，把禁止政治捐款的范围从公司扩展到代表工会利益的政治行动委员会组织，但这却引发了被指控为违背《联邦宪法》第一修正案中关于"政治言论自由"内容的违宪诉讼。由于联邦法院对此持暧昧态度，以致未能有效限制政治行动委员会的急剧蔓延与扩展。2010年1月21日美国联邦法院在"公民联盟诉联盟选举委员会"一案的裁决中,更打开了超级政治行动委员会的"潘多拉魔盒":这项裁决认为,竞选捐款属于言论自由,受宪法保护,美国企业可以不受限制地投入竞选资金。时任美国联邦选举委员会主席辛西娅·鲍尔利就此解释道:"(联邦法院)裁决推翻了一项对企业的限制;在此之前企业不能够为某一个候选人独立地、积极地开展竞选活动。"此后,企业、利益集团、大富翁们可以利用自己拥有的资金来影响选举,可以任意地花费数量不限的资金,捐给超级政治行动委员会,这种超级政治行动委员会只要承诺不与候选人的竞选团队存在任何联系,就可以无限制地筹集和使用捐款,而不必透露捐款人的身份。从那以后,实际上就再也没有任何障碍会阻止大量资本不断流向为富豪利益服务的政客们的竞选和竞选连任活动了。所以,美国共和党参议员2008年大选时奥巴马的竞选对手约翰·麦凯恩指责这个裁决是一种有可能侵害到正在金钱和商业利益中沉没的民主政治的最大祸害。

这样,美国的选举民主就成为一种越来越昂贵的金钱游戏:1860年,林肯被选为第16届美国总统时,选举费用为10万美元;1952年,艾森豪威尔竞选总统时,民主、共和两党共花了1100万美元;但根据美国联邦选举委员会的数据,在2000年的选举中,各超级政治行动委员会共捐献了1.147亿美元,2004年增至1.924亿美元,2008年超过12亿美元,2012年大选时奥巴马和民主党人、罗姆尼和共和党人的筹款金额都突破了10亿美元,而大选总共耗费约60亿美元。在这种情况下,美国的选举民主就沦为由金钱扮演主角的、竞选人之间的烧钱比赛和隐藏其后大行其道的权钱交易,让本来就受金钱影响的美国选举更被金钱所牢牢控制,使美国的民主政治更受选举中出资人的摆布,共和党人总统里根、老布什、小布什都在不同程度上接受了石油等能源公司的巨额捐助,于是,作为回报,里根就在任内推动了取消石油、汽油的价格管制;而老、小布什父子则通过发动两场伊拉克战争,把石油储量占世界第五的伊拉克牢牢控制在手。民主党的情况并不稍逊,克林顿接受了更多 IT 信息科技产业的财政支持,上任后就积极推动信息高速公路计划,吹响美国"新经济"的号角;而奥巴马之所以在金融危机之后对"银行匪徒"太过仁慈,则是因为大型金融集团曾为他的竞选活动慷慨解囊。为此,哈佛大学教授劳伦斯·莱西格在《迷失的共和国》一书中尖锐地指出,大笔竞选捐款赋予了少数人以阻挠多数人的意愿和利益以及不履行竞选承诺的机会。危险并不是阴险的大资本家和可收买的政治家的密谋,更多的是美国政治在腐化正派的男女,有意地而且合法地使他们一步步陷入对有组织的利益集团的依赖之中。这种"依赖性腐化"不是建立在直接行贿的基础上,甚至不是可疑的高昂演讲酬劳或豪华酒店的邀请,而更多的是使院外活动集团成员轻松当选在政治决策程序中起至关重要作用的议员。而在另一方面,美国的政治民主受竞选中出资人摆布的这种情况,又让美国前总统卡特感慨万分地慨叹说:"乔治·华盛顿和托马斯·杰弗逊要是活到今天,还能当上美国总统吗?!我们永远也不知道,有多少具备优秀总统潜质的人,就因为不愿意或者不能够采取一种能够募集到大量竞选经费的政策,而永远与总统宝座无缘。"

其次,竞争性选举使西方民主沦为一种短视民主。

在西方的竞争性选举中,由于政党是特定利益群体的代表,它们的目的是赢得选举的胜利和维护自己政党的利益,参选的政客们更将选举胜利这种狭隘的利益看得重于重大的国家长远利益,他们所关心的不是削减赤字,提升经济竞争力,他们的眼光最远也就是停在下一次选举计票上,至于由全球化所产生的诸如生态环境保护、民族国家主权让渡、全球治理等新课题,更不在其视野之内。他们即使当选上台执政,这些领导人也因任期限制,只顾眼前,拘泥于任期内的政绩,缺乏战略远见、政治胸怀和执政魄力,没有动力去关心涉及到国家长远发展的大事,不愿也不敢在国家治理上放手去做;而在另一方面,政客们为了拉到选票,又竞相讨好选民,开出各种各样的福利支票,耗尽了国库,当前美欧各国的债务危机、财政危机在一定意义上就是由此形成和滚雪球般地越滚越大的。这种短视民主还在一定程度上促成了一种"活在当下、立刻消费"的文化氛围,它背离了西方资产阶级在工业化、海外扩张、大规模战争的"辉煌时期"那种面向未来的自我牺牲精神,从而给西方社会尔后的生存和发展埋下了种种危机。

再次,竞争性选举还导致政党恶斗而使政府效率低下,甚至政治机器陷于瘫痪。

在国际金融危机使西方社会更加分化对立、利益冲突更加尖锐激烈的情况下,竞争性选举使党争日益流于极端主义、绝对主义和否定主义,频频出现政党利益、个体利益绑架国家利益的现象。政府效率低下,是由此导致的恶果中影响较轻的一种。例如,在国际金融危机期间,为刺激经济增长、改善老旧不堪的国家道路体系,英国政府打算筹建高速铁路,但因有些地方民众和反对党的极力阻挠,一直久拖不决,最后达到的结果是:高铁要在2017年才能动工、2027年完成第一阶段、2032年完成第二阶段;机场建设也是如此,英国希思罗机场T5航站楼的建设,用了整整20年,5倍于北京首都机场T3航站楼从设计到建成所用4年的时间。政党和个体利益绑架国家利益影响较大的一例,是在国际金融危机高峰到来,美国政府出台了7000亿美元的援助计划,却被当成了党争的好机会和立法与行政部之间讨价还价的大舞台。由于有国会议员和一些经济学家的反对和阻挠,时任美国财长的保尔森情急之下竟然上演了向时任美国众议院女议长佩洛西下跪的闹剧,虽然在此后的第一轮投票中仍然遭到了否决。政党和个体利益绑架国家利益影响更大的一例,是美国民主、共和两党就提高债务上限所反复展开的拉锯战:美国的国债在2011年下半年达到所谓的"法定峰值",是否继续举债需要由立法来决定。奥巴马政府和民主党为刺激经济增长、推动政府施政,要求提高债务上限,同时增加税收,改善财政状况;共和党则要求政府先削减公共开支、降低福利,同时坚持继续减税,否则反对继续举债。围绕着这个问题,美国民主和共和两党缠斗数月,使美国陷入了二战以来最严重的党争;在这个问题因两党最终的妥协获得暂时的解决后,两党又在2012年年末因面临由减税及公债剧增而堆砌起来的2013年1月1日到期的"财政悬崖"而继续博弈缠斗……

西方民主因竞争性选举而一再陷入的这种政党恶斗、政治机器瘫痪的"制度困境",促使美籍日裔社会学家弗朗西斯·福山在其《政治秩序的起源》一书中,提出问题说:美国是否从一个民主政体变成了一个"否决政体"——从一种旨在防止当政者集中过多权力的制度变成一个谁也无法集中足够权力作出重要决定的制度?福山说,美国人在思考政府问题时,想的是要制约政府,限制其权力范围。可是我们忘了,成立政府也是为了要发挥作用和作出决断。这在联邦政府层面上正在丧失。像我们这样嵌入诸多制衡机制的制度,应有——实际上也需要——两党在重大问题上保持最低限度的合作,尽管双方在意识形态方面存在分歧。不幸的是,冷战结束以来,诸多因素的共同作用正在导致我们整个体制陷于瘫痪。他说,美国的特殊利益集团队伍比以往更庞大、更易动员、更富有,而执行多数人意志的机制却更乏力。这样一来的后果是要么立法瘫痪,要么就是小题大做,胡乱达成妥协方案。福山据此提出其建议说,要摆脱我们当前的瘫痪状态,我们不仅需要强有力的领导,而且需要改革体制规则。正是在这种情况下,美国前国家安全事务助理兹比格纽·布热津斯基对西方的民主政治提出质问说:"今天的问题是,在失控和可能仅为少数人自私地谋取好处的金融体系下,民主是否还能繁荣,这还真是个问题"。

最后,与中国特色社会主义民主的对比,更凸显出竞争性选举是西方民主深陷"制度性困境"的重要成因。

中国特色社会主义民主是人类历史上先进的社会主义性质的民主,是中国人民创造的适合中国国情的民主。第一,与西方民主把形式上承认公民都享有平等的民主权利这同一尺度，应用于在生产资料占有关系上存在差别和对立的人们的身上，造成实际上的不平等和金钱民主的情况不同，中国特色社会主义民主从实质上把民主界定为以人民群众当家做主为核心，因而坚持以最广大的人民群众为本，在这里，人们在富裕程度上的差别并没有妨碍人们独立、自由、平等地行使民主权利，因而是一种形式与实质相符的真正的人民民主；第二，与西方民主的三权分立、两院制所体现的权力的多元行使，引起的各权力机关相互扯皮、相互掣肘和政治权力运行效率不高，乃至导致政党恶斗和国家机关瘫痪的情况不同，中国特色社会主义的性质决定了一切权力来自人民、属于人民的一元化权力结构，以及在权力行使上把民主与集中有机结合起来的民主集中制原则，从而避免了西方民主的上述缺陷和弊端；第三，与西方民主所实行的多党竞争、轮流执政，使任何政党上台执政都不可能完全公平地对待其他社会力量，各党相互竞争势必影响政党之间的团结合作、进而削弱社会整体力量的凝聚和发挥，建立在政党竞争基础上的制衡和监督，则具有严重的政党偏见、乃至变成相互之间的攻击与掣肘的情况不同，中国特色社会主义实行的共产党领导的多党合作和政治协商制度，形成了具有合作共赢、民主监督特色的，共产党领导、多党派合作，共产党执政、多党派参政的和谐政党关系格局；第四，与西方民主普遍采用代议制的间接民主，使广大选民只能隔几年参加一次选举投票，决定由谁代表他们行使国家权力，而不可能自己直接参与国家权力的行使的情况不同，中国特色社会主义的民主形式，是选举民主与（通过政党之间和政协会议两条渠道进行的）协商民主相结合，使党和国家的重大决策建立在充分政治协商的基础上，从程序上实现了我国根本政治制度与基本政治制度的成功对接，从而既扩大了公民的政治参与、拓展了民主的社会基础，又提高了决策的科学水平，克服了单纯实行选举民主所难以避免的缺陷。

所以，2010年3月10日的新加坡《联合早报》网站发表宋鲁郑的文章,强调指出,回避了政治制度因素的重要作用,是国外中国模式成功原因研究的共同缺陷,而在事实上,"中国真正与众不同的特色是有效的政治制度,这才是中国实现经济成功、创造出'中国模式'的全新现代化之路的真正原因";2010年11月16日澳大利亚《悉尼先驱晨报》网站发表彼得·哈尔彻的文章说,"中国成为强有力的替代模式和一种挑战,甚至让西方国家以及我们有关民主自由怡然自得的想法相形见绌";而2013年1—2月号美国《外交》双月刊发表李世默的文章,指出如果中共十八大的战略规划能够一一实现,"那么有朝一日(召开这次大会的)2012年就可能会被视作一种理念——认为选举民主是唯一合法和有效的政治治理制度的理念——的终结","诚然,中国的政治模式不可能取代西方选举民主,因为和后者不一样的是,中国的模式从不自命为是普适性的,它也不会输出给他国","中国成功的意义不在于向世界提供一种替代模式,而在于展示其他的成功模式是存在的"。

三、美国自由、平等、人权的状况和政策,与《独立宣言》、《世界人权宣言》基本精神背道而驰

西方社会关于自由、平等、人权的理想,它的一个重要基础是西方资产阶级的天赋人权—自然权利论。在1776年由托马斯·杰弗逊执笔起草的美国《独立宣言》,把英国唯物主义哲学家洛克提出的天赋人权—自然权利论奉为美国的立国之本,它坚持人民主权论,坚持人民主权是国家生活的基础,庄严地宣告:"我们认为下述真理是不言而喻的:所有人在被创造出来时就是平等的。造物主赋予他们若干不可剥夺的权利,其中包括生命、自由和对幸福的追求",政府是人民为了保障这些权利才成立的,政府的正当权力来自被统治者的同意,如果政府损害了这些目的,人民就有权改变或废除这一政府而建立新政府,因为政治组织的首要任务应当是保障人们的自由和

幸福。所以，尽管这个《独立宣言》还没有摆脱资产阶级的阶级局限性，用有关权利和平等的抽象议论掩盖现实生活中的阶级矛盾和对立，却还是被马克思高度评价为全人类"第一个人权宣言"。

然而，尽管由于西方民主的竞争性选举招致那里的政党与政党、行政部门与立法和司法部门相互掣肘和相互扯皮，但西方国家的政府、特别是美国政府，却还是与《独立宣言》所宣告的理想相背离地严重侵犯公民的政治权利和自由。

什么是自由？自由是一项基本人权，指不受奴役、不受专横干预的权利。洛克把人的自然权利归结为自由权，他在《政府论》一书中指出，法律的目的不是废除或限制自由，而是保护和扩大自由。1791年美国宪法第五条修正案规定，非经正当法律程序，不得剥夺任何人的生命、自由或财产。二战以后，联合国的几个人权文件又多次重申自由权作为公民的一项基本权利的不可动摇性和不可剥夺性。《世界人权宣言》第3条规定，人人享有生命、自由与人身安全；第2条规定，人皆得享受本宣言所载的一切权利与自由。

美国拥有强大的人力、财力和物力资源，本可以对暴力犯罪进行有效的控制，但是美国社会却长期充斥着暴力犯罪，公民的生命、财产和人身安全得不到应有的保障。由于美国将私人拥枪权置于公民生命和人身安全的保障之上，枪支管理松懈，枪支泛滥，以致不时爆发枪击致人死伤事件。据美国有线电视新闻网2012年7月23日的报道称，美国公民手中约有2.7亿支枪，每年有10余万人遭遇枪击，仅2010年就有3万多人死于枪伤；美国政府自身严重侵犯公民的政治权利和自由，如在2011年9月，由美国社会严重不公、不平等、贫富不均和高失业率而引发的"占领华尔街"运动中，美国政府就粗暴地用武力对待成千上万的示威者，肆意践踏民众集会示威和言论自由。在2012年9月17日"占领华尔街"运动一周年时，在华尔街附近的示威者又与警察发生大规模冲突，有超过100名的示威者遭到逮捕；在2001年的"9·11"恐怖袭击事件以后，美国政府还不断强化对民众的监控,大幅限制和缩减美国社会的自由空间,严重侵犯公民自由,并以提高安全级别为由,违反法律和行政命令进行情报调查的不当行为,不断削弱公民自由,美国最高官员甚至将包括美国公民在内的民众作为海外暗杀目标。2011年12月31日签署的《国防授权法》又规定美国总统有权无限期扣押怀疑与恐怖组织或"相关势力"有关的人。最近颁布的法律还取消了1978年《外国情报调查法》所规定的限制,允许通过未经许可的窃听以及政府利用电子通讯手段来侵犯公民的隐私权;美国有不少警察滥用职权,粗暴执法,滥施暴力,使许多无辜的公民遭到骚扰和伤害,有的甚至失去自由和生命;美国缺乏基本的诉讼程序保护,政府不断申明有权随意剥夺对公民的法律保护;美国仍是世界上囚犯人数最多和人均被监禁率最高的国家,羁押囚犯的环境恶劣,造成囚犯抗议、自杀等事件不断发生;美国的种族歧视根深蒂固,渗透到社会生活的各个方面:少数族裔的选举权受到限制,少数族裔在就业方面受到歧视,执法和司法领域种族歧视严重,宗教歧视明显上升,种族隔离在事实上依然存在,种族关系紧张,仇恨犯罪频发,土著人权利得不到应有保障,非法移民的权利被侵犯。这种情况使美国乔治·华盛顿大学法学教授乔纳森·特利在2012年1月15日《华盛顿邮报》上发表文章申述《美国不再是自由之地的十个理由》,并得出结论说"华盛顿获得的每一项新的国家安全权力""拼凑在一起,使得美国至少在一定程度上成为了独裁国家",标榜美国为自由之地只不过是自欺欺人。

什么是平等?平等也是一项基本人权,就是说人在人格尊严上要求得到同等对待,在权利分享上要求得到公平分配。美国《独立宣言》说人人生而平等;《世界人权宣言》说"对人类家庭所有成员就固有尊严及其平等就可不移就权利就承认,乃是世界自由、正义与和平的基础";其第一条明确规定"人皆生而自由;在尊严及权利上均为平等"。在资本主义商品经济条件下,流通中发展起来的交换价值过程,是自由和平等的现实基础,经济上的平等更是其他各种平等的现实基础。

美国是世界头号经济强国,但却有不少公民享受不到个人尊严和人格自由发展所必需的平等权利的保障。例如,美国的失业率长期处于高位,据美国劳工部2012年5月4日公布的数据,2012年4月,美国的失业率为8.2%,失业人口高达1250万人;2008年国际金融危机以来,美国的贫困问题持续加剧,据美国人口统计局2012年9月12日公布的统计数据,美国2011年的贫困率为15%,生活在贫困线以下的美国人有4620万,约有1800万个家庭吃不饱饭,22%的美国儿童生活在贫困之中。近年来,美国的贫富差距又进一步拉大,在2011年,美国的基尼系数为0.477,2010—2011年间,美国的收入差距增长了1.6%,收入最高的20%的家庭占美国家庭总收入的份额增加了1.6个百分点,收入最高的5%的家庭的份额增加了4.9个百分点,中等收入家庭的份额相应减少,低收入家庭的份额几乎未变;美国有为数众多的无家可归者,在2011年达636017人,平均每1万人中就有21个无家可归者,其中无处容身者达243071人,就是说,每10名无家可归者中就有4人无处容身;美国有15.7%的居民48613000人没有医疗保险,仅2010年,美国就有26100名年龄在25—64岁之间的劳动人口由于缺乏医疗保险而丧命,比2000年增加了31%。美国的不平等现象已经达到1928年以来的最高水平。正是财富的过度集中和严重的经济不平等在威胁着世界上最发达的资本主义国家美国的这种情况,使得有些人把美国民主称作是一种归富人有、富人治、富人享以至引发贫富对立和社会分裂的"富豪民主"。

上述美国自由、平等的人权记录说明美国的人权状况十分糟糕,但美国政府不去检点自身在人权问题上的所作所为,切实改善自身的人权状况,却硬要以"人权卫士"、"人权法官"自居,霸道地利用人权问题干涉别国内政,年复一年地发表什么《国别人权报告》,对世界近200个国家和地区的人权状况品头论足、歪曲指责。把人权作为丑化别国形象和谋取自己战略利益的政治工具。然而,在事实上,美国不仅国内人权状况不佳,还在国际上不断侵犯他国人权。联合国在1948年通过的《世界人权宣言》是世界自由、正义与和平的基础,它明确地承诺,要确保权力不再是压迫或伤害人民的掩盖手段,而要让所有人民拥有生存、自由和人身安全的平等权利,受到法律的平等保护,免受虐待、任意羁押或被迫流亡。然而,美国却是冷战结束后世界上对外发动战争最频繁的国家,在2001—2011年间,每年约有14000—110000名平民死于美国领导的"反恐战争"。据联合国阿富汗援助团推算,2007年到2011年7月,至少有10292名阿富汗平民被打死,而伊拉克"死亡人数统计项目"则记录,在2003年至2011年8月,有约115000名平民死亡。在巴基斯坦、也门和索马里,有许多平民死于美军炮火。以美国为首的军事行动还制造了生态灾难,伊拉克战后儿童出生缺陷率惊人增加,美国士兵还严重侮辱阿富汗人的尊严,亵渎他们的宗教感情。美国在关塔那摩监狱长期非法关押外国人,美国拒绝给予他们日内瓦公约规定的战俘权利,并用酷刑虐待他们。美国政府的反恐政策至少违反了《世界人权宣言》30条规定中的10条,包括"残忍不人道或有辱人格的待遇或惩罚"。美国在国内外严重侵犯人权的这种行径,促使美国第39任总统吉米·卡特在2012年6月25日美国《国际先驱论坛报》网站上发表《一份残酷而异常的记录》一文,指出美国人权记录残酷异常,美国侵犯国际人权的做法并没有让世界更安全,反而帮助了敌人而疏远了朋友,美国正在放弃它作为全球人权捍卫者的角色,无法再拥有道德权威了。他要求美国根据国际人权规范,扭转方向,将这种规范当作我们自身的宝贵财富。

第十二章

国际金融危机在西方国家引发了一波又一波的社会震荡

归根到底由资本主义社会的基本矛盾运动所酿成的这次国际金融危机，又对当代资本主义造成了巨大的冲击，这种冲击遍及于其经济、政治、文化、社会和生态等各个方面。由于遏制了通货膨胀和编织了社会保障网等等原因，从2008年开始的国际金融危机，和1929—1933年的世界经济危机有所不同：虽然危机带来的经济衰退，给世界各国造成了不同程度的严重损害，但却并没有造成大规模的政治极端化和地缘政治灾难；然而，由于资本主义制度造成的发展不平衡、分配不公平，在国际金融危机的冲击下，严重地削弱了资本主义国家协调和处理社会矛盾的物质基础和应对能力，因而这场危机又同样在西方资本主义国家引发了一次又一次的社会震荡。

长期以来，至少从第二次世界大战结束以来，人们一直把欧洲视为社会政治稳定、经济福利增长、合作协调加强的区域，把它看作是一种对民族国家和地区事务进行有效治理的成功模式；而把美国看成是人们可以通过媒体和投票箱宣泄不满和愤怒情绪而无须上街抗议的社会。然而，近年来，国际金融危机所造成的后果，却在颠覆着人们的这些习惯性印象，因为它正在欧美这些发达资本主义的心脏地带引发社会震荡。从引发这种社会震荡的原因上来分析，这种震荡大体上说有以下几种类型：它们或者是由于政府紧缩财政、削减福利而引发的罢工和抗议;或者是由于经济低迷、失业率攀升,在欧美的极右势力一端引发反多元文化、反外来移民的浪潮,而在贫困失业的外来移民青年一端则引发抗议和骚乱的浪潮;或者是由于在财富和收入分配上不断扩大的不平等,而引发的诸如"占领华尔街"运动那样的平民主义的广泛抗议;或者是用暴力乃至恐怖袭击的方式来发泄他们的愤怒、不满以及对于欧美国家发动对阿富汗、伊拉克战争的报复;或者出于种族歧视,白人警察射杀黑人青年引发示威骚乱。所有这些,在西方发达资本主义国家中不断造成一波又一波的社会震荡。

一、由危机造成的高失业率、经济衰退、政府紧缩财政措施等引发的罢工、抗议和骚乱,在西方国家屡见不鲜

在这方面,当首推希腊。希腊是欧洲的文明古国,也是西方文明的发源地,但它早已失去了昔日的辉煌。希腊拥有旅游资源和农产品,但除了海滩、橄榄油和羊乳酪,其经济就没有更多作为了。在主权债务危机爆发后,希腊失业率急速上升,政府紧缩开支,贫困人口急剧增加,致使民众不得不勒紧裤带度日。仅在首都雅典,几乎所有400个教区都开设了救济食品发放中心,数千人在它面前排队,或者翻找垃圾箱觅食。据德国艾伯特基金会的一项研究,在2010年最后一个季度,工资和养老金的减少导致希腊国内消费同比下降8.6%,零售销售下降12%,6.5万家商店被迫倒闭,而到2015年当新的紧缩措施完全生效后,员工和养老金领取者的生活标准将会比2008年下降40%。希腊经济的这种状况和前景,一方面使希腊国民的健康水平惊人地恶化,居民的自杀率急剧上升,在2011年同比增长了40%。据媒体报道,在2012年4月4日,有一名77岁的希腊退休男子,因无法承受退休金被削减后的窘困生活,而在雅典的议会大楼外宪法广场上开枪自杀,死前他大喊:"我背了债,我再也受不了了",

事后赶到的警察在他口袋里发现一张写有他遗言的纸条,上面写道:"政府断绝了我生存下去的所有希望,我却无法找回公正。在我不得不从垃圾堆里找食物果腹之前,除了带着尊严离开人世,我再也想不出其他方法来抗争。"另一方面,每当政府为争取欧盟和IMF的援助而承诺降低财政赤字,实行紧缩性财政政策,提出裁员和削减公务员工资、提高平均退休年龄以及增加燃油税等措施时,希腊数以万计的公务员和私营企业员工就一次又一次地发起全国性大罢工和抗议示威活动,进而引发捣毁商店和银行橱窗的玻璃、向警察泼洒褐色油漆等骚乱。

早在2008年12月6日,希腊雅典就发生了一场以大学生为主力军,有大量社会失业人员参加的示威游行。这场示威游行以警察射杀15岁少年亚历山大罗斯·格瑞格波洛斯为导火索,实际上却是希腊民众发泄对希腊经济困顿、政治腐败和社会改革趑趄不前的焦虑和怨恨。示威游行到了当晚,就演变为纵火街头、袭击警察的暴力行动,这场骚乱在持续的十余日中愈演愈烈,而且迅速蔓延到欧洲20多个国家。意大利、西班牙等国家的愤青怀着对失业率高企、经济衰退的不满,愤而上街劫掠商店、破坏银行、袭击警察;在法国的波尔多,示威群众在希腊领事馆门外纵火烧车。

2011年10月19日,在希腊国会将要在当晚对新一轮旨在避免债务违约的紧缩措施进行投票时,数万名对政府政策不满的示威者在国会大楼前面与警察发生冲突。200多名青年人爬上了警方在国会大楼台阶前竖立的隔离障高呼抗议口号,示威者还向维持秩序的警察投掷石块和自制炸弹;警察则向聚集着7万多名示威者的宪法广场发射催泪瓦斯,广场上空不时有黑烟升起,整个市中心烟雾弥漫。会场周围街道犹如战场,在头戴面具的抗议者和防暴警察的冲突中,至少有45人受伤,5人被捕,雅典市中心的店铺、银行和饭店普遍遭到蓄意破坏。希腊第二大城市萨洛尼卡也发生了示威活动,大约有100名示威者涌向当地政府机关所在地,并投掷自制炸弹。

这次抗议示威,是希腊债务危机爆发以来规模最大的一次,据警方估计,抗议者人数达到创纪录的12.5万人,但希腊工会方面则称,仅在雅典,就有20万人参加示威活动。希腊工会号召各行各业展开两年来最大规模的48小时总罢工。罢工使政府部门、企业、公共服务、甚至是商店和面包房等日用品供应商暂时关闭,约150架次的国内和国际航班被迫取消。就连希腊法官也宣布无限期罢工,只对重大案件进行审判。罢工使公共部门、火车和轮渡陷入瘫痪,出租车主、市政府工作人员、律师、税务员、海关督察员、国家媒体记者和工程师以及许多医生也加入抗议行列。

为什么希腊民众会那样广泛地参与到抗议活动中去?原因在于,他们认为,在希腊,穷人遭罪、富人逃税、国家面临破产危机。他们说,现在希腊消费者人均被迫支付欧洲第三高的增值税、第三高的社会保险费和第二高的燃油税,而富人则在逍遥地逃税。据经合组织估计,每年希腊富裕阶层逃税多达400亿欧元,希腊央行估计损失介于150亿—200亿欧元。希腊民众并不认可严格的财政紧缩政策是解决问题的有效方案,也不愿意承担由此带来的经济、社会后果。他们认为,财政紧缩政策的实质是为了确保银行家不受伤害,他们希望政府能找到推动欧元货币体系可持续健康发展的出路。

在金融危机的蔓延下,因为反对政府叫人民"过紧日子"而发动大罢工的,还有法国。2009年1月29日,法国各大工会组织了一场有250万人参加的跨行业全国性大罢工,抗议政府在国际金融危机爆发后,一方面要群众过紧日子,另一方面又动辄上百亿欧元地多次调用巨额资金去支持亏损的银行业和汽车业。在理念不尽相同的庞大的抗议示威队伍中,公务员和教师反对政府削减公务员和教师的岗位,医护人员反对政府的医院改革计划,邮局员工反对邮局部分开放资本以逐步吸收私人投资的计划,大型私有企业的员工反对企业大规模裁员,银行基层员工抱怨银行的高级主管拿着高薪把银行带入危机,却让他们每天承受顾客责难,还面临失业威胁。各方郁积的种种不满情绪使得本来就反对在公立部门大幅裁员的工会找到了理由和机会,形成这场声势浩大的抗议浪潮。他们认为,应该通过增加劳动者工资、促进消费,而不是像政府提出的通过增加投资来刺激经济发展;他们要求保护就业,反对政府应付金融危机的政策。法国共产党全国书记玛丽-乔治·比费在罢工举行前三天会见媒体记者时指出,这次金融危机应该让造成危机的人来承担责任,而不是让劳工阶层承担减薪、失业的风险。

在国际金融危机期间,因政府实行财政紧缩、推行养老金制度改革而导致的社会震荡,还有2011年11月30日的英国200万公务员伦敦大罢工。

成为这次伦敦大罢工的导火索的养老金制度改革,一是计划将公共部门工作人员的退休年龄由60岁延长到66岁;二是将养老金的数额,从过去的与退休时的薪水挂钩,改为与职业生涯的平均薪资挂钩,实际是降低养老金水平;三是提高个人缴存养老金的比率。这样,按照这个养老金改革计划,和改革前相比,公共部门的雇员需要多工作6年,预缴更多的钱,随后得到更少的养老金。英国工会称政府的这个改革计划是在让公务员陷入付出更多、工作更久、却获得更少的尴尬境地。因此,就由英国交通运输、医疗、教育、公务员等各大行业工会发起,于11月30日在伦敦、曼彻斯特、爱丁堡、伯明翰等全英各大城市同时举行罢工。英国的和谐工会主席戴维·普伦蒂斯说,各大工会并不是要求增加薪酬,也不是提出"无法实现"的要求,而是在反对"完全不合理"的养老金改革。如果不解决这一争端,这次罢工将成为1926年以来最大的一次罢工。英国在1926年曾爆发过有175万人参加的煤矿工人大罢工;1979年又爆发过有150万人参加的公共部门大罢工;所以,2011年的这次大罢工,是英国历史上又一场影响范围广、参与人数多的罢工行动,也是近30年来英国规模最大的罢工行动。反之,英国政府却强调,由于人均寿命延长和公共财政压缩,现行的公共部门养老金制度已到了令财政不堪重负的地步,这对纳税人来说是不公平的,所以,必须进行改革。说到底,导致这次伦敦大罢工的养老金改革计划,其实质是因政府过去寅吃卯粮,靠借债来维持高福利,结果留下的窟窿越来越大,在爆发了严重的经济危机之后已难以为继,必须削减福利开支。所以,英国首相卡梅伦说:"我认为,我们已针对公共部门养老金提出了一项非常公平合理的方案。因此我认为这次罢工完全是错误的",他把这次罢工说成就像没有炸响的鞭炮,讽刺罢工不过是虚张声势而已;财政大臣乔治·奥斯本则说:"罢工不会取得任何结果,只会进一步削弱我国的经济,还有可能让我们丧失一些工作机会。"然而,英国这场30年来的最大罢工,却使伦敦和多地政府部门的工作陷于瘫痪,绝大多数学校的正常教育受到干扰。据英国教育部的数据,在英格兰的所有公办中小学中,近60%的学校停课;据政府估计,约有40万名护士、护工以及后勤管理人员参加了罢工,总共有6万起非紧急性手术、门诊预约、检查和随诊预约被推迟;在苏格兰,至少有3000例手术和数千个预约治疗受到影响不能如期进行;估计这次罢工造成的损失达50亿英镑。这场罢工在社会上引起的反响也不一:公务员、教师和边防官员说,冻结薪酬、提高员工养老金每月缴纳额度,是为应对经济危机而对他们做出的"不公正惩罚",而他们本无须对此次危机负责任。而另一些人则批评罢工给公众生活造成极大不便,参加罢工的公共部门人员过于自私,在国家经济形势极为严峻之际,只想保住自己优厚的养老金,而不愿作出些许牺牲。

二、国际金融危机造成的欧洲经济低迷、失业率不断攀升,为极右势力把其反多元文化、反外来移民的理念推向极端提供了肥沃土壤,在此基础上滋生出挪威"7·22"爆炸枪击恐怖血案

20世纪60年代,欧洲大陆以基督教信仰下的民主政治,作为接

纳和整合来自伊斯兰世界的外来移民的精神基础,并在80年代实现了持有"申根国"身份证或签证人员在欧洲各地的自由流动,以促进欧洲一体化。这些外来移民曾对欧洲经济的发展作出了巨大贡献,但与此同时,这些以宗教为效忠对象的穆斯林移民,又是难以被"归化"和融合的,而且随着移民数量的不断增加,伊斯兰教在全欧洲范围内成为第二大宗教,乃至其超越基督教的发展趋势日增。欧洲大陆所面对的这种经济社会治理困局,在爆发国际金融危机以后更加严重了:多数欧洲国家在危机初期的2009年就因内需低迷、出口下降、大量企业倒闭或被迫减产、裁员,导致失业率不断高攀甚至超过10%。

在这种情况下,欧洲的极右翼势力迅速活跃起来,它把土生土长欧洲人的失业、收入降低的原因归咎于那些"抢走了我们饭碗"的外来有色人种,于是,怀着移民的到来正改变着自己的生活方式、忧心移民动摇欧洲主流价值观、多元文化政策将撼动基督教传统根基等等信念,它在欧洲多个国家掀起排外风潮,在一定程度上限制外来移民的文化传统、宗教信仰和民族习惯。例如,瑞士在2009年全民公决反对在该国新建清真寺宣礼塔;比利时在2010年禁止在公共场所穿着遮蔽全身的服饰;法国在2010年8月大规模驱逐罗姆人(即吉卜赛人),如此等等。而2011年7月22日发生在挪威首都奥斯陆的布雷维克爆炸枪杀93人(经核实后降为76人)的恐怖血案,则把欧洲反多元文化和反外来移民的极右翼思潮推到了暴力极端主义的顶峰。

挪威是现代福利国家的先驱之一,也是世界上消费最高的国家之一。截至2011年第一季度,挪威有外来移民及其子女60多万人,占挪威近500万总人口的12%,在首都奥斯陆的近60万人口中,移民占28.4%,此外还有一些非法移民。应该说这个数量在欧洲并不算多,而且其中有近一半来自苏东剧变后的东欧国家和巴基斯坦。但与在英国、法国的情况有所不同,这些移民的到来几乎没有影响挪威的就业率,因为他们中相当多的人所从事的都是挪威人所不屑一顾的工作。挪威首都奥斯陆也是一个分裂的城市:白人占多数的城西是富人区,而聚居着外来移民的城东则显得贫困。在一些挪威人看来,这些移民的文化、宗教和传统同他们的格格不入,这才是使挪威人感到威胁其生活方式、动摇其主流价值观、撼动基督教传统根基的事情。

所谓挪威"7·22"爆炸枪击恐怖血案,是指的在2011年7月22日15:20,位于挪威奥斯陆市中心的挪威政府办公大楼一带发生威力巨大的爆炸。政府办公大楼以及旁边的财政与能源部大楼、对面的《世界之路》报社大楼都在爆炸中遭到不同程度的破坏。政府办公大楼附近100米范围内的饭店、咖啡店和商店的橱窗玻璃被震碎,现场一片狼藉。据警方说,这次爆炸由一枚汽车炸弹引发,已造成7人死亡,16人受伤,其中2人伤势严重。

在奥斯陆市中心爆炸发生约两个多小时后,17:40左右,在奥斯陆西北方向约50公里处,在布斯克郡绿树成荫的于特岛——这里是挪威执政党工党每年举行夏令营的地方,每年7、8月份,来自全国各地的青少年会在草坪上架起五颜六色的帐篷,工党领袖也会到这里参加各种活动并发表演讲。当时在岛上共有约700名15—25岁不等的青少年——对岸,有一名身高1.83米、年龄在30岁开外的金发男子,身穿有警察标识的外套和防弹背心,开着银色小货车到来后,乘坐轮渡驶往小岛。这名男子登岛后,先是朝坐在草地上的营员们喊话,让大伙儿靠他近一些,然后就从包里掏出了武器,直接对准他们疯狂扫射。当时就有一些人中弹倒地,其他的人则尖叫着四下逃命。由于于特岛很小,又没有太多的建筑,因此就有不少人为逃命而跳到海水中并试图游到对岸,大约有50个人达到了目的;但有些人在水中被凶手的子弹击中;有些不怎么会游泳的人则溺水身亡;还有些人中弹后装死,凶手就换用了一支霰弹枪,向他们头部扫射。枪击发生后半小时,挪威特警队乘船抵达于特岛,逮捕了凶手,并查明这名冒充警察的金发凶手在岛上枪杀了85名青少年,同时又查明他就是在政府大楼制造爆炸袭击致7死16伤的凶手。这名凶手叫安德斯·贝林·布雷维克,32岁,是土生土长的挪威人,职业是石匠,拥有一个农场,爱好打猎和玩《魔兽世界》,个性保守,常上网发表民族主义色彩浓厚的激进言论。

安德斯·布雷维克到底是一个什么样的人?他为什么要那么丧心病狂地制造"7·22"这样的爆炸枪击恐怖血案?随着警方调查的深入,人们发现:布雷维克是一个右翼的基督教原教旨主义者,他憎恨挪威的左翼、多元主义文化和穆斯林。他15岁时曾加入基督教新教,但后来对新教表示出厌恶,主张新教应该皈依天主教。后来,他又加入挪威保守的进步党,25岁时成为一名右翼极端分子,强烈反对多元文化,经常在网上发帖,表达其强烈的民族主义和反伊斯兰观点,从2009年起他在几个北欧网站,其中包括在一个鼓吹新纳粹、极右激进观点和反伊斯兰教的网站上发表文章,并同英国的极右组织"捍卫英格兰联盟"、欧洲的"停止欧洲伊斯兰化"等组织有交流联系。在开始杀人暴行之前,他通过网络向5700人发布了他用英语撰写、并用他的英国化名字"安德鲁·布雷维克"签署的《2083年欧洲独立宣言》。在这份长达1518页的宣言中,他自称是中世纪的圣殿骑士团的继承人,要在2083年把所有穆斯林赶出欧洲。之所以提及2083年,是因为2083年是维也纳战争400周年,正是在这场战争中,基督教军队打败了土耳其奥斯曼军队。为达此目标,就要建立一个像日本和韩国那样的"单一文化"国家,为此,就要杀死45000人,伤及百万。所以,他要在挪威推动一场"革命",打败移民政策和伊斯兰教的传播。为制造"7·22"这场爆炸枪击恐怖血案,他做了长达9年、耗资13万欧元的准备,他制造奥斯陆市区的爆炸不过是为了转移警方的注意力,以便在于特岛上大开杀戒。他说,有多达80个像他这样的"独行烈士"隐藏在欧洲各国,准备仿效他的行为,起来打破政府对伊斯兰教的容忍。这些人单独行动,不需要统一指挥。

在警察盘查时,布雷维克说,他制造的于特岛枪击案,原计划是在挪威前首相布伦特兰夫人22日登上于特岛时他也前往该岛展开袭击,但出于未知原因耽搁了,当他上岛时,布伦特兰夫人已经发表完演讲并离岛了。布雷维克所说的布伦特兰夫人,是挪威第一位女首相,她曾在20世纪80—90年代期间,三度带领工党政府治理挪威,被挪威人誉为"国母",在1996年辞去首相职务后,在1998—2003年间任世界卫生组织总干事。布雷维克还说,在他看来,不少欧洲国家领导人、记者和公众人物都是"A级叛徒"、应该"执行死刑",被他列入这一"目标"清单的有英国王储查尔斯和前首相戈登·布朗、德国总理安格拉·默克尔、法国前总统萨科齐、欧盟主席巴罗佐。他称这些人是新时代的帝国主义者,必须对他们展开战争,因为"只有在这些国家的政治明显转变之后,才能让英国、德国和法国避免遭到恐怖袭击"。他还说希特勒是德国乃至整个欧洲的"叛徒",原因是他当年有实力"解放"耶路撒冷及周边地区,却没有那样做;他把英国前首相布莱尔和前阁员斯特劳也列入"目标",因为这两个人"隐瞒"了一项允许更多的移民进入英国、使英国在文化方面更加多元化的计划。

在奥斯陆地方法院审判期间,布雷维克承认了他在"7·22"爆炸枪击恐怖血案中种种杀人事实,但拒不认罪。2012年8月24日,奥斯陆地方法院法官宣布,挪威"7·22"爆炸枪击案制造者布雷维克精神正常,被判21年徒刑。人们认为由这个案件所造成的社会震荡,反映了当前欧洲多元文化的治理困局。

三、国际金融危机造成的欧洲经济低迷、失业率不断攀升,又在贫困而失望的失业青年中、特别是外来移民聚居地区埋下了抗议乃至骚乱的种子

这方面的典型,当数英国在2011年8月发生的伦敦街头骚乱。

引发此次伦敦街头骚乱的导火索,是在2011年8月4日晚,伦敦北城托特纳姆区的警察当街射杀了一名有4个孩子的、29岁的黑人男子马克·达根。警方说,达根非法持有枪械,并在4名警察拦截他乘坐的出租车进行盘问时朝警方开枪,子弹卡在一名警察佩戴的无线对讲机中,该警察受伤被送往医院,而达根则被警方当场击毙。但是,初步的刑侦调查却表明,卡在对讲机里的子弹,是一种由警察使用的特制子弹,这说明那枚子弹可能来自警方"自己人",达根当时可能并未开枪,警方的上述说法因此备受质疑。300人在当地警察局前举行示威,达根的亲友向警方要说法、要求为死者主持公道,但警方迟迟没有回应达根家人要求知道事件真相的要求。于是,示威演变成了8月6日晚的街头骚乱。8月7日,伦敦数个城区发生街头骚乱;从8月8日下午开始,伦敦东城的哈格尼区、东南城的路易莎姆区和培克汉姆区等多个城区也接连爆发骚乱,到8日晚,在伦敦的37个城区中,东、南、北城和市中心的十来个城区相继爆发了街头骚乱,并蔓延到其他城市,伯明翰、利物浦、布里斯托等当晚也发生了街头骚乱。在这些骚乱中,无数参加骚乱的人头戴面罩或头套,向对峙的警察投掷石头、燃烧瓶、木板等等,他们纵火警车、公共汽车、私家汽车、商店甚至整座大楼,砸毁许多商店的门窗,抢劫物品。在英国第二大城市伯明翰,骚乱进入第二夜,劫掠者就把商店当目标;英国第三大城市曼彻斯特更成了暴力活动的集中地,在那里,大批年轻人用围巾和滑雪面具遮住脸,一路打砸地闯进鞋店和电器商店,还纵火焚烧了一家女服装店。两个袭击者举起栅栏砸碎了阿戴尔购物中心入口的玻璃门,数百名年轻人随即冲进一家店铺,抢走了大量衣物和鞋,他们不是几百人集中在一起搞破坏,而是以十几个为一伙,零星散布在中心的各个地方搞破坏活动。在伍尔弗汉普顿,骚乱者与手持盾牌的防暴警察发生了冲突。当地媒体在8月9日曾公布过两张令人震惊的照片,其中一张显示一名男性市民正在被劫掠者要求脱掉裤子,而他的上衣和鞋子已经被不法分子拿在手里;另一张照片则显示,一名全身赤裸的女子正在向警察报案,很明显她身上的衣服已经被洗劫一空。有网民称,其实类似的事情在8日晚的骚乱中时有发生,甚至有年仅7岁的孩子也加入了打砸抢的队伍。还有一名将担任2012年伦敦奥运会的形象大使、年仅18岁的切尔西·艾夫斯也加入到骚乱活动中去,扔砖头、砸警车、带头劫掠手机店,被其父母在电视报道中看到后向警察举报;而一些被纵火的楼房火势之大,令伦敦人想起二战时德国对伦敦大轰炸时引起的火灾。

连续数日而且全面升级的伦敦街头骚乱,使英国首相卡梅伦、内政大臣梅伊、伦敦市长约翰逊紧急中断了他们在外国和外地的度假,赶回伦敦,处理事态。卡梅伦在8月9日主持召开针对骚乱的高级安全紧急会议上表示:这是纯粹的犯罪,必须受到打击,政府将采取一切措施在伦敦维护秩序,并表示9日晚上政府将派1.6万名警察上街,11日将召集一次国会临时紧急会议。在这次会上,他对议员们说:"在这场愚昧鲁莽的暴乱和粗暴行径被制止、在我们的街头充分恢复法律和秩序之前,我们不会罢手","世界在一旁极度惊恐地看着,因此我们必须向世界表明,我们在街头看到的作恶者绝不代表我们的国家,也不代表我们的年轻人"。他在紧急会议上宣布了一系列措施,目的是要让民众相信,骚乱者将面临牢狱之灾以及失去公租住房和福利的惩罚,他驳斥了贫穷助推这场骚乱的说法,称这场骚乱"与政治和抗议无关,与偷盗有关"。他还说,有证据显示"街头犯罪团伙"联手向警察发动攻击和实施打劫。他重申,警方获准使用高压水枪和塑料子弹,并建议警方今后利用高科技控制骚乱,即阻止骚乱者使用推特、脸谱和黑莓通信服务等来组织活动。从8月11日开始,警方在伦敦进行大搜捕,逮捕了参与暴乱的2800多人,而法院则整夜开庭审理在骚乱中被逮捕的这些人。与过去犯同一罪行的人相比,骚乱者的获刑时间平均要长25%,以致这场大审判令在押人数创历史上的新高,使英国的监狱人满为患。

关于引发这次伦敦骚乱的原因,英国首相卡梅伦认为,主要是由少数群体的犯罪行为导致的。他说:"恶化了几十年的社会问题在我们面前爆发了",他在这里所说的社会问题,包括学校纪律不严,犯罪不受惩罚以及缺少父亲的单亲家庭等等,"在某些方面已经腐化的国家及其机构,容忍放纵甚至有时鼓励了人性中某些最恶的方面",关键在于"我们是否有决心直面那些在过去几代人的时间里,我们国家的某些方面发生的缓慢道德崩溃"?他说"我们社会的某些部分不仅堕落而且病得不轻",他要把修理"堕落的英国"作为自己首相职务的基石。然而,骚乱者却表示,骚乱是最贫困人口在表达不满:"他们(指政府)提高了利率,削减了儿童补贴,每个人都把骚乱作为发泄的机会。"社会舆论也认为,贫困和失业才是更重要的骚乱因素。甚至连警官、市长等等都联合起来呼吁卡梅伦重新考虑。为了重新获得政治上的主动权,卡梅伦曾宣布警方正组织反击,但警方的高级官员却表示这些做法没有效果,真正的问题不是警方能否应对现在的骚乱,而是在警力削减数千人的情况下能否应对未来类似的骚乱。连伦敦市长鲍里斯·约翰逊也公开反对卡梅伦的观点和做法,他批评把警察部门的预算削减20%的计划,警方则表示,面临20%的预算削减,今后将会越来越困难;身处骚乱一线的消防队员也感到愤怒和厌恶,他们说政府对裁员无动于衷,我们已经筋疲力尽。

舆论普遍认为,伦敦骚乱的更大原因,是不景气的经济导致高失业率,政府紧缩财政政策导致福利大幅削减。爆发骚乱的城区外来移民多、失业人口多、贫困人口多。如这次骚乱的首发区伦敦的托特纳姆区,少数族裔聚居,失业率比全英平均水平高出2倍,人均寿命比伦敦平均水平低5岁,54个人争抢1个就业岗位,1万人领失业救济,各类犯罪案件多发。在国际金融危机期间,那里更是经济疲软、衰退、失业率高企,地方政府刚把那里的青年服务项目的预算削减了75%,使青年人的教育、正常成长、社会融合等等成为很大的问题,导致民怨沸腾。在某种意义上说,捣乱生事实际上只是参加骚乱的人不得不采取的沟通方式。8月9日的英国《每日电讯报》发表《下层痛斥一个爱答不理的英国》一文指出,不公的收入分配,企业界一心窃据社会财产,金融系统结构脆弱,贸易失衡,这些几十年前的危机原因今日再现。英国收入、财富和机会则比以往任何时候都更不公平。2010年,英国最富有的1000人的财富增加了30%,达到3335亿英镑。近几届英国政府沉溘一气,加剧了贫困、不平等和无人性,当前的金融危机又使之进一步恶化。这场骚乱显示,英国一部分年轻人已经从这个衰退国家的悬崖边掉下去了,而最可悲的是,英国如果想再次感到繁荣和安全,就必须拯救这些毁掉的一代。如果不能给他们提供工作,让他们发挥一技之长,英国的麻烦会比政府想的要大。骚乱凸显出政府的一个重大失误,恰恰是没有认识到在那些面临惨淡未来的年轻人中积聚的不满,没有认识到英国经济多年不景气、社会流动性减小、贫富差距拉大、阶级裂痕加深等等,这些正是骚乱的深层背景。

在英国发生伦敦骚乱后不久,2011年8月15日至18日夜,在一向以安全著称的德国首都柏林,连续4夜发生焚车事件,造成67辆汽车被完全焚毁或部分损坏,警方虽投入大批人力物力,也没有找到任何可疑线索。有人认为,这是伦敦大骚乱在柏林再现的前奏,也有人认为,这是穷人向富人的宣战,更有人认为这是恐怖主义的初级阶段,大多数人则认为这是欧洲"危机一代"闹事的表现。由于受到国际金融危机和欧洲债务危机的接连打击,欧洲经济总体不景气,贫富分化加剧,阶级裂痕加深,失业率高企,年轻一代更是深受其害。据德国联邦统计局最近的数据,15—24岁的就业人群中,欧盟平均的失业率为20.5%。于是,无所事事的青年就寻找机会发泄对社会的不满,他们举行示威游行,甚至走上暴力对抗和制造骚乱的道路,应当说,这也是国际金融危机在欧洲发达资本主义国家留下的一个重要"遗产"。

2013年5月下旬,瑞典首都斯德哥尔摩移民区连续一周发生骚乱,数以百计的年轻人焚烧汽车、袭击警察,事件震惊了整个瑞典。

骚乱的导火索源于斯德哥尔摩的移民聚集区哈斯比区,5月13日,居住在那里的一名老人挥舞砍刀,扬言要杀死警察,在混乱中被警方击毙。由此引发民众对警察滥用暴力的指责,哈斯比区的部分居民更认为警方的这种做法是出于种族歧视,随后就有大批移民走上街头,以打砸抢烧发泄不满。5月22日,暴力活动由斯德哥尔摩北部向南部蔓延,成群结队的年轻人穿越市郊,投掷石头,打碎窗户,点燃汽车。瑞典媒体认为,骚乱事件暴露了大部分富裕的瑞典人与通常有移民背景的少数年轻人之间的裂痕,它凸显出瑞典社会不平等加剧的现象,体现了政府政策的巨大失败。5月24日的英国《金融时报》网站曾发表题为《瑞典的骚乱:人民之家着火了》的报道说,斯德哥尔摩骚乱之剧烈震惊了世人。法国和英国近年来也曾发生骚乱,但瑞典本该不同。该国以其被国人称为"人民之家"的社会模式而闻名。高税收旨在确保充裕的公共服务和集体主义精神。然而,在发生了骚乱的斯德哥尔摩郊区哈斯比,这一模式看上去已经分崩离析。从民族上讲,这是一个极其分裂的城市:市中心也许看上去是一个世界性大城市,但人们的家都在完全不同的社区,虽然这并不是有计划的种族隔离,但富裕的瑞典人社区与贫穷的黑人地区之间存在仇恨。以高福利著称的"瑞典模式"延续了几十年之后,从20世纪90年代开始,瑞典政府一直在试图削减政府在经济和再分配领域扮演的角色,结果导致社会不平等现象迅速增长,瑞典多届政府都未能有效减少青年长期失业和贫困问题,其中外来移民社区受影响最大。据统计,瑞典约有15%的人口出生在国外,这些人的失业率高达16%,而土生土长的瑞典人的失业率为6%,在2007年前10年中,既无有偿工作又非正在接受教育的成年人,在所有成年人中所占比例从22%下降至18%,但在哈斯比和其他一些斯德哥尔摩郊区,这一数据超过40%,移民有工作的可能性比土生土长的瑞典人小得多。有些人还指控警方带着种族歧视,常对肤色较黑的移民进行身份检查。应该说,瑞典这次发生数百年轻人连续一周焚车袭警的骚乱事件，正是这些年轻移民对于失业、贫困再加上遭歧视发泄不满的一种表现。

四、一面注巨资拯救金融巨头，一面让民众失业的美国体制，激起了平民主义反抗的"占领华尔街"运动

在国际金融危机中，一方面让政府大量注资拯救那些造成了危机而又仍然享受着高额薪酬的华尔街金融巨头，另一方面却让成千上万的民众在经济衰退和失业率高企中遭到辞退或停发工资的美国制度和体制，激起了标志着平民主义反抗的"占领华尔街"运动。

在这次国际金融危机中，美国的那些推动了危机的形成和发展、又遭受危机打击的金融巨头们，一方面纷纷向政府申请紧急注资援助，另一方面又继续维持着他们的高额、超高额薪酬和奖金。例如，2008年9月14日，刚向美联储申请了400亿美元紧急贷款的美国最大的保险公司美国国际集团（AIG），在2009年3月13日就向其7名高级管理人员发放了1.65亿美元的奖金；又如，尽管美国花旗银行集团连续5个季度报出亏损数十亿美元，并三次请求政府注资援助，但却给其首席执行官发放了3820万美元的年薪。总之，美国各大银行一边通过政府的注资援助从纳税人手里拿走了大量的金钱，另一方面，却又给各大银行近600名高级管理人员发放平均达260万美元的薪酬、奖金和福利，占去它们所接受援助款项的相当一部分。高盛集团董事会主席兼首席执行官更获得了近5400万美元的薪酬，其另5名高级管理人员则获得了总计2.42亿美元的薪酬。而在2010年，刚刚起死回生的华尔街居然派发了1350亿美元的年终奖，其中五大券商发放了390亿美元的奖金，在这中间又有3家券商的业绩亏损，则使其股东损失了逾800亿美元。美国金融巨头的这种贪婪行径早就激起了美国民众的公愤。"占领华尔街"运动，实际上正是这种平民主义抗议的延伸和扩展，不过采取的是公开、和平的形式。

华尔街,是美国纽约市曼哈顿区南部从百老汇路延伸到东河的一条大街的名称。1792年,早年定居纽约的荷兰裔移民为抵御英军的侵略,曾在这里建筑过一道木栅栏墙,沿墙形成了一条墙街(Wall Street),故得名。由于美国有许多大垄断集团和金融机构云集于此,是美国和世界的金融、证券交易中心,因此华尔街就成了美国垄断资本的代名词。2011年10月12日的《今日美国报》曾发表过一篇社论,说明华尔街在这次占领运动中招致抗议的五个合理理由:一是经济衰退。因为经济大衰退,正是华尔街将抵押权包装成证券来销售的需求无法满足所造成的直接后果。二是奖金过多。奖金制度现在变成了华尔街的主业。金融机构大冒其险,因为短期收益是它们丰厚分红的一个理由,但甚至在它们的冒险行为回过头来困扰自己时,它们仍支付巨额奖金,2008年支付给纽约市证券行业雇员的奖金总额为176亿美元,去年更达208亿美元,而这是在全美失业率达9%以上,美国家庭收入停滞不前时发生的。三是人才流失。由于这种超额补偿,银行和对冲基金将美国最聪明的一些人从建筑公司等更具生产性质的行业吸引走了,可要是一个国家最优秀的人才都忙于通过高频率的电脑化贸易制造风险而不是创造就业岗位,那么遭殃的将是国家。四是"大到不能倒"。最大的金融机构变得如此巨大,以致其中任何一家机构倒闭都是灾难性事件,银行的总裁们知道这一点,这就给了他们大肆冒险的信心。五是华盛顿的纵容。通过游说和赞助竞选,在克林顿时代,一项大萧条后的防护措施被废除;在小布什时代,华盛顿对冒险的次贷业务不问不闻;如今,对冲基金经理继续享有站不住脚的减税优惠,这使他们有时一年超过10亿美元的收入只需缴纳15%的税。然而,在这场从表面上看来是美国民众把愤怒的矛头对准引发这场金融海啸的罪魁祸首华尔街的背后,深层次的原因则是美式自由市场经济模式的失败,市场原教旨主义酿成的金融经济危机向社会政治领域蔓延的必然结果。

在2011年9月17日开始的"占领华尔街"运动,先是由总部设在加拿大的"广告克星基金会"发起的。它在2011年7月13日号的《广告克星》杂志(Adbusters)上发布号召,称华尔街是美国的金融罪恶之都,呼吁那些反对大公司贪婪的民众于9月17日冲进曼哈顿,搭帐篷、建厨房,占领华尔街。该基金会的一个创始人在"推特"等网站上呼吁人们参加"占领华尔街"运动。9月17日,纽约市有千余名民众上街游行,由于警察局不许抗议者在公共场所搭帐篷,因此有一两百人于当夜在硬纸箱口留宿街头以示抗议。此后,这个运动不仅坚持了下去,而且不断有新人参加,还不断向外地、乃至向其他西方国家扩展,从而使运动从最初无组织的散漫街头行动,逐步发展成声势浩大的运动,并扩展到上万人、数万人的规模,蔓延到芝加哥、洛杉矶、波士顿、西雅图、华盛顿以及得克萨斯、佛罗里达、俄勒冈等,总计达150多座美国城市,甚至扩展到澳大利亚、英国、德国、加拿大、日本、爱尔兰等国家,并计划在10月15日发起"大串联",使抗议怒潮席卷全世界,截至2011年10月15日,全球共有82个国家的示威者在951座城市发起了冠有"占领"之名的示威运动。

  对于"占领华尔街"运动,美国各派政治势力、各政党采取什么态度呢?

  共和党采取抨击和批判的态度。如共和党总统候选人米特·罗姆尼和赫尔曼·凯恩就公开批判这一运动,凯恩甚至宣称,失业者和穷人应该查找自身原因,而不是迁怒于华尔街富人。众议院共和党领袖里克·坎托表示,他对越来越多的暴徒们参加"占领华尔街"运动和全美其他城市的类似事件感到担忧。纽约市长迈克尔·布隆伯格指责"占领华尔街"的示威者的诉求是不现实的,示威本身不仅没有建设性,而且对纽约的经济有害:"如果示威者赶走了金融企业,最后的结果只能是让纽约失去众多工作机会",他还指责劳工组织在示威中推波助澜,说劳工组织的示威者"是从被他们辱骂的公司老板手中拿工资"。并警告说,如果示威过程中出现暴力事件,肇事者将被立即逮捕并送交法办。布隆伯格曾长期效力于民主党,但在

2001年宣布以共和党人身份竞选纽约市长并获成功,2007年他又宣布退出共和党,成为独立派人士。"茶党"也对"占领华尔街"运动持抨击态度,它的创立者珍妮·贝丝·马丁、马克·梅克勒认为:"公司并非天生邪恶,也不应该砍银行家的头。"他们认为,这个国家不应按阶级来划分,而应该团结起来,回归那些支撑美国成功的原则。他们希望更多地坚持使美国成为伟大的原则,用宪法加强对政府的限制,使人们拥有更多的自由去获得由这个国家提供的好东西。但是"相比之下,'占领华尔街'和占领其他城市的人希望减少使美国成为伟大的东西,而增多破坏美国的东西;他们希望一个更大、更强有力的政府来照顾他们,这样他们就不必像其他自己付账的人一样工作"。他们还说:"'茶党'的集会始终'安全干净'",和"目无法纪的捣乱者"制造的社会骚乱不同。

从表面上看,民主党对"占领华尔街"抗议活动持理解、同情和支持的态度。民主党国会竞选委员会官员罗比·穆克在给支持者的一封电子邮件中说:"抗议者正在纽约和全国聚集,为的是让亿万富翁、石油大亨和大银行家们知道,我们不会让最富有的那1%的人把严酷的经济政策强加于普通民众,并对重要的福利项目进行大幅削减。"奥巴马则称他理解这次示威浪潮,他此前之所以花费大量精力力推通过金融监管改革法案,就是为了加强对金融行业的监管,从而保护消费者权益。民主党其他要员拜登、盖特纳、伯南克也都表示支持这一抗议示威运动。众议院民主党领袖佩洛西则说:"我支持他们的诉求,不管是对华尔街还是政治领导层又或是其他什么,改变是必要的。"但在另一方面,人们又指出,尽管示威活动的总体要求与民主党的政策主张较为接近,但面对两极分化的社会现实,奥巴马不会完全顺应"占领者"的诉求。更为重要的一个根本现实是,在美国大公司与政治的"联姻"中,民主党并不是局外人。数据显示,在过去10年中,有5400个议员助手参与了企业对国外的院外游说。在现存议员助手中,有605人在过去10年中参与了游说活动。曾在奥巴马政府任职的328名官员现已成为收入丰厚的企业高层。美国政府一直声称要对金融体制进行改革,要加强监管,改善治理等等,但却迟迟未见行动。因为美国的两党政府都与华尔街金融寡头有着千丝万缕的联系,它们之间争吵不断,却都不愿触及金融寡头的根本利益。所以,在"占领华尔街"运动中,有一个名为"99%的美国人联合阵线"在2011年发布的第一份宣言写道:"我们同民主、共和两党寡头政治毫无瓜葛,我们寻求通过阻止竞选赞助、院外游说来结束腐败的两党制";在2011年6月1日发表的行动宣言又称:"华尔街大银行涉嫌成万亿美元的大规模金融欺诈造成了当前的经济危机,但是,民主、共和两党被收买的政客,还有美联储同金融财团达成的秘密交易,却将上万亿美元的纳税人金钱和补贴交给了造成危机的罪魁祸首","我们知道危机的制度根源,并且将发起直指制度根源的反击"。

"占领华尔街"运动是一场有成千上万群众参加的平民主义的抗议活动,它没有一个统一、公开的纲领,但从其标语口号中却不难看出其主要的诉求:他们反对金融领域的贪污腐败,主张加强金融监管;反对经济不平等,主张缩小贫富差距;反对社会不公,主张社会公正;反对失业率高企,主张增加就业岗位;反对剥夺人民权利,主张还权于民;反对钱权政体,主张民主政体;反对警察暴行,主要保护和服务公民;反对对外战争,主张人类和平;反对污染环境,主张保护环境;反对资本主义制度的危机和诈骗,主张推翻资本主义制度。"占领"运动参加者说得最多的话是:在美国1%的富人拥有99%的财富,我们99%的人为国家纳税,却没有人真正代表我们;华盛顿的政客都在为这1%的人服务。有的参加者说,人民终于认识到他们必须走上街头让自己的声音被听到,因为人民的声音无法通过政治程序被听到,相反地大企业完全控制了政治程序。有的参加者则说,美国现在不是被人民的利益、而是被大公司的利益所控制,它们的权力太大了,它们用金钱影响着我们的日常生活,而我们没有发言权,这就是为什么有那么多人聚集在这里的主要原因。"占领华尔街"运动发表的《宣言书》指出：我们所处的是一个将利润置于大众之上、自私自利置于法律之上、压制置于平等之上的企业界掌管着政府的时代；我们就是要将这样的事实公之于众。运动的发言人格雷格·福伊西则说，人们来参加活动是因为美国的大公司和大金融机构正在控制着我们的政府，让政府听命于它们，而不是为广大民众服务；我们相信，发起一场草根革命，大家一起来要求进行变革，这样变革才会真正发生。运动的许多参加者异口同声地说，美国所需要的变革，就是要将公众政策的重点从保护银行转向扶持全面就业，包括用于创造工作岗位的政府开支，以及发展一种长期的有力战略来加强国内制造业。因此，虽然运动的名称叫"占领华尔街"，但华尔街只是问题的一部分，需要审视并真正改革的，是华尔街所连通的制度链条。因为正是美国的公司财阀和支持他们的政客创造了工业世界中最极端的不平等，美国政府和美联储对西方金融机构的反应带来了人类历史上财富从穷人和中产阶级向最富裕阶层的最大规模的转移。

由于"占领华尔街"运动的这些诉求，其矛头直指美国垄断资产阶级统治的命根子，因此，在它的发展过程中就不断遭到统治当局的弹压。占领运动进行了两周时，纽约警察就逮捕了近千名抗议者；在运动开展近两个月时，因占领运动的官方网站称，示威者计划在2011年11月15日上午7时包围和瘫痪纽约证交所、瘫痪股市，"令1%的人永生难忘"，纽约市长布隆伯格就先发制人，命令警察于11月15日凌晨对"占领华尔街"抗议者安营扎寨的祖科蒂公园突然强行清场，没收帐篷和露营用品，逮捕了200人，使运动暂告结束；在2011年12月17日运动满3个月，示威者试图重建大本营时，又遭到警察的强力压制；在2012年3月18日占领运动的示威者举行纪念占领运动6个月时，警察又在300名抗议者中逮捕了数十人；在2012年9月17日占领运动一周年，占领者重占华尔街时，千余名抗议者中又有200多人被抓。

在"占领华尔街"运动过后,人们纷纷对这一运动的成败得失和发展前景进行盘点展望,对孕育这一运动的当代资本主义、特别是美国资本主义进行了反思。有的认为,"占领华尔街运动"使美国的政治关注焦点,由削减赤字、债务转到了经济上的不平等、不公正;有的认为,在这一运动中,占领者找到了一条途径,把心中普遍压抑已久的感觉宣泄出来;有的则说,这是一次重建道德的尝试,它使美国的政治文化发生了一定的改变,有些银行收回了部分的高额奖金,如此等等。在讨论中,国际左翼论坛在2012年3月16—18日举行的、围绕"占领制度:对抗全球资本主义"这一主题展开的讨论,尤其引人注意。讨论认为,"占领华尔街"运动具有反资本主义的倾向,随着这一运动在世界范围内的全面展开,资本主义制度下财富集中、不平等、对民主的威胁等问题日益成为美国乃至全球最核心的话题之一。而且大家认为,这次国际金融危机不像过去那样可以依靠资本主义制度本身来加以克服。当代资本主义在生产技术方面的飞速发展,在不断地削减着工作岗位,每一次新的投资都把更多的工人推向失业大军,资本主义成了一种以失业不断增加、就业不充分为特征的社会制度,美国的占领运动,和阿拉伯之春、欧洲的全面罢工等等一起,都是对于这次国际金融危机的最初反应。严重的经济社会和生态危机,充分暴露了资本主义制度的不稳定性、不可持续性、寄生性和腐朽性,并把发展一种积极的替代模式提上日程,左翼应当摒弃那种认为"除了资本主义之外别无选择"的传统观点。有人明确指出,资本主义的最终瓦解是不可避免的,它必将被社会主义所替代。而就当前来说,有人认为,飞速发展的合作社运动,目前已经成为寻求基于平等和民主管理工作场所的工人的一种选择。美国著名的民权活动家、语言学家诺姆·乔姆斯基在接受美国言论自由电视台节目主持人劳拉·弗兰德斯的专访时,也指出:"占领"运动存在两条不同的路线。一条是政治路线:规范银行、杜绝选举献金、提高最低工资标准和加强环保举措。这条路线不但对社会舆论,还对相关的实际行动产生了影响。另一条路线是建立合作团体,这对美国这样分崩离析的国家而言至关重要。"占领"运动创建的社团教会人们相互帮助、共同协作,发展自己的福利体系并且拥有发表言论和民主参与的空间。所以,运动的真正核心是建立美国缺乏的民主互助团体。马丁·路德·金曾说他就像摩西看到了"应许之地"却无法到达,而那片"应许之地"就是"穷人运动"。

关于"占领华尔街"运动的不足,许多人认为,它没有聚焦性,缺乏协调性;抗议者对自己身份的理解也很模糊,也说不出他们具体的抗议目标是谁,而且抗议运动在表达其信念时也有些含糊其词,这说明一种意识形态、一个勾画未来新文明的蓝图,对于这个运动的重要性;还有人认为,占领运动是让人惊醒的症状,但对解决当前的危机起不到应有的作用等等。所以,也有人说,占领华尔街运动是一个永远不会停下来的抗议社会不公正的运动,作为启发的运动,它很有前景,但未来的占领运动却必须重新建构。

五、在国际金融危机中出现的"独狼式"恐怖袭击:美国波士顿马拉松爆炸袭击、英兵伦敦街头遭恐怖砍杀

始于1897年的波士顿马拉松赛,是世界六大马拉松赛事之一。2013年4月15日在波士顿举行的马拉松赛有2.7万人参赛,然而,在赛事进行了约4个小时,比赛冠军业已产生,专业选手已经完成比赛,但还有数千名业余参赛者尚未跑完全程的时候,突然在波士顿的Bovlston大街的北部,马拉松比赛终点线的正前方,在路缘后面几英尺、在控制人群的路障和一排国旗后面,相距不到50米、相差12秒钟的时空里,连续发生两起爆炸,爆炸的威力很大:一名选手跪倒在地,沿着马拉松路线排列的志愿者用手捂住了耳朵,一段路障翻了过来,爆炸导致4人死亡、250多人受伤,现场白烟弥漫,血迹斑斑,尖

叫声四起，人群陷入一片恐慌。有的目击者回忆说："爆炸太强烈了，酒吧充满了烟雾，椅子都震翻了，我看见一些人，他们就像跳蹦床一样在空中飞了起来"，有的目击者则回忆道："就在观看比赛的人群中间，我看见有人失去了一条腿，有人头发着火，肢体断裂，我看见到处都是血，救护车连着几个街区排起了长队"，这种种场面唤醒了美国民众对2001年纽约世贸中心和华盛顿五角大楼遭恐怖袭击的回忆，使人怀疑是否再次遭到了那样的恐怖袭击？

据调查人员透露，在爆炸现场发现的碎片表明，炸弹设计简单：在大多数廉价商店中可以买到的普通高压锅中装入爆炸物质，并配备雷管。执法人员找到了高压锅炸弹的残骸，包括炸飞到附近屋顶上的一个盖子和藏有炸弹的黑色背包的碎片，警方还找到锅的碎片，以及据信是引爆装置一部分的电线、电池和电路板。据此，炸弹极可能是由厨房用的普通高压锅制成的，它们经过了改装，在高压锅里装满了钉子、钢珠和火药，用厨房用的计时器引爆，能将锋利的碎片射进人体，造成严重伤害。

在奥巴马全力追缉爆炸案凶手的号令下，美国联邦调查局誓言将展开全球范围内的调查，就算追到天涯海角，也要将凶手捉拿归案。案发当天在波士顿展开了全城大搜捕，爆炸现场上空设立了禁飞区，重大体育赛事取消，当局敦促人们待在家内，警察端着机枪巡视各医院。当局发布公告征集爆炸现场的照片、录像和线索。4月16日，开始出现炸弹的照片，按高压锅原理制造的炸弹是被藏在黑色背包里放在地上的。4月17日，调查人员使用高端软件从大量图像和录像中筛选异常行为。4月18日，利用人脸识别技术和逐张照片排查，将搜索范围缩小到两名年轻人的图像：一号嫌疑人身穿浅色无领T恤衫，外套深色夹克衫，戴一顶深色棒球帽；二号嫌疑人则身穿浅色带帽运动衫，黑色夹克，反戴一顶白色棒球帽。调查人员公布了这两个人的照片和录像，希望有人认出或揭露他们，联邦调查局的网站很快就被挤爆。晚10点20分，位于剑桥城、与波士顿隔着查尔斯河相望的麻省理工学院校园里响起枪声,10分钟后,一名26岁的校园警察被发现身中数枪死亡。很快,两名武装男子在剑桥城抢劫了一辆梅塞德斯SUV。警方断定,劫车者就是爆炸案嫌疑人。警方对这辆梅塞德斯的搜索引发了一场汽车追逐赛,嫌疑人从车里往外扔爆炸物并与警察交火。在交火中,一名警察中弹,伤势严重;一号嫌疑人塔梅尔兰·察尔纳耶夫被击中,他的弟弟、二号嫌疑人焦哈尔则开车逃跑,轧过他受伤的哥哥,车后留下200个空子弹壳。塔梅尔兰很快在波士顿的一家医院死亡,与此同时,他的弟弟焦哈尔则弃车徒步逃亡。4月19日,警察、狙击手和联邦调查局人员分散到从沃特敦到剑桥城的大片地区挨家挨户搜查,并实行波士顿全城戒严,警方的直升机在空中盘旋,装甲车驶过街道。但当暮色降临,当局解除戒严令、开始缩减警力并恢复交通时,沃特敦有人看见在一个院子里停放的小船上有血迹,他扯开油布,看到里面藏着一个浑身是血的男子后,赶紧打电话报警,警察赶来,试图说服嫌疑人下船,但只是在同他交火一小时后才将他俘获。

嫌疑人焦哈尔被俘并被送往医院后,因为喉咙中弹无法说话,只能接受书面审问。据焦哈尔交代:他和他哥哥塔梅尔兰在实施波士顿爆炸案以后并没有制订逃跑计划,他们根本就没有打算被活捉,他们原计划在波士顿爆炸案后发动更多袭击,不料警方公布了监控录像,呼吁公众提供线索,这就打乱了他们的计划。于是,他们就决定驱车前往纽约时报广场,引爆剩余的1个高压锅炸弹和5个雷管炸弹。4月18日晚他们在麻省理工学院劫持了一辆梅塞德斯SUV,但因发现那辆被劫持来的车上汽油不够,于是到一个加油站停车加油,原车主乘机逃脱并报了警。

塔梅尔兰和焦哈尔这一对察尔纳耶夫兄弟是什么人?他们为什么要制造波士顿马拉松爆炸恐怖袭击?原来,这一对嫌疑犯兄弟是车臣人,属于高加索北部一个穆斯林民族,后迁移到吉尔吉斯斯坦。2002年,他们的父亲安佐尔、母亲祖贝尔特带着他们漂洋过海来到美国波士顿剑桥定居,开始时,安佐尔修理汽车,祖贝尔特开一家简易美容院,大儿子塔梅尔兰拥有绿卡,他把自己的身体锻炼得像拳击运动员,立志以拳击手的身份代表美国参加奥运会。但他在一篇网络文章中说:"我一个美国朋友都没有,我不能理解他们。"他和妻子拉塞尔靠领取福利救济生活,唯一稳定的收入是拉塞尔每周做70—80个小时的家庭护工,而塔梅尔兰和他们的女儿待在家里;小儿子焦哈尔于2012年9月获得了美国国籍,在高中时曾是全明星摔跤手,但在进大学后多门课程不及格,他告诉同学说部分课程学起来很费劲。在国际金融危机严重冲击美国经济的过去几年中,他们家的经历也很不幸,由于收入变得微薄,一家人靠福利救济生活,祖贝尔特被控从百货公司偷东西,安佐尔生意破产又身患癌症,在2011年他们结婚25周年前几个月宣布离婚,在离婚档案中写着"婚姻不可挽回地破裂",并称他们没有财产、没有养老金、也没有退休金,随后他就回到了位于达吉斯坦的"家"。察尔纳耶夫家庭的这个曾为融入美国社会苦苦挣扎而终于破碎了的美国梦,导致了其两个儿子的巨大改变:二十几岁的大儿子塔梅尔兰信奉了一种主张分裂的严厉的伊斯兰教,在两年的时间里,他从祝福邻居圣诞快乐,变成为愤怒地袭击一家张贴募集感恩节慈善食品广告的穆斯林杂货店。在YouTube网站上,他记录了其爱好从嘻哈音乐到"我将为圣战献出生命"等歌曲的转变;小儿子焦哈尔则从白天把精力投入摔跤、晚上消费酒精和吸食大麻,变成醉心于宗教和真主。2012年1月,塔梅尔兰曾去过达吉斯坦,并在那里待了半年,看望了父亲和其他亲戚。

虽然从表面上看,美国波士顿爆炸案的两名嫌疑犯——察尔纳耶夫兄弟是独立行动,但是在他们的行动中还是可以找到伊斯兰极端主义的痕迹。美国企业研究所的分析人员凯瑟琳·齐默曼表示,他们俩人受到"基地"组织的网上英文杂志的启发策划了此次行动,该杂志煽动读者发起新圣战,发动比"9·11"事件规模小但是频率更高的袭击。这就是现在所说的"独狼式"恐怖袭击。这里所谓"独狼",是指受激进教育,在网上受训或自置装置并密谋制造恐怖袭击的人。这是因为"基地"组织在全球反恐的重压下,越来越重视"独狼"战术,其行动模式正逐渐向"个体圣战者"转型。由于"独狼"的袭击目标不确定,其随机性更高、欺骗性更大,这就构成了持续的和不可预知的威胁,波士顿马拉松爆炸袭击表明,这种"独狼式"恐怖袭击正成为美国的新梦魇。

在美国波士顿马拉松爆炸恐怖袭击案发生一个多月以后,在2013年5月22日下午2:40,在英国伦敦市东南部格林尼治区又发生了一名英军士兵被当街砍死的恐怖袭击案。英国首相卡梅伦宣布"有充分迹象显示这是一起恐怖事件"。

案件发生于伦敦东南部伍利奇的炮兵营附近,当地时间下午2时20分左右,当地马尔格雷夫小学学生正等待放学,不少成年人在车站等待公共汽车之际,一起车祸拉开了恐怖袭击的帷幕:在英国皇家燧发枪兵团服役、25岁的英军士兵李·瑞戈比,在经人行道过马路准备返回军营时,突然被一辆汽车撞倒,两名非洲裔男子停下车,走向倒地的那个英军士兵,拿着手中的砍骨刀"像屠夫剁肉一样"朝他乱砍一气。这名英军士兵可能是从营地一出来就被蓄谋已久的凶手盯上,也可能是因为他身穿着印有"向英雄们伸出援手"字样为伤残军人募捐的广告衫而被凶手确定为袭击目标的。一名目击者试图喝止这两名男子继续行凶,其中一人就赶回肇事车内取出一把手枪,威胁这个目击者离开。这两名凶手在对英军士兵乱砍15分钟左右以后,并没有逃走,而是把英军士兵的尸体拖到马路中央,挥舞着手中凶器在事发地来回游走,并要求旁观者给他们拍照片或视频,其中一名穿着黑色夹克、双手沾满鲜血的凶手还拿着刀走到镜头前面叫嚷道:"我们向万能的安拉发誓,我们生命不息,战斗不止……我们不会停止和你作对,除非你远离我们。"他说:"我们必须和他们(指英军)战斗,就像他们对我们一样,以眼还眼,以牙还牙……除掉你们的政府,告诉他们撤军,这样所有人都能和平相处。"他们对路人高喊,他们的行动是针对英国出兵阿拉伯国家的报复。率先到达现场的地方警察因为未带武器,没有靠近行凶者,在20分钟后特种武装分队赶到时,行凶者中的一人挥舞着刀具扑上去,中数枪后倒下,另一名凶手似乎准备拔枪袭击,被武装警员率先开枪射伤,两人随后被送往医院。

据英国媒体报道,本案两名凶手中有一人是尼日利亚裔英国人迈克尔·阿德波拉杰,他原本出自一个基督教家庭,但在2001年皈依伊斯兰教,成为一个极端宗教小团体成员。3年前,他曾在肯尼亚海滨城镇拉穆与一群穆斯林激进青年因想去加入"索马里青年党"而被警察逮捕,2010年11月在肯尼亚蒙巴萨出庭后被遣返英国。本案中的另一名凶手,22岁的迈克尔·阿德伯瓦勒,两个月前曾因遭人投诉厕身一群穆斯林激进分子中故被伦敦警方拘留。而据英国当局就案件进行的调查发现:这两名行凶者很可能阅读了"基地"组织的英语网络期刊《激励》并受其教唆。《激励》由"基地"阿拉伯半岛分支出刊,其中有对发起"独狼"恐怖袭击的布道,教唆人们用刀砍人及开车撞人。所以,这实际上是继波士顿马拉松爆炸案后的,又一起"独狼式"恐怖袭击。

六、出于种族歧视白人警察射杀手无寸铁的黑人青年引发示威骚乱的美国弗格森事件

进入21世纪头十年以后,虽然美国有了一位混血总统,虽然马丁·路德·金发表鼓舞人心的反对种族歧视的讲演已有50年,但种族歧视问题在美国仍然存在,而且非洲族裔与经常贫困、受教育程度低、失业率和犯罪率高的联系日益固化,加剧了正常法律程序中的失衡,成为族裔冲突的诱发因素。2014年在美国密苏里州圣路易斯市弗格森区发生的,手无寸铁的非裔青年迈克尔·布朗被白人警察达伦·威尔逊当街射杀引起抗议骚乱,就是一个典型案例。

（一）弗格森事件的肇始

2014年8月9日，美国密苏里州圣路易斯市弗格森区，16岁的非洲裔青年迈克尔·布朗手无寸铁，还作着投降姿势走到警察面前，但还是被28岁的白人警官达伦·威尔逊向其头部和胸部连开6枪，当街击毙。尽管警方说，布朗在死前不久曾到一家便利店偷窃雪茄，又说死后还在其尸体中检验出了大麻，但人们质疑说，把这当作警察当街射杀他的借口是愚蠢和严苛的。所以布朗之死当即引发了弗格森区群众一波又一波的抗议、示威和骚乱。警察向示威群众施放催泪瓦斯，发射橡皮子弹，并调来了国民警卫队，示威群众则向警察扔玻璃和塑料瓶，并在次日，以加油站和便利店为核心开展抗议活动，随后加油站很快就遭到劫掠和焚烧；在几天的示威活动中，警察从抗议者中间相继逮捕了47人、163人……还有一些记者也遭抓捕。这样，黑人青年被杀事件就持续发酵，美国弗格森区因骚乱进入紧急状态。

（二）奥巴马总统的表态

弗格森事件发生后，奥巴马总统就中断了为期两周的海边度假返回华盛顿，他在8月18日召开的记者招待会上说，他将派遣司法部长埃里克·霍尔德前往密苏里州的弗格森，调查白人警察射杀黑人青年布朗的事件，"以明确究竟发生了什么事，确保正义得以伸张"；他同时敦促执法部门和抗议者都要采取克制态度。他说："警方的任何过度行动，或任何剥夺人们和平抗议权利的行动，都不能原谅"；"弗格森社区民众感觉受到伤害并寻求答复是正当的，对他们，我再次呼吁我们应寻求一定程度的谅解，而不是简单地相互叫骂指责。让我们寻求治愈创伤而不是相互制造创伤"。他同时说，战胜社区与警方之间普遍存在的不信任感，将需要美国人"倾听，而不仅仅是呐喊"；"这是我们未来共同前进所应采取的方式：努力相互团结,相互了解,而不是简单地保持泾渭分明"。

媒体美联社认为,在奥巴马祈求平静和谅解降临密苏里之时,他发现自己作为美国第一位黑人总统,在当前的种族危机中无所适从。在这起危机中,美国各地黑人内心深深的不公平感暴露无遗。奥巴马想要找到一个恰如其分的应对方式,但他似乎左右为难。一方面,作为总统和最高统帅,他需要捍卫政府维护法治的权力。另一方面,作为一名美国黑人,他同那些声称弗格森事件表明警察对黑人不公的人士容易产生情感共鸣。

美国司法部长埃里克·霍尔德在承诺彻查弗格森事件时,也表明自己理解黑人民众对警察的不信任。并说自己也曾因为是黑人而多次被警察在高速路上拦下。在圣路易斯社区学院私下会晤50名当地各界领袖时,他还说:"我清楚地记得,当时我感到多么羞辱、多么气愤,还有此事对我造成的影响。"

(三)弗格森事件的国际反响

弗格森事件的规模虽然有限,但因它典型地反映了美国的种族歧视,因而引起了不小的国际反响。例如:联合国负责人权问题的高级官员纳薇·皮莱说,弗格森事件使她联想起自己家乡南非的种族隔离制度催生的种族暴力事件,她敦促美国当局对暴行的指控进行调查,反思美国种族歧视的根源。她说:"我谴责警方过度使用武力,呼吁抗议权得到尊重。美国是一个热爱自由的国家,他们应该珍视人民的抗议权。"

大赦国际说,美国必须先整顿本国侵犯人权的现象,然后再教训其他国家,希望对布朗之死及随后的一系列事件展开调查。

我国新华通讯社发表评论指出,弗格森事件再次表明,即使在多年来一直试图扮演国际人权法官和卫士的国家,其国内仍有大量改进的空间。显然,美国需要做的是集中精力解决自己的问题,而不是总是对别人指指点点。

俄国外交部敦促"美国伙伴在把自己不可靠的经验强加给别国之前,更关注恢复自己国内的秩序"。它在回应美国提交给联合国的一份有关种族歧视的报告中指出,美国把自己塑造成为人权堡垒,有系统地积极出口民主,然而,在美国,严重违反基本人权和野蛮执法的情况十分猖獗。俄罗斯外交部人权、民主和法治问题全权代表康斯坦丁·多尔戈夫认为,"美国当局要求别国不要镇压反政府抗议活动,但自己却对那些不平等和歧视现象感到不满的民众毫不客气。美国当局要求别国保障言论自由、不得镇压反政府抗议活动,在自己国内却毫不手软地对付那些积极表达对不平等现状、实际存在歧视及'二等'公民地位不满的抗议者,就像我们这几天所看到的那样,正在履行职责的记者也被殃及。弗格森骚乱及当局先严厉镇压'违法行为',后呼吁'恢复平静、开展对话'的反应,再次表明美国社会在尊重人权和民主标准问题上存在严重的系统性问题"。

伊朗最高领袖哈梅内伊在推特上连续发帖,强调"种族歧视仍然是美国的难题","从全球统计数据来看,美国政府是最严重的人权侵犯者。除了在国际上犯下罪行,它还对本国人民犯罪"。伊朗伊斯兰共和国通讯社则发表评论说,"近年来,暴力已经在美国制度化,但自从2009年诺贝尔和平奖得主奥巴马总统入主白宫以来,暴力情况加剧,现在针对弗格森黑人的暴力突然爆发。在非洲裔美国总统主张对枪支进行更严格管理的时代,美国在枪支暴力和种族分裂方面的顽疾甚至令其最紧密的盟友感到困惑"。

(四)开枪的白人警察不被起诉,引发抗议和骚乱

由9名白人和3名黑人组成的密苏里州的大陪审团从2014年8月20日起,每周开会一次地听取了60名证人的证词以后,在11月24日决定对射杀手无寸铁的黑人青年迈克尔·布朗的白人警察达伦·威尔逊不予起诉。

在这个消息传出的几分钟后,愤怒的人群就涌上了弗格森的街道进行抗议。示威者越过路障并怒骂警察,一些人反复高呼"杀人凶手",其他人则扔石块、砸玻璃,警察坐在装甲车里向示威群众施放催泪瓦斯,令示威者的眼睛和肺部有灼热感。布朗的家人发表声明,表示对大陪审团的裁决"深感失望",许多民众认为不起诉那个开枪的警察显示了司法不公,抗议示威渐渐演变成骚乱,当晚就有一辆警车被焚烧,商店被劫掠。

奥巴马当晚表示,美国人需要接受大陪审团的裁决,他说:"我们是一个建立在法治基础之上的国家,因此我们需要接受大陪审团的决定。"他说,一些美国人可能会"非常失望,甚至愤怒",这可以理解。不过,他呼吁示威活动保持和平。他说,这个案件为美国带来了"更大范围的挑战",在许多地区,执法人员和有色人种社区之间依然存在"深深的不信任感","这不是弗格森的问题,这是整个美国的问题"。在奥巴马呼吁民众保持冷静的不久之后,便有数百人聚集在白宫门前,他们齐声高呼"举起手来"、"不要开枪"等口号,并打出写有"制止种族主义警察恐怖行径"和"为迈克尔·布朗争取公正"的横幅。

11月25日,弗格森枪击案持续发酵,美国120个城市爆发抗议浪潮,截至25日下午,骚乱至少导致12幢建筑物遭纵火,不少店铺遭打砸抢,18人受伤,61人因涉嫌入室行窃、非法持有武器或非法集会等行为遭拘捕。为此密苏里州州长当天就在弗格森及其周边地区部署了大约700名国民警卫队士兵,晚上又增加至2200人。据美国有线电视新闻网(CNN)统计显示,本轮示威活动已蔓延至美国30多个州,在130多场示威活动中,有400多人被捕,甚至还波及其他三个国家。如在英国,就有大约5000名示威者11月26日在伦敦的美国驻英大使馆门前集会抗议,他们举着"黑人的命也是命"、"为迈克尔·布朗讨回公道"等标语,喊着"举起手来"、"不要开枪"等来自美国示威者的口号,声援弗格森和全美各地的示威。

11月29日,枪杀迈克尔·布朗的白人警察达伦·威尔逊宣布辞职,他说,他不愿再看到任何人因为自己而受到伤害。同一天,全国有色人种协进会组织的以弗格森为起点、以州首府杰弗逊城为目的地,全程长达192公里的"正义之旅"拉开帷幕,一些参与者打着"黑人的命要紧"、"现在就要实现平等"等标语,齐声合唱着《我们必胜》这首在20世纪60年代美国民权运动高涨时最著名的歌曲、时至今日美国弱势民众发起示威时广为传唱的自我激励之作,提出了要求弗格森警方负责人辞职、在全国范围内实施警察系统改革、以及立法终结种族不平等的社会现状等三大诉求。

无独有偶的是,弗格森事件尚未平息,2014年12月3日,纽约大陪审团决定不起诉一名扼杀黑人的白人警察的案件,又引起了公愤,数以千计的抗议者对着警察高喊口号,并堵塞了曼哈顿的多条街道。事情的起因是,在2014年7月,43岁的黑人埃里克·加纳被指在人行道上非法卖烟,警察潘塔莱奥从后面扼住他的脖子,不顾加纳一再叫喊"我不能呼吸了",其他警察帮着制服了加纳,警方称加纳拒捕,验尸官则认定加纳之死是他杀。2014年12月5日,美国亚利桑那州一名白人警察又因担心对方持有武器而将手无寸铁的毒品犯罪嫌疑人34岁的鲁曼·克里斯本开枪击毙……

(五)美国种族歧视积习不改的背景和原因

在奥巴马第一次竞选总统期间,美国曾爆发过种族矛盾。为此,他在当时曾到费城去遣责"我们多年来深陷种族僵局",但他说随着时间的推移,这种植根于美国种族痛苦历史的伤口是可以治愈的。然而,在6年以后的今天来看,这种种族僵局显然比以往任何时候都根深蒂固。就在发生弗格森事件的10天以后,就在同一个圣路易斯市,又有一名33岁的黑人男子在代顿地区一家沃尔玛商店内由于手持气枪被视为向白人警察挑衅而被当场击毙。当时警察接到报警称,在商店内有一名携带武器的男子。警察误把他携带的玩具气枪当成了真武器,警察称这个黑人男子当时挥舞着气枪,并在警察要他放下枪时不予理会,所以被击毙。

据美国联邦调查局(FBI)的研究,美国每周平均有两名黑人男性遭白人警察射杀,且美裔青年布朗遭28岁白人警察威尔逊当街击毙一事,并非特殊个案。而且根据750个执法部门提供的近2800起案例资料,在2005—2012年间,美国地方警察每年至少"合法"击毙400人。在被击毙的白人中,20岁以下的青少年占比8.7%,这一比例在黑人中却达到18%,足足高出一倍以上。而且在这里,遭"执法过当"而枉死的案例还未予列入,因此数值必有偏差或低估。在1994年后发生的案例还表明,四成遭警察击毙的死者身上找不到凶器及相关证据,而官方极少予以调查,这就使得警方开始大胆地射杀特殊族群。这个特殊族群就是与经常贫困、受教育程度低、失业率和犯罪率高的联系日益固化的非洲裔美国黑人青年。

弗格森区2/3的居民都是非洲裔美国人,但当地的警察95%是白人,市长和5/6的市议员都是白人,教育委员会的7名成员全是白人。在布朗之死引发第一轮抗议浪潮后,市长、州长不是用警力来保护公民和平抗议权并创造对话机会,而是将警察变成自己地盘上的占领军,并允许他们不必为自己的行为负责。而族裔间的职业固化则加剧了执法失衡,"分区规划"则导致弗格森区不断落败。

现在,美国的非洲裔群体虽然已得到了相对的平等、自由,但却长期处于社会底层。2010年人口普查时,查明只有45%非裔美国人拥有自己的住房,低于全美的67%;非裔的贫困率达25%,将近全美数字的2倍;非裔教育程度低,只能从事低收入职业,犯罪率长期处于高位;低阶层、高犯罪率强化了白人等其他族裔对非裔有刻板的印象,这种印象来自历史,却深深地植根于当今美国社会层次的不平等。这是酿成族裔冲突爆发的深层次因素,而族裔间职业固化的倾向,则加剧了正常法律程序中的失衡,成为族裔冲突的诱发因素。

与弗格森区的情况形成鲜明对比的是距该区只有20分钟车距的小城拉杜尔市,那里住着9000人,94.1%是白人,1%是非裔。拉市的贫困率不到弗格森区的1/10,人均年收入8.8万美元,达弗格森区的4倍;那里有全州最棒的高中。这两地的天壤之别,源于美国的"分区规划":美国各州政府给予地方政府以较大的自治权力,其中包括土地使用的分区规划权。于是,很多市镇层次的地方政府为服务于本地区的公共服务品质,就强制规定了房屋的面积、高度、规模等硬性指标,令经济实力不足者望而却步。密苏里州不仅实施分区规划,还推行"种族分区",使弗格森区成为非裔拥入的目的地。随后又迫使一些白人迁出,最终导致弗格森区经济凋敝、教育落后。包括警察在内的弗格森区市政系统很难从非裔群体中招募雇员,转而由白人、周边地区白人出任。恶性循环的弗格森区其实是美国种族问题的缩影。

以上种种在西方社会发生的社会震荡,表面上看来是一些孤立的、分散的事件,实际上却是当代资本主义的种种缺陷弊端在国际金融危机的冲击下集中暴露的必然结果,而且由于这些缺陷、弊端是与资本主义制度的本质紧密相连的,因而,在国际金融危机那样的冲击下是必定要爆发的。看来,在这场绵延了多年、至今还看不到尽头的危机的严重冲击下,西方资本主义制度即使还能暂时幸存下来,也只能在这一波又一波的社会震荡之中艰难地运行了。

第十三章

斯诺登揭穿了
美国政府监视和偷窥全世界的真面目

在国际金融危机中，对当代资本主义、特别是对美国资本主义的一个严重冲击，是斯诺登对美国政府监视和偷窥全世界真面目的曝光，这种曝光揭穿了美国政府的伪善，把它从自封的道德制高点上推将下来，严重地损害了美国的软实力。

一、斯诺登的曝光，首先把美国借口黑客袭击指责和攻击中国的矛头，转过来指向它自身

长时期以来，美国政府一直借口发生了黑客袭击指责和攻击中国政府。例如，2009年10月10日，美中经济与安全评估委员会公布报告称，中国的间谍活动正逐步削弱美国的应对活动；2013年2月19日，美国曼迪昂特网络安全公司称，已经查到网络袭击来自上海一幢没有标记的12层大楼，据信该楼内数以百计的黑客听从中国军方指挥。2013年5月，五角大楼在一份准备提交国会的年度报告中，也对中国进行了公开指责，说："在2012年，全世界无数的计算机系统，包括那些受控于美国政府的主机，都接连不断地受到侵扰，其中一些入侵事件显示和中国政府或军方有直接关系。这些入侵活动的目的在于获取机密信息。"

尽管我国外交部发言人华春莹指出,中国是遭受网络攻击最严重的国家之一,网络空间需要的不是战争,而是规则与合作;中方本着相互尊重、相互信任的原则,与包括美国在内的国际社会一道,开展建设性对话与合作;发言人洪磊援引国家互联网应急中心报告,2012 年 7.3 万个 IP 地址作为木马或僵尸网络控制服务器参与控制中国境内 1400 余万台主机、3.2 万个 IP 通过植入后门对中国境内近 3.8 万个网络实施远程控制;时任我国政府外交部长的杨洁篪严正声明:指责中国政府卷入了最近的黑客攻击行为是有人在抹黑中国。

尽管美国的上述指责攻击中国的情报信息纯属估计猜测,并没有什么确凿的证据,而且遭到了美国有识之士的一再揭露和批评,如 2010 年 2 月 1 日,美国《华盛顿邮报》发表哈佛大学教授、美国司法部前助理部长杰克·戈德密斯的文章,指出美国"谴责网络袭击"属虚伪之举;2013 年 2 月 23 日,美国反战网发表约翰·格拉泽《为什么说关于中国网络威胁的言论都是一派胡言》一文,指出由于发动袭击的 IP 地址与中国人民解放军一支部队处在相同地理区域,这个区域和洛杉矶一样大,有 500 万人口在那里居住,因此这些袭击便得到了中国政府的资助。这种观点过于牵强,忽视了诸多其他可能性;2013 年 2 月 25 日,美国信息周刊网站发表马修·施瓦茨《在网络安全的问题上不要指责中国,指责自己吧》一文,说美国曼迪昂特网络安全公司认为,自 2006 年以来,专门从事网络行动的部队针对 140 多家企业和政府机构展开了进阶持续性渗透(API)攻击。然而,正如有的专家指出的,"网络袭击成千上万,其中许多袭击使用相同技术,同样聪明,但只要在一次网络袭击中提及中国,每家电台和新闻频道便总说是中国干的"。

尽管有这一切,美国政界军界商界有些人却还是一味地借口黑客行动来指责和攻击中国。继美国国务卿希拉里之后,美国国家安全事务助理多尼伦在 2013 年 3 月也出面来指责和攻击中国。多尼伦说,网络安全已经成为中美两国经济关系中一个越来越大的挑战。

他直接提到中国是网络威胁的来源。他的言论表明,华盛顿已经决定要更加公开地谴责中国针对美国企业展开网络袭击进行猖獗的网络间谍活动。他要求中国:一是应认识到这个问题的紧迫性和严重性,以及对其国际贸易、中国产业名声和中美总体关系所构成的风险;二是应采取认真举措,调查并制止这些活动;三是需要中国与我们展开具有建设性的直接对话,在网络领域确立可以接受的行为规则。接着,在2013年6月,中国国家主席习近平应邀去与美国总统奥巴马在美国加州安纳伯格庄园会晤期间,奥巴马政府更公然指责中国窃取价值连城的技术和金融数据,以及不可估量的美国军事机密,并指这种尖端网络黑客袭击是中国军方所为。为此,奥巴马总统敦促习近平主席对滥用互联网窃取重要经济和军事机密的行为加以控制,他们将所谓针对美国企业的网络盗窃行为置于两国"关系的中心位置",美国总统的发言人杰伊·卡尼说,终止中国对美国的网络间谍活动是奥巴马政府的一个首要目标。反之,中国则宣称自己是网络袭击的受害者,美国才是网络袭击最大的幕后黑手。

然而,正当美国政府站在它自封的道德优越性的制高点上,声色俱厉地指责和攻击中国的时候,一颗"炸弹"的爆炸却把它从这个制高点上掀翻到地上,它证明"长期以来试图扮演网络攻击无辜受害者的美国,其实才是这个时代最大的恶人"。这颗爆炸的炸弹,就是斯诺登对美国政府监视和窥视全世界其中也包括中国的曝光:

2013年6月6日晚,美国《华盛顿邮报》在其网络上刊登报道说,美国国家安全局和联邦调查局正在开展一个秘密项目,直接接入9家美国互联网公司的中心服务器,提取音频、视频、照片、电子邮件、文件和访问日志等信息,以搜集情报。英国《卫报》在6月5日曝光奥巴马政府监视美国数百万民众的日常通话。根据报道,这一项目高度机密,代号为"棱镜"(Prism),从2007年开始实施,从未对外公开过,接入互联网公司的中心服务器可以让情报分析人员直接接触到所有用户的数据,通过音频、视频、照片、电邮、文件和连接日志等信息跟踪互联网使用者的一举一动,以及他们的所有联系人。报道说,在过去6年中,该项目经历了爆炸性增长,眼下国家安全局约1/7的情报报告依靠这一项目提供的原始数据。在过去一年中,总统每日情报简报中有1477个条目使用了这一项目提供的数据。目前,包括微软、雅虎、谷歌、苹果等在内的9家美国互联网公司参与了"棱镜"项目。

2013年6月9日,一名曾在中央情报局任职、现任美国国家安全局承包商的男子爱德华·斯诺登说,披露美国绝密监控计划细节的就是他,他这样做是出于"保护全世界民众基本自由"的良知。

斯诺登,1983年6月21日出生于美国北卡罗来纳州伊丽莎白市,随后移居马里来州。父母早年离婚,他没有获得高中文凭,但一度在马里兰社区学院学习计算机。他在2004年加入美国陆军,后因在训练事故中被折断双腿而离开部队。退役后他在美国国家安全局设置于马里兰大学的一处隐蔽设施担任警卫,此后在美国中央情报局担任与信息技术安全有关的职务,并作为中情局信息技术员派驻日内瓦工作至2007年。2009年他离开中情局,为戴尔计算机公司工作,随后又作为博斯艾伦公司雇员在国安局工作4年,为它提供国防、情报等方面管理和技术咨询服务,因而能在工作中接触到大量机密资料,2013年5月,他在其工作所在地——夏威夷的国家安全局办公室拷贝了多份秘密文件后告诉主管说,他需要休几周假治疗癫痫,随后就在5月20日飞赴香港。据悉,斯诺登的年薪大约为20万美元,之前他一直与女友租住在夏威夷州檀香山市的一个高档社区里。他说,他之所以选择了向媒体曝光披露美国绝密计划的细节,是"看到美国政府利用监视体系侵犯个人隐私、网站自由等基本人权,我感到良心不安"。他对英国《卫报》记者说,"我不想生活在一个干这些勾当的社会里……我不想生活在一个我的一言一行都被记录在案的世界里。我不愿支持这种事,也不愿生活在这样的控制下";"国家安全局打造了一个系统可截获几乎所有信息。有了这种能力,该机构无须锁定特定目标,即可自动收集绝大多数人的通信内容。如果我想查看你的电子邮件或你妻子的电话,我只需使用截获功能。你的电子邮件、密码、电话记录和信用卡信息就都在我手上了"。

2013年6月12日,斯诺登在接受媒体专访时曝料说,美国国家安全局的"棱镜"计划涉及香港和中国内地的人员和机构。它自2009年以来持续入侵香港及内地的电脑网络。美国在香港的入侵目标包括大学、政府官员、商界人士和大学生,它对内地数百个目标也展开了黑客行动,"我们非法侵入主干网站,不必侵入单个电脑,就可以掌握大批电脑的通信情况"。

斯诺登的这个曝料,印证了2013年6月号美国《外交政策》双月刊上发表的马修·艾德《美国国家安全局里的绝密中国黑客小组》一文中的揭露。该文揭露奥巴马拥有一支自己的黑客军团,这支军团已经深深潜入了中国的网络15年。它隶属于美国国家安全局下属的一个高度机密的、名为"获取特定情报行动办公室"(TAO)的部门,它在成功入侵中国电脑和通信系统近15年间,获取了关于中国境内正在发生的事情的最优质、最可靠的情报。TAO的办公室藏身于马里兰州米德堡的国家安全局总部大楼之内,它与其他部门隔离开来,对于国安局的许多工作人员来说,这个机构也是一个谜。因为TAO业务的极端敏感性,只有寥寥数位国安局高级官员对于TAO的信息享有完全知情权。而且要进入该部门的工作区需要经过特别安检通向超现代的控制中心的大门由荷枪实弹的警卫把守,只有在数字键盘输入6位密码才能顺利通过一道威严的钢制门,此外还有一个视网膜扫描器确保只有经过特别甄别的人才能通过这道门。

TAO的任务,就是通过秘密入侵计算机和通信系统,破译密码,破坏保护目标计算机的安全系统,盗取储存在电脑硬盘中的数据,然后复制目标邮件和短信系统中的所有信息和通过的数据流量,来获取关于境外目标的情报。国安局用以描述这一系列行动的技术术语是"计算机网络刺探"。TAO 还负责搜集情报,以便一旦总统下令,美国就有实力发动一场网络袭击来破坏外国的计算机和通信系统,由美国网络司令部负责发动类似的网络袭击。TAO 目前是国安局庞大的信息情报理事会中最大、而且可以说是最重要的组成部分,包括 1000 多名军队和民间计算机黑客、情报分析人士、目标专家、电脑软硬件设计人员以及电气工程师。到 2009 年 1 月奥巴马成为美国总统的时候,TAO 在某种意义上已经近似于美国情报圈的"后起之秀",它已经自成产业了,它能到情报界别人去不了的地方,弄到别人弄不到的东西。

斯诺登提供的文件表明,美国还把中国领导人胡锦涛、商务部、外交部、银行、全球第二大通信设备供应商华为公司等列为其对中国进行大规模网络进攻的目标。2009 年初,美国国安局的一个特别小组成功地渗透进了华为公司的计算机网络,并复制了超过 1400 个客户的资料和工程师使用的内部培训文件,还获得了个别华为产品的源代码。为此,美国国安局的一份内部文件还说:"我们获取了如此之多的数据,以至于我们不知道如何处理它们。"

显然,奥巴马政府是为了掩饰自己政府的网站诡计,才指责中国窃取价值连城的技术和金融数据,以及不可估量的美国军事机密,才敦促中国政府对滥用互联网盗取重要经济和军事机密的行为加以控制的。所以,斯诺登等人关于美国网袭中国内幕的曝光,削弱了华盛顿斥责北京对美国目标发动网络袭击的权威性,印证了中方一再重申的说法,即中国是类似网络袭击的受害者,从而把美国政府指责和攻击中国的矛头转向了它自身。它更一下子激起了中国网民的纷纷抨击和严厉谴责:好一个伪君子在上演贼喊捉贼的把戏!新浪微博用户中许多人此前一直把美国政府视为保护人权和言论自由的典范,但在看了斯诺登等人的曝光材料后,一位微博用户写道:"这难道不是扇了奥巴马的耳光吗?尽管美国无休止地谈论自由和民主,它原来是这样虚伪唡!""数月来,华盛顿精心罗织罪状,指控中国放任中国黑客把美国一些企业和机构作为攻击目标,现在关于美国国家安全局实施了绝密的监控项目监控网站空间里的所有人,这个消息使华盛顿对中国的指控失去了价值。看来完全是锅嫌壶黑,只不过这一次锅比壶黑得多,没有其他哪个国家会构思美国如此大规模的网络监视行动";"美国指控说,中国的黑客行为主要涉及商业和军事活动,以及窃取知识产权。但美国的监控项目完全是另一回事。华盛顿欠美国公民和全世界一个解释:为什么需要这样的过度监视?"

二、美国政府对美国人的监视和窃听,是侵犯自由与隐私的违宪行径

斯诺登对美国政府监视和偷窥全世界真面目的曝光,是从曝光美国国家安全局一项代号为"棱镜"的秘密项目等开始的。英国《卫报》根据斯诺登提供的文件材料报道关于美国一个国内电话信息收集计划的细节说,韦里孙通信公司(Verizon)被迫向国家安全局提供所有关于国内、甚至是本地电话通信的详细信息,每天上交数百万用户的通话记录。接着英国《卫报》和美国《华盛顿邮报》披露了美国国家安全局另一个代号为"棱镜"的大规模监视计划,该计划要求美国各大互联网公司秘密提交包括电子邮件、照片、视频、聊天服务、文件传输、存储数据、登录以及视频会议等信息。于是,在过去6年间,美国国家安全局和联邦调查局就通过进入微软、谷歌、苹果、雅虎等9大网络巨头的服务器,随心所欲地监控美国公民的电子邮件、聊天记录、视频及照片等秘密资料。随着"9·11"事件后政府预算的增长,国家安全局大大扩充了其窃听能力,国家安全局在大型电信设施中辟出了秘密工作室,例如在美国电话电报公司位于旧金山的10层交换大楼里,来自国外的数据和电话通信的镜像副本被引向装备了特殊硬件和软件的工作室,以便对电子邮件和电话信息进行过滤,并

将结果传送给国家安全局进行分析。与此同时,在二战期间曾为研制原子弹从事过绝密研究的田纳西州橡树岭国家实验室,国家安全局正在秘密建造世界上运算速度最快、功能最强大的计算机。这种计算机将能够对海量数据——例如全美国的人们在每天拨打的所有电话——进行分拣处理。

在二战后通信隐私法再次生效的情况下,美国政府又与各大电报公司达成交易,规定由后者向"信号情报服务局"(以及后来的国家安全局)提供获取其通信服务内容的权限。根据代号为"三叶草行动"的一项安排,特工们会在午夜左右到每家电信公司纽约总部的后门领取当天的电报通信内容,并把这些数据送到一个伪装成电视录像带加工公司的办事处。在那儿,特工们会用机器对所有包含电报内容的计算机磁带进行复制,然后在几小时之内把原始磁带送还给电信公司。这一非法且规模庞大的秘密监视活动被披露后震惊了全国。于是,为确保类似事件不再发生,民主、共和两党共同起草了《外国情报调查法》,设立了"外国情报调查法院",以保证国家安全局只有在有理由怀疑美国公民参与了严重的国家安全犯罪时——例如从事间谍或恐怖活动——才能对他们展开窃听。但在2001年的"9·11"事件发生后不久,国家安全局的局长又再一次地寻求美国电信业的秘密合作,以便获得进入通信渠道和链接的权限。这就使美国成为一个对本国公民实行秘密监视的国家。

斯诺登对美国政府秘密监控本国公民真面目的曝光,彻底揭穿了美国政府以自由、平等、民主、人权的代表自我标榜的伪善嘴脸。自从美国政府通过1776年的《独立宣言》和1789年的《美利坚合众国宪法》,把自由、民主、平等、人权确立为自己的基本价值观以来,它一直以民主制度的典范自居,它的一名代表、最高法院首席大法官约翰·马歇尔曾自我吹嘘说:美国"政府直接起自人民,是以人民的名义奠立起来的","联邦政府的确是一个人民的政府,在形式上和实质上,它都是来自人民的。它的权力授自人民,直接行使于人民的利益","它是全民的政府,它的权力受自全民的委托,它代表全民,并且为全民工作"。所以,随着"棱镜门"丑闻在美国持续发酵,当事的美国情报部门与互联网服务商、乃至美国总统在压力之下不得不纷纷出来自辩:美国国家安全局局长亚历山大和联邦调查局局长穆勒在国会作证时为政府的监控行为辩护说,利用监控境外网民上网的"棱镜"项目,美国曾经挫败数十起恐怖袭击图谋,包括2009年恐怖分子袭击纽约地铁的图谋。穆勒更声称,如果2001年就监控民众通话,"9·11"恐怖袭击就不会发生。美国国家情报总监詹姆斯·克拉珀把"棱镜门"计划称为"我们保护国家安全的最重要手段之一",他说:"PRISM并不是一个秘密的情报收集或数据挖掘计划。这是一个政府内部的计算机系统。它有利于政府进行经法律授权的、在法院监督下向电子通信服务提供商收集涉外情报信息的工作",他坚称PRISM计划由一个秘密法院依照美国国会通过的法律进行监督。奥巴马总统也说,至少有50起恐怖图谋是因为"棱镜"监控项目的存在而破产的。他还表示,"棱镜"计划是一项十分有限的项目,它只限于追踪恐怖分子的活动和搜寻大规模杀伤性武器存在的蛛丝马迹。美国的互联网监控计划不会侵犯任何国家公民的个人隐私权,只是为了控制恐怖活动,美方正借助那些监视项目在拯救生命。

与此同时,谷歌、微软和"脸谱"等被牵涉进"监控门"的美国大公司则相继发表声明,呼吁美国政府采取更透明的态度,披露安全机构要求企业提供相关数据的情况,以证明这些企业的"清白"。据报道,谷歌和脸谱正与美国政府谈判,以公开更多有关国家安全数据请求的信息。"脸谱"公司还发声明称2012年下半年,"脸谱"收到了来自美国政府部门的9000—10000次对用户数据的请求,涉及1.8万—1.9万个用户账户。"脸谱"法律顾问在声明中特别强调,"脸谱"屡次当场拒绝这类要求,或请政府大幅缩小他们的要求"。

而在"9·11"恐怖袭击后美国政府逐步建立起庞大的监控体系,"棱镜门"所披露的情况只是冰山一角。据美联社、彭博新闻等媒体报道,多年来,美国国家安全局早已通过海底光缆复制所有进出美国的网络信息,然后交由国家安全局情报人员进行分析研究。上千家科技、金融和制造业公司与美国国家安全部门开展紧密合作,向其提供敏感信息,同时获得机密情报。这些项目的参与者被称作"可信的合作伙伴"。

随着"棱镜门"丑闻持续发酵,美国国家安全局对监控着每个美国公民的电话记录和国际网络通信的计划,受到越来越多国会和民间团体的质疑和反对,而且这种反对的声音不断高涨。他们对政府如此大规模窃听美国公民隐私异常反感,认为政府的这一行为有悖于美国一直倡导的民主、人权等价值观。美国政府的官员宣称,他们的监控计划或元数据搜集是基于《外国情报监控法》的授权,这个法案制定于1978年,后在2001年《爱国法案》、2007年《保护美国法案》以及2008年《外国情报监控法修正案》等基础上进行完善,特别是2008年《外国情报监控法修正案》准许美国国家安全局对民众的国际通信进行"拉网式搜集",对没有任何违法嫌疑的民众也不例外。然而,在美国众议院司法委员会召开的对美国国家安全局的监控计划的听证会上,来自民主和共和两党的众议员都表示,他们认为政府在监控计划上已超越了国会授予的监控权限,并警告奥巴马政府,将来国会可能不会更新授予类似的权力。例如,来自威斯康辛州的共和党众议员、曾支持并授权监控法案的森森布伦纳说,国会只是允许情报机构获取与国家安全调查有直接关系的数据,没人希望政府去获取每个人的通话记录,并将其存入这样巨大的数据库内。来自佛罗里达州的民主党众议员多伊奇则指出,美国政府正大规模地囤积很敏感的个人数据,情报官员、合同工等人员只要从外国情报监控法庭获得加盖了橡皮图章的证书即可肆意偷听任何一个他们想听的美国公民的电话记录。一些议员警告说,数据搜集是不可持续的,众议院将可能现在就撤销国会的法律授权,或者当2015年监控授权法到期时,他们至少可以拒绝更新这个法案。森森布伦纳对司法部副部长科尔说,"除非你承认这个监控项目已出现问题,否则这个法案将不会被更新"。

除国会对政府的监控计划进行听证外,美国政府倡导团体和宗教团体非同寻常地组成了一个联盟,联盟成员包括苹果、谷歌、脸谱、推特等硅谷企业以及民主与技术中心,电子开拓领域基金会和美国公民自由联合会等,该联盟对美国政府监控美国人的电话记录的合法性提出了指控。他们声称美国国家安全机构的有关秘密监控行动是"非法而且违宪的电子监控网项目",这已经是继斯诺登之后第六起针对美国政府的指控。美国最具影响力的民权组织美国公民自由联盟起诉联邦政府,指控它开展"棱镜"计划侵犯了言论自由和公民隐私权,违反宪法,请求联邦法院下令终止这一监视项目。美国舆论对美国情报机构"毫无节制地增扩监听计划"给予强烈谴责,认为以反恐的名义随意监视民众,显然侵犯了公民基本权利。

自从斯诺登曝光美国国安局秘密情报监听项目以来,曾有多个民间组织就此对奥巴马政府提起诉讼,而就律师兼活动人士拉里·克莱曼和查尔斯·斯特兰奇提起的诉讼,美国华盛顿联邦法庭法官理查德·利昂在2013年12月16日作出裁定:美国国家安全局针对美国国内的大规模电话监控项目侵犯了美国公民的隐私权,而且"极有可能"违宪。利昂法官在裁决意见书中写道,美国国家安全局这一系统性、高科技情报监控项目在未经司法授权情况下,以怀疑和分析为目的搜集并存储几乎每个美国公民的私人记录,他难以想象还有比这更为肆意专横的对公民自由的侵犯。利昂裁决,克莱曼和斯特兰奇两人很可能能够证明他们的隐私利益超过了政府收集情报的利益。利昂说,这意味着根据宪法第四修正案大规模收集情报的计划是一个不合理的做法。奥巴马政府一直辩称这一计划是反对恐怖主义的一个关键手段。但是,利昂在其长达68页、大量加注的陈述书中,认为政府没有提出任何具体的例子证明这一计划真的阻止过一场迫在眉睫的恐怖袭击。他指出:"我严重怀疑在涉及迫在眉睫的恐怖威胁的案件中,这一元数据搜集计划作为一种争分夺秒的调查手段的效力。"据此,利昂法官准许了原告请求作出的初步禁令,但他推迟执行这一决定以"等待上诉结果"。

2014年1月3日,美国司法部向首都华盛顿所在的哥伦比亚特区联邦巡回上诉法院就此提出上诉。

同日,美国一个秘密情报法庭再次裁定,国家安全局可以继续每天收集每个美国人的电话记录。国家情报总监办公室发言人肖恩·特纳说,涉外情报调查法院3日延长了国家安全局电话记录收集项目的有效期,此种定期申请在一定程度上是例行公事,但自这一项目于2006年开始以来一直是必须的。特纳称,过去7年中,美国涉外情况调查法院曾有15名法官36次认可国家安全局收集美国人的电话记录的行为合法。该法院成立于1978年,一直是秘密开庭,仅审理政府律师寻求允许进行额外监控的案件,而不处理反对者的诉求。相关记录显示,该法庭几乎满足了政府的所有请求。

此前,在2013年12月27日,美国联邦地区法院法官威廉·波利以监听是打击恐怖主义的必要手段为由,裁定国安局的行为合法。这样一来,该案件就需交由美国联邦上诉法院来裁定。波利法官认为,国安局的行为是"9·11"恐怖袭击后采取的必要步骤。他说,"基地"组织的恐怖分子利用科技手段分散各地运作,遥控国际恐怖袭击活动,国安局的计划可以使政府搜集零碎化及稍纵即逝的信息,这是对"基地"组织的反击。他还说,政府搜集公民电话信息只有一个目的,那就是调查和制止恐怖袭击没有证据显示政府将这些信息用于别的用途。他据此驳回了美国公民自由联盟提起自己的一项法律诉讼。公民自由联盟对此表示非常失望,认为这一裁决曲解了相关法规,低估了政府监控对隐私权的影响,误用狭隘和过时的先例,来解读核心的宪法保障,所以将提出上诉。而一直为国安局大规模监听计划辩护的奥巴马政府,则对波利法官的这一裁决表示欢迎。现在,美国司法部向华盛顿所在哥伦比亚特区联邦巡回上诉法院就理查德·利昂法官2013年12月16日的裁决提起上诉,这更表明奥巴马政府力挺国安局监控计划,要求法院驳回"监听违宪"裁定。

三、美国把欧盟当作监控攻击目标,激起欧洲盟友的愤怒指责

根据斯诺登曝光的美国国家安全局2010年9月的一份"绝密级"文件描述,不仅美国首都中心地带的欧盟办公室被安装了窃听器,而且其内部计算机网络也被渗透。美国人通过这种方式不仅了解了欧盟机构的通话内容,而且也获得了计算机上的电子邮件和内部文件。欧盟驻联合国代表也遭到了驻华盛顿代表处那样的攻击。美国国家安全局2010年9月的文件明确地把欧洲人称作攻击目标。

美国国家安全局2010年9月的文件还把38个大使馆和代表团称为"目标"。这些目标除了传统的意识形态对手和敏感的中东国家外,还包括欧盟代表团、法国、意大利、希腊大使馆,以及其他美国盟友,如日本、墨西哥、韩国、印度和土耳其。该文件还将德、法、意、希等国这些美国在欧洲的盟友,列为"三级伙伴",要进行监视和"攻击",与中国、伊拉克、沙特阿拉伯"享受相同待遇"。同样被列入"三级伙伴"的还有日本、韩国、印度、土耳其、墨西哥等。在美国的盟友中,只有英国、加拿大、澳大利亚、新西兰等四国被列入"二级伙伴",不在美国的"谍报攻击"范围之内。美国情报机构的主要攻击手段,一是在输送大量数据的通讯光纤上"搭线"。其优势是可以截获所有信息,且隐蔽性强,不易被发现。但缺点是海量信息的筛选分析费时费力。二是通过服务器营运商接入服务器,直接监控目标群体,甚至获取其硬盘上的文件。这种攻击手段的优势是有的放矢,效率高。但弱点是必须依靠数据服务运营商,隐蔽性差,曝光风险大。三是在要害部门、关键地点安放窃听器,或加密传真机等。欧盟驻纽约联合国总部代表团的加密传真机曾被"搭线";布鲁塞尔欧盟部长理事会的大楼里也曾发现窃听器。窃听欧盟驻华盛顿代表处的目的是搜集

关于欧盟成员国在全球议题上的不同意见,以及其他分歧的情报。

美国把欧盟列为监控目标的计划和行动曝光后,当即激起其欧洲盟友的愤怒指责。例如,卢森堡外交大臣让·阿塞尔博恩说,"如果这些报道属实,这种做法就是可恶卑鄙的","美国的一切理由都是反恐。但欧盟及其外交官不是恐怖分子","美国的间谍情报系统已经失控。美国与其监视盟友,不如监控自己的秘密情报部门。我们现在需要最高层次的保证以让一切立即停止"。奥地利总理法耶曼下令要求内政部和国防部调查美对欧洲国家、特别是对奥地利进行窃听和监视情况,其副总理兼外长施宾德格勒则召见美驻奥大使,给了他一份列有16个问题的清单,希望美方"当日内"回答。欧盟议长马丁·舒尔茨说:"假如这事被证实,那将是一个天大的丑闻","这将严重影响欧盟与美国的关系"。德国司法部长扎比娜·洛伊特霍伊塞尔·施纳仁贝格称美国此举是"冷战重现",他要求美国"应当立即就美国窃听欧盟事件的报道解释清楚",并指出"我们在美国的朋友视欧洲为敌人,这完全不可想象",美国监视欧洲国家的行为"让人联想起冷战时期敌对国家之间的行为。很难想象美国能够以反恐为理由解释这些行为"。法国外交部长法比尤斯则称,如果上述报道属实,则法方"完全不能接受"美国的做法。法国总统奥朗德要求美国"立即停止对欧盟的间谍行为",他还表示,"法国不能接受盟友之间存在这种行为,我们有理由要求解释","我们无法在此条件下进行任何谈判与交易"。法国左、右党派一致提出,应立即终止与美国的自由贸易谈判,法国的欧洲女议员萨尔纳兹甚至提出要对美国采取制裁措施,她要求"传唤"奥巴马政府代表到欧洲议会"接受质询"。2013年7月4日,欧盟议会以绝大多数赞同的结果通过一项决议,"对欧盟代表受到情报监视予以强烈谴责",同时警告如果情况属实,"美欧关系将受影响"。决议说,欧洲议会责成其公民自由委员会"就美国监控计划特别是窃听欧盟机构的传闻展开深入调查"。2013年12月12日,欧洲议会通过投票正式确认将邀请斯诺登为美国国家安全局监控事件作证。为防美国安全局可能通过实时连线的互联网信息追踪到斯诺登所在位置,欧洲议会决定请他把答问做成录像传给议会。

在欧盟各国中,被美国监控程度最高的当数德国,据德国《明镜》周刊的文章披露,仅2012年圣诞夜,德国就有1300万个电话和600万个互联网数据受到美国人监听。2013年1月7日,一天之内竟有6000万个电话和互联网数据遭美国人窃听。美国每月对德国5亿多个电话、邮件和短信等数据进行监听和储存。《明镜》周刊转引一份美国秘密文件还说,美国国家安全局在白宫的批准下甚至监听德国联邦政府,包括默克尔总理本人。德国联邦议会内政委员会主席博斯巴赫认为,美国窃听丑闻使民主社会的信誉受到了挑战,公民将失去对国家的信任,失去对民主的信任。德国媒体的文章称,如果说此前爆料的美安全局进入中国、俄罗斯的网络并不出乎人们的预料,那么,美国对盟友的监控,就多少有点匪夷所思。"棱镜门"的性质越来越从公民的隐私保护争议,扩展到国际层面的外交纠纷。德国电台的评论员感叹道,没有想到,一向标榜"自由第一,民权第一"的美国政府把触角深入到全世界,特别是他的盟友国家的各个领域,没有想到美国政府的监听不仅针对恐怖主义嫌犯,而且也包括欧盟的政治家、奥巴马的"老朋友"默克尔和成千上万的老百姓。

负责司法、人权和公民事务的欧盟委员维维亚娜·雷丁致信美国司法部长埃里克·霍尔德,就"棱镜"监控计划提出了7个具体问题,雷丁在信中写道:"'棱镜'等计划以及此类计划获批所基于的法律,可能给欧盟公民的基本权利带来严重的不良后果"。雷丁说,"考虑到事态的严重性",希望霍尔德"迅速而明确地给出这些问题的答复"。这些问题包括:美国的各项计划是否把欧洲公民作为目标;欧洲公民能否知道自己的数据是否被这些计划获取;以及欧洲公民在此类情况下是否会受到与美国公民类似的对待。雷丁警告说,欧洲议会"很可能会根据你(霍尔德)的回答评估大西洋两岸的整体关系"。雷丁还严厉批评了谷歌公司、脸谱交友网站和苹果公司等互联网巨头,据媒体披露,这些公司在接到一家美国法院的命令后,被迫秘密向国家安全局提供客户信息。雷丁在谈到推特网站时写道,欧洲公民的权利可能会"受到美国公司的损害,这些公司把美国法律置于欧盟的基本权利之上",然而"欧洲公民应当百分之百地相信,收集并处理他们个人信息的公司将遵守欧洲法律"。欧盟委员会负责内部事务的委员塞西莉亚·马尔姆斯特伦则致信美国国土安全部部长珍妮特·纳波利塔诺、财政部负责反恐和金融情报事务的副部长戴维·科恩,表达欧盟对有关美国监视欧盟报道的担忧。她认为欧美关系正进入"微妙时刻","相互信任与信心严重丧失",如果美国无法证明其遵守欧盟有关信息保护的规定,欧盟委员会将不得不中止与美国的信息共享,不让美当局获取有关欧盟金融交易和航空旅客的信息——这是在美国2001年遭遇"9·11"恐怖袭击后,推动与欧盟达成的协议,"如果无法证明(这些合作)对我们(欧盟)的公民有益,而且没有在完全遵守法律的前提下得到执行,项目的可信度将受到严重影响,在这种情况下,我有义务重新审视执行它们的条件(是否)得到满足",而这种信息共享的中止,正如英国《金融时报》所说,将对美国构成重大打击。

　　正是基于对美国情报机构无法无天行为将引发的负面影响同样的担忧,2013年6月30日的法国《世界报》发表文章援引一位不愿透露其姓名的前美国政府高官的话,把斯诺登曝光美国政府监控和偷窥全世界,高度评价"为适时采取措施防止美国宪法体系被颠覆而发出的警告"。这位前美国政府高官指出:"从外表看,美国显然不是一个警察国家,但是从其网络监控和法律违宪对公民私生活的侵犯程度来看,早已名符其实。"他断言:"假如美国再发生类似'9·11'的恐怖袭击,我对我们一直引以为豪的民主制度的未来真不敢乐观。因为这些被滥用的权力异常危险。"他认为美国总统和国会无权以反恐的理由对宪法进行修订,对受到法律保护的公民人身自由、居所安全、言论和文字等一切权利进行践踏。法国《世界报》报道，曾有一位美国参议员评价美国安全机构说，"我知道那里拥有把美国变成一个暴政国家的一切技术能力。我们要监督它和所有拥有这一技术的机构在法律允许的范围内行动，以保证我们永远不会被暴政的黑暗笼罩。这黑暗只要一进入就别想再出来"。然而，现实是不幸被他所言中。《世界报》的文章援引那位美国前政府高官的论断说，"以反恐战争为由获得无限支持与扩张的美国情报监控机器今天已经强大到无法无天的程度。它可以随时把锋芒指向自己的人民与盟友，任何人都不会再有所谓的私人空间。斯诺登甘愿冒违背其保密誓言之耻和身家性命之险，向公众和世界揭露美国这一黑暗现实，并让更多有勇气、有爱国心的人向舆论、向国会、向总统和政府施加影响，这也让我看到了走出并彻底摆脱这一黑暗的希望"，"斯诺登做了正确的选择，因为他了解国安局的监控计划并判断其性质为严重违宪和极度危险"。

四、美国政府的监控和偷窥，激起了全球的反美浪潮

美国政府的监控和偷窥，是多方面、多层次、多渠道、多领域的，简直可以说，达到了无论何时何地，都无所不用其极从而达到无往而不在的地步。

（一）从地域来说，除美国本国、中国、欧洲之外，美国通过中央情报局在亚洲多国开展"黑袋行动"

破门而入以人工方式入侵国家安全局难以遥控攻击的电脑，不留痕迹地在对方电脑上安装间谍软件，在电话上安装窃听器，甚至攻击数据交换中心，或者拷贝备份文件和硬盘，以完成"棱镜"项目和其他电子窃听所不能完成的工作。据2013年7月美国《外交政策》报道，过去10年间，经过专门训练的美国中央情报局特工已经实施

了100多次这样的活动,其目标范围甚广,既包括外国政府和军队的通讯和电脑系统,也指向跨国公司的电脑网络,以及与恐怖组织有染的个人。

更严重的是对拉丁美洲的监视和偷窥。据2013年7月9日巴西《环球报》报道,根据斯诺登披露的文件,过去5年间,哥伦比亚、墨西哥和巴西是被美国截获电子邮件和电话信息量最大的国家,类似活动还发生在阿根廷和厄瓜多尔等国。美国在2002年就开设了截取波哥大、加拉加斯、墨西哥城、巴拿马城和巴西利亚卫星资料信息收集中心。巴西一直是美国国家安全局监控程度最高的南美国家,美国对巴西公民几十亿封电子邮件以及其他通讯方式进行监控。为此,2013年7月12日,有阿根廷总统克里斯蒂娜、巴西总统罗塞夫、委内瑞拉总统马杜罗和乌拉圭总统穆希卡出席的南方共同市场国家峰会,发表共同声明谴责美国对该地区多个国家采取的监控活动,指出美国这种行为"危害到了南美所有国家"。声明着重谴责美国情报机构对该地区各国采取的拦截通讯信息的行为,指出这种行为"构成了对人权的践踏"。指出奥巴马政府的态度是不可接受的,它"损害了国与国之间的正常交往"。声明要求美国"立即停止"一切间谍活动,对其实施监控的动机和产生的后果"作出解释"。2013年9月24日,巴西总统罗塞夫在联合国大会发表讲话时,说斯诺登揭露美国网络监视活动——包括针对巴西的——一事激起了"全世界方方面面的怒火和批驳"。她说,巴西受到的侵扰尤为严重,因为巴西总统府、驻联合国使团的通信甚至具有很高经济价值乃至战略价值的信息,都遭到了拦截。这是一种"侮辱"和"缺乏尊重"的表现。曝光的活动证明美国在干预他国内部事务,由于发生在友好国家之间,这种行为更应遭到唾弃。监控巴西企业令人"完全无法接受",美国称国家安全局的监视活动旨在防范恐怖主义,这一论点"站不住脚"。罗塞夫说,"信息和电信技术不能成为国与国之间的新战场","要阻止某些人以间谍、破坏和攻击他国的系统和基础设施的方式把网络空间当作战争武器。为此创造条件的时机成熟了"。她说,充分发挥互联网的潜力,需要负责的监督,为此她呼吁国际社会对网络展开监管。巴西已要求美国对间谍问题作出正式解释、道歉,并承诺不再重复此类活动。由于这一间谍问题,罗塞夫还推迟了近二十年来巴西总统对美国的首次国事访问。

(二)从种类上说,美国政府还利用海底光缆监控全球

2013年7月10日美国《华盛顿邮报》曝料,据美国国家安全局的一张机密幻灯片,除了"棱镜"计划外,美国情报机构还有一个名为"上游"(Upstream)的监控项目。与电信公司合作通过美国周边的海底光缆搜集情报。与"棱镜"计划通过谷歌、脸谱、雅虎、Skype、PalTalk、Youtube、苹果和美国在线等9家互联网企业挖掘数据有别,"上游"项目从"海底光缆等基础设施收集数据"。

为保障"上游"项目的顺利实施,美国国家安全局和国防部等机构在2003年与美国环球电讯公司签署《网络安全协议》。环球电讯公司的海底光缆覆盖全球4个大洲的27个国家和地区。在过去的10年中,有更多的电讯公司签署了类似的合作协议。目前,陆地间的通讯联络约99%都是通过海底光缆传输,仅有1%经由卫星传送。所以,当全世界的人们上网交谈、浏览网页、上传图片时,这其中大多数的数据都在美国监控项目的监控之内,虽然有法律和程序上的约束,但全球范围内大量设备上的数据在被美国及其盟友国家所控制。通过"棱镜"和"上游"这两个项目,美国情报机构基本上可以监控经由美国附近的任何通讯信息。

(三)从场合与对象来说,美国政府通过驻全球多地的使领馆设置监听站,监听当地电子通信

除了在中国的香港、北京、上海、成都、台北等两岸三地城市,重点监控中国外,在印尼、马来西亚以及泰国亦设有监听站。据报道,

美国的监听站遍及全球80个城市,隐藏在各地美国使领馆内,监听人员都以外交官身份作掩饰。中国外交部已就报道向美方提出交涉,要求作出澄清和解释,美国国务院拒绝就在亚洲各地设监听站的报道作出回应。

美国还联手英国监控20国集团峰会。据美国《纽约时报》报道,英国《卫报》引述斯诺登提供的高度机密的"开创性情报能力"文件称,美国国家安全局曾与英国政府通讯总部密切合作,监控2009年4月在伦敦举办的20国集团峰会,暗中截取俄罗斯总统等与外国政要的通话,并监控与会代表的互联网通讯。根据美国国家安全局文件《俄罗斯领导层在伦敦20国集团峰会上通信以协助梅德韦杰夫总统——由门威斯希尔站监听》,梅德韦杰夫2009年4月1日抵达伦敦当天就遭到美国国家安全局监听。美情报人员通过监听发现,俄方"领导层信号传输方式有所改变",与梅德韦杰夫的沟通使用了发往俄罗斯驻伦敦大使馆的信号。值得注意的是,这次监听的时间正是梅德韦杰夫与美国总统奥巴马举行会谈、就建立互信达成共识的数小时之后。而英国情报机构则在峰会期间,暗中设立了"间谍"网吧,在电脑上安装电子邮件拦截程序和按键记录软件,吸引部分与会代表使用,借此读取这些官员的邮件,获取情报。英方还监视与会者的手机通讯,潜入与会代表的黑莓等手机,窃听他们在峰会上打电话等。英国政府通讯总部重点对土耳其财政部长及另15名代表进行监控,并从美国国家安全局获得时任俄罗斯总统与莫斯科之间的卫星通话。英国政府通讯总部的情报人员还进入南非外交部的计算机网络,窃取南非驻英国大使馆的电话,获得了包括提供给南非参加20国集团峰会和8国集团峰会代表的简报在内的文件。斯诺登的这次曝料显示,美英外交官和政要们在重大国际峰会期间得到了其情报机构提供的其他与会者的"实时情报",这种手段已成为美英"峰会外交"的一部分,让美英代表就像阅读新闻一样获取所需。

美国国家安全局还特别致力于监控和偷窥其他国家国家元首和

政府首脑的活动,据2013年10月24日英国《卫报》报道,美国政府近年来长期监控包括德国总理默克尔、法国总统奥朗德与巴西总统罗塞夫等35名国际政要活动。

(四)从行为方式来说,与其他西方国家间谍机构的联盟和合作正成为惯例

首先是同英国情报监视项目为"颞颥"的项目的联盟和合作。在斯诺登提供的美国秘密情报监视项目消息中,涉及到一个代号"颞颥"的英国情报监视项目:英国的三大情报机构之一、主要负责通信领域技术监控的英国政府通讯总部,在过去18个月以来,从光缆中收集了全球海量的电子邮件、"脸谱"网帖子、上网历史和通话数据。与美国国家安全局共享大量信息。"颞颥"项目的监控活动,主要是由英国政府通讯总部在跨大西洋海底光缆英国上岸处装设拦截器,监控光缆超过200条,每天可处理6亿个电话通信信息,截取大量的国际电话和电子邮件等网络信息内容,并将北美的电话和网络数据传送到西欧。这一措施是通过与商业公司的秘密协议完成的,这些公司在文件中被称作"拦截伙伴"。

美国国家安全局还与英国、加拿大、澳大利亚和新西兰等5个英语系国家的谍报机构组成"五只眼"情报联盟。这5个国家在二战期间为了破解德国、日本的海军密码而结盟,二战结束后这些国家又继续分享情报。五国之间承诺互不刺探。在全世界很多前沿地区,五国情报部门并肩作战并同意迅速共享信息。在这个联盟中,美国号称拥有最先进的技术和最为充足的预算。英国是传统的情报工作领导者,这在一定程度上得益于它与曾隶属于大不列颠王国的国家的联系。澳大利亚擅长收集地区信号与情报,成为了解日益强大的亚洲的一个窗口。加拿大、澳大利亚和新西兰有时能充当有效的间谍,因为它们不会像英国和美国间谍那样受到严格审查。全世界最大的窃听中心坐落在英国,它位于伦敦东北约300公里处的门威斯希尔,它由美国国家安全局主导,但数百名英国员工在这里工作,其中包括来自英国窃听部门——政府通讯总部的分析师。但只有美国情报官员可以直接访问美国巨大的数据库。其他盟友也可以要求核对数据,但必须首先证明,它们提出这样的要求是因为西方利益可能受到威胁。在二战后的数十年里,盟国曾组成过不同的情报联盟,但它们的广泛性和深度都比不上"五只眼联盟"。

斯诺登泄露的文件显示,英国、德国、法国、西班牙和瑞典的间谍活动机构展开了紧密的技术合作,形成了松散同盟,在过去5年时间里,掌握了大规模监控互联网和电话的手段。松散但不断扩大的窃听同盟使一国的情报机构得以与另一国的企业建立联系,从而提高监控效率。美国国安局的文件显示,该局大规模窃听德、法、西等国公民的通信,这些国家的政府对相关报道作出了愤怒反应,美国情报官员则坚称,大规模监听行动是由相关国家的安全机构实施的,然后把情报与美国共享。例如,美国国家情报总监克拉珀在国会听证会上说,法国和西班牙对美国大规模监听的报道是错误的,不如说是那里的情报机构在自己收集信息,然后转交给美国国安局。

据美国国家安全局前工作人员韦恩·马德森说,7个欧盟国家的情报机构曾与美国签署秘密协议,据此协议,美国可以获取这些国家公民的网络活动和手机通讯信息。这7个国家是:德国、法国、意大利、西班牙、荷兰、丹麦和英国,在这7个国家居住着欧洲约70%的人口。

据德国《明镜》周刊报道,斯诺登在接受美国密码专家雅各布·亚佩巴姆的专访时,曾曝光了美国国家安全局如何与以色列联手以"震网"病毒攻击伊朗核计划。

(五)为了全球追捕斯诺登,美国还指使欧洲一些国家迫降了玻利维亚总统的座机

美国不仅监控和偷窥全世界、全球追捕揭露美国监控和偷窥全世界真面目的斯诺登,而且还因怀疑斯诺登可能就在出席完在莫斯科举办的世界天然气出口国论坛峰会后取道欧洲回国的、玻利维亚总统莫拉莱斯的专机上(因莫拉莱斯在接受媒体采访时曾表示,玻利维亚愿望考虑向斯诺登提供政治庇护),而连夜向这架专机回国途中可能飞越的法国、葡萄牙、意大利、西班牙施压,要求他们不顾相关国际法规定,禁止总统座机飞越,于是,这些国家就借口"技术原因"向专机关闭领空和拒绝专机过境,致使专机被迫改道飞往奥地利,在维也纳机场滞留近14个小时之后,才得以从维也纳起飞回国。玻利维亚政府要求惩处拒绝玻总统专机过境的欧洲国家责任者,认为这开了一个恶劣的先例,不仅侵犯了莫拉莱斯总统及其随行人员的人权,而且违反了和平共处的国际法准则,并考虑必要时将关闭美驻玻大使馆。有12个成员国的南美国家联盟召开"危机峰会",对莫拉莱斯表示声援,同时谴责相关欧洲国家迫于美国压力,公然违反相关国际公约,视一个独立的主权国家总统的生命为儿戏。厄瓜多尔总统科雷亚表示,有些欧洲人认为,人类还生活在殖民时代,拉美只是他们的附庸。阿根廷总统克里斯蒂娜称,此事是对整个南美洲国家的羞辱,强烈谴责欧洲国家"行事如同殖民者"。乌拉圭总统穆希卡义愤填膺,认为此事"非常、非常羞辱人"。巴西总统罗塞夫对此深感"震惊与恐惧",称其是"不可接受的蛮横行为"。南方共同市场4国领导人在蒙得维的亚举行的峰会,也决定"支持"玻利维亚政府为这种"严重践踏人权的行为"而发出的指控,并决定召回各自驻欧洲四国大使,同时召见欧洲国家代表,向他们通报决定。在南共市轮值主席国委内瑞拉的协调之下,各成员国将向每个涉事欧洲国家发表"正式的抗议照会,要求它们就玻利维亚总统遭到的对待作出必要的解释和恰如其分的道歉"。

综上所述,可以看出,美国政府的监控和偷窥,之所以会激起全球的反美浪潮,根本原因在于,它严重地侵犯了世界各国人民的自由和人权。事情正如联合国人权事务高级专员皮莱所指出的,斯诺登

的处境和他所揭露的大规模侵犯隐私权的监控项目,提出了一些需要解决的重要国际人权问题。这个问题至少涉及以下三个方面:

1. 个人隐私权的保护问题。《世界人权宣言》第12条和《公民权利与政治权利国际公约》第17条规定,任何个人私生活和通信,都不应成为任意或非法干涉的对象;每个人都有权受到法律保护,免受干涉或攻击。我们必须维护人们对国家不过度检查私人通信的信心。

2. 国家安全机构的监控与对它的监督。出于国家安全或打击犯罪的需要,国家对少数人在特定时期进行监控是可以理解的,但要是安全机构以此为借口,随意扩大监控而不受有效监督,那就会侵犯人权和基本自由权。

3. 对揭秘者的保护。公众享有参与公共事务的权利,但仅靠"授权发布"的信息,是无法有效行使这一权利的。在这种情况下,揭秘真相往往比不披露真相更符合公共利益,特别是所揭之"秘",是像美国国家安全局那样严加保护的美国政府监控和窥视全世界那样的事情。所以,揭秘者应该受到保护,免受法律报复和纪律处分。

反观成天把自由、平等、民主、人权等"普世价值"挂在嘴上的美国政府,背地里,却在干着监控、偷窥全世界这种见不得阳光的勾当,而当斯诺登把它的这副嘴脸揭露出来时,它又气急败坏地对斯诺登大搞全球追捕,先是要中国香港、俄罗斯引渡滞留在那里的斯诺登;接着又吊销斯诺登的护照;然后威胁可能接受斯诺登避难或途经的国家,让它们不要准许斯诺登在那里政治避难;继而又悍然不顾国际法,要法、意、葡、西等欧洲国家"迫降"被怀疑载有斯诺登的、玻利维亚总统的专机。美国政府所干的这些勾当,激起全球的反美浪潮,岂不是理所当然的事吗?!

五、美国政府坚持监控和偷窥全世界，源于它死抱住霸权主义不放

在全世界反美浪潮的冲击下，美国总统奥巴马不得不摆出一副改革其监听体系的架势，2014年1月17日，他在司法部针对2013年曝光的政府情报监控丑闻发表讲演，说计划对美国国安局部分监听、监控措施作出调整：他呼吁美国政府不再管控从几亿美国人那里收集来的海量电话通话数据，承诺美国情报部门不会再监听友邦和盟国领导人的电话，呼吁把一些隐私保护措施扩展到那些被美国监听通讯信息的外国公民身上。他还说，美国情报收集工作制止了全世界范围的恐怖袭击，要求政府收集美国人电话记录要有司法部门的批准，还将授权对国家安全局收集的外国人资料采取新的隐私保护措施。但又坚称不会停止大规模情报收集，不会为美国政府监听其他国家领导人等行为道歉。他说，美国情报机构并没有滥用他们的权力。错误会发生，但是当这些错误出现时，美国的情报人员会纠正。

奥巴马在演讲中列出的五大改革措施，一是发布新的总统指令，对收集通话记录等情报活动加强监管。二是改革现行工作流程，提高情报监视活动的透明度。奥巴马说，他正指示美国国家情报总监与司法部长协商，对解密外国情报监视法庭涉及公民隐私的命令和意见进行年度评估，同时呼吁国会授权成立独立于政府之外的专家委员会，参与外国情报监视法庭审视重大情报案件的工作。三是对情报部门拦截国际通讯加强管理。"9·11"恐怖袭击发生后，美国政府授权情报部门可以拦截美国民众与境外可疑分子的通话信息。奥巴马表示，他已下令制定改革方案，限制情报部门拦截、搜索、使用这些通话信息的权限。四是提高美国联邦调查局使用"国家安全密函"的透明度。按照美国现行规定，联邦调查局可持这一密函，命令

通讯公司秘密交出客户的通讯信息。奥巴马称,他正指示司法部修改"国家安全密函"的有效期,避免通讯公司被迫无限期保密。今后无须进一步保密,密函将会到期,从而允许通讯公司对外公布交给联邦调查局的通讯信息。五是建立新机制,不再由政府保存通话记录。奥巴马宣布叫停现行收集通话记录项目,启动过渡期,直至建立新机制,既保证政府可以继续收集通话记录,又不再保存这些记录。对于今后由谁来保存这些记录的问题,奥巴马说,他指示情报部门和司法部合作,在2014年3月28日国会重新签发项目授权时向他汇报备选方案。奥巴马当天作出的另一项承诺是停止美国情报机构对"友国和盟国"领导人的监听。他说,"我已经清楚地告诉情报界,除非有不可回避的国家安全目的,不要监听亲密友国与盟国领导人的通信","如果我想知道他们对某件事的看法,我会给他们打电话,而不是监听他们的电话"。但关于哪些国家属于"友国和盟国",奥巴马并没有详细说明,然而他又确认,美国方面将继续收集有关其他国家政府的情报,"我们不会因为自己的情报工作更有效而道歉"。对于境外普通民众,奥巴马说,只出于正当国家安全目的监听境外民众,不会肆意审查民众电子邮件或电话通话。奥巴马列出了可以开展境外监听的六大领域,即反情报、反恐、反武器扩散、网络安全、保护美军和盟友安全,以及打击跨国犯罪。

奥巴马的这个讲话发表以后,当即遭到了有识之士、各国媒体的批评和抨击:

有部分美国国会议员认为,奥巴马的改革力度太小,并没有改变秘密情报项目违反宪法的本质。参议员麦凯恩提出,应由国会参议院成立特别委员会处理复杂而重要的情报改革议题。布鲁金斯学会资深研究员布鲁斯·里德尔说,奥巴马宣布的改革意向更侧重于加强美国情报监控项目的透明性和受监管力度,而不是从根本上改变这些项目。新美国基金会开放技术研究所所长萨沙·迈因拉思认为,奥巴马并没有触及很多关键问题和改革,而是把很多争议踢给了国会或其他官员。参议员兰德·保罗表示"失望",并将继续对国家安全局发起法律挑战。关于奥巴马提出今后不由政府来存储美国公民电话记录的问题,参议员赫勒·迪安认为,这只是将侵犯隐私的责任从政府转移到了私人公司身上,而且换汤不换药。

美国《纽约时报》网站说,奥巴马提出的一系列监控计划改革,意在不用取消这些计划而消除公众的担忧,他称这些计划有助于保护美国。奥巴马下令加大透明度,制定更多的保护措施,但他要么忽略自己的评估小组推荐的是长远建议,要么将这些建议留给国会和安全机构自己去考虑。连民主党众议员彼得·韦尔奇也说,尽管总统的努力值得欣赏,但他今天宣布的步骤起不到控制国家安全局的作用。

英国《金融时报》网站指出,奥巴马将叫停对盟国领导人的监听活动,同时下令对窃听美国人的电话记录采取新的隐私保护措施,但他又大肆为美国安全机构进行辩护。他的这篇讲话更多地被视为是旨在恢复国内外对美国监控活动信心的努力,而不是对国家安全局的一次重大调整,他坚持认为大规模收集数据这种基本能力是必不可少的。

英国广播公司网站说,奥巴马宣布对美国情报部门收集情报的方式作出重要改变,但他只是承诺不再监视亲密盟友国家领导人的通讯,而且前提条件是不存在迫不得已的安全情况。美国政府并没有同时发表属于美国"亲密盟友"国家的名单,也没有披露"迫不得已的安全情况"的范畴,因此如何实施上述措施并不明朗。根据新的计划,有关的电话通讯记录将由第三方保管,而国家安全局要想查看信息必须首先得到一个法庭的批准。但奥巴马又强调,上述法律要求并不适用于针对外国人的监听行动。他解释说,全世界的间谍机构都不会限制自己在境外的活动。

德国《明镜》周刊网站说,奥巴马限制美国国家安全局监控活动的改革力度不够,情报机构可以继续刺探。奥巴马表现得不像是美国总统,而像是联合国的特别调解员:一方面,他顾及人们的忧虑,另一方面,他又为情报人员说话,说他们没有滥用权力,"如果他们犯了错,他们接下来会改正",结果是讲话洋洋洒洒,改革却缩水了。奥巴马完全没有许诺一个新开端,美国国家安全局将继续刺探。最终只不过是对美国国家安全局采取"整容"措施,几项保护个人权利的安全局措施,几项监控委托任务,几粒送给外国的安定片,仅此而已。

说到底,和原来相比,现在,美国政府不过换了另一副面孔、用另一种方式,但还是坚持其对全世界的监控和偷窥。在2013年11月1日发表的一篇英文评论中,我国新华社曾经将沉迷于偷窥世界的美国比作"偷窥狂汤姆",说美国甚至拒绝信任其朋友,监视其盟国,这么做危及其自身安全。

这个比喻说的是11世纪初,英国考文垂市戈黛娃夫人(Lady Godiva,999—1067)的故事。戈黛娃夫人是英格兰盎格鲁—萨克逊的一个贵族妇女,因目睹人民群众生活困苦,就不断恳求其丈夫麦西亚伯爵利奥夫里克减征税收,以减轻人民的负担,伯爵在厌烦之余,恼怒地对她说,只要她能赤身裸体地骑着马绕行考文垂街道,就答应她。城里的百姓因戈黛娃夫人答应裸骑是为了救大家,所以相约在那天所有人都躲在屋里、关上窗户,不去看她。但在那天,戈黛娃夫人披着一头遮盖其身体免得被人看见的长发,在考文垂裸骑时,还是有一个名叫汤姆(Tom)的裁缝,违背了大家的约定,在窗子上戳一小孔偷窥,随后他的双眼便瞎掉了,这在后来成为英语偷窥狂(peeping Tom)的由来。而戈黛娃夫人的传说,从1878年5月31日开始被考文垂列为纪念节日,在考文垂市中心的文化广场上,还为她竖立了裸骑的青铜雕像,直到1826年因清教徒认为裸骑有伤风化而终止,但在后来又再度恢复,不过开始给夫人的雕像着装。

那么,美国政府为什么那样执著地坚持监控和偷窥全世界呢?主要的原因在于它死抱住霸权主义不放。

对于美国政府以反恐为由来解释其监控和偷窥全世界的动机的说法,一直为有识之士所不屑一顾。因为美国政府这种活动的潜在影响者达20亿人,所以,事情正如混沌电脑俱乐部的发言人康斯坦策·库尔茨对《法兰克福汇报》所说的:"鉴于每月截获的庞大数据量,只有幼稚的人才会相信'棱镜'真是为了反恐,因为不是每棵树后面都躲着有恐怖嫌疑的人"。

美国政府为什么连欧盟这个盟友也要监控和偷窥,而且还主要想了解欧盟成员国内部的"分歧"和钩心斗角?这显然是因为美国政府在效法古罗马战争时期"先分化,再统治"的理念,为维护其世界霸权而采取的一贯做法。正是因为美国政府从维护其世界霸权的视角出发,一直不愿看到一个统一、繁荣、强大的欧洲出现,因而千方百计地想了解欧盟内部的争论、冲突和派别倾向,以便施加影响、加以利用,也就成了理所当然的事情了。

而从更高更广的角度来看,美国政府之所以坚持要监控和偷窥全世界,是因为在网络时代,维护在网络世界中的支配地位,已经成为维护其霸权主义的一项重要举措。在变化了的形势下,大国间直接的军事冲突已经不可想象,而通过网络战则同样可以削弱对手,限制其经济发展,甚至对其进行和平演变。所以,网络安全问题不仅关系到国家安全的利益,而且涉及国际体系的转型,是全球公域规则构建中的一个重要议题。

然而,监控和偷窥全世界,毕竟是一件侵犯个人自由和隐私、损害他国主权和尊严的事,因而越来越不得人心,越来越遭到人们的唾弃。据美国民调机构皮尤研究中心2013年6月17日公布的民调结果:49%受访者、60%的年轻人认为,斯诺登对美国监控和偷窥全世界的曝光行动有利于公共利益;而据美国民调机构盖洛普公司2013年6月12日公布的民调结果:53%的受访民众不支持联邦政府以反恐之名获取电话和网络记录,其中30%的受访者认为,不论加上怎样的前提条件,这类监控项目都不正确。据哥伦比亚广播公司2013

年7月24日公布的民意调查显示,67%的美国人认为政府收集电话记录侵犯了隐私权。而在国外,几乎半个世界的企业和公共机构都不再相信提供电子邮件和云存储服务的美国企业,因为美国企业必须遵守《美国爱国者法》和《互联网共享与保护法案》,而这些法律给予以国安局为首的情报机构相当宽泛的权限。2013年7月云安全联盟调查显示,在207家曾经同意与美国供应商签约的非美国企业当中,现在有56%的企业不愿与之签约,有10%的企业甚至取消了与美国有关的项目。因为他们认为"美国的安全政策有损于国家利益"。在欧洲,对信息技术企业与美国国安局合作最感到恐慌的是德国、法国和瑞典的企业家。他们正在寻找其他方式来存储自己的元数据,其中一种方式就是把元数据存储在"家"的境内服务器,存储在瑞士也被视为一种替代方案。例如,在2014年2月15日,德国总理默克尔发表声明,提议在欧洲建立一个通讯网络,保护欧洲国家的信息安全,防止电子邮件等资料传送到美国。她表示2月19日访问法国时将与法国总统奥朗德讨论这一议题。一名法国官员说,法国政府有意接受德国的提议。默克尔还批评,谷歌和脸书这些网络公司总部设在美国,但它们的业务却遍及欧洲和全球各地。我们会讨论通过欧洲供应商来向我们的公民提供安全保障,让人们不需要通过美国那边来传送电子邮件和其他资料。我们应在欧洲建立一个通讯网络。十分明显,随着美国政府监控和偷窥全世界活动在越来越广的范围内和越来越深的程度上激起人们的愤怒反对,随着美国霸权主义在世界范围内的日益衰落,这样一些趋势必将进一步强烈地表现出来。

第四编

美国、日本逆时代潮流而动的举动

第十四章

"重返亚太",是美国逆时代潮流而动的战略

第四编　美国、日本逆时代潮流而动的举动

在国际金融危机的发展历程中,人们不仅目击了资本主义社会的基本矛盾引爆了国际金融危机、而危机又冲击了资本主义的种种具体情景,而且看到了超级大国美国为了挽救自己不可避免的衰落,为了阻挡同样不可避免的新兴经济体、特别是中国的崛起,而悍然逆时代潮流而动的种种举措,美国所谓的"重返亚太"战略,就是其中的一个典型。

一、奥巴马政府从"对华和解"到构筑"中国包围网"

奥巴马在2009年1月入主美国白宫后,就为了发展经济、克服国际金融危机冲击的需要,决定实行"对华和解"政策,他派国务卿希拉里在2月访华,让中美关系以史无前例的速度步入正轨并"更上一层楼"。在访华期间,希拉里在接受记者采访时说,奥巴马政府当前的任务不仅仅要求保持与中国关系的连续性,而且也要求扩大与中国的关系。她强调指出:"我们到这儿来是为了加深和拓宽我们的关系","我认为,指望在没有中美两国的合作和指导下看到全球复苏是不现实的";在西藏、台湾等问题上对中国施压,"无法阻挡全球经济危机"。她没有理睬国际人权组织对人权问题在华盛顿的对外政策中被"排除在外"和"边缘化"的抗议,强调人权"不能干扰"经济和外交大事。她还在当地电视台采访中说,她对中国坚持购买美

国国债表示感激,"中方继续支持美国国债,是对我们两国互连关系的认同。我们两国将真正地休戚与共"。

几个月后,奥巴马访华,他在同中国国家主席胡锦涛共同会见记者时,也强调:"美中关系从未像现在这样对我们共同的未来如此重要,21世纪的重大挑战,无论是气候变化、核扩散,还是经济复苏,都不能通过单独行动加以应对。这就是为什么美国欢迎中国在国际舞台上发挥更大作用,也是胡主席和我决定建立21世纪美中积极合作全面的关系的原因。"他还信誓旦旦地说,"我们同中国的伙伴关系使我们得以摆脱几代人以来遭遇的最严重的金融危机,美中伙伴关系对应对危机发挥了重要作用"。

然而,时间过去没有多久,美国奥巴马政府就使其"对华和解"政策来个急转弯,宣布要实行"重返亚太"或"亚太再平衡"战略,构筑"中国包围网",围堵和遏制中国的发展,挑衅中国。

2010年2月17日《日本时报在线》发表世界银行年会会刊前主编凯文·拉弗蒂的《危险的美中游戏》一文,指出"美国国务卿希拉里上月态度突然强硬,对中国发出警告,说如果中国不和其他大国一道加紧对伊朗施压以阻止德黑兰研制核武器,那中国可能面临'外交孤立',而且其能源供应也会受到影响";同年8月,希拉里又在河内东盟区域论坛发表对中国的强硬讲话,激起无数涟漪。媒体分析:没有整个国安团队、尤其是总统的支持,仅靠国务卿一人是无法扭转整体外交形势的。事情的真相果然如此:2010年9月,美国总统奥巴马发表全国电视演说,正式宣布结束美国在伊拉克的作战任务,说美国已经履行了在伊拉克的责任,"现在是翻开新的一页的时候了"。什么是"新的一页"呢?从奥巴马政府的行动来看,这就是将美国的战略重心,由中东向远东转移,实施"重返亚太"战略,特别在军事上重返亚洲,号令东南亚国家和日本、韩国,来展开对中国的围堵,遏制大国崛起。其目标有二:一是制造最大的假想敌来凝聚美国国民和"西方世界",重申美国世界第一的霸权地位;二是将中国的大国崛起遏制于萌芽状态。

二、美国"重返亚太"战略全方位、多层面遏制中国的具体部署

从美国宣布实施"重返亚太"战略后几年来的行动中,可以看出,它实际上是在为寻求全方位、多层面地遏制中国而作出了五个方面的部署:

第一个方面,是为争夺海上控制权而增兵亚太。

美国国防部部长帕内塔2012年6月2日在新加坡亚太安全会议上正式宣布:美国将在2020年前把海军的部署重点移向太平洋。当前,美国在太平洋和大西洋各部署50%的海军力量;到2020年,太平洋和大西洋的比例将变为60%和40%。为此,美国还将在澳大利亚的达尔文部署2500名海军陆战队员。

2012年3月,美国对外宣布在亚太地区建立导弹防御系统,增设"反导盾牌"、构筑"反导弧",从根本上遏制中国战略核力量作用的发挥。

为增加与亚太地区一些国家的军事联系和显示美国在亚太地区的军事存在而频繁进行军事演习。2011年,美国在亚洲地区共举行了170多次军事演习;2012年,美国在亚太地区的军事演习更接连不断,6月到8月,美国更在夏威夷举行有22国参加但排除中国的、为期55天的"环太平洋2012"联合军事演习。直到2012年9月美国国防部长帕内塔访华时,才说邀请一艘中国战舰参加2014年的环太平洋军演。

美国提出用所谓"空海一体战"去应对中国的"反介入"和"区域阻绝",挑衅中国。

第二个方面,是高调插手南海,制衡中国。

无论从历史上、还是从法理上说,中国对南海诸岛及其附属海域

都拥有无可争辩的主权。只是在近年,由于在那里发现蕴藏有丰富的油气资源,菲律宾、越南等国才声称也对那里拥有主权。尽管如此,20多年来,由于中国和有关地区国家的共同努力,保持了南海的和平稳定,航行自由和正常贸易得到充分保障。中国和东盟国家在2002年共同签署的《南海各方行为宣言》还明确规定:由直接有关的主权国家通过友好协商和谈判,以和平方式解决领土和管辖权争议,同时承诺不采取使争议复杂化、扩大化的行动。然而,希拉里却宣称,和平解决南沙、西沙争端"是美国的国家利益";奥巴马则说,"美国打算在亚洲发挥领导作用"等等,在美国"重返亚太"战略这样的支持和怂恿下,个别国家就不尊重、不遵守《宣言》,以挑衅的方式一而再、再而三地破坏《宣言》的基本原则和精神,如菲律宾派军舰驱赶前往我黄岩岛捕鱼的中国渔船,越南除在中国的南海划出大批油气区块、私自开采之外,更颁布《越南海洋法》,将我西沙、南沙群岛纳入其领土,如此等等。在这种情况下,我国不得不采取一些维权措施,如宣布在海南省辖下设立地级三沙市,并在那里设立新的警备区。

然而,在表面上声称对南海主权争端"不持立场"的美国国务院,却在2012年8月3日发表声明,指责"中国设立三沙市,并在那里设立新的警备区管辖南海争议地区","与通过外交协作解决分歧背道而驰,还有可能在该地区进一步加剧紧张态势",说"美国敦促各方为缓解紧张态势采取措施"。

我国外交部部长助理张昆生当即在2012年8月4日紧急召见美国驻华使馆临时代办,就美国国务院3日关于南海问题发表的所谓声明提出严正交涉。指出美方所谓声明罔顾事实,混淆是非,发出了严重错误信号,无助于有关各方维护南海乃至亚太地区和平稳定的努力。中方对此表示强烈不满和坚决反对,敦促美方立即改正错误做法,切实尊重中方的主权和领土完整,多做真正有利于亚太稳定繁荣的事。同日,我国外交部发言人秦刚就此阐明中方严正立场时又指出:"1959年中国就设立了隶属广东省的西、南、中沙群岛办事处,对西沙、中沙和南沙群岛的岛礁及其海域进行行政管辖。此次设立三沙市是中国对现有有关地方行政管辖机构的必要调整,是中国主权范围内的事情";"美方对中国正常、合理之举的无端指责不能不使人们对美方的意图提出质疑":"美国为什么对有的国家在南海划出大批油气区块、出台将中国的岛礁和海域划为己有的国内立法视而不见,为什么对有的国家出动军舰威胁中国渔民,对无争议的中国岛礁无理提出主权要求避而不谈,却对中方应对这些挑衅行为的合理、适宜反应提出无端指责?又为什么在地区有关国家加强对话沟通、努力化解矛盾、平息事态之际突兀发声,拨弄是非?这种选择性视盲和发声有悖其所声称的对争议'不持立场'、'不介入'的态度,不利于地区国家的团结合作与和平稳定。"

第三个方面,是借助日本试图利用日美联盟促进其对我钓鱼岛的主权要求,不断制造事端搅浑水。

东海的钓鱼岛及其附属岛屿,自古以来就是中国的固有领土。钓鱼岛等岛屿是中国人最早发现、命名和利用的,中国渔民历来在这些岛屿及附近海域从事生产活动。早在明朝永乐元年(公元1403年),钓鱼岛等岛屿就已经纳入中国海防管辖范围。日本只是在1895年甲午战争后非法窃取钓鱼岛及其附属岛屿,并强迫清政府签订不平等的《马关条约》,割让"台湾全岛及所有附属各岛屿"。第二次世界大战结束后,根据《开罗宣言》和《波茨坦公告》都明确规定日本必须将所窃取于中国的领土归还中国。中国收回日本侵占的台湾、澎湖列岛等领土,钓鱼岛及其附属岛屿在国际法上业已回归中国。但1951年日、美等国签订片面的"旧金山和约"却将琉球群岛(即现在的冲绳)交由美国管理;1953年,美国琉球民政府擅自扩大管辖范围,将中国领土钓鱼岛及其附属岛屿裹挟其中。1971年6月,日美签订"归还冲绳协定"时,更擅自把钓鱼岛等岛屿列入"归还区域"。中国政府当即在1971年12月30日发表声明坚决反对日美这种私相授受中国领土的做法,指出此举完全非法,重申钓鱼岛及其附属岛屿是中国领土不可分割的一部分。然而,美国在实施"重返亚太"战略以后,为了围堵中国,在2010年9月的日美外长会谈中向日本正式提出"强化对华战略",回到以日美关系为中心展开亚洲外交的传统轨道;2012年7月美国国务卿希拉里和日本外相玄叶光一郎共同决定将钓鱼岛列入1951年美、日签订的军事同盟条约《美日安全保障条约》,以便在钓鱼岛一旦有事,由日、美联合进行应对;2012年8月,日本防卫大臣访美时,又同美国国防部长举行会谈,同意修改《美日防卫合作指针》,以强化共同对付中国的能力;接着,日美两国又安排日本自卫队自8月21日起参加美国海军陆战队第3远征军在关岛和天宁岛实施的,以夺回"被中国军队攻占的钓鱼岛"为设定目标的相关演习。在美国这样的怂恿和支持下,先是日本的右翼政客石原慎太郎鼓噪着要集资筹款购买钓鱼岛;接着是日本政府准备演出将钓鱼岛国有化的闹剧;随后又是日本巡视船野蛮撞击我国香港的保钓船,抓扣登岛的中国公民;又是日本右翼去钓鱼岛"拜鬼";又是日本右翼分子嚣张登上钓鱼岛;2012年9月11日,日本野田政府完成"购岛"手续,并叫嚣要武力保卫钓鱼岛。只是在中国政府寸土不让地采取强有力措施、中国人民掀起抗议浪潮强烈反对这一闹剧,美国怕被卷入后,才以调停人身份出现,呼吁和平解决争端。然而,即使在这时,美国仍施展两面派手段,一面说在钓鱼岛问题上"不选边站",一面又重申《美日安保条约》适用于钓鱼岛,正是在这种情况下,时任中国国家副主席的习近平在2012年9月19日会见来访的美国国防部长帕内塔时,强调"日方应该悬崖勒马,停止一切损害中国主权和领土完整的错误言行",同时又"希望美方从地区和平稳定大局出发,谨言慎行,不要介入钓鱼岛主权争议,不要做任何可能激化矛盾和令局势更加复杂的事情"。

第四个方面,是为插足亚洲贸易结构中心,打造排斥中国的"跨太平洋伙伴关系协议"(TPP)。

进入21世纪以来,亚洲太平洋地区新兴经济体快速崛起,冲击着以美国为首的全球的传统经济力量架构。如东盟成员国加中日韩10＋3区域内贸易量就占这些国家外贸额的58%,高过北美自贸区3%,置身于区域外的美国有被边缘化的危险。因此,美国"重返亚太"战略就要重塑以美国为中心的贸易格局,主导亚太经济合作。于是,美国为此目的而打造的排斥中国的、"跨太平洋伙伴关系协议"(其前身为"跨太平洋战略经济伙伴关系协定")就被认为是美国重返亚太、制衡中国的关键。

"跨太平洋伙伴关系协议"被认为是一个有潜力实现从智利经美国扩展至中国的广阔自由贸易区的贸易协议,但它又突破了自由贸易协定(FTA)模式。它最初是由文莱、智利、新西兰、新加坡4个成员国在2005年6月发起签署的一个不知名协定,后来,美国宣布加入进去,还有一些经济体跟随在后,使这个协定获得了发展的新的动力,而美国则想借助于TPP去推行它自己的贸易议题,全方位地主导TPP谈判。于是,在美国的主导下,2010年3月在墨尔本举行了加入TPP的第一轮谈判,2010年6月在洛杉矶举行了第二轮谈判,2010年10月在文莱举行了第三轮谈判……在2011年11月13日,参加谈判的日本、澳大利亚、新西兰、越南、马来西亚、新加坡、秘鲁、智利、文莱等国家达成协议大纲。

一般的自贸区协议,其内容主要限于降低商品的关税、促进服务贸易,很少涉及劳工和环保。而"跨太平洋伙伴关系协议"的范围则不限于零关税,更多是针对成员国的内政,如监管、竞争政策、经济立法、基础建设、市场透明、反贪、金融业改革、标准一致化等等。所以,TPP一旦成型,成员国将凝聚一种政治、军事上的共识,进而为美国在政治、军事上跨太平洋体系铺平道路。又由于TPP的一个最大特点,是将东盟以及日、韩、印、澳等国最大的贸易伙伴、亚太地区许多国家最大的投资来源地的中国排除在外,而且它一旦开始运转并最终成型之后,就将形成一个占全球经济约40%、规模大于有27个成员国的欧盟的巨大市场,那时,东亚地区"10＋3"、"10＋1"等地区合作机制将面临被架空和掏空的危险,因而韩国有的媒体把TPP说成是华盛顿在创建一个新的自由贸易区并从北京手中夺取主动权,以防止世界经济中心向中国转移。

第五个方面,是强调美国重返亚太以支持民主和人权为战略核心,含沙射影地攻击"中国模式"。

2012年7月初在访问蒙古时希拉里发表讲话称,尽管美国扩大在亚太地区的军事存在已经引起了人们的极大注意,但美国对该地区的战略核心却是支持民主和人权。她大谈要在亚洲实现更大程度的民主自由。针对所谓过多的政治自由可能会破坏稳定和损害经济的观点,希拉里驳斥说,民主国家在政治上更加稳定,也是一个更加可靠的邻国,更擅长于鼓励创新;希拉里称赞蒙古是诞生于独裁的民主制度的典范,并含沙射影地攻击中国模式说,没有政治开放的经济成功是不可持续的平衡,最终将导致不稳定;只想开放商业而封锁言论自由的国家会发现这种方式要付出代价:它会扼杀创新,阻碍企业发展,而这些对持续增长至关重要。她说,现代新加坡奠基人李光耀提出的民主价值观只适用于西方社会的思想已经过时了。

日本《选择》月刊2012年6月号发表了一篇题为《美国战略重心转移取得进展,中国渐入四面楚歌境地》的文章,回顾美国"重返亚太"战略的历程和取得的成果说:继希拉里、奥巴马点燃美国向亚洲进行战略重心转移的狼烟之后,"今年以来,美国国防部于1月份和5月份先后发表了《维持美国的全球领导地位:21世纪国防的优先任务》和《与中华人民共和国有关的军事与安全发展》年度报告。从这些文件中不难看出,美国为围剿中国而进行了怎样的周到准备。其中日本、韩国、澳大利亚、菲律宾和泰国如同一只手的五根手指,而处于这五根指头延长线上的还有印度、缅甸、新加坡、越南和印度尼西亚。可以说,这是美国要从军事、经济和外交上全面封锁中国的巧妙战略","只要把达尔文、斯特灵、科科斯群岛以及印度的地理位置连接起来,就不难看出一个巨大的对华包围网正在形成的图形"。

三、美国突然转变对华政策的原因分析

为什么在几个月到一年左右的时间里,奥巴马政府的对华政策会由对华和解突然转变为构筑"中国包围网",围堵和遏制中国的发展？对此,西方社会的舆论界有两种不同类型的分析和解释：

一种类型的分析解释是由美国国防部前助理部长、哈佛大学肯尼迪学院教授约瑟夫·奈提供的。在美国美中关系研究中心2010年8月2—3日就美中关系的远景召开的研讨会上,约瑟夫·奈表示,奥巴马政府目前在处理中国问题上的方式方法,与刚入主白宫时候所采取的方式方法,"有显著的区别"。出现这种区别的原因在于,中方误读了美国的和解态度,以为美国人是因经济危机、势力衰退才采取和解的态度,于是,就把更多的范畴列入国家核心利益,在台湾和达赖喇嘛问题上,都更加强硬。这就使美国不得不转而采取强硬的方式方法。这种分析解释显然把美国对华的战略转变,轻描淡写地说成是偶然性的方式方法变化,并且把责任推给中国,而忽略了更深层次的根本性变化了。

另一种类型的分析解释是由马丁·雅克和相蓝欣等人提供的。这种类型的分析解释把美国对华战略的突然转变,归结为三个原因：

一个原因是美国通过支持中国经济崛起希望中共转变为欧式社会民主党、按新自由主义模式恢复资本主义战略的失败,使其政策精英意识到,过去种种对于促使中国和平演变的设想,根本就是一厢情愿、没有实现可能。日内瓦国际发展研究院国际历史和政治系教授相蓝欣在2011年5月26日的香港《南华早报》网站上发表文章指出："对美国而言,将中国视作新崛起的大国或'新兴市场',从这得出的逻辑结论是,必须通过迫使中国接受西方价值体系来遏制中国的'崛起'及其负面影响。因此,继续推论下去,因为中国接受了源

于西方的市场经济——这一想法本身就有问题,所以政治民主化必须跟上,如果不跟上,那么中国应该被视为另一个19世纪末的德意志帝国,一个危险的、独裁的经济发动机,拥有全球扩张主义野心,这是新的冷战战略背后的心理";"恶性战略循环可能产生的结果是:中国的军事发展将被自动视为拥有挑衅意图,尽管历史上并没有任何有力证据证明中国这个国家有扩张主义倾向。同时,美国在中国周边做的'威慑'努力可能轻易地被中国视为军事包围"。

第二个原因是中国的崛起和美国的衰落。特别在国际金融危机爆发后,美国的借贷消费模式走到了尽头,经济深陷泥潭,复苏乏力,而中国却在美国人忙着过度举债购买住房的时候,在几乎所有工业品的生产上超过了美国,使美国的政策精英突然惊觉中国崛起已经不是远虑而是近忧了。英国伦敦经济政治学院的马丁·雅克教授2010年2月16日在美国《基督教科学箴言报》网站上发表的《美中关系危机期开始》一文指出,这正是使美中关系步入一个迥然不同阶段的"更深层次的根本性变化",但如据此而认为中国的对美路线发生了重大变化却大错特错,因为中国的崛起只是"自全球金融危机之后才开始得到承认",更重要的是"中国压倒一切的任务是经济发展和使上千万人脱离贫困。中国为追求这个目标要与美国保持良好关系"。问题出在美国:"美国仅仅是刚开始意识到本国处于衰落之中","无论决策精英还是美国公众都迟迟没有意识到美国的衰落。对他们来说,这件事来得太过突然。许多人还拒绝承认现实",所以,"美国完全没有为衰落可能意味着什么做好准备:这意味着它不能再按过去的方式与他国打交道,意味着它在处理对华关系时不能再摆谱,也意味着它必须寻求改变对中国的认识,而不是指望中国继续充当陪衬"。主要令人担心的,"是美国越来越对本国实力今不如昔或不如预期而感到失望,以及美国不愿意或者顽固地拒绝按其他方式来认识中国"。所以,尽管从"对华和解"到构筑"中国包围网"事显突然,但又绝非偶然,因为美国对外政策的战略目标,始终是要处于全球和地区力量平衡制衡者的主动地位,为此,对于中国的迅速崛起,就要采取能遏制就遏制,遏制不了、也要尽可能延缓其发展速度,以免美国的战略利益过早地遭到崛起后中国的挑战。因此,遏制中国实力发展的战略意图是始终如一的,即使在"对华和解"时,也总要通过打"汇率"牌、"规则"牌、"责任"牌对华强硬施压,而这正是美国政策精英不甘心于美国衰落而中国崛起、因而极力遏制中国发展的心态的典型表现。

第三个原因则是美国右翼反华势力的压力。面对着中国的快速崛起,美国的反华右翼势力反对奥巴马政府初期的对华和解政策,美国共和党的总统候选人罗姆尼叫嚣要全方位阻止中国崛起,要让中国走地区霸权道路付出的代价远远比成为国际体系中负责任的伙伴高昂;美国企业研究所的卜大年建议美国迅速制定对北京的事实上的外交与军事围堵政策;布雷特·M.德克尔和威廉·C.特里普利特二世则出版《对北京做出让步——奥巴马如何加快美国的衰落和开创中国称霸的一个世纪》一书,说奥巴马正在创造一个美国垮台后的世界——这个世界将带来中国的称霸。它指责奥巴马正在促使美国在经济和军事上衰败,同时让北京能够崛起并占据超级大国地位。中国共产党人正在进军。除非美国觉醒起来,认识到这种不断增长的内外威胁,否则我们在冷战中的胜利是无用的。美国的一些右翼媒体吹嘘此书"堪称漫漫长夜中的火灾警钟",说"这是一个严重的警告,即中国已经形成美国曾对英国形成的情况:决心要让这个全球大国黯然失色的野心勃勃的暴发户。其结果不仅将是美国时代的结束,而且将是敌视民主和西方的一种好战的专制共产主义获胜"。

十分明显,奥巴马政府从"对华和解"到构筑"中国包围网"的转变,"重返亚太"战略的制定和部署,和美国右翼反华势力的这种不断施压,是分不开的。

四、美国的"重返亚太"战略,是在逆时代潮流而动

虽然奥巴马政府采取"重返亚太"战略,事出有因,却丝毫没有改变这种战略在逆时代潮流而动的性质。所谓潮,原是指海水因受太阳和月亮的引力而定时涨落的现象,所谓潮流,是指海水受引潮力的影响而产生的周期性流动,在这里,时代潮流,是用来比喻时代和社会发展的趋势的。

而美国的"重返亚太"战略,则在三个层次上逆时代潮流而动:

第一个层次是国家与国家的关系的层次。

从当前国际形势的发展变化来看,作为时代主题的和平与发展,在国家与国家的关系的层次上,集中地表现为:国家之间的交流、对话、合作在不断深化。当今世界,不同制度、不同类型、不同发展阶段的国家利益交融、相互依存日益紧密。面对着复杂多样的安全挑战,任何一个国家都难以置身事外而独善其身,也不可能靠单打独斗来实现所谓的绝对安全,一个国家要谋求自身发展,必须也让别人发展;要谋求自身安全,必须也让别人安全;要谋求自身过得好,必须也让别人过得好。各国必须坚持以合作的胸怀、创新的精神、负责的态度,同舟共济、合作共赢,共同应对各种问题和挑战,携手营造和谐稳定的国际和地区安全环境。这样,求和平、谋发展、促合作,也就理所当然地成了各国人民的共同意志和不懈追求。这就是在这个问题上的时代发展潮流。

这种时代发展潮流是否也包括大国、特别是新兴大国与守成大国之间的关系?虽然历史上留下了大国对抗冲突的许多痕迹和记录,但是,现在时代不同了,在经济全球化深入发展、科技进步日新月异,机遇和挑战并存的当今世界,时代的发展要求我们的思想、政策、行动与时俱进,以创新的思维、切实的行动,打破历史上大国对抗冲突的传统逻辑,探索经济全球化时代发展大国关系的新路径。各国

人民也都期望21世纪成为人类历史上第一个共享和平安宁、共同发展繁荣的世纪。正因为这样,在2012年5月举行第四轮中美战略与经济对话之际,胡锦涛主席特地在开幕式作了《推进互利共赢合作,发展新型大国关系》的致辞;奥巴马在给这次对话的致辞中,也表示"美中两国可以向世界证明,美中关系的未来不会重蹈历史覆辙"。

然而,美国"重返亚太"战略,构筑"中国包围网",围堵、遏制中国,却恰恰是在国家关系问题上逆时代发展的潮流而动。为此,习近平在2012年2月应邀访美前接受《华盛顿邮报》书面采访时强调指出:"在人心思安定、人心思发展之际,人为地突出军事安全议程,刻意加强军事部署、强化军事同盟,恐怕并不是本地区绝大多数国家希望看到的。"他指出:"宽广的太平洋两岸有足够的空间容纳中美两个大国。我们欢迎美国为本地区和平、稳定、繁荣发挥建设性作用,同时希望美国充分尊重和照顾亚太各国的重大利益与合理关切。"在美国国防部长帕内塔在香格里拉对话会上重申美"战略东移",宣布将60%的美战舰部署到太平洋,并说此举不会对中国构成威胁后,我外交部发言人刘为民2012年6月4日在例行记者会上指出:"当前,求和平、谋合作、促发展是亚太地区的大势所趋、人心所向,各方都应该致力于维护和促进亚太的和平、稳定、发展","人为地突出亚太军事安全议程,加强军事部署,强化军事同盟不合时宜"。

实际上,要和平、合作,不要对抗、冲突,避免美中冷战,这种时代发展潮流,也是美国许多有识之士的共识。例如,美国前国务卿基辛格就在一个相对较短的时间内连续发表多篇文章,密集地阐述了这个道理:在2010年12月18日德国《商报》上发表的文章《美国的衰落》中,他说,美中两国领导人面临的最重要任务就是要"在关键问题上持续合作,不要对短期危机进行激烈争论";在2011年1月13日发表在美国《华盛顿邮报》网站的文章《避免美中冷战》中,他强调美中两国之间的"冲突会让两国社会均疲惫不堪。为此,它们需要一种协商机制来详细描绘共同的长远目标","目标应当是建立起尊重与合作的传统","认识到齐心协力建设一个新的世界秩序符合两国的利益";在2012年美国《外交》杂志3—4月号上发表的文章《冲突是选择,而非必然》中,他又强调指出:"美中关系不应当被认为是零和游戏",而"应当共同界定和平竞争的范围。如果这一点能够得到明智的解决,军事对峙和支配都能得以避免";"两国需要致力于真正的合作,找到沟通的途径,并将自己的想法告诉对方和全世界"。美国发现学会创始人乔治·吉尔德在2011年2月5日的美国《华尔街日报》上发表文章《为什么与中国进行对抗》说,为了换取在全球变暖、美元贬值和互联网政治上的妥协,"美国现在把中国这个差不多最重要的经济伙伴也看作了对手","那无异于自取灭亡的愚蠢之举";美国凯托学会高级研究员道格·班多在2011年5月23日的美国《财富》双周刊网站上发表文章《美国与中国:寻求合作,避免冲突》说:"华盛顿必须重新学习外交艺术,更多地依靠友好国家保护它自己和稳定东亚局势,不再或明或暗地以出面干预相威胁以便把它的意志强加给中国";美国波士顿大学政治学教授沃尔特·C.克莱门斯在2012年5月5日日本《外交学者》杂志网站上发表文章《为什么要和中国打架》指出,美国遏制和中国反遏制"这种行动和抵抗行动的模式有可能变成和当年美国和苏联之间的军备竞赛一样,既危险又昂贵";2012年7月16日美国《防务新闻》周刊网站发表新加坡国立大学高级研究员约亨·普兰特尔的文章《亚洲的新安全秩序——中美的动作迫使作出调整》,指出美国"重返亚太"战略"通过让地区盟国变得胆大妄为,同时让中国变得孤立无援,美国的遏制政策可能会产生负面作用,造成一种使地区内部紧张恶化的安全困境。因此,审慎的东亚政策应该强调合作与接触,而不是强调均势和遏制"。

总之,美国以军事上一再"秀肌肉",外交上在地区国家双边争议中搅局的方式重返亚太的做法,走的是一条鼓励对抗而非合作的道路,是一种错误和短视的做法,它既与亚洲的发展大势不相符,也不利于美国自身的长远利益。弗朗西斯·肖尔在2010年7月27日的美国《外交政策聚焦》杂志网站上发表文章《帝国的过度杀戮和美国帝国的灭亡》，批评美国患了"超级大国综合征"，"对于自己'历史的主人身份'的坚持产生出拥有'无穷力量和控制力的'幻觉，这样的幻觉虽然光彩夺目，但也会自我毁灭"。美国前助理财政部长保罗·克雷格·罗伯茨更在2012年7月1日西班牙《世界报》上发表文章《世界能够在华盛顿的盲目自大统治下幸存吗》指出：盲目自大的华盛顿"对伊拉克和阿富汗的惨败视若无睹，现在又把矛头指向俄罗斯和中国这两大强国。在美国的历史上从未有过这样的愚蠢。主宰着华盛顿的精神病患者、反社会者和蠢货正在引导世界走向毁灭"。

第二个层次，是世界格局转换的层次。

如前所述，美国实施"重返亚太"战略的一个重要原因是，它不甘心于美国的衰落和中国的崛起，因而想通过这个战略来阻止美国的衰退，来延缓、遏制中国的发展和新兴经济体的群体性崛起，改变世界格局转换的发展趋势。这恰恰是在世界格局转换的问题上逆时代潮流而动。

早在美国次贷危机刚刚发展为国际金融危机的时候，印度三军研究所的纳伦德拉·库马尔·特里帕蒂在2008年11月11日的印度和平与冲突研究所网站上发表文章《全球经济危机与印度》指出："目前这场危机最深远的影响是美国'软实力'中的强力元素已经威信扫地。美国大战略的经济前提是各国通过自由市场机制纳入'华盛顿共识'"，但现在"各国正在干预市场这个以前曾认为神圣不可侵犯的领域。美国为国际经济活动制定规则的实力已经大大削弱"，"因此，国际战略结构将发生变化，美国的战略地位也将发生变化，这是不可避免的"。

这个不可避免的变化，首先就表现为美国的衰落。2011年8月7日的美国《纽约时报》发表了托马斯·弗里德曼的文章《共赢还是共输》说:"我们的国家正在经历最可怕的衰落——一种缓慢的衰落",而其首要的原因在于,"自冷战结束以来,我们听任经济增长的5根基本支柱(教育、基础设施、高智商革新者和企业家移居入境、鼓励冒险和创业的规则、政府资助的促进科技发展的研究项目)不断削弱。我们错误地认为,冷战结束是一次使我们从此高枕无忧的胜利。事实上,我们从此迎来了有史以来最严峻的挑战",我们如果想与挣脱了束缚的中国、印度等地的民众"展开有效的竞争与合作,如果想维系美国梦,我们就必须更努力地学习,更聪明地投资,更迅速地创新,更及时地改善基础设施,更机智地工作。但我们非但没有投入必要的力量来完成这项事业(也就是增强实力),反倒给自己注射了剂量极大的'信贷类固醇'。如此一来,千百万人得以购买他们根本买不起的住房,从事无须接受太多教育的建筑业和零售业的工作。我们的欧洲朋友也陷入了类似的放纵状态"。

与美国、西方发达国家日益衰落相并行的,是中国、新兴经济体的群体性崛起。据经济合作与发展组织2010年6月16日发布的有关世界发展前景的报告称,经济合作与发展组织成员国的GDP之和在全球生产总值中的比例有所下降,即由2000年的占60%下降到目前的占51%,距离降至50%以下只有一步之遥。预计到2030年这一比例将降至43%左右。而新兴国家的发展却使数以亿计的人们摆脱了贫困,为全世界的福祉作出了重要贡献。

报告指出:"新兴国家的'起飞'使得贫穷国家的数量在过去10年中由55个减少到25个。与此同时,经济增速达到或超过经合组织平均增速两倍的国家由12个增至65个。"报告分析说,"这种变化的产生有三个主要原因。首先,中国、印度和原苏联国家等经济体的开放,使大量劳动力进入市场经济。其次,这些经济体的发展刺激了对化石燃料、工业用金属等初级产品的需求,从而使中东、非洲和美洲的原料出口国大为受益。最后,许多新兴国家由负债国变为债权国,同时还积累了高额的外汇储备";同时,"贸易和投资加强了新兴大国同贫穷国家之间的直接互动与合作的渠道。南南国家间的贸易额在1990年至2008年间增长了9倍"。据此,"埃森哲公司预测,2025年全球10大经济体中将有半数来自今天的新兴工业国"。

所以,美国和西方发达国家的衰落,中国、新兴经济体的群体性崛起,是当代世界经济社会诸种因素发展的必然结果,是推动世界格局转换的不可阻挡的力量。因而,世界格局由二战后的两极格局,经冷战结束后出现的暂时性的超级大国美国单极独霸,到多极格局的转换,就是一种必然的发展趋势,是当今时代发展的潮流。美国不去顺应这种时代发展潮流,而是凭借其军事、经济、科技实力,逆潮流而动,企图通过实施"重返亚太"战略,围堵、遏制中国的发展,阻挡世界格局的转换和时代发展潮流的滚滚向前,那不过是一种螳臂当车、不自量力的蠢举,只能起到抽刀断水水更流的作用。

奉劝美国不要逆时代发展潮流而动,而要顺应时代发展潮流,这丝毫不意味着要让美国在中国、新兴经济体群体性崛起面前坐以待衰,因为事情正如美国副总统乔·拜登在2011年9月7日《纽约时报》发表的《中国的崛起并不是美国的覆灭》一文中所说的:"一个成功的中国能够使我们的国家更加繁荣,而不是不如现在繁荣。"美国的中国问题学者爱德华·斯坦菲尔德在其《进行我们的比赛:为什么中国崛起不会威胁西方》一书中表示,中国崛起对美国有利,因为它给美国产品提供了消费基地。他写道:"中国不仅仅在满足自身利益,也在满足我们的。中国所促成的全球劳动力分配恰恰使得世界上最富有的国家……在科技创新和商业创造力方面蓬勃发展。"

从历史上看,虽然守成大国与新兴大国之间的权力转移,在许多情况下,是通过非和平的方式实现的,如西班牙之于法国、法国之于英国、德国在20世纪初叶向英国的霸主地位发起挑战、日本在亚太和东亚地区开始建立自己的帝国等等,都经历了腥风血雨的战争;但也有的是通过和平的方式实现的。例如,在19世纪末,美国的经济规模开始超越英国,但世界最强大国家的桂冠却是在没有发生战争的情况下从英国移交给了美国。历史的经验一方面说明，守成大国为遏制新兴大国的崛起而发动的腥风血雨的战争，并没有能够阻挡历史的车轮滚滚向前；另一方面又说明大国之间的权力转移是可以和平进行的。

所以，英国《泰晤士报》首席经济评论员洛温·戴尔在2012年2月27日的《日本时报》上发表《别再为权力转移担心了》一文提出："如今，该轮到美国考虑如何应对大洋彼岸一个新兴大国对手了。其中一个选择是仿效英国的做法。不要挑衅中国人，不要通过建立空军基地、航母舰队和军事联盟来包围他们。""美国在亚洲大陆并不存在真正重大的利益，至少没有它必须通过与中国开战来保护的利益"。他突出地描绘了英国通过和平转移权力后的情况："与当年统治世界时相比，英国现在显得更加繁荣，英国人民或许也更加幸福。衰落，尤其是相对而言的衰落，并不是完全像美国人想象的那么悲惨。"2012年8月16日的美国《全球主义者》在线杂志，又刊载印度裔英国上院议员、英国伦敦经济政治学院教授梅格纳德·德赛的《美国，应享受衰落》一文指出，在英国的衰落达到顶峰时，"尽管失去了帝国的光环，但英国却赢得了新生。艺术、音乐、体育和优雅的生活成为代表英国生活方式和形象的重要元素。现在，美国面临着相似的挑战"："美国的巨额外债、被忽略的基础设施建设和大衰退造成的经济低迷都反映出美国的诸多问题——预算拨款减少、国民的自尊心和社会稳定受到伤害。"因此，他建议"美国，请不要再挣扎保住世界第一的位置。快点转身，享受你在下坡过程中的风景吧！"

第三个层次，是社会制度更迭的层次。

如前所述，美国实施"重返亚太"战略的又一个重要原因，是企图把其价值观和政治体制强加给中国、对中国实行和平演变战略的失败。这实际上涉及社会制度更迭的问题，那么，在这个问题上，当今时代发展的潮流究竟是什么？

在《政治经济学批判》序言中，马克思概括人类社会的发展说：

"大体说来,亚细亚的、古代的、封建的和现代资产阶级的生产方式可以看作是经济的社会形态演进的几个时代,资产阶级的生产关系是社会生产过程的最后一个对抗形式","因此,人类社会的史前时期就以这种社会形态而告终",随后出现的社会主义、共产主义社会就不再在阶级对抗的基础上演进了。1917年的俄国的十月社会主义革命开辟了人类从资本主义向社会主义过渡的新纪元,二战后又有中国等一系列欧亚拉国家走上了社会主义道路,社会主义由一国的实践变成了多国的实践,当时,世界上15个社会主义国家拥有世界人口的1/3,陆地面积的1/4,以及世界工业总产值的2/5。这就清楚地说明了,当今时代发展的潮流就是人类由资本主义逐步过渡到社会主义共产主义。但是在1989—1991年东欧剧变、苏联解体以后,西方资产阶级却误以为这标志着自由民主的资本主义最终战胜了社会主义共产主义,成为人类社会最终统治形式,日裔美国学者福山抛出的"历史终结论"成了西方资本主义社会的主流意识形态。它作为精神支撑支持着美国资产阶级通过"输出民主"、"颜色革命"以及西化、分化等等和平演变战略,把它的社会制度、价值观念强加于别国人民。当前美国实施的"重返亚太"战略也包含有这方面的成分。

然而,美国的这种想法和做法,却完全是在社会制度更迭的问题上逆时代潮流而动。因为从人类社会发展的高度来看,东欧剧变、苏联解体所标志着的,并不是资本主义最终战胜了社会主义共产主义,而只是在人类由资本主义向社会主义过渡的长过程中出现的一个短暂插曲罢了。

无论在自然界,还是在人类社会,事物的发展总是新的代替旧的,新陈代谢是宇宙间普遍的不可抗拒的规律。但事物的发展又并不是一往直前、径情直遂的,所以,恩格斯把"辩证的发展"界定为"经过一切迂回曲折和暂时退步而由低级到高级的前进运动的因果联系"①;列宁则指出:"把世界历史设想成一帆风顺的向前发展,不会有时而向后作巨大的跳跃,那是不辩证的,不科学的,在理论上也是不正确的"②。这就是说,新事物必然取代旧事物的过程,往往是通过曲折、乃至通过暂时的后退来实现的,曲折性是必然性的经常的伴随现象。

在人类历史上,像资本主义代替封建主义那样的社会制度的更迭,就是通过复辟与反复辟的长期斗争来实现的。以英国为例,开始于 1640 年的资产阶级革命,就是在经历了以两次内战、一次复辟和一次政变的形式出现的复辟和反复辟、在长达半个多世纪的反复动荡之后才逐步稳定下来的;18 世纪的法国资产阶级革命,在它的五个历史时期中,也同样充斥着长达 80 年的复辟和反复辟的尖锐矛盾和斗争。

与先前用一种私有制代替另一种私有制、一种剥削制度代替另一种剥削制度的社会制度更迭不同,社会主义代替资本主义是用公有制代替私有制,要消灭剥削、消除两极分化,因而无疑要经历一个更加长期而曲折的发展历程;社会主义首先在经济文化较不发达的国家取得胜利,更加加重了这个过程的长期性和复杂性;而在二战以后,苏联模式建设社会主义的具体体制和方法日益暴露出不利于社会主义制度优越性的发挥,又没有及时进行改革;再加上戈尔巴乔夫把苏联的改革引上反共反社会主义的轨道,这就使社会主义的发展进程中出现东欧剧变、苏联解体这样的严重曲折和暂时复辟,成为难以避免的。

然而,从根本上讲,毕竟是社会主义代表了当代社会制度的更迭的方向。因为资本主义无论如何都不能摆脱百万富翁的超级利润,不能摆脱剥削和掠夺,不能摆脱经济危机,不能形成共同的理想和道

---

① 《马克思恩格斯选集》第 4 卷,人民出版社 1995 年版,第 239 页。
② 《列宁全集》第 22 卷,人民出版社 1985 年版,第 203 页。

德；而社会主义尽管在发展中还存在这样那样的缺陷，却毕竟没有改变它所代表的历史潮流，社会主义总比弱肉强食、损人利己的资本主义好得多；只有社会主义能够消除资本主义和其他剥削制度所必然产生的种种贪婪、腐败和不公正现象。所以，事情正如邓小平在南方谈话中所指出的那样："社会主义经历一个长过程发展后必然代替资本主义。这是社会历史发展不可逆转的总趋势"，虽然"道路是曲折的"，"从一定意义上说，某种暂时复辟也是难以完全避免的规律性现象。一些国家出现严重曲折，社会主义好像被削弱了，但人民经受锻炼，从中吸取教训，将促使社会主义向着更加健康的方向发展"①。从一定意义上说，中国特色社会主义就是在吸取苏东剧变解体教训的基础上崛起，使社会主义向着与本国国情、时代特征紧密结合起来的更加健康的方向发展，从而焕发出社会主义无比的活力、创造出人间种种奇迹的典型。

然而，美国却硬要逆时代发展潮流地把其资本主义制度强加于社会主义的中国。由于这种图谋在过去失败了，所以要实施"重返亚太"战略，可在现在，它还要坚持把这种图谋贯穿进去。例如，基辛格在前引《冲突是选择，而非必然》一文中提到"奥巴马已经邀请中国加入 TPP。然而，美国人士提出的加入条件有时似乎需要中国国内体制发生根本改变"。为此，他担心"该协定可能被北京视为孤立中国战略的一部分"。美国政府的这种逆时代潮流而动的举措，理所当然地遭到中国政府和人民的坚决反对。在美国"重返亚太"战略耀武扬威，建构"中国包围网"，严重威胁中国的国家安全之际，中国国防部长梁光烈表示，中国军队将持续拓展和深化军事斗争准备。他在中国人民解放军建军 85 周年纪念日招待会上致辞时指出：当今世界正发生深刻复杂的变化，维护国家安全的任务更加艰巨。军队因此必须增强机遇意识、大局意识、忧患意识、使命意识，努力提

---

① 《邓小平文选》第 3 卷，人民出版社 1993 年版，第 383 页。

高以打赢信息化条件下局部战争能力为核心的完成多样化军事任务的能力。

实际上,对于美国和一些西方国家妄图把资本主义制度强加于人这种逆时代潮流而动的举措,美国和西方国家的一些有识之士也是极力加以批判和反对的。例如,在2010年12月挪威诺贝尔委员会怀着"中国如果像东欧那样爆发一场颜色革命,就会走上西方式的自由民主之路"的复辟梦想,乱颁和平奖,2010年12月6日的美国《纽约时报》发表埃里克·李的《中国的颜色革命?就让它保持红色吧》一文,批评挪威诺贝尔委员会"他们完全忽视了中国的历史和现代中国的特性。他们所追求的革命如果真的出现,带来的决不是自由和责任",因为中国特色社会主义道路所包含的发展与政治战略,既实现高增长率又确保社会公正与安定,"是中国在全球秩序中相对和平崛起的支柱","只有继续走中国特色社会主义道路,中国的发展才能进一步提高中国人的自由和繁荣,它的崛起也才能给世界舞台带来一支基本上和平而且负责任的力量"。2011年7月13日的美国《国家利益》双月刊网站又发表哈里·哈丁的《透过玫瑰色眼镜看北京:为什么民主制度无法驯服中国》一文,尖锐地指出:"靠'演变'中国去化解中美冲突是一条走不通的死胡同,所以与其指望着靠中国进行民主改革来促进亚洲的开放与稳定,倒不如重振美国经济、恢复美国经济和政治模式的吸引力"。澳大利亚前总理保罗·基廷于2012年8月6日在悉尼出席有关美中关系的新书《中国抉择》的首发仪式时,强调指出:"美国在朝鲜、越南以及在亚洲以外的伊拉克和阿富汗所进行的战争的失败应该让美国相信,在亚洲大陆的战争是打不赢的。"

归结起来,尽管美国"重返亚太"战略,声势汹汹,不可一世,但由于它在国与国的关系、世界格局的转换、社会制度的更迭等三个层次上,都在逆时代潮流而动,因而是注定不能获得成功,而必然要遭到失败的。

五、在香格里拉对话会上的激烈交锋：美国、日本的无理指责和中国的据理反驳

进入2014年，美国的"重返亚太"战略，进一步表现为在东中国海和南中国海问题上的强硬立场。2014年2月25日，美国《国家利益》双月刊网站发表《在南中国海强硬起来》的文章说："奥巴马内阁官员最近发表的一连串声明或许表明，美国的一种新政策正在浮出水面"：

"这一较强硬的论调首先出现在1月31日。美国国家安全委员会负责亚洲事务的高级主管埃文·梅代罗斯（麦艾文）当天拒绝承认中国东海防空识别区的合法性，并警告说，如果中国在南中国海上划设航空识别区就将导致（美国）在该地区的存在及军事态势发生变化。在2月5日的国会听证会上，美国负责东亚和太平洋事务的助理国务卿丹尼尔·拉塞尔明确而公开地表示，中国把'九段线'作为南中国海领土主权声索的法律基础是不符合国际法的。这是美国高官首次明确作出这一表态。最后，在2月17日造访印度尼西亚时，美国国务卿约翰·克里同样列举了中国最近的挑衅举动，并呼吁以现行国际法为基础解决领土主权声索问题。"

以后，美国继续把它这种表明强硬立场的新政策贯彻到各个方面，对中国进行无理指责。例如，2014年4月6日，美国国防部长查克·哈格尔在与日本防卫大臣小野寺五典联合举行的记者会上说："我将与中国人谈的是对他们邻国的尊重。威逼、恫吓是只会导致冲突的非常致命的东西"，"我们现在正看到缺少尊重以及用俄国在乌克兰所作所为来进行威逼和恫吓的证据"，"你不能四处去重划边界，依靠武力、威逼和恫吓去侵犯别国领土完整和主权——不论你是在太平洋上的小岛，还是欧洲的大国"，并向日本保证，华盛顿必将在防卫问题上遵守承诺，站在东京一边。2014年4月8日，哈格尔

在同中国国防部长常万全举行的联合记者会上,又指责中国无权单方面在未经协商的情况下宣布划设东海防空识别区。他表示,在日中发生争执之时,美国将保护盟国日本。常万全则指出,在涉及与邻国的岛屿主权争议问题上,北京不会首先"惹事",但为了捍卫中国的领土主权,北京也会做好武力准备,并警告美国必须对日本的行为保持警惕,不要放纵和支持东京。

尽管2014年4月9日,中国国家主席习近平在会晤哈格尔时,强调中美双方应坚持不冲突、不对抗、相互尊重、合作共赢的原则,更加积极有力地推动各个领域的务实合作,有效管控分歧和敏感问题,但在2014年4月25日发表的《美日联合声明》还是明确记载了美日安保条约适用于我国领土钓鱼岛,并强调美国反对有损日本对钓鱼岛施政权的任何单方面行动。《美日联合声明》还对中国未经事先协调就设定东海防空识别区以及最近的行动共同表示强烈关切。这就迫使我外交部发言人秦刚在例行记者会上不得不指出"我们敦促美日摒弃冷战思维,切实尊重本地区其他国家的利益和关切,以免给地区和平稳定造成进一步干扰"。秦刚说:"我们对美日联合声明的一些内容表示严重关切。钓鱼岛及其附属岛屿是中国的固有领土,中国军队完全有能力保卫,不需要其他国家费心提供所谓的安全保障;第二,日本有些人喜欢炒作这件事,其实就是拿着鸡毛当令箭,如此而已。"秦刚指出,"中方坚决反对把钓鱼岛作为日美安保条约的适用对象。日美同盟是在冷战时期形成的双边安排,不应损害中国的领土主权与正当权益",他批评日本对钓鱼岛的侵占是"非法的、无效的",并称"谁也无法动摇我们维护国家领土主权和海洋权益的决心和意志"。秦刚敦促美方"应尊重事实,以负责任的态度,在恪守有关领土主权问题上不选边站队的承诺,谨言慎行,切实为地区和平稳定发挥建设性作用"。秦刚还强调美国和日本没有资格对中方在东海设立防空识别区说三道四。

鉴于美国顽固坚持其在东中国海和南中国海问题上逆时代潮流

而动、无理指责中国的错误立场,中美之间一场激烈交锋成为势所难免,这就催生了2014年5月30日—6月1日香格里拉对话会上中国据理驳斥美日两国无理指责的激烈交锋。

香格里拉对话会即亚洲安全会议,它由总部设在伦敦的智囊机构——国际战略研究所主办的一个供防务部门、军队和专家学者交流的平台。香格里拉对话会在新加坡政府的支持下,于2002年开始举办,因为首次会议是在新加坡香格里拉饭店举行而得名。这一由西方智库倡导的论坛,一直被外界认为有"围堵中国"的意味,尤其在美国积极实施战略重心向亚洲转移的策略以来,美国及其盟国每年都会借助香格里拉对话会的平台搞一些局外动作。2014年的香格里拉对话会聚集了27个国家和地区的400多名防务高官和学者,就区域安全的话题展开讨论。根据会议议程安排不成文的惯例,一般是一名国家元首或政府首脑应邀在开幕晚宴上以主宾身份发表演讲,美国国防部长则在次日上午开场发言。日本首相安倍晋三在今年的对话会上发表主题演讲时,从谈论国际法开始,含沙射影地指责中国"不遵守国际法的行为应该受到强烈谴责",并强调钓鱼岛是日本领土、没有争议;而美国国防部长哈格尔则在次日上午的开场发言中,公开点名指责中国在周边领土和领海争端中"以强力改变现状",称美国会加强与盟友的合作来平衡中国的影响。

中国代表团团长、中国人民解放军副总参谋长王冠中先是在当天通过一场新闻吹风会以严厉的措词回应以安倍晋三和哈格尔的无理指责。6月1日王冠中的大会演讲,本来是以《树立亚洲安全观,共创亚太美好未来》为题,阐释由中国国家主席习近平在亚信会议上提出的中国的亚洲安全观,强调中国与各国共建、共享、共赢亚洲安全之路,中国是亚洲和平与安全的建设力量、积极力量、正能量。但面对美、日一唱一和的挑衅和挑战,他必须作出"最低限度的回应"。

哈格尔指责北京在有争议的南海煽动紧张局势,他指责中国在南海采取单边行动会令局势动荡。他说："近几个月，中国在南中国海采取了破坏稳定的单边行动，主张其领土主权"，他指责中国限制菲律宾人登上斯卡伯勒浅滩（即我黄岩岛），对马尼拉在阿云金暗沙（即我仁爱礁）驻扎已久的驻军施加压力，开始在多处地点扩建永久设施，并将石油钻井平台移到与越南有争议的水域内。他说，尽管美国在有争议的领土主张问题上不偏向任何一方，可是"我们坚决反对任何国家使用恐吓、威逼或武力威胁来主张这些领土主权"。他说，"当国际秩序的基本原则遭到挑衅时，美国将不会不予理睬"。哈格尔保证说，美国的活动会增加，美国的防务开支削减不会影响该地区，美军会将每年在该地区举行的演习增加到130次，将港口访问增加到700次，美国计划到2016年将在该地区的外国军队资金支持增加35%，将军事培训和教育增加40%。

奥巴马在2014年4月访问亚洲四国，承认尖阁诸岛（即我钓鱼岛）为《美日安保条约》第五条适用对象，他还与菲律宾签署了新的军事协定，批准美军在菲律宾的实际驻扎。但在奥巴马刚访问亚洲回国，中国就在南海的西沙群岛附近海域开采石油，中国船只还与越南船只发生碰撞。哈格尔据此表示，亚洲面临严重的威胁，强调要通过国际法和平解决国际争端，不允许采取强制和威胁手段。他还强调，即使美国处于财政困境之中，但由于"重视亚洲"政策，亚洲不会变成美国削减国防费用的牺牲品。美国前国防部长帕内塔两年前曾说，美国将把美军舰船的60%部署在亚洲，哈格尔表示这一点没有改变。他警告说，如果北京想要限制空中交通或海上航行自由，华盛顿"将别无选择"。他强烈保证美国对亚太地区的承诺，说美国的再平衡战略或"转向亚太"的战略不是一句空话，而是"一个事实"。他说："我们反对任何国家通过任何努力来限制领空飞越或航海自由，不论是军舰还是民用船只，不论来自大国或是小国，如果这些国际秩序的基本原则遭到挑战，美国将别无选择。"

针对安倍晋三和哈格尔对中国的无理指责，王冠中说，安倍和哈格尔的发言都是对中国的一种挑衅,这样无端的指责"不可想象","超乎我的预料"。他说,安倍和哈格尔相互支持,相互鼓励,仗着首先发言的优势,向中国发起挑衅和挑战。他认为,安倍间接指责中国是违背大会的宗旨、不符合对话会的精神的,他说安倍晋三"你有话还不如直接说出来"。而哈格尔的演讲虽然坦率,但充满霸权主义和威胁语言,鼓励和怂恿亚太不安定势力出来闹事。他称哈格尔的演讲"是一篇充满霸权主义味道的演讲,是一篇鼓动怂恿亚太不安定因素起来挑事闹事的演讲"。他质问哈格尔说:"究竟是谁在主动地挑事闹事、是谁在主动地挑起争端和争论?"并重申中国从来都是别人挑起争论和纷争之后,才采取应对措施的。中国代表团成员、中国国防大学教授朱成虎称,哈格尔对中国的指责是"无礼的",在对华政策方面,"美国当前正在犯非常、非常严重的战略错误"。他谴责哈格尔虚伪,并称在哈格尔看来,中国不管做什么都是非法的,美国不管做什么都是对的。"如果美国把中国当作敌人,中国势必成为美国的敌人";中国代表团成员、中国军事科学院中美防务关系研究中心主任姚云竹则质疑美国一再在领土争端上不会选边站的立场说,当美国声称《美日安保条约》覆盖东海有争议岛屿时,上述立场怎么可能是真的。他质疑美国在设立自己的防空区之前会与哪些国际组织或哪些国家协商?中国在东海设立防空识别区,又违反了哪项国际法?

在出席香格里拉对话会期间,王冠中还就中国南海的九段线问题回答了与会人士的提问,强调在解决海洋岛屿与海域划界争端问题上,中国一贯且明确主张在尊重历史事实和国际法基础上,与直接当事方通过协商谈判解决。

在有关历史事实的问题上,王冠中说:"我只简单地讲几条最基本的事实,请大家参照我说的这几条基本事实,进一步认识和理解中国关于南海九段线的主张。"

第一,中国在南海的主权、主权权利、管辖权主张是在长期的历史发展过程中形成的。这个历史有2000多年。中国从汉朝开始就发现和逐步完善了对南海、特别是南沙诸岛礁以及相关海域的管理。这方面的历史资料和历史文件是大量的。

第二，中国的西沙群岛、南沙群岛，在2000多年的发展过程中，都在中国的管辖下，都属于中国所有。只是在二战期间，日本帝国主义侵略中国，把中国的西沙群岛和南沙群岛侵占了。1946年，中国政府根据《开罗宣言》和《波茨坦公告》，从日本侵略者手中收回了西沙群岛和南沙群岛的主权。在西沙群岛和南沙群岛回归中国以后，中国政府在1948年划定和宣布了现在所说的九段线。大量的历史文件，以及各国出版的地图都是这样明确记载或标定的。

第三，关于南沙群岛包括西沙群岛及其相关海域，在长久的历史过程中，周边国家并未对中国的主权、主权权利和管辖权提出质疑，只是在20世纪70年代以后才出现这个问题。出现这个问题的一个重要原因是南海发现了丰富的石油资源。

第四，《联合国海洋法公约》(以下简称《公约》)是1994年生效的。中国尊重《公约》，是《公约》的签署国。《公约》是1994年生效的，可是中国对南海诸岛礁及相关海域由历史形成的主权、主权权利和管辖权是在2000多年间形成的。1994年生效的《公约》不能追溯既往。它不能追溯和重新划分历史上形成的各国的主权、主权权利和海域管辖权，同时它承认各国关于海洋和岛礁的历史性权利。

第五，《公约》不适用于海洋岛礁归属权的调整。与海洋有关的海洋法是一个庞大的、丰富的法律体系，不仅仅是一个《联合国海洋法公约》。调整各个国家在海洋上的主权、主权权利和管辖权，也不仅仅限于关于海洋的国际法，还有一个包含海洋国际法在内的庞大的国际法体系。仅仅抓住《公约》来说事，是说不成的。中国签署了《公约》，也尊重《公约》。可是美国并没有签署这个《公约》。美国为什么不签署？因为美国感到《公约》的很多地方是对美国不利的。一个没有签署《公约》的国家，不断拿这个《公约》向中国说事，这能说得成吗?《公约》变成了美国的武器,美国用得着的时候、对它有利的时候,就拿起来,当作武器向别的国家挥舞;用不着的时候就把《公约》弃之一边。我在这里提出一个问题:美国准备什么时候加入《公约》? 准备什么时候签署《公约》?

最后一点,中国的立场是一贯的、明确的。即在解决海洋岛屿与海域划界争端问题上,中国主张在尊重历史事实和国际法的基础上,与直接当事方通过协商谈判解决。现在有的国家把在南海与中国的争端提交国际仲裁。其实在2006年,中国就根据《公约》特有的、专项的规定,排除了将领土主权、包括岛礁争端、军事活动和其他活动的争端诉诸国际仲裁,中国已经做了排除性声明。这个文件在联合国存着。关于南沙群岛的岛礁和海域划界争端,中国历来主张,今后还要继续主张并在这方面努力,坚持以最大的诚意和耐心,通过直接当事方协商谈判解决问题。

六、美国"重返亚太"战略面临的牵制和掣肘

美国的"重返亚太"战略不仅由于其逆时代潮流而动、不断地挑衅中国人民而遭到揭露和驳斥,而且其本身面临着种种牵制和掣肘。这主要来自四个方面:

一是来自经济支撑方面的牵制。在美国把"重心"转向亚太的过程中,经济在多方面发挥着至关重要的作用。首先是美国政府的高额债务迫使它必须大幅全面削减包括国防经费在内的开支,十年内达5000亿美元,其结果是向亚太地区部署更多军事资源的目标难以实现。面对中国军事实力的增强,美国及其亚洲盟友感到对美国在该地区的主导地位构成日益严重的挑战。2014年2月26日,日本《产经新闻》刊登青木伸行从华盛顿发回的《美国对华战略面临风险》一文,援引美国防部长哈格尔的话说:"其他国家继续寻求武器的更新和现代化,美军进入了无法确保优势的时代。"他认为,美中

军力虽然仍存在不小的差距,但从中长期来看,一个削减一个增强,两国相反的走势将成为亚太地区巨大的不稳定因素。在"重返亚太"的项目上,美国不仅削减了濒海战斗舰的采购数量,并且推迟部署航母,如果这种情况继续下去,再平衡战略中很多涉及舰船部署态势的部分将失效。

经济支撑方面牵制的另一个表现,涉及美国向其东南亚盟友提供的非军事援助,因为中国通过常年在周边国家开展睦邻富邻经济的外交,促进了东南亚国家的经济增长,也积累了自身巨大的软实力,除非美国能赶上或超过中国的经济和财政条件,否则就难以遏制中国日益增强的地区影响力。2012年9月19日的香港《亚洲时报》在线,发表乔治·阿穆劳的《美国的破产外交"重心"》一文说,中国通过经济外交的方式在亚太地区缔结了强大的盟友,柬埔寨、老挝和缅甸是本地区从北京接受财政援助最多的三个国家。援助的形式包括资助、软贷款和基础设施建设项目,此外还有贸易协议和私人投资,而美国向该地区提供的经济和财政援助相形见绌。在美国2013年度的全球十大援助国当中,没有一个是东南亚国家。在宣布实施重返亚太战略之后,美国政府申请在2013年向亚太地区提供的援助仍然低于10亿美元,与之前的数额大抵相同。据此,文章指出:"最近的金融危机和耗资不菲的战争迫使政府实行财政紧缩,从而很可能会限制华盛顿在短期内增加向地区伙伴和盟友提供经济援助的能力。只要这种局面不发生变化,美国的战略重心就缺乏经济支撑,在中国相对更为雄厚的软硬实力面前,很可能会黯然失色。"

二是来自TPP因内部鸿沟难以弥合而陷于停滞的牵制。旨在重塑以美国为中心的贸易格局、主导亚太经济合作的《跨太平洋战略经济伙伴协定》(TPP),是美国重返亚太、制衡中国的关键,但要使之按美国的希望那样,从当前的19个成员扩大到亚太经合组织21个成员,就需要在成员国之间就关税问题进行谈判达成一致。然而,由于其内部鸿沟难以弥合因而进展迟缓、无法按原定目标谈妥,为贸易协定制定新的标准、包括保护知识产权,例如美国坚持要求日本撤销农产品关税,而在药品专利和国有企业改革等问题上又与新兴国家发生对立。美国急于推进TPP谈判,新兴国家原指望美国能作出让步,但美国却以本国利益为重,拒不妥协。在谈判过程中,美国要求在各个领域最大限度地开放市场,引起日本和新兴国家的不满;在电影版权问题上,美国为了维护好莱坞的利益,坚持要求将版权保护期统一为70年,新兴国家希望能以低廉的价格上映老电影,导致二者之间发生争执。在药品领域,美国要求加强对新药的专利保护,也与新兴国家产生矛盾。在国企改革问题上,美国执意要取消政府对垄断企业实施的优待政策,马来西亚等新兴国家甚至一度拒绝将此作为议题。TPP谈判的停滞局面牵制了美国重返亚太战略的推进。

三是中东变局要求美国将战略重心重新转回中东的牵制。数十年来,美国一直对欧洲、亚洲和中东三个重要区域保持介入,"9·11"事件后美国将全球战略重心锁定中东并将奉行数十年之久的维持现状战略转变为单边主义的反恐战略,开始了全面改造中东的过程。然而,反恐战争最后不了了之,但反恐战争不仅打破了中东原本就十分脆弱的地区平衡,使之陷入混乱状态,也让美国付出了惨重代价。奥巴马上台后,重回现实主义,从伊拉克撤军,进而要从阿富汗撤军,并把美国的全球战略重心逐渐东移亚太地区,全力应对新兴国家、特别是中国的崛起。然而,由于美国长期以来奉行的中东战略政策存在着利益外交与价值观外交的矛盾:一方面,美国对外政策的出发点是维护其国家利益,出于这种考虑,美国与中东国家建立了紧密关系,而不论它是传统的君主制国家,还是世俗的共和制国家;另一方面,美国的价值观外交则体现在它标榜民主,鼓励支持一切反政府的民众抗议活动,并为此而制定了"大中东民主改造计划"。这两者之间的矛盾冲突,使美国的中东政策陷入了全面危机;先是中东温和而亲美的突尼斯的阿里、埃及的穆巴拉克相继倒台,约旦、也门、科威特、巴林也爆发了民众抗议活动,使美国在中东战略的支柱以色列的安全环境也变得严峻起来。与此相反,抗衡美国的伊朗却逐步扩大,伊朗核问题陷入僵局,美国构造的中东战略体系面临瓦解的风险。美国撤军后,伊拉克政局立足不稳,阿富汗政治解决的前景黯淡,巴以和谈难以启动,也门等地反恐形势严峻,这就使美国战略重心东移亚太受到掣肘。从理论上说,美国将亚洲作为重心,也就意味着亚洲事务是美国外交政策的核心;可是在事实上,在外交政策方面,白宫遇到的危机,却99%出自中东。一年多来,无论是与伊朗的核谈判、以巴问题、埃及内部事务、海湾地区的安全,美国仍然在深深地卷入中东事务。直到奥巴马在2014年9月10日宣布扩大对极端组织"伊斯兰国"的空袭,《日本经济新闻》网站惊呼这表明"美国与'伊斯兰国'的战斗将走向长期化,有可能导致奥巴马作为外交目标下提出的重返亚洲战略流于形式!"

四是美国同时遏制中、俄,含有促成中、俄结盟的牵制。美国将地缘政治重心转向亚太地区,表明美国及其亚洲盟友将遏制中国作为战略重点,这使中国到对俄罗斯的关系中去取得重要支撑点,扩大和深化中俄的能源合作;而在出现乌克兰危机以后,美、欧与俄罗斯制裁和反制裁的不断升级,表明美国又同时以俄为敌。这就促使美国的有识之士惊呼美国犯下了促使中俄结盟的战略错误。例如,2014年4月18日,美国凯托学会高级研究员卡彭特在美国《国家利益》双月刊网站上发表《华盛顿最大的战略错误》一文指出,"美国在外交政策上正在铸成大错:同时跟两个大国对抗。在过去一年左右的时间内,华盛顿与莫斯科和北京的双边关系摩擦严重,已到了警戒程度,这一发展将给华盛顿带来严重的地缘政治难题",他提醒美国政府注意基辛格在尼克松政府决定与中国关系正常化时强调的一个重要地缘战略逻辑,那就是:我们与潜在敌手的关系应该"对它们两个当中任何一个的选择永远要比两个敌手之间互相选择要多",就是说,应该采取措施使华盛顿与莫斯科和北京的关系,永远要比莫斯科和北京的关系亲密,使莫斯科和北京同时成为美国的敌人,不是一个明智的选择,"这条道路的前方一定是沮丧和潜在的灾难"。2014年7月10日,美国《国家利益》网站又发表纽约民主与合作研究所所长安德拉尼克·米格拉尼杨的《华盛顿的创作:中俄联盟》一文指出:"尽管俄罗斯和中国各自的国内关切使它们不能高调宣布支持对方,但两国在世界政治的诸多问题上以盟友姿态采取行动,俄中关系在进入一个质的新阶段,不仅仅是伙伴关系,但也不太像盟友关系。然而,美国加大对俄制裁力度和试图遏制中国之举,完全有可能使这两个国家结成全面的联盟",而"俄罗斯的军事技术和资源潜力与中国的经济和庞大人力资源相结合将使两国能够在许多全球问题上发挥决定性作用,那将打破国际关系中的现有力量对比"。2014年8月18日,美国欧亚集团总裁伊恩·布雷默也在《日本经济新闻》上发表《要注意中俄联合的风险》一文,指出"欧美与俄罗斯围绕乌克兰问题分歧越大,俄罗斯就会越坚决地向亚洲靠拢,特别是向中国靠拢","如果乌克兰问题和南中国海争端进一步发酵,则通常情况下不可能发生的中俄合作将可望实现"。

七、"重返亚太"战略只能加速美国自身的衰落

美国为防自身衰落而推行的"重返亚太"战略逆时代潮流而动,遭到被遏制的中国的强烈反对,美国本身又面临种种牵制和掣肘,要是不顾这一切而强制推行,那只能招致与其愿望相反的、加速美国自身衰落的结果。对此,新加坡国立大学东亚研究所所长郑永年在2014年4月22日的新加坡《联合早报》网站上发表的《美国"重返亚太"战略及其失误》一文,作了深入的分析和论述。他说,长远来说,显然是针对中国的"重返亚太"会成为美国外交战略调整的重大失误。因为美国真正的挑战并非来自中国,而是来自身的衰落:"如果美国把中国作为'敌人'来作战略大调整,必然会加速美国的衰落",这不是因为中美会大战一场、中国能够打败美国,而是"因为美

国的自我击败"：

一是美国一再把中国界定为战略竞争者或"潜在敌人"时，中国在战略态度上并没有仿效美国去组建自己的盟友，而是用经典的太极拳的方式回应，躲开了和美国的正面冲突。

二是美国"重返亚太"必然要把大量的军力和战略重心放在亚洲，造成巨大的浪费。中国不去和美国正面冲突，却在美国的压力下把更多的资源用于国防军事的现代化，从而促成中国军事上的真正崛起。

三是"重返亚太"使美国把战略资源从其他地区调到亚洲，从而促成美国在其他地区的衰落。中东、非洲和中亚等地区已经出现了这种现象，美国在那里的影响力和国际声望已远不如前，同时，美国对中国在亚洲外交空间的有效挤压，又在客观上促成中国的"走出去"。

四是乌克兰问题既表明俄罗斯地缘政治的回归，更表明对美国所主导的西方的挑战并非来自中国。

美国在中国问题上的错误的战略判断，源于它不是根据中国历史上或当代的国际行为，而是根据美国根深蒂固的意识形态，相信一个崛起中的大国必然要挑战现存大国，并把自己的思维强加给中国。与其说中国要挑战美国，倒不如说是美国恐惧中国的崛起。郑永年的文章最后得出结论说："一个大国的衰落与其说是因为其他国家的崛起，倒不如说是自身的衰落。美国如果不能纠正对中国的战略误判，不能节制其无限的战略贪婪，看来也不可避免地会落入这个逻辑，更快地走上衰落之路。"

第十五章

日本对我钓鱼岛的侵占窃据与日本政治的右倾化

第四编 美国、日本逆时代潮流而动的举动

在20世纪70年代初中日两国重建邦交、签署友好合作协议以后很长一段时期里,中日两国是在合唱着"中日友好"声中推动着两国的政治经济关系的持续发展的。但在苏东剧变解体以后、特别在国际金融危机爆发以后,随着日本沉沦在"失去的20年"的经济低迷中难以自拔,而中国却在快速崛起,日本在右翼势力的不断宣传灌输下,"中国威胁论"谬论流传,快速滋长出"反华"、"厌华"情绪;近年来,更出现了把它非法侵占窃据的我国领土钓鱼岛"国有化"的闹剧,使中日两国处于激烈的对抗之中。

在短暂的历史瞬间,中日关系怎么会经历这样曲折的发展?我国的领土钓鱼岛怎么会被日本所侵占窃据,近年来日本又为什么要把它加以"国有化"?事态的这种变化发展,它的背景是什么、它的走向又是怎样的?

一、钓鱼岛是中国的固有领土,中国对其拥有无可争辩的主权

无论从历史、地理还是从法理的角度来看,钓鱼岛都是中国的固有领土,中国对其拥有无可争辩的主权。

钓鱼岛及其附属岛屿位于我国台湾岛的东北部,是台湾的附属

岛屿，由钓鱼岛、黄尾屿、赤尾屿、南小岛、北小岛、南屿、北屿、飞屿等岛礁组成，总面积约 5.69 平方公里。在历史上，是中国最先发现、命名和利用了钓鱼岛。在中国古代文献中，钓鱼岛又称钓鱼屿、钓鱼台。目前所见最早记载钓鱼岛、赤尾屿等地名的史籍，是成书于明永乐元年（公元 1403 年）的《顺风相送》一书，这说明早在 14、15 世纪的中国就已发现和命名了钓鱼岛。

在 14 世纪 70 年代至 19 世纪 60 年代近 500 年间，中国明、清两代朝廷曾先后 24 次派遣使臣前往琉球王国册封，而钓鱼岛是册封使去琉球的途经之地，因而在这些使臣撰写的报告中，留下了有关钓鱼岛的大量记载，例如明朝册封使陈侃 1534 年所著《使琉球录》，明朝册封使郭汝霖 1562 年所著《使琉球录》，清朝册封副使徐葆光 1719 年所著《中山传信录》等等。

而 1650 年琉球国相向象贤监修的琉球国第一部正史《中山世鉴》，和琉球国学者、紫金大夫程顺则 1708 年所著《指南广义》，则清楚地记载着琉球的领土古米山（亦称姑米山，今久米岛）与非琉球领土赤尾（今赤尾屿）及其以西，以黑水沟（今冲绳海槽）为分界线。我明朝册封副使谢杰 1579 年所著《琉球录撮要补遗》，明朝册封使夏子阳 1606 年所著《使琉球录》，清朝册封使汪楫 1683 年所著《使琉球杂录》，清朝册封副使周煌 1756 年所著《琉球国志略》，也都提到了这条黑水沟分界线。

我国不仅最先发现、命名和利用了钓鱼岛，也长期管辖着钓鱼岛，从明朝初期开始，为防御东南沿海的倭寇，中国就将钓鱼岛列入防区，例如，明嘉靖四十年（公元 1561 年），明朝驻防东南沿海的最高将领胡宗宪主持、郑若曾编纂的《筹海图编》一书，就明确地将钓鱼岛等岛屿编入《沿海山沙图》，纳入到明朝的海防范围内；明万历三十三年（公元 1605 年），徐必达等人绘制的《乾坤一统海防全图》、明天启元年（公元 1621 年），茅元仪绘制的中国海防图《武备志·海防二·福建沿海山沙图》，也将钓鱼岛等岛屿划入中国海疆之内。

清朝不仅沿袭了明朝的这种做法,还明确地将钓鱼岛等岛屿置于台湾地方政府的行政管辖之下,如清代《台海使槎录》、《台湾府志》等官方文献就详细记载了对钓鱼岛的管辖情况。清同治十年(公元1871年)列入海防冲要,刊印的陈寿祺等编纂的《重纂福建通志》卷八十六就将钓鱼岛隶属台湾府噶玛兰厅(今台湾省宜兰县)管辖。

这是从历史上说,钓鱼岛是中国的固有领土。

再从地图的角度来说,明、清两代刊行的下列地图都把钓鱼岛列入中国版图:(1)明朝册封使萧崇业在明万历七年(公元1579年)发表的《使琉球录》中的《琉球过海图》;(2)茅瑞徵在明崇祯二年(公元1629年)发表的《皇明象胥录》;(3)清朝乾隆三十二年(公元1767年)绘制的《坤舆全图》;(4)清同治二年(公元1863年)刊行的《皇朝中外一统舆图》等等。

不仅如此,以下几本由日本、法国、英国、美国出版的地图也都把钓鱼岛列入中国版图:(1)日本最早记载钓鱼岛的文献——林子平1785年发表的《三国通览图说》的附图《琉球三省并三十六岛之图》,将钓鱼岛列在琉球三十六岛之外,并与中国大陆绘成同色,意指钓鱼岛为中国领土的一部分;(2)法国地理学家皮耶·拉比等在1809年所绘《东中国海沿岸各国图》,将钓鱼岛、黄尾屿、赤尾屿绘成与台湾岛相同的颜色;(3)英国1811年出版的《最新中国地图》;(4)美国1859年出版的《柯顿的中国》;(5)英国海军1877年编制的《中国东海沿海自香港至辽东湾海图》等地图都将钓鱼岛列入中国版图。

最后,从法理的角度来说,日本在1895年甲午战争中窃占的我国领土钓鱼岛,已经在第二次世界大战后归还中国。

1943年12月《开罗宣言》明文规定:"日本所窃取于中国之领土,例如东北四省、台湾、澎湖群岛等,归还中华民国。其他日本以武力或贪欲所攫取之土地,亦务将日本驱逐出境。"

1945年7月《波茨坦公告》第八条规定:"《开罗宣言》之条件必

将实施,而日本之主权必将限于本州、北海道、九州、四国及吾人所决定之其他小岛。"

1945年9月2日,日本政府在《日本投降书》中明确接受《波茨坦公告》,并承诺忠实履行《波茨坦公告》各项规定。

1946年1月29日,《盟军最高司令部训令第677号》明确规定了日本施政权所包括的范围是"日本的四个主要岛屿(北海道、本州、九州、四国)及包括对马诸岛、北纬30度以北的琉球诸岛的约1000个邻近小岛"。

1945年10月25日,中国战区台湾省对日受降典礼在台北举行,中国政府正式收复台湾。

1972年9月29日,日本政府在《中日联合声明》中郑重承诺,充分理解和尊重中方关于台湾是中国不可分割一部分的立场,并坚持《波茨坦公告》第八条的立场。

二、日本侵占和窃据我国领土钓鱼岛

既然无论从历史、地理、还是从法理的角度来说,钓鱼岛都是中国的固有领土,那它怎么会被日本所侵占和窃据的呢?

事情的经过是:日本在1879年吞并琉球并改称冲绳县以后,便借口钓鱼岛是无人岛而密谋加以侵占,并于甲午战争末期将我钓鱼岛秘密"编入"其版图。1895年4月17日,清廷在甲午战争中战败后,被迫与日本签署不平等的《马关条约》,割让"台湾全岛及所有附属各岛屿",钓鱼岛等作为台湾"附属岛屿"一并被割让给了日本,1900年,日本将钓鱼岛改名为"尖阁列岛"。

第二次世界大战后,根据《开罗宣言》、《波茨坦公告》,钓鱼岛回归中国。但美国等一些国家却在排除中国的情况下,与日本缔结了《旧金山对日和平条约》(简称"旧金山和约"),规定北纬29度以南的西南诸岛等交由联合国托管,而美国为唯一的施政当局。本来,

"旧金山和约"交由美国托管的西南诸岛,并不包括钓鱼岛,但在1952年2月29日、1953年12月25日,琉球列岛美国当局先后发布第68号令(即《琉球政府章典》)和第27号令(即关于"琉球列岛的地理界限"布告),擅自扩大托管范围,将中国领土钓鱼岛划入了其中。此举没有任何法律依据,中国坚决反对。1971年6月17日,美日签署《关于琉球诸岛及大东诸岛的协定》(简称"归还冲绳协定"),将琉球群岛和钓鱼岛的"施政权"一并"归还"给了日本。当即遭到海内外中国人的同声谴责。同年12月30日,中国政府外交部发表严正声明指出:"美、日两国政府在'归还冲绳协定'中把我国钓鱼岛等岛屿列入'归还区域',完全是非法的,这丝毫不能改变中华人民共和国对钓鱼岛等岛屿的领土主权。"台湾当局对此也表示坚决反对。这就迫使美国政府不得不公开澄清其在钓鱼岛主权归还问题上的立场:1971年10月,美国政府表示,"把原从日本取得的对这些岛屿的施政权归还给日本,毫不损害有关主权的主张","对此等岛屿的任何争议的要求均为当事者所应彼此解决的事项";同年11月,美国参议院批准"归还冲绳协定"时,美国国务院发表声明称,尽管美国将该群岛的施政权交还日本,但是在中日双方对群岛对抗性的领土主张中,美国将采取中立场,不偏向于争端中的任何一方。应该说,美国擅自扩大"旧金山和约"规定并不涵盖钓鱼岛在内的托管范围,非法地擅自将中国领土钓鱼岛纳入其中,后来又将钓鱼岛的施政权"归还"日本,这些在国际法上都是没有任何效力的。而日本外务省在1972年3月8日发表的《关于尖阁列岛[①]所有权问题的基本见解》,更进而阐述日本政府对于钓鱼岛主权归属问题的主张,一是说钓鱼岛为无主地,不包含在《马关条约》规定由清政府割让的范围之内;二是说钓鱼岛不包含在"旧金山和约"第二条规定的日本放弃的领土之内;三是说中国没有将钓鱼岛视为台湾的一部分,对"旧金山

---

① 即中国钓鱼岛。后边类似同此,不再一一标明。——作者注

和约"第三条规定的将钓鱼岛置于美国施政范围内从未提出过任何异议。应该说,前述无论从历史、地理,还是从法理来说,钓鱼岛都是中国固有领土的论述,已经全面驳斥和否定了日本政府的所有这些所谓的论据。

美国擅自把中国领土钓鱼岛列入其托管范围、以后又将它私相授受给日本,所有这些都没有、也不可能改变钓鱼岛是中国固有领土的客观事实,这不仅是中国政府和人民坚定不移的立场和观点,而且也是一切尊重事实的、正直的日本人和外国人的基本认识。例如,在目击了美国在1971年宣布将于1972年把琉球群岛和包括中国的钓鱼岛在内的"西南诸岛"交还日本,日本国内在右翼分子的鼓噪下顿时出现一股狂热浪潮时,日本京都大学人文科学研究所教授、著名历史学家井上清就敏锐地觉察到这是一个"就错误地把日本民族导入明治当年军国主义的侵略歧途"的政治阴谋,于是就在1971年11月初自费到琉球去实地调研,得出结论说:钓鱼岛"不正是日本在甲午战争中从中国掠夺来的吗?""现在又欲把它当作是日本领土,这不是日本军国主义抬头,又是什么?"接着,他就在1972年出版《"尖阁列岛"——钓鱼岛的历史解析》一书,引证详尽的史料指出:"所谓的'尖阁列岛'中的任何一个岛屿从未归琉球领属","日本无条件接受《波茨坦公告》而投降后,本应根据公告中的领土条款把这些岛屿归还中国"。在24年后的1996年,在目击了当年7月日本右翼在钓鱼岛设置灯塔,想以此证明钓鱼岛及其附属岛屿是日本领土,而日本政府却对此未加丝毫干预以后,井上清因感到这是东山再起的日本军国主义对中国的严重挑衅,自己有必要再次阐明钓鱼岛是中国领土这一史实,以此来回击日本右翼势力的抬头,所以,他又在1996年再次出版经过增编的《"尖阁列岛"——钓鱼岛的历史解析》一书。

美国塔夫茨大学教授加里·勒普也在《从中国人那里窃取的领土》[①]一文中,根据钓鱼岛主权争端的基本史实指出:"日本对钓鱼岛的主权要求是站不住脚的。中国人最先登上钓鱼岛、绘制地图,并从15世纪开始将它作为中国与琉球的边界线。日本只是在1895年打败中国后作为战利品获得了钓鱼岛,因此根据《开罗宣言》和《波茨坦公告》,应该在二战后将钓鱼岛归还给它的合法主人,然而美国作为1972年之前冲绳的托管者,希望将钓鱼岛保留在它的防卫范围之内,后来又将主要防卫责任转交给日本自卫队",在这里,"美国是从军事角度出发将钓鱼岛作为被它占领的琉球的外围防线,事实上承认了日本对钓鱼岛主权要求的合法性。换句话说,美国一方面否认日本对琉球的主权,同时又承认1895年日本政府将钓鱼岛划入冲绳县的行为(这是掠夺性战争的结果)合法,显然它并不认为钓鱼岛'是从中国窃取、应当归还中国的领土'",所以,"美国口头上说保持中立,事实并非如此,它担心中国的崛起,担心南中国海的冲突,但会支持它多年的盟友日本以维持自己的地缘政治战略"。

三、日本演出把钓鱼岛"国有化"的闹剧,企图从对它的窃据过渡到法理占有

日本在美国的怂恿、支持下侵占和窃据我国领土钓鱼岛之后,就让其右翼势力在岛上修灯塔、插国旗、建神社,逐步控制它。例如,1978年8月,东京右翼团体"日本青年社"在钓鱼岛上修建了第一座灯塔,在被台风摧毁后,又在1988年加以重建;1996年7月,"日本青年社"又在岛上设置了一个高达5米、重达200多公斤的铝合金灯塔,时任日本官房长官的(木尾)山静六当即公开支持说"日本青年

[①] 加里·勒普:《从中国人那里窃取的领土》,载2012年10月2日西班牙《起义报》。

社干的事情合法";1996年8月18日,冲绳的右翼团体"尖阁列岛防卫协会"成员登岛并在主岛灯塔附近设置了长3米、宽2米的木制日本旗;1997年,时任日本国会议员的西村真悟携带日本国旗登岛以"显示主权";2000年4月20日,"日本青年社"在钓鱼岛上建立了一座高0.5米、宽0.35米的小神社,以"祭祀战争期间在岛上饿死的居民";日本政府从2002年起私下与声称拥有钓鱼岛所有权的日本国民签订租约,以每年2256万日元(约合22万美元)的价格租下钓鱼岛及附近的南小岛、北小岛;2004年6月21日,以森冈正宏为首的14名日本国会议员乘海上保安厅巡逻机"飞行视察"钓鱼岛。随后冲绳县议会的11名议员也在2006年乘坐航空自卫队的军机从空中"视察"钓鱼岛;2005年9月,日本政府宣布将"日本青年社"在钓鱼岛修建的灯塔"收归国有";……与此同时,日本海上保安厅调整和加强了以阻止中国大陆和台湾地区民间船只接近钓鱼岛为核心的"警备体制":将钓鱼岛周围划分为三个巡逻区域,距钓鱼岛12海里范围内为"绝对禁止区",12海里至24海里为"严格监控区",24海里以外为"警戒监视区"。对进入钓鱼岛12海里的中国渔船和保钓船只采用撞击、高压水枪喷射等方式予以暴力驱离,而对于钓鱼岛周围海域的中国军舰及公务船只则采取尾随监视等方式进行监控,从2009年开始,日本海上保安厅还派遣可搭载直升机的PLH型巡视船在钓鱼岛海域常驻……

到了2012年,日本右翼分子对于我国领土钓鱼岛的侵占和窃据,又发展到一个新的阶段,这就是相互勾结、接力演出把钓鱼岛加以"国有化"的闹剧。

2012年4月16日,日本极右翼分子、东京都知事石原慎太郎在华盛顿发表的演讲中,提出了集资购买钓鱼岛计划。长久以来,石原一直盼望着出动自卫队,而不是海上保安厅,以便造成军人和军人之间的冲突和"军事争端",让美国不由自主地卷入进来。在石原看来,购买钓鱼岛恰好可以制造这样一个契机,所以,他提出的购岛计划,纯属一种要导致日中关系极度紧张的、对中国的挑衅行为。

同年6月,日本国驻华大使丹羽宇一郎在接受英国《金融时报》采访时,当即表示:"东京都知事石原慎太郎在4月份作出的有关购买尖阁列岛的提议,将危及日中两国自1972年关系正常化以来取得的进展","如果石原的计划得到执行,它将给日中关系带来一场极为严重的危机"。

石原慎太郎是日本一名疯狂反华的极右翼政客,在2010年时他就将中国就领土争端向日本提出交涉比作什么"黑帮抢地盘",他说如果不直面中国,"日本就会成为中国国旗上的第六颗星",因此主张应毫不犹豫地"和中国交战"。而在当时执政的日本民主党野田佳彦内阁,还是和石原慎太郎有所区别的,至少在表面上还没有那么赤裸裸地反华,但由于在购岛问题上他事先就同石原有过沟通、勾结,因而在日本驻华大使丹羽宇一郎就此发出反对声音以后,不但不予支持,还竭力同他划清界线,甚至打算撤换他,例如日本外相玄叶光一郎当天就通过外务省官员对丹羽大使提出了警告,在电话中告诉他"发言不符合政府的立场,希望加以注意";官房长官藤村修在记者会上强调"不能把大使的发言视为政府见解";民主党政调会长前原诚司则指责大使的发言超越权限,并对其见识提出了质疑。

2012年8月24日,日本民主党首相野田佳彦在会见记者时称,钓鱼岛是日本固有领土,1895年明治政府在确认钓鱼岛没有清朝统治痕迹的基础上将其纳入日本领土,围绕着钓鱼岛不存在主权归属问题,因而在钓鱼岛问题上不会作任何妥协。

2012年9月10日,日本民主党政府不顾中国方面一再的严正交涉,悍然宣布"购买"钓鱼岛及其附属的南小岛和北小岛,对其实施所谓的"国有化",并决定从2012财年预备费中支出20.5亿日元用于这项"国有化"。这就迫使中国政府不得不采取强有力的反制措施。

2012年12月16日,自民党在日本第46届国会众院选举中获胜组成内阁后,首相安倍晋三一面称赞其民主党对手对钓鱼岛所采取的行动,与此同时又看着野田的赌注开始加注,对中国大放"重话"、"狠话",扬言与中国在钓鱼岛问题上没有谈判余地,并强调"绝对不会让步、也不会让钓鱼岛成为谈判对象"。

日本政府这样接力地把中国领土钓鱼岛加以"国有化"的倒行逆施的举措,在日本国内引来了有识之士的一片反对和批判之声。例如:

2012年8月号日本《世界》月刊发表日本关西学院大学教授丰下(木酉)彦的《"购买尖阁"问题的陷阱》一文,指出"石原购岛计划纯属对中国的挑衅行为,导致日中关系极度紧张"。

2012年9月,日本外务省前条约局局长、京都产业大学教授东乡和彦在接受专访时指出,"日本应放弃'钓鱼岛不存在争议'立场",而为此"首先要抑制右翼歇斯底里"。

2012年9月28日,近百名日本的有识之士在东京参议院议员会馆集会发表声明,要求日本政府承认钓鱼岛存在领土争议,并对历史问题进行反省。针对钓鱼岛问题,声明说,领土问题除通过协议、对话方式进行解决外,别无他法。因此,日本应该停止"不存在领土问题"这种虚构性认知。声明指出,"今年正值日中邦交正常化40周年,此前计划了很多友好活动",友好变成纷争的原因,就是东京都知事石原慎太郎宣布"购买"钓鱼岛以及日本政府以此为契机宣布"国有化"方针。声明强调,日本最重要的是应该认识、反省自己的历史问题,即近代对邻国的侵略,并将此诚实地表达出来。应尊重到目前为止与邻国之间签订的《日中联合声明》(1972)、《日中和平友好条约》(1978)等文件,同时对"河野谈话"(1993)、"村山谈话"(1995)等内容进行重申,并应表现出欲与邻国和解及加强友好、合作的姿态。这份声明共获得逾千名日本民众的署名,其中包括诺贝尔文学奖获得者大江健三郎等。

2012年11月号日本《世界》月刊发表日本外务省国际情报局前局长孙崎享的《日本在尖阁问题上的误解》一文,历数日本在钓鱼岛问题上存在的五个误解,导致中日领土争端愈演愈烈,日本应及时反省自己的误解,否则事态蕴含着朝更紧迫方向发展的危险。他所说的五个误解:一是说"钓鱼岛不是中日间争议领土"。对此,孙崎享认为,在美国主张在钓鱼岛主权问题上不站在日中两国的任何一边的情况下,日本将钓鱼岛定位于日本的固有领土,不存在领土问题,"在国际上是不合适的";二是说"不需面对中日争议领土现实"。对此,孙崎享认为,"尖阁诸岛是日中之间明确存在主权争议的争议领土"这个事实,才是"尖阁诸岛问题的出发点";三是说"搁置钓鱼岛争议中日无共识"。对此,孙崎享说:"这是对历史的歪曲","如果看当时田中首相和园田外相的应答,明显是达成了实质的共识";四是说"美国将协防日本保住钓鱼岛"。对此,孙崎享说:根据日美之间的协议,"在中国进攻尖阁诸岛时,应由日本自卫队执行防御任务,此时美国不会参战,如果自卫队能够保卫尖阁诸岛,自然没有问题。但是,如果自卫队不能守住尖阁诸岛,那尖阁诸岛将转由中国管辖。这时,尖阁诸岛就将不再是安保条约的对象";五是说"钓鱼岛是联美制华的好借口"。对此,孙崎享说,这实际上是在推行美国的"离岸制衡政策",就是说,"针对不断崛起的中国,美国并不自行参加战斗,而是支援日本,那么,在战斗中首当其冲的就是日本。日本如果承担离岸制衡的作用,就相当于将自己定位为中国的敌人"。

2013年2月号美国《福布斯》杂志网站发表斯蒂芬·哈纳的《日本和美国忽视中国的信号和历史,误入尖阁诸岛/钓鱼岛危机》一文,详细介绍日本横滨大学名誉教授矢吹晋论述尖阁诸岛/钓鱼岛危机的新作《尖阁问题的核心——日中关系会怎样》。他把该书的分析和结论总结和概括为七点:

一是说,日本在尖阁诸岛/钓鱼岛问题上的立场在好几个方面是站不住脚的,最根本的一点是,日本无条件地接受了《波茨坦公告》(该公告要求日本归还从中国"窃取的"所有领土)。

二是说,1895年1月明治政府吞并琉球群岛——尖阁诸岛/钓鱼岛被认定在其中。几个月后清政府与日本签订《马关条约》，割让台湾和澎湖列岛，这些都涵盖在《波茨坦公告》的条款中。这些岛屿过去是、现在也显然是台湾的一部分，因此台湾继续使用和占有岛屿的要求是合理的。

三是说，日本认为尖阁诸岛/钓鱼岛是日本的领土，原因是美国1971年的"冲绳归还协定"将其给予了日本，这一立场同样与事实不符。美国给予日本的仅仅是岛屿的管辖权，而不是主权，主权没有转让。

四是说，日本的政策——尤其是公众的误解——基于1971年12月15日时任外务大臣福田赳夫在国会作证时的错误断言。他当时称，"冲绳归还协定"已经恢复了日本对尖阁诸岛/钓鱼岛的主权，是福田误解了这个问题，还是他故意要欺骗国人，这一点并不清楚。

五是说，在日本对尖阁诸岛/钓鱼岛实行"国有化"之前，中国处理这一领土问题的立场基于1972年田中角荣首相与周恩来总理就"搁置"这一问题达成的共识。

六是说，矢吹晋援引了自己的研究和第三方权威人士的观点，指责日本方面从田中与周总理会谈的官方记录中删除双方同意"搁置"该问题的共识，使得后来的日本政府得以欺骗性地声称，当时未讨论这个问题。

七是说，在上述情况下，野田政府将岛屿"国有化"的决定是一种严重挑衅，从根本上改变了现状，从中方的角度看等于侵略和暴力吞并中国领土。中方作出同样强有力的反应也就不可避免。

最让矢吹晋担心的是，日本几乎没有注意到或重视中国发出的许多信号。

四、国际金融危机后日本政治的急剧右倾化

为什么日本在侵占窃据了我国领土钓鱼岛几十年之后，又会在

最近悍然地对它实行"国有化"？其背景和原因在于国际金融危机以后日本政治的急剧右倾化。

日本政治的右倾化有一个长期发展过程：从历史上说，这种右倾化是由日本的军国主义传统、二战后美国的对日政策转变为其提供肥壤沃土的。

日本在历史上，至少在明治维新以后，就把战争手段发挥到淋漓尽致的地步：征韩、吞并琉球、侵略台湾……战争成了日本的立国工具。1894年（农历甲午年）日本借口清廷应邀派军队赴朝鲜弹压东学党农民起义，也派军队赴朝，并首先向中国军队发起进攻，一直把战火烧到中国本土，在夺取了辽东半岛、山东半岛之后，又全歼北洋水师，迫使清政府签订屈辱的《马关条约》，割地之外，赔款相当于日本财政收入10倍的白银2.3亿两。日本用这笔赔款普及了国民教育、奠定了重工业基础、扩建了10个师团，又在10年后在中国的旅顺打败了俄国。随后日本又相继制造了"九一八"事变、伪满洲国、"卢沟桥事变"，在把侵略战火烧遍中国大地之后，又在东南亚攻击英国人和荷兰人，制造"珍珠港事件"……据不完全统计，日本发动的这次侵略战争，仅在中国，就造成军民伤亡3500多万人，按1937年的比值折算，中国直接经济损失1000多亿美元，间接损失5000多亿美元。直到日本在第二次世界大战中被彻底打败，宣布无条件投降。

在二战后，由美国代表同盟国独自占领了日本，盟军司令部的任务本来是彻底铲除日本军国主义势力，把日本引向和平发展的道路。在美军占领日本初期确立的日本和平宪法等等，就是其改造日本的一个步骤。但是，随着美苏冷战、朝鲜战争的爆发，整个世界格局发生了重大变化，美国的对日政策也发生了根本方向的变化：把原来对日本的遏制右派滋生，变为遏制共产党左派，怂恿日本军国主义残余势力，放弃对教育、司法等重要领域的改造，乃至把日本由过去的战败国变成美国今天的同盟国，变成美国在亚洲的重点扶植和依靠对象、变成赋予其遏制中国任务的重要环节。这里且以东京国际军事法庭对日本战犯的审判为例:1945年底,盟军曾分四批逮捕了118名日本甲级战犯,但对其中第一批28名甲级战犯的审判,就拖了两年又七个月,最后被判罪者只有25人,其中被判绞刑的只有7人,随后,1948年底,麦克阿瑟便草草宣布远东国际军事法庭解体,因为在这个过程中,美国已经把过去的"惩日方针"改变为"扶日方针",要去扶植日本军国主义势力复活了,因而他就包庇日本战犯,拖延审判时间、停止赔款、恢复日本军事工业,乃至在最后竟释放在押的日本战犯。影响所及,日本731部队的罪行、对天皇裕仁的战争责任以及"南京大屠杀"、"慰安妇"等等问题都没有能够彻底清算。这就使日本没有能够从发动侵略战争失败中吸取教训,更没能彻底铲除军国主义的流毒。在战败后的德国,法西斯主义思想是人人喊打的过街老鼠,反之,在战败后的日本,军国主义分子却被奉为"政治精英"。于是,日本在发动侵略战争期间的官员,在战后又得以进入政界,这里的一个典型便是甲级战犯、东条英机内阁的大藏大臣贺屋兴宣,在战后又担任了池田勇人内阁的法务大臣;另一个典型则是现任日本自民党内阁首相安倍晋三的外祖父岸信介,岸信介是1936年秉承日军意志操纵"伪满洲国"的"五人帮"之一,人称"昭和之妖"、"满洲之妖",后又任日本东条英机内阁的商工大臣等要职;在日本投降以后,岸信介曾被作为甲级战犯关进监狱,但在美苏冷战以后,却被美军从监狱里放了出来,并在1957年和1958年两度出任日本首相,《美日安保条约》便是在他的任内通过的。

所以,尽管德国和日本都是第二次世界大战的战败国,但它们对待自己在这场战争中所负责任的态度却截然不同:德国人把希特勒统治时代的德国看作历史的岔道,把德国人曾经拥戴他、未能阻止他上台看作是自己犯的严重错误,对希特勒上台搞法西斯主义,自己虽无罪过、却有连带的社会责任。因而,1970年12月7日,联邦德国总理勃兰特才会在波兰犹太人死难者纪念碑前,以双膝下跪的举动向二战中无辜被纳粹党杀害的犹太人表示沉痛哀悼,并虔诚地为纳粹时代的德国谢罪赎罪;联邦德国的总统赫利同时向全世界发表了著名的赎罪书;2013年1月30日,德国现任总理默克尔在参观以"柏林1933年独裁之路"为主题的特别展览时,又再次强调"德国应该为二战后果承担起永恒的责任"。与此相对照,日本却至今未从根本上正确反省历史,日本一些反动民族主义者一直试图把日本描绘成受害者、而不是侵略者,日本的右翼势力处心积虑地要翻第二次世界大战的案。

正是这些,为日本的右翼势力在后来一旦时机来临便起来兴风作浪,不断使日本政治右倾化,奠定了基础。

既然日本的右翼势力这样猖獗,那为什么中日两国在1972年重建邦交以后很长一段时间里,能在合唱着"中日友好"声中,推动着两国政治经济关系持续发展呢?应该说,这是和当时的国际、国内形势以及中日两国领导人正确的外交政策分不开的。当时的国际形势是,中日建交时,双方具有着对抗苏联霸权主义的共同战略利益;而在日本国内的政治形势上,尽管日本自民党从1955年到1993年一党执政长达38年之久,但以社会党为首的在野党力量很大,作为革新政党与保守的自民党形成相互抗衡的政治格局,对自民党过于追随美国的外交发挥了一定程度的纠偏和制衡作用;再加上在中日重建邦交时,日本老一代的政治家有历史负罪感,中国则以民族世代友好为目标放弃战争赔偿,对此立即答应的日本田中首相承诺将向中国提供政府开发援助,中国无条件地将大批战争俘虏和侨民送还日本……

但在1989—1991年苏东国家剧变解体以后,形势又发生了新的变化,在日本国内政治力量的重新分化组合中,自民党在20世纪90年代后半期重新恢复了"一党独大"的局面,而社会党等革新政党却因遭到很大的削弱,再也无法发挥对执政的保守党的制约作用,自民党的保守党特性大行其道,形成了日本政治总体保守化、"总体自民党化"的倾向,加快了日本向右转的步伐。甚至出现一些左派政党和左翼人士也随着社会右转大潮而改变的现象。冷战结束后国际形势的变化,则为经济实力和综合国力已经比二战结束初期大大增强的日本,提供了由经济大国也发展为政治大国的机会,全球性民族主义浪潮的泛滥更触发了日本右翼民族主义的发展。正是在这个时期,中日两国在经济贸易关系继续快速发展的同时,政治关系却因历史问题、领土问题、东海资源问题等因素而不时出现不和谐音,甚至面临严峻的挑战,只是由于还能较理性地对待问题和麻烦,以致政治关系最终能经过局部受损、短期冷淡而自我修复,总体上保持稳定状态,直到日本对我国领土钓鱼岛实行"国有化",企图把其对钓鱼岛的侵占窃据变为法理占有,而这正是同国际金融危机后日本政治的急剧右倾化分不开的。

日本政治的右倾化,为什么会在国际金融危机后出现急剧发展的现象?这主要是由三种因素促成的:

第一个因素是因日本经济在20世纪90年代初泡沫破裂后长期陷于低迷而不能自拔,以及由此带来的自信心的丧失。20世纪50—80年代,日本曾以赶超性增长取得了非凡的经济成就,日本的经济增长率在1950—1959年为10.6%,1960—1969年为14.4%,1970—1979年为5.1%,1980—1989年为4.1%,都超过美国的经济增长率,日本股市规模增长了3倍,日元上升到了难以想象的水平。正是在这种情况下,20世纪80年代的日本,在美国大兴购买之风,截至1988年,日本在美国投资530亿美元,开设了837家企业,雇用了30万美国工人。1989年9月,日本以34亿美元买下了哥伦比亚影片公司,又以8.46亿美元买下了纽约市中心有地标意义的建筑群——洛克菲勒中心51%的股权,还吞并了好莱坞的电影公司(环球、哥伦比亚影片公司),著名的圆石滩高尔夫球场,强大而咄咄逼人的"日本公司"似乎准备彻底席卷美国的各种产业,以致有的机构预测,日本有可能在千禧之年将超过美国而成为世界头号经济大国。然而,正当日本为此而癫狂之时,其经济增长却突然发生"逆转",陷入了长期"持续停滞"的局面,在1991—2000年间,日本的经济增长率为1.3%,人均GDP增长率为1.1%;2001年,日本的经济增长率为-0.3%,人均GDP增长率为-0.4%;2002年,日本的经济增长率为零,人均GDP增长率为-0.1%,全都低于美国,在2008年以美国为震源的国际金融危机发生后,依赖出口的日本经济因外部环境恶化,在2008年和2009年又连续大幅下滑,其国际竞争力从1993年的占世界第3位滑落到2010年的第26位。在2011年,随着欧债危机恶化,金融危机开始转向主权债务危机,日本经济再度下滑,同时又因发生了地震、海啸、核泄漏灾难,生产停滞、物流中断、出口受阻、市场秩序混乱,使日本经济雪上加霜,加剧了通货紧缩,使日本经济深陷"失去的20年"。这种衰落对日本人来说是极其痛苦的,如今日本股市的市值只相当于1989年的1/4,而住房的均价和1983年时持平。至于未来的形势则更加渺茫,因为日本面临着约为其GDP两倍的全球最大的政府债务规模、不断减少的人口和日益上升的贫困率及自杀率。2013年1月,美国前国防部长助理、哈佛大学教授约瑟夫·奈在接受日本《每日新闻》记者专访时指出,"日本的右倾化是20年低增长反作用力的结果",它"来自于日本的自信心丧失"。韩国延世大学国际学院研究生院院长孙烈则认为,"从宏观上看,经济不景气时,就会出现反动的爱国主义,这是一种普遍现象"。

  第二个因素是中国的崛起。在日本沉沦在"失去的20年"中难以自拔的时候,正是改革开放使中国经济快速发展的时刻,在1990年时,日本的GDP为30183亿美元,是中国当时国内生产总值4045亿美元的7倍半,而到了2010年,中国的经济总量却已超越日本而居世界第二。对此,依然潜藏着优越感的日本却总觉得中国的科学、技术和社会组织等都比不上日本,是仅仅依靠廉价劳动力优势取胜的暴发户,因而不能正视中国日益强大的客观事实。面对着日本国际地位的沉沦,日本人无法接受自己的国家由"亚洲第一发达国家"

沦为"亚洲最大发展洼地",由此产生以贵族自居的褊狭的自尊心和排外情绪。2009年5月26日美国《全球主义者》在线杂志曾经发表过一篇题为《中国和日本:全球竞争》的文章,生动地勾画了日本这种从西方殖民主义者的视角去看待过去的殖民地发展起来的心态。文章写道,中国的快速崛起,"这可能使日本第一次看到一个亚洲国家——一个它入侵过和殖民过的国家——成为它自身改革和经济进步的催化剂。除了崛起的前美洲殖民地和英国的关系之外,现代历史上还没有殖民地严重挑战、更不用提威胁它以前的殖民者的其他先例或者类似例子了,印度尼西亚不会对荷兰造成大的冲击、甚至小的冲击也不会,刚果(金)对比利时,阿根廷对西班牙也是如此","角色的对调可能成为心理上的放大器","加深困惑和潜在羞辱的是,中国不需要使用军事力量、或者甚至威胁使用军事力量来做到这一点","中国将使用经济柔道,在日本自己的重商主义游戏中击败它"。而加拿大《环球邮报》则在2010年10月6日发表题为《黑太阳在衰落中的日本升起》的文章,说"在日本艰难地度过经济停滞不前的第二个十年,并由于在老对手中国面前相形见绌而感到恼火的时候,在该国不断扩张的年轻又不满的阵营中反复出现的论调是:日本必须站起来捍卫自己的利益,日本的弊病应归咎于外国人"。文章指出,这"凸显了日本民族主义不断抬头的一股浪潮,这股浪潮是日本现在患上的新社会弊病之一":"越来越多的日本人放弃传统的政治,接受了极端主义的意识形态,这种意识形态充满了有关该国军国主义历史的令人心寒的暗示"。

第三个因素是美国所实施的"重返亚太战略"。奥巴马2009年入主白宫以后,曾为了发展经济、克服国际金融危机的需要,实行过"对华和解"政策,但因担心快速崛起的中国挑战其全球霸主地位,妨碍其"掌控亚洲安全格局"的战略利益,不久就来了一个急转弯,宣布要实行"重返亚太"战略,构筑"中国包围网",围堵和遏制中国的发展,挑衅中国。而其中的一个具体部署便是借助日本企图利用日美同盟促进其对我国领土钓鱼岛的主权要求,不断制造事端搅浑水。日本的右翼势力也对中国国力的快速增强充满惊恐、不安和焦虑,认为中国崛起必然会损害日本利益,因而把支持、参与美国"重返亚太"战略看作是它遏制中国发展、实现自己政治右倾化目标的重要契机。这样,日本政治的右倾化就急剧发展起来。

根据《开罗宣言》、《波茨坦公告》,钓鱼岛原是日本在二战以后应该归还中国的领土,但美国却先是故意把它列入其扩大的托管范围,接着又通过私相授受的方式把对它的行政管辖权给予日本。根据2010年10月号日本《选择》月刊的报道,日本防卫大学前校长五百旗头真在接受其记者专访时指出,钓鱼岛领土问题实际上是美国在二战以后故意埋下的"冰块":当时,"美国最担心的是,在东亚出现一个国家或几个国家联合起来排挤美国的局面。因此,使亚洲主要国家相互之间保持适度争夺,并纷纷寻求美国的帮助,对美国而言并不是坏事"。而"中国不仅经济快速发展,军事方面也在崛起,正在快速改变世界的力量对比","对于美国而言,亚洲最大的问题就是中国在军事膨胀后独占南海、东海等周边区域","中国唯一担心的就是美国的军事力量,日本只能通过与美国的合作,才能促使中国采取理性行动"。所以,在日本表示支持美国"重返亚太战略"、甘愿充当它的一枚棋子以后,美国就在2010年9月的日美外长会谈中向日本正式提出"强化对华战略",回到以日美关系为中心开展亚洲外交的传统轨道;2012年7月,日美两国外长共同决定将钓鱼岛列入1951年日美签订的军事同盟条约《美日安全保障条约》,以便在钓鱼岛一旦有事,由日、美联合进行应对;2012年8月,日美两国防长会谈时,同意修改《美日防卫合作指针》,以强化共同对付中国的能力;接着,日美两国又安排日本自卫队从8月21日起参加美国海军陆战队第3远征军在关岛和天宁岛实施的,以夺回"被中国军队攻占的钓鱼岛"为设定目标的相关演习。日本正是在这种氛围下,政治急剧右倾化,悍然上演了这出把中国领土钓鱼岛"国有化"的闹剧的。

五、日本政治右倾化的核心问题，是翻反法西斯主义战争的案，推翻战后建立的国际秩序

日本政治的急剧右倾化，引起了日本、周围邻国乃至欧美媒体的广泛关注，例如2012年9月21日美国《华盛顿邮报》发表《右倾化的日本》的长篇报道；2012年10月23日，日本《东京新闻》发表《欧美各国关注日本右倾化的进展》一文，报道美国《华盛顿邮报》称"日本逐渐右倾化，采取了二战以来最针锋相对的姿态"；美联社在日本自民党总裁选举结果出炉后，发表报道指出，日本政治右倾化，可能对地区安全产生重大影响；英国《经济学家》网站评论说，在迎合右倾化的媒体机构支持下，一小群民族主义者可能对外国造成危险；2012年11月23日，韩国《朝鲜日报》网站的报道，担忧如果日本政府推行安倍式"反动的爱国主义"，中日关系会进一步恶化；2012年11月27日，澳大利亚《时代报》说日本鹰派合流成亚太政治转折点；2012年12月2日，《日本时报》在线发表文章，报道美国对日本右倾化抱有戒心；2012年12月12日，日本前众院议长河野洋平在接受《朝日新闻》的专访时，呼吁"日本有必要对右倾化踩刹车"；2013年1月5日英国《经济学家》周刊发表文章指出，日本安倍晋三新内阁使亚太阴云密布……

针对这种情况，日本驻美大使藤崎一郎在美国新闻网站《赫芬顿邮报》上撰文驳斥称："日本在继续笔直前行，没有右倾化"，并说欧美媒体警惕日本右倾化的报道和评论"严重夸大其词"。他为日本政治右倾化辩护称"政府购岛是民事层面的交易，旨在维持对岛屿的管理"，并强调"近来和各个邻国的问题并非发端于日本。日本无意加剧紧张，也没有右倾化"。据日本外务省国际报道官室负责人称：藤崎大使的这篇文章曾"就内容征求了外务省的意见，获得了认可"。然而，在舆论界却招来了一片批判声：日本《东京新闻》说藤

崎大使对日本正在右倾化的"反驳显得文不对题";政论家森田实说:"最好以政策和实际行动否认右倾化。大使的文章读起来有指鹿为马之感,反而会失去外国的信任";外务省前局长孙崎享断定"日本无疑正在右倾化。藤崎大使不依据客观事实,硬说'日本没有右倾化',其知识水平会受到质疑。美国的知识群体对尖阁问题有相当了解,文章会使他们感觉中国的主张更站得住脚,产生事与愿违的结果。本不该投稿"。

那么,日本政治到底右倾化乃至急剧右倾化了没有?右倾化的核心问题是什么?

右与左一样,原本是表示日常生活中所处方位的,在政治中,它被用来表示人们的认识和行动在社会发展中所处方位。所谓"右倾",就是说有些人看不到矛盾的斗争已经把客观过程向前推进了,他们的认识却仍然停止在旧阶段,因而不仅不能站在历史车轮的前头充当向导,反而埋怨车子走得太快,企图把它向后拉,开倒车。所谓日本政治右倾化,就其核心问题来说,就是要翻反法西斯主义战争的案,推翻战后建立的国际秩序。具体地说,它主要表现在以下一些方面:

一是否认日本发动侵略战争的历史罪责。日本新右翼组织"加油日本"的会长田母神俊雄在题为《日本是侵略国家吗?》的论文中,宣称"日中战争不是侵略战争","日美战争是罗斯福的策略","皇姑屯事件是共产国际的阴谋","日本是被蒋介石引入日中战争的,日本是被害者",结论是:日本并非一个侵略国家。这样的论文居然在征文比赛中获得头奖;"加油日本"的干事长则一直要求"破除自虐史观",宣称"南京大屠杀"等事件均属虚构,是"中国政府的宣传"。而自民党安倍晋三内阁的文部科学大臣下村博文则宣称1946年至1948年在东京举行的战时罪行审判的裁决"无效",从而给东条英机之流的甲级战犯恢复名誉。2013年1月16日,英国前驻日大使休·科塔齐在《日本时报》网站上发表《改写历史并不明智》一文,说"日本一些民族主义者试图将日本描绘成受害者而非侵略者,这是不符合事实的。日本偷袭珍珠港与它在中国的军事行动一样,都不是防御行动。日本在东南亚攻击英国人和荷兰人,不是基于反殖民主义,而是基于它想抢夺自然资源,尤其是石油","日本人当然是受害者,但他们是自食其果,是误入歧途的统治者的受害者",日本民族主义者不明智的叫嚣"不仅会触怒中国和韩国,也将在曾被日本占领的亚洲其他地区激起众怒,还会在包括英国在内的西方国家引发反日情绪"。

二是参拜供奉着被判处的甲级战犯的靖国神社。位于日本东京的靖国神社中,不仅祭奠着日本246万名战死者,还供奉着被同盟国设在东京的战争法庭所判处的14名甲级战犯,其中包括日本战时首相东条英机;该神社有关"大东亚圣战"的展览中,竟称是罗斯福为让美国能够摆脱"大萧条"而蓄意逼迫日本参战的,而日本"进入"其他亚洲国家只是试图帮助这些国家摆脱西方殖民统治的枷锁,在有关南京的一小部分展览内容中,则只字未提日军的大屠杀暴行。然而,日本历任右翼内阁却不顾国内外的强烈反对,坚持参拜靖国神社。现在执政的日本自民党内阁,不仅安倍晋三在2006年曾以内阁官房长官身份秘密参拜过靖国神社,在当上自民党总裁后又在2012年10月17日再度参拜靖国神社,而且其现任内阁中有14人属于"大家一起参拜靖国神社国会议员会",13人支持反对日本为其战时罪行采取"道歉外交"的"日本会议"。

三是企图重审和收回承认日本军队性奴役的"河野谈话"和表达日本应汲取教训深刻反省和谢罪的"村山谈话"。1993年,时任日本内阁官房长官的河野洋平,曾就日本在侵略战争中强征随军"慰安妇"发表道歉谈话;1995年,时任内阁首相的村山富市曾就日本侵略和殖民历史发表道歉和反省谈话。这些本是日本政府就侵略和殖民历史向亚洲受害国人民作出的郑重表态和承诺,但安倍晋三就任首相以后,却否认二战中为日军服务的"慰安妇"是被迫接受性奴役的；又说要重新考虑日本政府1955年对二战中造成的苦难所做的道歉，说："我希望发表一份适合21世纪的、向前看的声明。"针对安倍晋三的这种试图重审和修改河野、村山谈话的态度，连美国政府都要求日方慎重考虑，怕这会导致日本与中、韩等亚洲邻国关系进一步恶化，从而对奥巴马政府推行的亚太地区安全战略产生负面影响；《纽约时报》则就此发表社论称，安倍企图否认战争罪行、减轻谢罪程度的行为必将激怒韩国、中国和菲律宾等在二战期间曾遭受日本侵略之痛的国家，安倍可耻的冲动行为将威胁到各国在朝核等重大国际问题上的有效合作。2013年3—4月号美国《国家利益》双月刊则在《日本面临的巨大挑战》一文中告诫说，"日本也同德国一样，只有放弃对其战时罪行的辩护并明确表示忏悔来解决有关往昔战争的各种关切，它才能真正承担起领导者的角色"，"能为美国提供协助的是一个复兴的日本，而不是一个让过去未来混淆不清的日本"。但安倍内阁却大耍两面派手段，一方面矢口否认要修改"河野谈话"；另一方面又向国会提交"河野谈话"出台过程的调查报告，诬称这个谈话的出台过程是受了韩国政府的影响，妄图据此去破坏、摧毁"河野谈话"。

四是企图修改日本和平宪法，重新武装日本。1947年5月3日生效的《日本国宪法》，是一部先把《宪法改正纲要》、接着又把宪法正式草案公开发表，交国民自由讨论，然后由选举产生的议会进行充分审议并作了修改的宪法，它的内容得到了日本国民的热烈欢迎。它之所以被称作"和平宪法"，是因为它吸取了日本在20世纪30年代发动侵略战争祸害世界和日本自身的惨痛教训，在宪法第9条中规定："日本国民真诚希望基于正义与秩序之国际和平、永久放弃发动国际的战争与武力行使，或以武力威胁为解决国际纷争之手段。为达到此项目的，日本不保持陆、海、空军及其他战斗力，不承认国家的交战权"。这部和平宪法是对日本进行和平改造的法律依据，也是战后60多年来维系日本发展的重要保障，而日本的右翼势力为了复活日本军国主义,一直反对和企图修改、推翻日本和平宪法,特别是其中的第9条,这无异于要拿日本的前途冒险,并冲击亚洲的和平稳定。

早在2006年9月初,安倍晋三为竞选日本自民党总裁而发表的题为《致美丽的国家——日本》的政权公约中,就宣称要"走出战后体制,开辟新的未来",要"制定符合旨在开拓新时代的日本国情的新宪法";在2012年竞选日本自民党总裁时,他提出了在诸竞选人中最强硬的路线,呼吁放宽日本和平宪法的限制,允许日本拥有一支真正的军队,并支持教育学生以一种比较同情的观点看待日本在二战中的所作所为的"爱国主义教育";在同年11月日本的众议院选举中,安倍晋三领导的自民党提出的竞选纲领主张修改日本和平宪法,将自卫队改建为国防军,解除对行使集体自卫权的限制,如此等等。

六、安倍坚持拜鬼,给军国主义侵略战争扬幡招魂

安倍晋三内阁从2012年12月上台执政两年来所极其执著地从事的事情之一,便是不顾二战中受害国中国、韩国等国的坚决反对和强烈抗议,坚持参拜供奉有14名甲级战犯的靖国神社;在2013年秋季大祭时,就有安倍内阁的多名成员、约160名国会议员创历史纪录地前往参拜;2013年12月26日安倍在就任首相一周年时,又悍然亲自前往参拜,在由此招致国际社会的强烈批判和抗议,甚至遭到其美国盟友表示"失望"之后,安倍内阁的一些内阁成员、国会议员仍继续前往参拜,安倍晋三本人则以又是奉献作为"真榊"的树的祭品,又是贡奉"玉串料"(祭祀费)的方式继续向靖国神社顶礼膜拜。

安倍内阁这样地公然挑战国际社会、坚持执著地拜鬼,到底出于什么原因?从国际社会和日本国内民众对安倍拜鬼的批判和挞伐中,不难找到线索、进而挖掘其根本原因。

在安倍晋三2013年12月26日拜鬼的当日,我国政府就向日方

提出强烈抗议和严厉谴责。我外交部发言人秦刚指出,靖国神社是二战期间日本军国主义对外发动侵略战争的精神工具和象征。日本领导人参拜靖国神社的实质是,美化日本军国主义对外侵略和殖民统治历史,企图颠覆国际社会的正义审判,挑战二战结果和战后国际秩序。我们严正敦促日方信守反省侵略历史的承诺,采取措施纠正错误,消除恶劣影响,以实际行动取信于亚洲邻国和国际社会。针对安倍在参拜后所说他参拜是为了向为国家战斗和牺牲的英灵致以哀悼之意,日本的和平繁荣建立在他们的牺牲基础之上,并在战后日本建立了自由、民主的国家,一直坚持和平发展道路。秦刚称日本领导人的这种话完全是阳奉阴违、颠倒黑白、混淆视听。他质问说:那些在战场上倒下的日本军人为谁而死?靖国神社供奉的二战甲级战犯为什么要受到正义的审判?他指出,日本一些政客一面把民主、自由、和平挂在嘴上,另一方面为军国主义扬幡招魂,美化对外侵略和殖民的历史,这恰恰亵渎了民主、自由与和平。当日,我外交部长王毅召见日本驻华大使就此提出强烈抗议,他指出,靖国神社问题的实质是日本能否正确认识和深刻反省日本军国主义侵略历史,是事关中日关系政治基础的重大原则问题。安倍逆历史潮流而动,悍然参拜供奉有二战甲级战犯的靖国神社,这是对国际正义的公然挑衅,也是对人类良知的肆意践踏,如果日本蓄意继续挑战中日关系的底线,不断加剧两国之间的紧张对立,中方必将奉陪到底。参拜靖国神社的倒行逆施,最终只会搬起石头砸自己的脚,使日本继续处在历史的被告席上。安倍的所作所为正在把日本带向十分危险的方向,包括中国在内的国际社会,绝不允许历史开倒车,绝不允许走回头路。12月28日,我国务委员杨洁篪就安倍参拜靖国神社发表谈话时指出,靖国神社问题的实质是日本政府能否正确认识和深刻反省日本军国主义对外侵略和殖民统治历史,安倍身为日本首相参拜靖国神社,这绝不是日本的内政,更不是什么个人问题,而是关乎侵略与反侵略、正义与邪恶、光明与黑暗的大是大非问题,是关乎日本领导人是否遵守联合国宪章宗旨和原则,走和平发展道路的根本方向问题,是关乎日本同亚洲邻国和国际社会关系政治基础的重大原则问题。安倍的所作所为正在将日本推向一条损害各国人民和日本人民根本利益的危险道路,我们奉劝安倍打消任何幻想,改弦易辙,否则必将进一步失信于亚洲邻国和国际社会,在历史舞台上成为一个彻底的失败者。

韩国政府发言人刘震龙代表政府发表声明说,安倍不顾周边国家及国际社会的担忧和警告悍然参拜靖国神社,韩国政府对此表示愤怒,并予以谴责。韩国政府的声明说,靖国神社是供奉那些无法被原谅的战犯的反历史设施,安倍的参拜行径暴露出其错误的历史认识,这是从根本上破坏日韩关系乃至东北亚稳定和合作的倒行逆施。如果日本真心希望为促进世界和平作出积极努力,它首先就该摆脱否定历史和美化侵略的错误历史认识,正视历史,通过向遭受日本殖民统治和侵略历史所带来痛苦的国家和民众作出彻底的反省和谢罪而建立相互信任。

针对安倍参拜靖国神社的行径,美国政府当日就通过其驻日使馆表示"失望";12月30日,美国政府又称它是有意选择"失望"一词作为对安倍参拜靖国神社的反应的。美国国务院副发言人玛丽·哈尔夫在媒体吹风会上说:"我认为我们所选择的词语中传递的信息非常清楚","我们已经说得非常清楚,我们感到失望,我们认为这会加剧局势紧张","我们希望——我们一贯希望——日本与其邻国能找到富有建设性的方法应对历史遗留的敏感问题,继续改善它们的关系,并增进合作以推进我们在该地区所有的共同目标"。

对于安倍悍然参拜靖国神社的举动,俄罗斯、巴基斯坦、澳大利亚、泰国、欧盟等国际社会以及联合国秘书长潘基文等一致提出了批评。

日本国内各界更对安倍参拜靖国神社的蠢举进行了谴责,例如,日本共产党中央委员长志位和夫指出:"这就是在向世界宣布自己在肯定和美化侵略战争,这是对第二次世界大战后国际秩序的挑战,是绝对不能容许的。"日本社民党干事长又市征治说,不敢相信首相会采取如此"暴行","首相说要走积极的和平主义路线,但这难道不是积极的战争主义吗"？民主党代表海江田万里说:"日本应当与过去历史的'负面'一面划清界限。考虑到大局,他应当在参拜问题上自重。"东京大学教授小森阳一表示:"参拜靖国神社无论对于日本国民、还是对于遭受侵略的亚洲各国人民来说,都是无法原谅的暴行,靖国神社内合祭着指挥过战争的甲级战犯,连同此前的'侵略定义未定论',安倍作为首相不承认过去的战争是侵略战争,是在否定历史。为了安倍首相的意识形态而牺牲掉整个国家的形象是对国民的背信弃义。"东京大学教授高桥哲哉认为,所谓"靖国思想",就是将被动员参战的死者作为"英灵",以让民众将战死的悲伤转化为喜悦感,这是一种"感情炼金术",安倍首相追求行使集体自卫权,并打算修改宪法,如果实现这一点,国防军在海外行使武力将必然出现战死者,这就需要让为国家的牺牲变得更为尊贵,如果是为此要复活靖国思想而前往参拜,就存在很大的问题。他认为,首相参拜靖国神社还涉嫌违反宪法的政教分离原则,正是为了将神道教与国家分离才引入这一原则。东北大学名誉教授石田雄认为,安倍就任首相以来提出的一系列政策,让人联想到日本在20世纪30年代走过的军国主义道路,他参拜靖国神社的做法似乎是在培养军国主义青年。《朝日新闻》等媒体则发表多篇文章,来逐条批驳安倍晋三参拜靖国神社后进行诡辩的言论。

然而,安倍对于国际国内的这些谴责和批判一概听而不闻,并放纵其亲信发声说美国政府对其拜鬼蠢举感到"失望",是在"吹毛求疵",他们反而对美国"感到失望"。为此,针对安倍所谓"为在战场牺牲的英灵祈福,是世界各国领导人共同的姿态",他参拜靖国神社同美国总统前往阿灵顿国家公墓并无二致等诡辩,美国智库亚洲政策焦点研究中心主任明迪·科特勒在2014年1月16日的美国《国家利益》网站上发表《对不起,日本:靖国神社不是阿灵顿公墓》一

文,指出两者在四个方面的本质区别:

一是两个场所的历史和精神不同。靖国神社如今的主要功能是理想化地表现二战中的太平洋战场,而阿灵顿公墓则记录了一个国家持续的悲伤之情。

阿灵顿国家公墓是在美国南部联邦指挥官罗伯特·李上将的庄园旧址建立的,联邦军准将蒙哥马利·梅格斯在占领庄园后征收了宅第周围的土地作为军人公墓。他设想有朝一日当李的家人回来,墓碑和服丧的寡妇将围绕在他的宅第周围,让李的庄园成为由南方卷入内战导致痛苦和苦难的象征。反之,日本的靖国神社是建立于1869年的一处宗教神社,目的是将神道教的至高无上性、天皇的神圣性、皇室的中心地位深植于国家政体中。在那里,从19世纪中期日本内战到二战太平洋战争结束,为天皇而战的人已变成与天皇合成一体的神灵。与不同性别、宗教、种族的人都合葬于阿灵顿公墓不同,在靖国神社,只有信奉神道教,只有验明身份、得到批准的阵亡日本帝国军人的灵魂才能成为神灵,与天皇同在;还有在太平洋战争后被执行绞刑或死于巢鸭监狱的14名甲级战犯。但这里不能供奉日本社会的一般人士,也不能为无名人士设立牌位。

二是靖国神社是纪念"大东亚战争"和相关事变的纪念馆和工艺品,而阿灵顿公墓则为人们哀悼和反省战争的中立场所。

靖国神社内设有美化战争行为的游就馆展示昔日的战争,尤其是大东亚战争和相关事变。在这里,无名战士不能得到供奉。1959年,日本政府在靖国神社附近的千鸟渊建立了一个埋葬死于太平洋战争的无名陆军士兵、水兵和可能为平民的遗体的公墓。反之,阿灵顿公墓的精神中心是无名战士墓,它由4座分别安葬死于一战、二战、朝鲜战争和越南战争的美国人的遗体的公墓组成。无名战士墓既是集体牺牲的象征,也代表了国家的忧伤。

三是阿灵顿公墓安葬光荣退役的人,而受军事法庭审判、因战争罪行受审或犯有其他重罪的人不得安葬于此。反之,靖国神社内除供奉14名被判定要为太平洋战争负责的甲级战犯外,还供奉数千名违反日本法律和国际法的人,如曾负责管理印尼巴达维亚(雅加达)一慰安站、因强迫荷兰妇女充当"慰安妇"而于1946年被荷兰一家战争罪行法庭判罪的青地鹫雄就是其中的一个典型。

四是靖国神社现已成为否认远东国际军事法庭判决的挑衅工具。

有些日本保守派政客认为远东国际军事法庭是"胜利者的正义",他们把日本战犯发动战争看作是一种保护日本皇家的崇高、光荣的牺牲行为,靖国神社的存在就是为了表明一个工业发达的日本将落后的亚洲解放出来,亚洲同胞对此应该表示感谢,而反驳那些不接受这种认知的人。靖国神社中的仪式、牌位和博物馆的焦点都是日本发动的太平洋战争。依靠靖国神社,日本可以彰显日本的独立,并改写历史,靖国神社已成为日本政界暗中表达挑衅和自主权的工具,它是对日本战后国际和国内法律基础——"和平条约和宪法"——的否认。相比之下,阿灵顿公墓既不会对美国的军事政策、也不会对安葬在那里的军人个人作出任何道德的或政治的评价,美国政界人士不会到那里去就当前的外交政策发表演说。

综上所述,可以看出,安倍晋三之所以那样执著地坚持参拜靖国神社,不仅不是如他参拜后所说什么是为在战场上牺牲的英灵祈福,要再次坚定不发动战争、一直走和平发展道路的决心,而恰恰是在为军国主义发动侵略战争扬幡招魂——就是说,不仅缅怀那些已被处决的战犯,而且还要通过复活"靖国思想"这种"感情炼金术",为今后发动军国主义侵略战争作思想精神方面的准备。

七、安倍强行解禁集体自卫权,开启战争的大门

安倍第二次组阁执政以来所执著坚持去做的又一件事,便是千方百计地修改和平宪法,使日本成为一个"正常国家",但由于修改

宪法的条件要求较高,于是他就改用修改宪法"解释"的办法去达到其目的。而安倍企图通过修改宪法解释去达到的具体目的之一,便是强行解禁集体自卫权。

所谓集体自卫权,在国际法上是指:当与本国关系密切的他国遭到武力攻击时,即使日本没有直接遭到攻击,也拥有使用武力阻止攻击的权利。

日本和平宪法第9条规定,日本永远放弃以国权发动的战争、武力威胁或武力行使作为解决国际争端的手段。根据日本政府对和平宪法第9条的一贯解释,日本行使自己的权利仅限于本国遭到攻击后作为反击的"个别自卫权",而且需要同时满足三个条件,即:日本遭到紧急不当的武力侵犯、没有其他合适手段可以排除侵犯、武力的行使控制在"必要的最小限度"。根据这一解释,日本不得行使集体自卫权,否则涉嫌违宪。

然而,这20多年来,日本一直处在逐步突破集体自卫权这个禁区的过程之中:

直到1981年,日本政府还公开承认,在国际法上拥有集体自卫权,作为主权国家是理所当然的。"但是,在宪法第9条所许可的自卫权行使,应限制在防卫我国为目的的必要最小限度范围内,行使集体自卫权则超出了该范围,为宪法所禁止"。1991年的海湾危机和随后爆发的海湾战争为日本派兵海外参与"国际新秩序"提供了难得的良机。1991年5月,日本向海湾地区派遣扫雷艇编队,与以美国为首的多国部队一起执行了战后扫雷任务;1992年6月,自民党又在日本国会抛出《协助联合国维持和平行动法案》(即"PKO法案")为自卫队在联合国旗号下出兵海外开绿灯。为绕开宪法第9条对集体自卫权的限制,"PKO法案"对参加联合国维和行动作出严格限制;2001年美国发生"9·11"事件以后,日本以保卫"全人类的和平与自由"、"为国际社会作贡献"的名义派遣3艘军舰和700名自卫队员,支援美军在阿富汗战场的行动。随后,日本众议院于

2001年11月30日召开全体会议通过了"PKO法案修正案",解除了对自卫队参加联合国维和部队主体业务的冻结,并放宽了有关自卫队在维和行动中使用武器的规定;2004年1月9日,日本政府下令出兵伊拉克。当年3月下旬,1000名自卫队员抵达伊拉克,执行"支援伊拉克重建"任务,日本"在自身并未受到攻击的情况下,以'占领行政'(即'占领军的军事管制',属宪法第9条禁止的'交战权')的方式突破'专守防卫'原则,行使'交战权'给予自己盟国美国以行动上的支持"。日本政府的这种行动,其实就是作为美国的盟国切实行使了集体自卫权。

而现在,安倍内阁在解禁集体自卫权的决议案中,又悍然推翻了"自卫权发动三条件",而推出了"武力行使三条件"。这个"武力行使三条件"放宽了部分原有规定,除日本遭到武力侵犯外,还规定:当与日本关系密切的国家遭到武力攻击,从根本上对日本国民的生命和权利形成明确危险的情况下,允许日本行使"必要的最小限度的武力"。安倍政府企图在确保能够解禁集体自卫权的基础上,通过政策判断、相关法律准备、国会批准等手续,以内阁决议形式有限度地解禁集体自卫权,这就意味着为日本开启了参战的大门,使日本有可能卷入其他国家的战争。

在历史上,允许行使集体自卫权,几乎就是打开战争之门的同义词。在二战以后,很多战争都是在集体自卫权的名义下爆发的。以越南战争为例,1965年,美国就是"根据南越政府的邀请",以行使集体自卫权的名义参战的;与美国签署有《美韩共同防御条约》的韩国,也是以行使对美国的集体自卫权为由参加了越南战争。在伊拉克战争时,美国提出"先发制人自卫权"主张,由于法国、德国反对这种做法,英国就以行使集体自卫权的名义与美国一起参战。

正因为在历史上行使集体自卫权就是打开了战争的大门,因此,当安倍打算以通过修改宪法解释的名义强行解禁集体自卫权时起,日本人民就不断地加以反对。2013年末,日本《每日新闻》与琦玉大学联合进行的全国舆论调查显示,反对解禁集体自卫权的比例达到54%,超过一半;而赞成的比例仅为28%。2014年1月25—26日,日本共同社在全国范围内对合法选民家庭进行电话询问,结果显示53.8%的日本人反对集体自卫权,37.1%的人支持这一行动。2014年6月,三份全国性日报进行的民调显示,至少一半的受访者对日本行使集体自卫权的想法持反对态度,持支持态度的受访者不超过1/3。

而当日本民众得悉安倍内阁决定强行解禁集体自卫权的消息以后,上万日本民众就在2014年6月30日包围了首相官邸,他们高喊着"倾听民众声音","不许破坏宪法第9条","不需要集体自卫权"等口号举行抗议;而在7月1日,安倍内阁通过了集体自卫权的决议以后,更有成千上万的日本民众走上街头,在日本国会附近进行抗议。抗议活动在首都市民团体组成的"反对修改解释破坏宪法第9条实行委员会"和宪法学者和作家组成的"阻止战争千人委员会"的号召下举行。抗议队伍中有人举着安倍晋三刻有纳粹文身、留着希特勒式小胡子的海报。日本知名作家大江健三郎称"(政府的决定)颠覆了日本的和平宪法",他说"我认为宪法所规定的和平主义和民主主义是最重要的,但首相安倍认为战后日本是糟糕的时代,他并不重视宪法"。而聚集在首相官邸门前的市民,则在抗议和怒骂声的交织中大家齐呼"安倍下台吧",有人则高喊"秋天召开临时国会时,绝不会如你所愿"。日本法政大学政治学教授山口二郎表示,日本人仍然"非常重视战后政权的和平主义原则……我们反对不走正常程序的修宪行为"。日本有大批的县和地方政府谴责安倍晋三重新解释宪法的举动,有的表示不同意安倍的目标,有的反对安倍重新解释宪法的方式。有139个地方代表机构上书国会,批评安倍尝试修改宪法解释,许多自民党国会议员在地方上支持大多由日本社民党和共产党发起的抗议活动;有近160个地方政府包括长野和岐阜县、札幌、青森、那霸和名护市,以及日本47个都道府县中26个都道府县的町和村,以不同的方式正式表示反对,新宿甚至有一名50多岁的男子为此用自焚的方式来进行抗议。

十分明显,安倍强行解禁集体自卫权是企图让日本走上军国主义发动战争的邪路,但殷鉴不远,正如当年打着行使集体自卫权的旗号参加越南战争、伊拉克战争的国家并没有达到其目的一样,安倍晋三也只能在这条邪路上得到失败的下场。

八、中日达成四点原则共识,实现中日北京峰会

正当安倍晋三在政治右倾化向着复活军国主义的道路上"暴走"的时候,国际形势、中日之间的力量对比正在发生着重大变化:

就国际形势来说,美国为维持其世界霸权地位,无疑地要遏制中国的崛起,美、日之间的同盟的建立和发展的一个重要聚焦点也无疑就在这里。但为什么对于日本前首相小泉纯一郎在2001—2008年间6次参拜靖国神社,美国从来未置一词,而对于安倍晋三在2013年12月26日参拜靖国神社的当天,美国政府要急急忙忙地通过其驻日使馆发声表示"失望"呢?原因在于,从那时以来,美国的对华出口增长了3倍以上,进口增长了近2倍。中国已经成为仅次于加拿大的、美国第二大贸易伙伴,美国为了维持本国经济的发展,需要在遏制中国崛起的同时,又和在政治体制与价值观上不同的中国建立稳定的关系。但《美日安保条约》规定,美国有防卫日本的义务,如果中日之间出现偶发性的军事冲突,美国必须作出是否出动美军的判断,而美国又不愿为了保卫一个看上去只是岩石的岛屿——钓鱼岛,而使美军卷入与中国全面对立的危险之中,如因安倍参拜靖国神社而使中日关系紧张起来,显然有损美国利益,因此就在安倍参拜当日,发声表示"失望"。

而就中日之间的力量对比来说,安倍在2006年第一个首相任期内访问北京时,日本的GDP为4.3万亿美元,位列世界第二,而当时

中国的GDP为2.8万亿美元,位列美、日、德之后的世界第四;而在2013年安倍第二次组阁期间,中国的GDP为9.4万亿美元,约为日本同年4.5万亿美元GDP的两倍,中国的综合国力和军事实力也有相应的增长,在中日关系中占据上风。同时,在安倍第二次组阁两年多来中日关系的风霜雨雪中,中国政府不仅展现了捍卫领土主权的坚定意志,打消了外界对中国在事关核心利益问题上可能发生动摇的任何幻想,又以理性务实的行动回击了中国威胁论,显示了走和平发展道路、与亚太和世界互利共赢的坚定决心。

正是在美国的压力和安倍对中日力量对比的观察思考的背景下,安倍在坚持拜鬼、强行解禁集体自卫权的同时,又一而再、再而三地呼吁实现中日首脑会谈,并通过让日本前首相福田康夫访华等多渠道加以协调推进。中方此前一直主张,只要安倍在处理钓鱼岛和参拜靖国神社问题上没有变化,就不会同意首脑会谈。经过几个月来通过外交渠道就克服中日关系政治障碍进行的多轮磋商,中国国务委员杨洁篪与日本国家安全保障局长谷内正太郎就处理和改善中日关系达成四点原则共识:

一是双方确认将遵守中日四个政治文件的各项原则和精神,继续发展中日战略互惠关系;二是双方本着"正视历史,面对未来"的精神,就克服影响两国关系政治障碍达成一些共识;三是双方认识围绕钓鱼岛等东海海域近年来出现的紧张局势存在不同主张,同意通过对话磋商防止局势恶化,建立危机管控机制,避免发生不测事态;四是双方同意利用各种多边渠道逐步重启政治、外交和安全对话,努力构建政治互信。

在日本首相来华出席亚太经合组织领导人非正式会议期间,中国国家主席习近平在2014年11月10日应约会见了他。习近平指出,中国一贯重视对日关系,主张在中日四个政治文件的基础上,本着以史为鉴、面向未来的精神,推动中日关系向前发展,希望日方切实按照共识精神妥善处理好有关问题。习近平强调,历史问题事关

13亿中国人民感情,关系到本地区和平、稳定、发展大局,日本只有信守中日双边政治文件和"村山谈话"等历届政府作出的承诺,才能同亚洲邻国发展面向未来的友好关系,希望日本继续走和平发展道路,采取审慎的军事安全政策,多做有利于增进同邻国互信的事,为维护地区和平稳定发挥建设性作用。安倍晋三表示,日方愿意落实双方达成的四点原则共识,妥善处理有关问题,以此为新的起点,推进日中战略互惠关系改善和发展。日本决心继续走和平发展道路,本届日本政府将继续坚持以往历届日本政府在历史问题上的认识。

中日两国领导人实现会晤,使近年来出现严重困难的中日关系呈现缓和之势,但能否终结日本逆时代潮流而动的举措,能否实现中日关系"解冻",还得看日本今后的行动。

第五编

资本主义的走向和社会主义的未来

第十六章

当代资本主义的走向

在人类历史上,还没有哪一种社会制度像资本主义制度那样,在不同的时间、不同的人们那里,得到如此不同、乃至截然相反的评价。在这次国际金融危机爆发前后,人们对于当代资本主义的评价及其今后走向的预测,就是一个典型的实例。

一、从"无可选择"的"历史终结论"到 对资本主义的群众性反思和质疑

从1989年至1991年的东欧剧变、苏联解体,到2008年爆发的国际金融危机,不过短短的二十年,从历史的视角来看,真可说只是弹指一挥间,可人们对资本主义的认识和评价,却经历了冰火两重天的急剧变化:

在刚发生东欧剧变、苏联解体的时候,西方资产阶级误以为这标志着自由民主的资本主义最终战胜了社会主义共产主义,因而欢呼雀跃、弹冠相庆,美籍日裔的福山抛出《历史的终结和最后的人》,鼓吹自由民主的资本主义是"人类最后一个统治形式"和"人类意识形态发展的终点"。虽然福山这种建立在曲解历史事件基础上的所谓历史终结论,在出笼不久之后,就遭到了西方社会有识之士的批驳,例如,法国学者雅克·德里达就在题为《马克思的幽灵》的讲演中,指出这种历史终结论是"安置在可疑的和充满悖论的根据之上"的,

被福山吹嘘成大获全胜的资本主义自由世界实际上"满目皆是黑暗、威胁与被威胁",它具有经济战争、民族战争、少数民族间战争、种族主义和排外现象的泛滥、种族冲突、文化和宗教冲突等十个弊端和无法愈合的伤口。然而,这种"历史终结论"在当时的西方世界却是风靡一时的主流意识形态,连社会民主主义的"第三条道路"也跟着向新自由主义靠拢,认为世界正处在一个"资本主义已经无可替代"的新阶段上,它要作"告别社会主义"的转型。芸芸众生更认为自己正生活在一个除了资本主义之外"无可选择"也"别无选择"的世界里。在这样的氛围里,事情正如西方左翼学者詹姆逊所说:"想象世界的终结比想象资本主义的终结要容易得多"①;或者如齐泽克在其2005年自演的影片《齐泽克》中所说:"想象地球上所有生命的终结比想象对资本主义极其温和的改造要容易得多"。

然而,从2008年开始爆发的国际金融危机却把这种"无可选择"的"历史终结论"冲击得无处藏身。这里且以西方世界的两次民意调查为例来说明群众在危机后对资本主义的反思和怀疑情况:

第一次是英国广播公司(BBC)在柏林墙倒塌20周年之际进行的一项民意调查。这是一次由BBC委托加拿大民调机构"全球扫描"和美国马里兰大学联合进行的一项大型社会调查,时间从2009年6月19日开始,至10月13日结束,调查对象超过29000人。这项调查显示,在27个国家中,仅11%的受访者认为自由市场资本主义运行良好。多数受访者认为,需要对自由市场资本主义进行监管和改革。1989年柏林墙倒塌,在当时被吹嘘成自由市场资本主义大获全胜的象征。但在20年后的今天,人们对自由市场资本主义的信心在过去12个月的金融和经济危机中受到严重冲击。只在美国和巴基斯坦,有超过20%的受访者认为现在资本主义运行良好。23%的受访者认为,自由市场存在致命缺陷。持这种观点的受访者在法

---

① 詹姆逊:《未来的城市》,载《新左派评论》2003年5—6月号,第76页。

国、墨西哥和巴西的比例分别为43%、38%和35%。调查还显示：总体而言，受访者非常支持政府更公平地分配财富。在27个参与调查的国家中，有22个国家持这种观点的受访者占多数。调查显示各国受访者在一个问题上达成了共识：几乎在世界各地，大多数人都希望政府更积极地监管商业，只有在土耳其，大多数受访者希望政府减少监管。

第二次是皮尤研究中心在2012年7月的民调，表明国际金融危机及其后果正在全世界大幅削弱人们对资本主义的信心。这次的民调表明，在21个国家的逾2.6万名受访者中，只有27%的人对本国的经济形势感到满意。多数国民对本国经济持积极看法的只有4个国家：中国（83%）、德国（73%）、巴西（65%）、土耳其（57%）。认为本国经济稳固的美国人不到1/3，欧洲人有16%，日本人仅有7%。世界各地失望的公民在危机中也失去了对政府的信任：在16个国家中，大多数受访者认为政治家在很大程度上应该对当前的经济困境负责。对资本主义的信心也下降了。在11个国家中，只有半数或不到半数的受访者认同在自由市场经济中生活得更好的观点。对资本主义看法尤为负面的国家是墨西哥和日本，还有欧洲危机国家意大利和西班牙。在后两个国家，对资本主义的信心分别下降了23%和20%。而且在那里，认为辛勤工作可以令生活更富足的人也显著下降。资本主义的支持者主要在德国、巴西、美国等。民调称，新兴国家的人们对经济前景和子女前途的担忧仍然远甚于欧洲人和美国人。在这项调查中皮尤研究中心在21个国家中访问了26210人。调查结果的误差幅度因国家而异，在3.2—5.2个百分点之间。

除这两次大型社会调查之外，另一个集中展现西方世界对于资本主义的反思和质疑的场合，是2012年1月25—29日在瑞士达沃斯举行的第42届世界经济论坛年会。这届会议的主题是"大转型：塑造新模式"，参会的有100多个国家的2600多名代表，40多位国家元首和政府首脑，1600多名商界领袖。论坛创始人、会议主席施瓦布说:过去3年间,整个世界都在忙于应付政治经济领域的挑战,未能注意到世界正发生的根本性变化。以往的传统决策模式已经不能适应眼下的情况,经济危机凸显资本主义制度亟待改革,主要资本主义国家尚未从2008年经济危机中吸取足够教训,因此无力应对债务危机等新风险。用旧制度解决新问题,只能使世界陷入新一轮危机,造成经济螺旋式衰退、社会动荡、贸易保护主义和民族主义盛行。现行资本主义模式已经不能适应现实需要,必须对其进行改革。他在24日与媒体见面时说,虽然目前迫切需要对资本主义体系进行修缮,但仅凭修缮无法克服目前的危机,需要新的模式去解决全球面临的新挑战。他在会上还说,我们负债过多,我们忽略了对未来的投资,我们削弱了社会凝聚力,我们正走在一条令后代完全失去信任的不归路上。西方国家目前的体系显得力不从心,是因为很多问题必须由全球共同来解决。我们不仅要找到新的经济模式,还要发展一种新的领导模式,这种领导模式应与现代社会相符,基于价值、面向未来能够解决目前的问题。他指出:我虽然信奉自由市场,但自由市场经济体制应该为社会服务。应该发展以人才、开拓和创新精神为中心的"人才主义",用以取代资本主义,引领经济、社会进步,并摈弃"硬实力"、"软实力"等概念,代之以合作为中心的"合作实力"。

  德国总理默克尔在会议开幕式上致辞说:作为世界第一大经济体,美国应承担起应有的责任,加强对金融机构的监管,防止滥发货币和扰乱世界经济秩序。支撑美国金融体系的根基是美式资本主义,但欧洲也面临很多结构性问题,必须坚定不移地进行改革。什么是欧洲的结构性问题?从根本上说,就是欧洲的发展将选择什么样的道路,欧盟国家能否继续相信和依靠自由资本主义的价值观念和价值体系。

  美国凯雷集团董事长大卫·鲁宾斯坦在论坛的公开辩论中说,西方国家要严格控制赤字,尽早回归经济增长之路,否则三四年之后资本主义模式可能会终结。

美国投资大亨索罗斯在论坛的多个场合对资本主义提出尖锐批评；美国哈佛大学教授尼尔·弗格森在接受记者专访时说，资本主义病了，可以说是百病缠身。

国际社会开诚布公地谈论资本主义制度危机，是因为资本主义已经失衡，它不仅会造成经济坍塌，还会引发政治冲突和各种社会矛盾。达沃斯之所以倡导国际社会联手整治资本主义，是因为它正在让世界陷入风险，改造现代自由资本主义体系是世界性问题。

在达沃斯世界经济论坛发布的全球危机报告中，列出了50种全球性危机，其中最具威胁性的，有：慢性经济失衡，食品和水危机，温室气体排放量增加，恐怖主义，计算机网络攻击以及腐败等等。综合起来看，全球危机已逐渐蔓延到社会经济领域。

西方世界人们之所以由为资本主义辩护转而反思和质疑资本主义，根本原因在于这次的国际金融危机暴露了资本主义的结构性矛盾和缺陷，而在资本主义的诸多缺陷和弊端中，又以高失业率和不断扩大的贫富差距为甚，这几乎成了西方社会各阶层的共识。2012年初，英国《金融时报》推出以"危机中的资本主义"为主题的系列文章，美国哈佛大学教授萨默斯在《资本主义的弊病在哪里》一文中就说，人们对资本主义的质疑，缘于急剧上升的失业率，更主要的是由于贫富差距大幅扩大等不公平现象的存在。国际工会联盟秘书长沙兰·伯罗则说，今天世界上的不平等就像20世纪30年代大危机之前一样严重，数亿人没有工作岗位，资本主义没有带来安全的饭碗，也没有平均分配财富。

关于急剧上升的失业率问题，2012年2月26日的《日本时报》网站发表世界银行年刊前总编凯文·拉弗蒂的《现代资本主义的黑洞》一文指出，国际劳工组织上一个月对全世界几乎所有国家日益严重的失业现象发出警告说："全世界必须立即行动起来，在未来10年创造6亿个有价值的工作岗位"，并补充说"在今天，全世界仍有11亿人没有工作或生活在贫困之中"。如西班牙在2011年的失业人口是530万,16—24岁的年轻人有近一半没有工作;在整个欧盟,失业者达2000万人。失业者普遍地受到自动化和外包的双重打击:美国制造业产值在GDP中所占比例,1980年时是21%,而现在只有11%;与此相伴随的是制造业就业市场的崩溃,从1960年至2010年,美国的商品生产(包括制造业)就业占总就业的比例,从38%下降到14%,服务业就业在总就业中所占比例则从62%上升到86%。国际劳工组织说,全世界劳动者的数量现在比2009年减少了2900万,主要是因为一些失去信心的劳动者放弃了继续找工作。

关于不断扩大的贫富差距问题,2012年11月21日的《世界报业辛迪加》网站发表英国沃里克大学政治经济学荣誉教授、英国上议院议员罗伯特·斯基德尔斯基的《不平正在毁掉资本主义》一文指出:世界越来越富有,但国家内部的收入分配却越来越不平等。过去30年来,尽管人均GDP出现增长,但收入中位数一直停滞甚至下降,这意味着富裕人口攫夺了生产力增长的巨大份额。在这个标准不断上升的世界中,相对贫穷的人口做了什么去"跟上邻居的脚步"?他们采取了穷人的一贯做法:背负债务。在过去的年代,他们从当铺抵押贷款,现在他们从银行或信用卡公司借贷。所以,协调一致的财富与收入分配往往对资本主义的长期生存至关重要。《纽约时报》发表社论指出,美国正陷入极端不平等,最富有的1%家庭的收入占全社会总收入的20%多,这是近80多年来的最高点,在20世纪70年代末,这个数字只有10%。收入不平等正在碾碎中产阶级、扩大贫困人口,可能制造出一个有能力、有意愿工作但却无工作的永久性下层阶级。政府需要将公共政策重点从保护银行业转向充分就业。在危机期间,西方政府以发国债拯救"大到不能倒"的金融机构,实际是变相的"劫贫济富",用纳税人的钱去补贴金融机构。英国《金融时报》专栏作家约翰·加普认为,这是把纳税人绑为人质。人们认为,银行家贪婪、高管薪酬过高、经济增长乏力、失业率居高不下,是迫使人们走上街头,抗议现行制度加剧两极分化的主要原因。

因为平均来看,美国大企业CEO在2010年的年均收入为1080万美元,比上一年增长28%,普通工人的工资为年33121美元,两者之间的差距为325:1。

国际劳工组织总干事胡安·索马维亚认为,"不平等"已成为资本主义制度下西方社会面临的主要问题,这首先体现为贫富差距的扩大,据经济合作与发展组织(OECD)2011年发表的报告称,在接受调查的22个成员国当中,国民收入差距自20世纪80年代中期以来扩大了10%,有17个成员国的情况出现了恶化。其中,美国国民实际中等收入水平自20世纪70年代起就没有再提高过。此外,绝大部分社会财富还通过资本收益快速向少数人手里集中,世界银行前首席经济学家施蒂格利茨指出,美国上层1%的人现在每年拿走将近1/4的国民收入。如以财富而不是以收入来看,这塔尖的1%的人控制了40%的财富,而在25年前,这两个数字还分别只是12%和33%。塔尖1%的人的收入在过去10年中增长了18%,而中产阶层的收入却在下降。皮尤研究中心最新调查的结果显示,认为阶级之间的冲突是社会最大紧张源泉的美国人已经多达69%,比2009年高出19个百分点,而且主要是中等收入人群。《纽约时报》专栏作家纪思道对大量美国工薪阶层正面临沦为底层阶级的危机感到担忧,认为那将使他们陷于吸毒、绝望、家庭减少、高拘留率以及工作和教育在社会地位方面发挥的作用不断减少。而"这一危机正是美国不断扩大的收入不平等的副产品"。

二、西方学者对当代资本主义的揭露和批判

正是在对资本主义的这种群众性反思和质疑的氛围里,孕育和催生着西方学者对当代资本主义的揭露和批判。这种揭露和批判主要有四个方面:

(一)认为从20世纪70年代以来,资本主义就已经陷入了相对停滞和无休止的危机之中

美国《每月评论》主编约翰·贝拉米·福斯特在接受英国《复兴》杂志副编辑比尔·布莱克沃特的专访时,详述了他对当代资本主义危机的系统看法,后以布莱克沃特的《资本主义危机和社会民主主义危机:对话约翰·贝拉米·福斯特》为题发表。在其中:

福斯特说,人们通常把2007—2008年的金融泡沫破裂看作是一场金融危机,但真正的问题却是成熟的经济体将呈现出经济停滞、经济增长率持续放缓的趋势。事实上,美国经济在1929—1933年经济大萧条时就出现了严重的停滞,只是由于后来爆发了第二次世界大战,它才摆脱了经济大萧条。在二战以后,出现了资本主义世界经济的"黄金时代",这跟战后欧洲、日本经济的重建有关,苏、美之间的冷战也导致美国军事扩张的进一步加快。20世纪70年代以爆发经济危机告终,经济增长开始放缓,70年代的经济增幅慢于60年代,80、90年代比70年代更慢,21世纪头十年又慢于20世纪90年代。所以,从20世纪70年代后期开始,我们就已陷入到这场无休止的危机之中,它已在很大程度上使我们回到了停滞阶段。

其次,资本主义不会走向真正的经济崩溃,我们面对的是停滞问题。经济增长极其缓慢、失业率(不充分就业率)上升,产能过剩,资本主义没有真正崩溃,由于市场份额没有增加,为获取资本利润和资本积累,他们必须攫取更多市场份额,因此不平等竞争就会增多,经济体制的发展速度开始放缓,矛盾更加激烈,但却没有走向实际的经济崩溃。

美国佩戴斯大学教授克莱曼在《大失败:资本主义生产大衰退的根本原因》一书中,认为利润最大化驱动的生产力提高,导致的一般利润率下降,是危机与衰退的根本原因,资本主义生产体系无法摆脱大失败的宿命。

他认为,在20世纪70年代爆发危机以后,美国政府采取了凯恩斯主义干预以缓解危机,使经济陷入长期相对停滞状态,这种政策恰恰是2007—2008年危机的根源所在。为把危机控制在一定范围内,美国政府采取了不断增加债务,人为制造短期繁荣的方式以刺激经济,从而使20世纪70年代没有像30年代那样出现足够大规模的资本消灭,也正因为如此80年代以来美国公司的利润率始终没有得到继续性的恢复。这表明,尽管政府的刺激性政策阻止了危机演变成对资本主义制度的严重威胁,但同时也使得经济陷入了长期的相对停滞状态。20世纪90年代以后,政府以一个个新泡沫取代旧泡沫:股市、网络经济、房地产泡沫等等,这进一步引发投机狂热,人们开始用债务购买资产,而一旦资产价格出现停止上涨迹象,债务缠身的人就会发现自己早已无力走出沼泽,资本主义再生产链条断裂了。从20世纪30年代的经济大萧条到70年代的经济"滞胀",再到2008年的全球金融危机以及之后出现的经济大衰退,美国经济一直在自由市场与政府干预之间徘徊,表明它无法解决的困境。他还认为,本轮危机的爆发具有重大历史意义:它表明,试图通过外在因素对资本主义进行修补以挽救其大失败的命运,最终都无力解决资本主义内生的危机,资本主义必然要灭亡,从而给更高的社会秩序让路。

美国学者洛仁·戈尔德纳在《最大的十月变数——世界资本主义的崩溃》一文中认为,当前金融危机的大背景是资本主义生产方式的历史性衰落;资本主义在1914年以后就进入衰落阶段,20世纪70年代以后更进入慢性持久危机阶段。他认为1968年是发达资本主义世界战后收入分配的一个转折年。从1945年到1968年美国最富的1/5的人口和最贫的1/5的人口的收入差距在缩小,而在1968年以后其收入差距又在扩大,现在的差距比1929年还要大。1914年第一次世界大战前后,资本主义生产方式达到一个特殊时刻,在此后,在世界范围内它不再是一种进步的生产方式。在资本主义存在的第一个世纪,从19世纪初到1914年,劳动生产率一直有稳定的增长,在世界范围内生产性工人阶级也在增长。在此期间,资本主义发展到一个阶段,之前那种生产率的发展已不可能以和平的方式发生了。从第一次世界大战到20世纪70年代,没有一个国家能像美国、德国那样发展成为发达资本主义国家。在70年代、特别是80年代,韩国确实真正成为发达资本主义国家,但那是非常特殊的,是美国准许的,其"成功"是为东南亚其他国家提供样板,以抵消中国、朝鲜的吸引力(直到70年代,朝鲜比韩国的发展程度要更高些)。以后,新加坡、越南等就追随韩国、中国台湾等国家和地区的发展模式,但不能不考虑下列情况的修正作用,即:美国、欧洲的下降和停滞,东欧、俄罗斯、中亚以及中东的非产油国、非洲和拉丁美洲的完全倒退。和1914年以前不同的是,亚洲新兴国家之崛起,并不是世界整体范围内的发展和升级,而是此地的发展和彼处的后退并存的局面。例外是日本获得较大的发展,还有一些技术创新。

20世纪60—70年代占主导地位的斗争方式的消逝,以及这种斗争方式在今天不再有效,其主要原因在于利益的全球化。今天为了得到点什么就必须首先得到一切,"把人类能力的发展作为自己的目标"——这才是真正的共产主义社会的本质所在。过去人们对工人阶级革命的想象是一场总罢工、群众大罢工、占领工厂、建立工人委员会和苏维埃、推翻资产阶级的政治统治,并由此开始对社会化生产实行直接的民主管理。这种革命模型已脱离了当代现实,至少在西方国家是如此。因为资本密集型技术的发展、小型化和业务外包等等,使从事"直接生产过程"(《资本论》第一卷所反映的资本主义现实)的劳动力在总的劳动力队伍中所占比例变成相对较小的部分,即使那些继续从事物质生产的工人,他们生产的常常是一些在后资本主义社会不需要的东西(如军备),更为现代的工作场所将会被革命所取缔和废除,而不是将它置于"工人的控制"之下。从整个世界范围来看,尽管总的全球"产出"在增长,但生产性工人总数在资本主义人口(工资劳动者和资本家)中所占比例一直都在缩小。

这场自1929年以来最大的资本主义危机,可能在为1919年以来规模最大的工人起义准备条件,正是在这种"盗贼分赃内讧"新形势下,可能出现革命的突破。

(二)认为当代资本主义缺陷彰显,面对种种矛盾和失衡

国际货币基金组织前首席经济学家、美国哈佛大学经济和公共政策教授肯尼思·罗戈夫2011年12月6日在《现代资本主义是可持续的吗?》一文中,认为正在日益彰显的现代资本主义的五大缺陷是:

首先,即便是走在前列的资本主义经济体也无法给公共产品——如洁净的水和空气——进行有效定价。缔结新的全球气候变化协议的失败,显示出了机能停滞的症状。其次,在带来巨大财富的同时,资本主义导致了异乎寻常的贫富分化。不断扩大的差距在一定程度上是创新和创业精神的简单副产品。但巨大的财富使团体和个人可以收买政治权势,而后者又能帮助创造更多财富。第三个问题是医疗保健的提供和分配。它首先让消费者难以评估他们所接受的治疗的质量;随着社会变得更加富裕和老龄化,医疗保健费用在收入中所占比例无疑将会上升,在几十年内可能超过GDP的30%。许多国家正在遭遇这样一个道德难题:如何在避免医疗服务获得方面出现巨大不平等的同时,维持对生产和消费的刺激。第四,今天的资本主义大幅低估了后面几代人的福利需求。在工业革命之后的大部分时间里,这还从未成为过问题,因为技术进步持续带来的好处掩盖了短视的政策,随着世界人口超过70亿,资源紧张的预兆变得越来越明显,无法保证这一轨迹能够得到维持。第五个问题是金融危机,不断的技术创新并没有使风险显著降低,反而可能增加了风险。随着污染、金融动荡、医疗保健问题和贫富不均的继续增长,以及政治制度依然陷入机能停滞,再过几十年,资本主义的前途也许看起来不会像现在看到的没那么安全。

新加坡国立大学东亚研究所所长郑永年教授认为,当代资本主

义面临两大结构性矛盾,即:金融资本主义和实体经济之间的矛盾,以及民主和资本主义之间的矛盾。这两大矛盾既是危机的根源,也使得西方难以挣脱危机,更使新危机不断发生。

第一大矛盾是金融或者货币资本主义和实体资本主义之间的矛盾。当代金融资本主义已经和昔日的金融资本主义全然不同,昔日的金融资本主义是和实体经济(制造业等)联系在一起的,是为后者服务的,金融就是要为实体经济融资。但在今天的金融资本主义那里,金融不再为实体经济融资,而是更多地为自己"融资",用钱来套取更多的钱。虽然实体经济还是依赖于金融经济,但金融经济却可以脱离和独立于实体经济而运作。这是一种单方面的依赖。在成为当今资本主义的绝对核心之后,当代金融资本主义明显地出现了三大趋势:一是金融资本挟持了政府,甚至整个经济。例如华尔街,往往是"大到不能倒",其逻辑是,"我倒下了,也要把整个经济拉倒,你如果还想活下去,首先必须把我救活"。但一旦金融业被救活,它却根本没有意向来挽救实体经济、拉动实体经济的发展;金融资本还在实际上操控政府决策。二是当代金融业不产生就业,由于它是用货币炒作货币,因此就可以使用大量的高科技。除了老板和少量的技术操控人员之外,它不需要传统金融业所需要的大量雇员。三是当代金融业还迫使世界上所有一切都"货币化"或"商品化"。

西方面临的第二大矛盾是大众民主和资本主义之间的矛盾。在西方,资本主义和民主一直被视为互为关联的孪生体,但那是指的精英民主,但在大众民主产生之后,情况发生了质的变化。工业资本主义产生的第一个群体就是工人阶级。工人阶级获得选举权是大众民主的第一步,之后,随着妇女、少数族群获得参与政治的权利,西方民主从精英民主转型成为大众民主,伴随着这种政治转型的,是西方经济从赤裸裸的原始资本主义转型为福利资本主义。经济上的这种转型并不是资本主义的逻辑,而是民主化的结果。正如马克思所说,资本的目的就是自我积累,而不是财富的分配。只有在大众民主的压力下,财富分配才成为可能。不过,大众民主也很快产生出对资本不利的因素。在西方,大众民主越来越具有民粹主义色彩,民主往往成为福利政策的"拍卖会"。在经济体不能创造庞大的财富来支撑福利和公共开支,而国家又无法增加税收的时候,西方政府就走上了借债度日的赤字财政,向人民借钱,向国外借钱,向未来借钱,这就是欧美等国家债务危机的根源。

以上两大矛盾在西方国家普遍存在,资本自己不会或无能和无力纠正自己的错误。从目前看,西方的资本主义体制需要转型和改革。但不像一些人认为的那样,资本主义体制会崩溃或解体,这样的事情几乎不可能发生。西方的资本主义体制现在面临着双重转型,一个是民主的转型,一个是经济的转型。但只有危机发展到十分深化的时候,才有可能造就强人政治和强人政府,从而达到转型或者改革的目标。

法国经济学家于松在《资本主义十讲》一书中,认为当代资本主义存在四大矛盾:

一是恢复赢利能力还是就业的分配困境;二是消化不平衡还是全球经济增长的全球化困境;三是消化赤字还是社会福利开支的财政困境;四是人人为己还是相互协议的欧盟困境。所有这些困境勾勒出了一种"胡乱的调节",而与之相对应的则是在两种不可能的选择之间为资本主义做着目测式的领航:一种不可能(它本身也是拒绝的)是回到"辉煌30年"时相对有更好调节的资本主义;另一种不可能是为新自由主义模式的运行恢复条件,因为这种模式所依托的是一种如今已经完结的孤注一掷的行为。当前的僵局可以归结为:资本主义要回到危机前的运行方式,但这已经没有了可能。

澳大利亚社会平等党总书记尼克·比姆斯早在国际金融危机爆发之初就发表《资本主义的世界性危机和社会主义前景》一文,指出当代资本主义面临着经济过程、阶级关系和资本主义国家间关系三大失衡。

关于经济领域的不平衡,比姆斯说,到20世纪末,制造业在美国经济中所占比重为14.5%,金融保险、房地产加起来所占比重达20%。2004年,金融业的利润已经占美国总利润的40%,金融部门所占股市资本份额达1/4(1980年时达6%,1990年达11%)。导致这一变化的原因是20世纪70年代利润率下降和80年代经济复苏的失败。

关于资本主义国家间关系的失衡,比姆斯认为,中国、俄罗斯等国家的崛起,打破了第二次世界大战后建立的旧平衡。1945年在美国的主导下建立的平衡,首先是建立在美国的经济霸权之上的,这种美国霸权今天已经衰落。美国经济在世界经济中所占比重已经回落到1940年时的水平。世界资本主义的经济结构也发生了很大改变:15年前,7国集团约占世界经济(名义数据)的70%,目前占65%,而按购买力平价计算,仅占43%。

关于资本主义阶级关系的失衡,比姆斯认为,最显著的是社会不平等的扩大。据巴德大学列维经济学院爱德华·沃尔夫的研究,美国最富有1%的人,掌握34.3的家庭净资产;其次的4%的人,掌握24.6%家庭净资产;再次的5%的人,掌握12.3%家庭净资产。总之,最富有的10%的人掌握着近71%的国民家庭净资产;其次的10%的人掌握着近13.4的国民家庭净资产;最贫困的80%的人掌握着近15.3%的国民家庭净资产;处于最底层40%的人只占有0.2%的国民家庭净资产。如果除去自身住宅之外的家庭资产,这种阶层化就更明显:最富有的1%家庭占有除房屋净值外总资产的42.2%;最富有的10%家庭占有除房屋净值外总资产的80%;金字塔底80%家庭占有除房屋净值外总资产的7.5%;最穷的40%家庭占有除房屋净值外总资产的-1.1%。再对收入来进行比较:最富有的1%的人占有总收入的20%;最富有的10%的人占有总收入的45%;最贫困的80%占有总收入的41.4%;最贫困的40%占有总收入的10.1%。而在大卫·诺顿的研究中,中等家庭的资产从2001年到2004年,共下降了0.7%,如在总资产中减去房屋净值,那么就下降了27%。而中产家庭的收入从2000年到2003年,共下降了7%。在1983年到2004年间,最贫困的40%的人的人均财富下降了59%;最富有的1%占资产净值增长额的35%,占除房屋净值外家庭资产增长额的42%,占收入增长额的35%;居第3个1/5的中等家庭资产,其债务对收入的比率,就从2001年的100.3,激增到2004年的141.2,债务资产比率从31.7激增到61.6,增加近1倍。总之,美国经济金融化的核心机制,是转移财富和拉大收入水平。

斯蒂格利茨则认为,美国社会出现了市场作用和国家干预、个人主义和集体主义、人与自然、手段与目的之间的四个失衡,这就导致了危机的爆发。他在《自由市场的坠落》[①]一书中指出:这场危机揭示了资本主义系统存在着根本的缺陷,或者至少是20世纪后半叶美国出现的这个特殊"版本"的资本主义系统(美国式的资本主义)存在根本的缺陷。这不仅仅是有缺陷的个体或个别错误的事情,也不仅仅是修正一些小的问题或者略微调整一些政策的问题。

(三)认为当代资本主义面临种种危机和严重倒退

美国左翼学者威廉·K.塔布在《当代世界资本主义体系的四大危机》一文中指出,世界资本主义体系面临的第一个危机是金融体系的动荡。重要的问题是金融资本主义本身能否继续存在。整个美国金融行业在2004年所创造的利润是3000亿美元,而国内所有非金融行业创造的利润是5340亿美元,金融行业创造了所有国内企业利润的大约40%,而在40年前,它所创造的利润还不到所有国内企业利润的2%,金融行业似乎产生了一种新的、魔术般的"货币—货币"循环,在此循环中,仅用货币本身就能制造出货币来,而无须实

---

① 〔美〕约瑟夫·E.斯蒂格利茨著,李俊青、杨玲玲等译:《自由市场的坠落》,机械工业出版社2011年版。

际生产的介入，人们认为积累的新秘密是杠杆作用和风险管理，这就产生了快速膨胀的生产泡沫，而这些泡沫最终是会爆裂的。第二个危机是美国领导的帝国主义的危机。由于奉行以战争改变他国的制度，并且国际金融和贸易制度（即我们所知的"华盛顿共识"）越来越受到有效的抵制，致使帝国主义已不被信任。由于新自由主义难以估量的危害，并且它还继续为害，因此，它在意识形态上已处于守势。第三个危机是，在原先的资本主义体系的边缘地区，出现了新的权力中心。2006年，新兴市场国家第一次占据了全球产出的50%以上，它们的兴起将与19世纪末德国、俄国和日本的兴起一样意义非凡。问题的关键不是新兴国家是否在进步，而是一个多极化的世界正在给另一些国家提供某种机会，新中心释放出的力量，为那些希望与美国断绝关系的国家施展策略提供了空间。第四个危机关乎资源的利用、生活必需品的不公平分配以及难以持续的增长模式。

比利时学者马克·范德皮特在《全球资本主义深陷五大危机》一文中认为，全球资本主义所面临的五大危机是：积累模式难以为继的经济危机；财富分配极端不公的社会危机；政府合法性遭挑战的政治危机；环境成本侵蚀利润的生态危机；南方国家再度崛起的地缘政治危机。

俄罗斯莫斯科大学的多博林科夫教授认为，当代世界资本主义社会同时存在三大危机：一是始于2008年末的又一轮周期性生产过剩；二是资本主义作为一种社会制度的危机，即包括人口危机、生态危机、社会危机、文化危机、精神道德危机等在内的全面危机；三是美国作为主要资本主义大国的霸权危机。

新加坡国立大学李光耀公共政策学院院长马凯硕在《到亚洲的工厂看看资本主义的教训》一文中说，资本主义本身并没有陷入危机，陷入危机的是西方资本主义，这是因为它犯下了三个错误：第一，是把资本主义视为一种意识形态概念，而不是用来改善人类福祉的实用工具。艾伦·格林斯潘认为市场总是最清楚，因此没有必要对它们严加监管,然而,事实是,要使资本主义良好运转,政府必须发挥监管作用;第二个错误是忘记了欧洲资本家从20世纪马克思主义的威胁中学到的教训:要使资本主义制度存续下去,各个阶级都必须从中受益;第三个错误是,它们在向第三世界宣扬资本主义优点的同时,没有让其本国人民清楚"创造性毁灭"。教科书上正确地指出,当年发明汽车时,马车行业只得消逝。但它们没有教导民众,当来自中国和印度的新竞争者涌现时,他们必须学习新的技能。由于存在种种缺陷,资本主义是一种不完美的制度,它要求政府认真监管。

德国历史学家汉斯-乌尔里希·韦勒认为,没有治理的金融业是当前资本主义危机中存在的真正根本问题。尽管此次危机并没有像1929年和1930年全球经济危机那样严重,实体经济依然运转,但金融行业完全摆脱了法律法规框架的束缚。

日本综合研究所理事长寺岛实郎在接受记者专访时指出,20世纪90年代以来,美国金融产业出现急剧"变异",不是从投资实业中获利,而是试图通过管理风险获利,即利用各种算法,产生了形形色色的金融新模型,也就是所谓"金融工学"。由此发展出的新的金融商业模式其典型代表就是对冲基金,后来还涌现出风险更高的金融工具。这种金融商业把各种风险分散后重新组合,以致一旦出现破绽,就波及各个领域。美国的军事和消费开支都超出其实体经济拥有的实力。之所以能做到这点,就是因为利用了"金融"活动。长期以来,美国经常项目收支是赤字,但资本项目收支是黑字,就是华尔街"赌场"效应吸引的资金支撑了美国的财政开支和消费。其实,美国人生活在幻觉中,享受着超过其实际实力的生活,而支撑这一机制的就是华尔街。现在,美国的资本项目收支超过经常项目收支的结构开始失灵,这也是如今美国陷入迷失的本质原因,现在发生的,是一场完全不同于以往的资本主义危机,最大的不同是金融经济的极度膨胀。近代史上资本主义危机中,都不外乎是资源争夺,而目前这场危机应该说是极度膨胀的金融和实体经济背离引发的危机。这与国家间为利益争夺导致的危机有本质的不同,现在的资本主义危机好比是全民感染了病毒。在实体经济中,人们通过生产制造、提供服务等经济活动获取报酬,但在金融游戏中,获利模式就是钱生钱。由此产生了所谓"贫富分化的资本主义",在这种机制中,富人越来越富,穷人越来越穷。金钱游戏中,一笔交易可能就带来数亿美元财富,财富就像滚雪球一样膨胀,而在实体经济中从事生产、提供服务的普通人,一个小时的报酬,再怎么努力也有限度。这样一来,实体经济和金融经济的背离越来越深,这种背离肯定会加深贫富分化。

美国经济学家理查德·沃尔夫认为,不应把美国和欧洲的经济动荡理解为就是危机或债务危机,而应称之为资本主义危机,因为这是整个制度的危机:是华尔街和中产阶级的危机,是金融业和工业的危机,是出口和劳务市场的危机。他说,资本家在降低工人工资时取得的成果,变成了他们在销售商品时遇到的问题,资本主义从来不想去解决这个基本问题。周期性出现的情况是,每当资本家为提高利润率而将工人的薪水下调得太过分的时候,系统就会崩溃。在过去30年里,社会福利计划和福利成果被逐渐削减,而它们都是在资本主义上次深陷制度危机时——在20世纪30年代的"大萧条"时期——实施的,它使美国从贫富非常不均的社会变成了最均衡的资本主义社会。但自20世纪70年代起,反动势力掌握主导权以后,已经实现了的收入分配和生活条件的均衡开始被逆转,富人和企业集团的税率下降了,国家对经济的干预开始被全面解除。现在的资本主义又成了那贫富差异极大,利润和工资收入有天壤之别的资本主义了,而这种差异为像1929年那样的大萧条再次爆发奠定了基础。

当代国外马克思主义研究则从金融、灾难、债务、技术、文化资本主义等多个视角来展开对当代资本主义危机的揭露和批判。例如,在"金融资本主义批判"中,他们认为,当前资本主义的经济危机主要不是生产过剩的危机,而是金融泡沫的危机,经济危机是由资本主义金融化过程中积累的矛盾、冲击和不平衡所导致的。它起源于向美国最贫困和最边缘的人的抵押贷款,由于证券化和相应的资本创新而获得了全球性的影响,由于美国和欧洲生产资本的衰落最终演变为一场衰退,由于投资和信贷的紧缩严重影响到发展中国家,最终演变为欧洲范围的私人和公共债务危机,暴露出以共同货币为基础的欧盟的不平衡特征。从金融危机到今天欧洲债务危机的因果链表明,资本主义的全球性危机并没有过去,而是以其他的形式在延续。在"灾难资本主义"批判中,国外马克思主义研究认为,当今资本主义是一个内在对抗的社会,其中的生态灾难、知识财富的私有化、私人资本对新技术特别是生物技术的操纵以及被包容者与被排斥者的隔离是四种主要的对抗形式。它们表明,在资本主义社会中,不仅劳动者被置于资本的结构暴力之下,而且人类生活所依赖的自然、文化以及人作为生物体的物理条件也受到资本逻辑的支配。只有把世界末日当作已经来临那样去行动,而不是盲目相信未来还有时间,才有可能阻挡灾难资本主义的毁灭趋势。在"债务资本主义"批判中,他们指出,2008年的经济危机是国际资本的转折点,它为资本主义开创了一个以公共服务的私有化和商品化为特征的新的资本积累周期。那些曾经由公共部门以非商品化形式提供的教育、卫生项目等,在危机时代又被重新私有化和商品化了。资本主义新的积累不仅意味着不可异化的生命权利的异化,而且意味着对工人阶级长期斗争成果的掠夺。欧美的主权债务危机成了自由资本主义强化其统治的工具。在"技术资本主义"批判中,他们指出,当代资本主义已经形成了一个资本与科学技术相结合的综合体。技术资本主义不同于工业资本主义,它主要不是依赖对原材料和生产工具的占有,而是依赖科技创新和无形资产。与此相联系,技术资本主义也产生出新的资产阶级意识形态,即相信新技术可以突破旧的资本主义限制,带来高效和无限发展的生产模式。技术资本主义是商业资本主义和工业资本主义之后的资本主义发展新形态,它建立在技术与科学以及非物质的商品基础上,从知识和技术创新中抽取剩余价值。在技术资本主义中,创意是最宝贵的资源,当前新自由主义的全球经济范式及其金融化体系实际上是由技术资本主义的全球化所推动的,它代表着新的积累模式和资本主义精神。在"文化资本主义"批判中,国外马克思主义研究指出,当代资本主义不仅是一种经济体制,而且是文化和想象的体制改革。文化资本主义这种新资本主义,是在工业资本主义遭到批判和抵抗之后出现的。新资本主义的精神是悖论性的:它一方面对工业资本主义的异化和非人道化持批判态度,另一方面却把这一批判所追求的价值商品化,结果本真性本身被转化为对商品的差异性和多样性的追求,于是,欲望的解放不再敲响资本主义的丧钟。在这个意义上,当代资本主义不仅有效地同化了对资本主义的文化批判,而且把对工业资本主义的文化批判转变为新资本主义的心理动机和文化资源。

美国市场观察网2012年7月3日刊登保罗·法雷尔的《将扼杀资本主义的10个大爆炸性泡沫》一文,指出这10个泡沫是:

1. 医保泡沫:忘了法院、选举——医保会内向爆炸。
2. 政府泡沫:让华盛顿从美国分离出去。
3. CEO薪酬泡沫:上涨20%,而银行股票下跌61%。
4. 不平等泡沫:目前是1992年的水平,警示资本主义末日来临。
5. 债务泡沫:负债累累的大学毕业生卖汉堡和拿铁咖啡。
6. 全球失业泡沫:警告政府,革命要来了。
7. 石油泡沫:石油危机会引发新的"阿拉伯之春"。
8. 风险泡沫:美国复苏受到全球经济风险威胁。
9. 增长缓慢泡沫:回报惨淡、节衣缩食是新常态。
10. 资本主义泡沫:自私削弱了我们作为领导者的地位。

美国《华盛顿邮报》专栏作家罗伯特·塞缪尔森在《发达资本主义国家正面临倒退吗?》一文中说,我们在欧洲亲眼目睹的是现代社会秩序的衰竭。自19世纪初以来,工业社会就建立在经济增长和政治稳定相结合的基础之上。经济发展改善了人们的生活,使他们牢牢忠于自己的国家。后来,战争、萧条、革命和阶级冲突打断了这个循环。但是随着时间的推移,繁荣促成了美国、欧洲和一些亚洲国家的稳定民主。当前的经济危机可能会逆转这一良性循环。经济发展减速将加剧政治动荡,反之亦然。这将与过去形成历史的和不祥的决裂。逆转的可能性确实存在,因为大多数发达国家都面临经济减速。经济增长陷入半停滞的社会不能满足人们对就业、涨工资和政府福利的所有期望。这样一来,政治机构就会失去合法地位,欧洲可能预示着这一凄惨螺旋的开始。仅人口统计数字就能说明经济发展在减速。美国、日本和大多数欧洲国家的人口老龄化减少了劳动力的增长,因为新工人的数量比退休工人的数量少。在美国,国会预算局认为目前的劳动力年均增长率是0.5%,仅相当于20世纪50年代以后年均增长率的1/3,其他地方的前景更糟。德国的劳动力数量几乎止步不前,日本的劳动力数量在减少。短期来看,劳动力增长放慢缓冲了就业压力,而从长期看,它会使经济增长减速。从1950年到2011年,美国的年均经济增长率为3.3%,劳动力年均增长率和生产力年均增长率在其中的贡献率几乎相当,分别为1.5%和1.8%,随着劳动力增长速度放慢,美国经济的增速可能会放慢到每年2.3%。西北大学的经济学家罗伯特·戈登推测说,生产率增长已经达到顶峰,他的预言表明世界将迎来一个漫长的经济增长缓慢时期。如果发展放慢或停滞,稳定也会受到影响。人们会失去信念,产生被国家辜负的感觉。美国当前的情况与欧洲只是程度的差别,而没有本质的不同。美国的经济增长停滞正在限制政治体制满足所有期望的能力。人们走上街头,极端主义党派发展壮大。为了避免欧洲的命运,我们应当减少人们对体制提出的要求,并努力争取更快的经济增长,这就是教训。如果我们忽视它,历史就可能倒退。

(四)认为资本主义已不能作为一种生产方式发挥作用,不再适合当今世界,面临转型

美国纽约大学政治系教授伯尔特·奥尔曼在一次接受学术访问时谈到当前的金融危机时说,这次危机不同于以前,一是它的全球性特点,二是它很快会比20世纪30年代的大萧条来得更为严重,三是那些曾使资本主义从它那些危机中恢复过来的机制不再奏效——以前,资本主义衰退到一定程度时,机器和劳动力的成本就降到一个足够低的水平,从而使得新的投资变得有利可图。然而,当第一组新投资出现在高科技领域时,即使不增加或少增加工人时也能生产出更多产品,结果是投资者将不能销售足够多商品来实现扩张,甚至使生产停滞不前。过去资本家用来填补价值"实现"缺口的各种"神奇"手段,如帝国主义、战争、信用卡等等,已不再有效,或不足以解决当前如此规模的危机。总之,全球化资本主义已不能再生产出必要条件来实现其发展,也不能再作为一种生产方式来发挥作用。它已经走上死亡之路,这很可能是一种缓慢的、拖延的死亡之路(这里或那里会偶然表现出短暂的恢复迹象),然而,没有什么能够拯救它。

法国人类学家、经济学家保罗·若里翁认为资本主义体制因其复杂性而陷于困境。他说,资本主义一直就是一个不稳定的系统,它总是不停地促成资产集中,最后导致游戏玩不下去。然而,资本主义的生存很大程度上依靠的却是不断的救助计划。如今世界改变了,资源的耗竭、殖民活力的终结、西方经济体的过度负债、新经济体的崛起让回旋余地显著减小。更重要的是,资本主义体制因其自身的复杂性而陷入困境。2008年时,人们的确真正意识到了问题的严重性,而当时也的确有采取行动的时间窗口。正如尼古拉·萨科齐在土伦所说,当时是"重建资本主义"的时机。但然后呢?⋯⋯什么也没有发生。2008年时机器出了故障,有人却试图拿着胶布去修机器。如今这部机器已经停止运转了，因为它的金融发动机已经完全坏掉，然而大家仍在继续实行量化宽松或紧缩，这可能让问题更加严重并加速系统崩溃，就像中世纪时用放血来治疾病一样。我们找不到完美的、"立竿见影"的解决办法，但并不能因此认为改变系统或体制就是不可能的。我不知道当年的罗马人是否预见到了帝国的崩塌，也不知道18世纪的哲学家们是否想象到会出现国民公会、恐怖时代和拿破仑帝国。

美国哈佛大学教授肯尼思·罗戈夫2012年2月21日在世界报业辛迪加网站发表《冠状动脉资本主义》一文指出，说到改革今天的西方资本主义制度，人们一直对监管体系全面性及系统性的失灵故意视而不见。的确，导致2008年全球经济心脏病发作的病态政治——监管——金融体制已经引发了众多讨论。需要讨论的是，这个问题仅限于金融行业，还是代表了西方资本主义制度更深层次的缺陷？据美国疾病控制和预防中心统计，约1/3的美国成年人体型肥胖（即身体质量指数大于30）。更令人震惊的是，儿童和青少年的肥胖比例超过1/6。1980年后青少年的肥胖比例比原来增加了两倍。同样的问题无疑也引起了很多经济学家的关注。罗戈夫强调指出，食品业导致生理心脏病、金融业导致经济心脏病，但西方资本主义病态的监管——政治——经济体制所造成的影响却更加广泛，为保护社会的长远利益，人们需要建立新的、更好的制度。

情况甚至发展到连管理着970亿美元的格兰瑟姆—梅奥—范奥特洛投资公司（GMO）的联合创始人格兰瑟姆，也在惊呼"不计代价求增长"将导致整个资本主义制度的毁灭。他在一封致股东的信中写道：资本主义威胁到了我们的生存。虽然相较于其他任何制度，资本主义几乎在所有方面都做得更好。但资本主义本身具有的两三个主要缺陷却可能是致命的，而且基本上没有得到解决。举例来说，一个可持续的经济制度是不能建立在日益增长的债务上的，不能允许公司来管理政府、掠夺财富，这种"不计代价求增长"的做法可导致整个制度的毁灭。他谴责:资本主义寻求的是增加债务,这使得现金流的未来价值大打折扣。我们的子孙将一无所有;公司愚蠢地奖赏那些使企业背上债务的高管:高管得到的报酬从过去的为工人平均工资的40倍,增至如今的600倍以上;资本主义以利为中心,而不是以人为中心,"一般而言,资本主义缺乏道德观念和良知";他强调,这次与以往并无太大的不同;大公司也于事无补;所以,政府必须介入,"我们需要一些开明的政府调节"。

三、当代资本主义何去何从(之一):
寄希望于资本主义的自我修复

面对着重重危机的当代资本主义,将走向何处?对此,不同的人们提出了不同的方案,并为它的实现而积极活动着。应该说,当代资本主义的走向最终将取决于这种种方案、力量的博弈和较量。大体说来,可以把这种种不同的方案归结为三个大的类型,这就是通过资本主义的自我修复来拯救资本主义,通过重回凯恩斯主义、社会民主主义第三条道路来改造资本主义,以及实行社会主义来取代资本主义。

先说寄希望于资本主义的自我修复方案。

《大国的兴衰》一书的作者、美国耶鲁大学教授保罗·肯尼迪在2009年3月23日《金融时报》上发表的《读四位大家的书,得知资本的命运》一文中说,虽然目前的金融危机使资本主义的体系受到破坏,但这个体系不会消失,不会被完全平等的社会主义社会所取代,只是资本主义的存在形式会发生有限的改变。这种改变将表现在政府对市场的干预程度要比人们欢迎的来得高,市场的动物性将受到国内和国际动物园管理者的严密关注,但不会扼杀自由企业的原则。

为什么经历了国际金融危机的严重冲击之后,资本主义仍然能够幸存下来,只是其形式发生有限的改变?主张寄希望于资本主义

的自我修复来拯救资本主义的人,从历史到理论作了系统的论证:

从历史上来看,如《资本主义制度4.0》一书作者、英国《泰晤士报》副主编阿纳托尔·卡列茨基所指出的,资本主义总是以弯曲而不是断裂的方式来应对内外压力。资本主义不断遭遇危机,但是最终都能化险为夷。此前资本主义已经有了三次变革:19世纪初主张实行自由贸易的自由资本主义制度、20世纪20年代和30年代凯恩斯式的福利国家制度,以及20世纪80年代初由玛格丽特·撒切尔和罗纳德·里根开创的以自由市场为核心的货币主义,现在正面临第四次变革,资本主义制度仍然可以修复。

总之,在主张和支持寄希望于资本主义自我修复的人看来,经济危机是资本主义时代的正常现象,应对现代性经济与社会问题不断进行制度的自我修复,已成为现当代资本主义的一个基本传统。从20世纪30年代国家垄断资本主义的推行到新自由主义的兴起,就见证了现当代资本主义的自我修复功能。在这个过程中频繁发生的经济危机,不仅没有导致资本主义制度的自我毁灭,而且反倒不断强化了资本主义制度的自我改善。"大萧条"的苦难引发了一场促使资本主义实现平等与稳定的运动,从而加强了保护与管理——新政和欧洲福利国家。这就是说,1929年的经济危机导致资本主义从先前的资本主义私人占有制度转变为国家垄断资本主义制度,较有效地克服了资本主义私人占有制与社会化大生产的矛盾,并抑制了贫富分化,且促进了社会的福利化进程。到了20世纪70年代发生滞胀时,资本主义不得不提高效率和创新能力,撒切尔夫人和里根开创了解除管制、自由贸易和资本自由流动的时代,催生了全球经济繁荣。2008年以来的这次国际金融危机,无疑是新自由主义政策本身的危机,但在全球化资本主义的条件下,西方依靠其在经济、技术、资源、管理以及军事上的优势和强硬的国际政治手段,仍然会有效地克服经济危机。因为这次的国际金融危机仍然处在当代资本主义制度的自我修复的范围之内。修复经济危机的基础,对内而言,是"凯恩斯革命"以来在国家资本主义框架内形成的具有较高积累的福利社会及其运作机制；对外而言，则是通过危机进一步巩固起来的、以转移危机为特征的全球化资本主义。近些年来，随着新自由主义而逐渐强化的新帝国主义战略，支撑了当代资本主义的自我修复功能。所以，灾难不仅给当代资本主义提供了经济上的机遇，而且灾难本身最直接地呈现了资本与暴力的关系，并使得资本积累成为可能。

从理论上来说，那些主张和支持寄希望于资本主义自我修复的人认为，资本主义虽不完美，但它比其他选择更好。例如，美联储前主席艾伦·格林斯潘虽然受到应对美国次贷危机负责的指责、却依然不改对资本主义的信仰，他认为，自从启蒙运动孕育出资本主义以来，资本主义已经取得了一个又一个的成功。世界上大部分地区的生活标准和质量，在几乎停滞了数千年后，增长到了前所未有的水平，贫困人口大幅减少，平均寿命延长了一倍以上。过去两百年间，全球实际人均收入增长了十倍，物质财富的增长使得地球能够养活七倍于以往的人口。诺贝尔经济学奖获得者、美国哥伦比亚大学政治经济学教授爱特蒙德·E. 费利普斯说，资本主义的私有体制和市场经济的特点决定了它具有创新动力，相比而言，资本主义比其他体制更具活力。它很容易接受新的观念，因此，在资本主义经济中新的想法层出不穷。资本主义创新的结果造就了生产力的进步，即带来每小时高工资和高品质的生活，它不但提高工资，也使原来低工资的人能够避免乏味和危险的工作，取而代之的是有趣而规范的工作。即使在现在，有缺陷的资本主义仍然是提供成功机会最多的，如诺贝尔经济学奖获得者、美国芝加哥大学经济学教授盖莱·S. 贝克尔和其同事凯文·墨菲在《勿让金融危机葬送资本主义》一文中所指出的，虽然金融危机表现出种种市场失败的事实，但也不是政府干预就能摆脱资本主义的危机，因此希望我们的领导人不要背离一个以市场为导向的全球经济体系，否则他们就有可能破坏一个为我们有效服务了30年的体系。美国学者德席尔瓦在《奥巴马伪装下的社会主义》一文中指出,美国资本主义没有达到不可救药的地步,无须奥巴马政府强制实行财富再分配的社会主义方式。他认为,美国人之所以达到现有的生活水平,包括大多数美国人习以为常的一切——尖端的医药、安全的食品、具有自动变速系统的汽车、手机——并非源自社会主义国家,它们反而都是资本主义的产物。因此,尽管美国实行的资本主义制度存有缺憾,但这种制度仍然提供了最多的成功机会。

应该说,这个寄希望于资本主义自我修复以拯救资本主义方案的最大缺陷在于,它完全用对资本主义曾经发挥过的积极作用的歌颂取代了对当代资本主义现实弊端的深入分析和有效医治。从上述西方世界对资本主义的反思和质疑中,从西方学者对资本主义的揭露和批判中,可以清楚地看出,资本主义在生产模式、市场模式、金融运作模式、福利模式等各方面都遭遇到危机,这些危机和失衡不仅会造成经济坍塌,而且还会引发政治冲突和种种社会矛盾。不去直面这一切、不去有效医治这一切,而一味地躺在资本主义过去的功劳簿上为它唱赞歌,怎么能够把广大群众从国际金融危机的肆虐中解救出来,又怎么谈得上"拯救"资本主义呢?然而,主张和支持寄希望于资本主义自我修复以拯救资本主义的人,却很少提出如何拯救资本主义的具体措施,即使偶尔提到,也仅仅是一些零零碎碎、修修补补的东西。所以,2012年2月25日的英国《泰晤士报》网站发表该报首席经济评论员阿纳托尔·卡列茨基的《修修补补》一文,对此提出批评,也就不足为奇了。该文指出:"重塑资本主义似乎是2012年的大计划。但是,谴责资本主义旧模式的同时提出的多数想法都太胆怯,与其说是重大改革,不如说是修修补补。比尔·克林顿提议私人慈善发挥更大作用,文斯·凯布尔希望加强董事会,奥朗德要求法德达成新协定,达沃斯论坛呼吁建立新的决策模式。这些提议大多毫无意义。"

四、当代资本主义何去何从(之二):
回归凯恩斯主义、社会民主主义第三条道路以改造资本主义

决定当代资本主义走向的第二种方案是回归凯恩斯主义、社会民主主义第三条道路,主张和支持这一方案的人认为,导致这次国际金融危机的是新自由主义模式,正是它所倡导的自由放任政策放任了经济泡沫的发展。因此,他们主张大规模的国家干预和宏观调控,加强对包括金融业在内的行业监管等等。他们之所以呼吁回归凯恩斯主义,是因为在20世纪30年代那场大危机和大萧条中,凯恩斯就是主张实行扩张性经济政策来刺激需求、生产和就业,通过扩大政府开支、实行财政赤字,来刺激就业增长和经济发展的,这种方案不仅在当时从大萧条中挽救资本主义发挥了积极作用,而且在二战以后,还被许多发达资本主义国家所采用,促成了它们在战后的经济繁荣。今天,在金融资本的掠夺和新自由主义对自由市场教义的破坏造成严重结果之后,在群众中已经产生出许多要求回归国家调节的强烈呼声。所以,他们说,已经到了全力支持和要求"看得见的手"回归的时候了,已经到了制定全球社会契约和建设一个人人居有其所的世界的时候了,已经到了为了人民的生活,用看得见的手来控制、组织和重建市场关系的时候了。法国经济学家杜梅尼尔·列维就说,20世纪末的资本主义危机已经证明了凯恩斯理论的正确性和重要性,即对整体经济形势和金融机构的掌控一定不能落在私人的手中、不能落在金融寡头的手中。

2009年2月,时任澳大利亚总理和工党领袖的陆克文发表《第三条道路的使命》一文,提出当前世界已经陷入了全面危机,世界民主政府要"拯救资本主义",就必须重归社会民主主义的"第三条道路"。他说,新自由主义是极端资本主义和过度贪婪的代名词,是它在当前国际金融危机中起着"核心作用"。而社会民主主义一贯排

斥自由市场原教旨主义,并强调由投机泡沫和破产所带来的系统冲击的潜在危险。针对当前的国际金融危机,陆克文开出的社会民主主义第三条道路的治疗方案,主要包含四个方面的内容,即:在发挥国家政府"中心"作用的基础上,一要"挽救私有金融体系",二要"刺激实体经济",三要"构建全球管理体系",四要重树社会"公平"。在陆克文看来,既然当前国际金融危机的根源在于新自由主义,而非资本主义制度本身,那么,只要恢复政府在经济管理中的基础性作用,使资本主义私有制和资本主义市场相互协调,就可以避免危机的再一次发生。所以,他明确提出要"在资本主义中挽救资本主义",就是说,他认为,只要发挥政府在经济管理中的基础性作用,就可以拯救资本主义。

然而,人们认为,凯恩斯主义只是一种危机的短期解决途径,而不能从根本上解决危机,因为凯恩斯主义的根本措施是刺激过度消费,而忽略了资本主义容易发生生产过剩危机这一固有的趋势。二战以后,随着布雷顿森林体系的出现,凯恩斯主义已达到了顶峰。面对危机,后凯恩斯主义提出通过刺激消费推动经济增长的一系列措施,例如:通过提高工资和采取公共开支扩张政策,以便通过增加就业和对商品及服务的需求来刺激经济的增长;通过贬值货币,使商品和服务更具竞争力,从而刺激出口;通过对资本运作增加税收,去抑制投机性金融活动;审计资本收益,进行收入再分配;债务重组。这些变化为国家创造了巨大的资源,使之得以为创造就业和开拓新的生产领域加大投资,从而在危机时期对一些特点部门来说极具吸引力。但是,它却脱离了今天的现实。现在与20世纪30年代不同之处在于,在私人资本市场中获得刺激经济增长的资金,比在国家资本市场上更为简单。实体经济每年创造的世界财富大约为45万亿欧元,而在金融领域,资本运作市场的市值就达2450万亿欧元。当然,不管从哪个市场上获得资金,问题的关键并不在于资金的量,而在于收益率的重组。核心国家的资本都投资到了能够提供更具竞争力的工资水平的国家和地区,与此同时,它们却强加给这些国家的劳动市场以改革措施,以便提高收益率,加速积累。尽管这些措施并没有解决经济增长和社会一体化等问题,但新自由主义的成功之处在于,并不存在其他的可以让资本主义经济在现有世界关系框架内得到合理安排的有效方案,因此人们只能屈从于新自由主义政策,而这种屈从,也就意味着凯恩斯主义的覆灭。

美国《每月评论》杂志主编福斯特在谈到社会民主主义时则指出,传统意义上的社会民主主义目前是进退两难。首先,它的思想就是要促进增长,并对增长进行再分配,但它却又无法绝对地促进增长,在由垄断金融资本主义占主导地位的资本主义体系内,凯恩斯主义是无法发挥其作用的,因为凯恩斯的策略与真正控制资本主义体制的金融界的利益是背道而驰的。凯恩斯主张对资本主义食利者实行"安乐死",当今的食利者也要求对凯恩斯主义实行"安乐死"。社会民主主义的政策完全建基于根本就不存在的增长上,建基于根本就不存在的或并非相同意义上的工业资本主义上,它们更多地是以国家而不是以全球化的资本主义体制为基础,所以,现在很难推广任何社会民主主义改革。也正因为这样,在国际金融危机后欧洲举行的选举中,社会民主主义阵营的成绩是5胜19败。

至于陆克文所谓要拯救资本主义,就必须重归社会民主主义的第三条道路,则更是一种奇谈怪论,因为社会民主主义的第三条道路,原是在东欧剧变、苏联解体以后,新自由主义的"历史终结论"尘嚣甚上的时刻,一些社会民主主义者使传统的社会民主主义—民主社会主义向新自由主义靠拢的产物,他们跟着新自由主义的调调叫嚷"资本主义已无可替代",要"告别社会主义"云云,现在当新自由主义把资本主义引上爆发国际金融危机的道路以后,再要让第三条道路肩负起拯救资本主义的使命,岂不是在缘木求鱼吗?!

五、当代资本主义何去何从（之三）：社会主义才是解决问题的唯一良策

决定当代资本主义走向的第三种方案，是认为无论是寄希望于资本主义的自我修复，还是回归凯恩斯主义，都无法拯救资本主义、也无法改造资本主义，只有用社会主义取代资本主义，才是解决问题的唯一良策。持这种主张的，除西方国家坚持马克思主义作为自己的指导思想的共产党人之外，还有西方国家的一些左翼学者。但由于在东欧剧变、苏联解体以后，世界社会主义运动进入低潮谷底，严重削弱了要用社会主义去取代资本主义的主体力量，因而使这些学者在提出社会主义才是解决问题的唯一良策时，又增加了一些附加条件和保留条件。

例如，美国《每月评论》主编约翰·贝拉米·福斯特认为，在当前的形势下，劳工已名存实亡，劳工运动的复兴之路必然导致与公司资本的抗衡，社团主义也不可能是解决问题的对策，社会主义才是解决问题的唯一良策，但实现真正的社会主义没有捷径，需要的是漫长的革命。

英国肯特大学教授戴维·麦克莱伦指出，资本主义与社会主义还将平行发展几十年，最终，人类社会如果能够幸存延续，社会主义必将取代资本主义，因为历史地、长远地看，资本主义的本质是破坏性的。因此，马克思在其《共产党宣言》中就说过，对社会的选择要在社会主义还是野蛮主义之间做出。

美国纽约大学政治系伯尔特·奥尔曼教授认为，资本主义已开始死亡，但资本主义的死亡，并不意味着社会主义是不可避免的，因为实际的转型过程要复杂得多。即使马克思，尽管对社会主义的发展非常乐观，但也意识到存在另一种非常暗淡的可能。后来罗莎·卢森堡将其表述为：人类将面对"社会主义或者野蛮时代"之间的选

择。在这里,"野蛮时代"并不是某些人认为的法西斯主义,而是指高度文明的中断(没有学校、医院、电力、道路、政府,还有饥荒、疾病和内战的扩散),就像一些非洲国家已经经历过的状况。他指出,社会主义为替代资本主义,就必须发动一场只能由工人阶级领导的社会主义革命,目的是建立社会主义社会。这场革命——在某些条件允许的地方可以以民主的方式进行——一定要快速扩散到整个资本主义世界,所有一切必须在资本主义崩溃后、进入"野蛮时代"之前发生。而在当前,整个资本主义世界的工人阶级距离承担这个任务的要求还很遥远,尽管在未来几年中,由于最近的危机和萧条,这种状况可能很快得以改变。尽管资本主义会出现快速崩溃但还不能确定工人阶级能否在开始"野蛮时代"前形成发动革命所需一定程度的阶级意识,因此,尽管资本主义的崩溃具有确定性,但只能把社会主义革命当作一种可能性。即使发生了社会主义革命,还不能确定工人阶级和其同盟军一定能获胜,可能要经过多次社会主义革命、经历多次失败。由于资产阶级拥有政治、军事、意识形态方面的力量,工人阶级获胜只是一种可能,但由于人数上的优势,工人阶级又"很有可能"获胜。获胜后新的统治阶级能否建立起真正的社会主义社会?能够。其主要原因在于,社会主义所需要的最重要的产业、科学、组织、教育以及其他条件都已经由资本主义奠定了基础,就是说,社会主义所需要的客观条件在很大程度上已经具备。就客观阶级利益(即实质性的社会和经济平等)而言,工人阶级是唯一与整个人类的长期利益相一致的阶级,参与到一场成功的社会主义革命中的工人,将能以多种方式来改变自身,显示出比我们当前更大的优势,将使社会主义的建立变得更容易——如工人阶级将更具合作精神,更清楚地意识到自己的阶级利益,更具有组织性,对不同的种族、性别、国家和宗教信仰更宽容,将变得更自立、强大、勇敢和自信,比当前社会主义国家的大部分工人更有责任感、更有能力去执行他们给自己设定的任务,总之,社会主义、共产主义都具有现实的可能性。

美国芝加哥洛约拉大学哲学教授戴维·施韦卡特认为,社会主义制度是资本主义的替代制度,是一种可行的社会制度。但他认为,现在,社会主义时代才真正开始,"社会主义革命"时代却已成为过去。因为武力是20世纪向社会主义转变的唯一方式,但这一方式已经不符合时代要求了。如果左派把社会主义革命和社会主义的到来捆绑在一起,那么,前途注定是悲观的。因为技术的发展已经使社会主义革命不合时宜,如果世界大部分地区不发生改变,这种革命不可能实现目标,甚至不可能存在。今天的技术威力太大,大国之间的战争将是毁灭性的,因此不再会爆发这样的战争。当战争可能造成大规模伤亡时,统治阶级不太可能煽动公众的情绪去支持大规模战争,再说没有超级大国愿意帮助那些从事暴力活动的人去夺取政权。即使暴力活动取得成功,也没有哪个国家会为他们提供物质技术援助,保护他们免遭颠覆,社会主义将不再通过武力夺取政权。在当代,可行的社会主义必须要有教育和制度基础,而这些需要时间去精心构建,因此需要和平而不是战争。总之,资本主义的创造力已经耗尽,但社会主义革命不再提上历史日程。向经济民主转型即向真正的社会主义转型,也许需要一场大的经济危机作为导火线,但可以想象,这种危机与大国之间的战争不同。

德裔拉美左翼学者、墨西哥都市自治大学教授H.迪特里奇在1996年首创"21世纪社会主义"这一概念,2000年以后在世界上广泛传播这一思想,2005年后陆续在委内瑞拉等拉美国家付诸实施。迪特里奇认为,资本主义即将进入其生命周期的尽头,用社会主义取代资本主义的条件已经具备。他说在社会主义发展的4个阶段里,第一阶段是早期社会主义,被称作乌托邦社会主义;第二阶段是科学社会主义;第三阶段是现实社会主义,布尔什维克社会主义或称20世纪社会主义;第四阶段是21世纪民主的社会主义。

迪特里奇说,在当代资本主义社会,4/5的世界居民被排斥在全球社会高福利之外,在近190个民族国家中,相当比例的国家不能被称为主权国家。资本主义用市场决定论和社会达尔文主义哲学强制推行其利益原则,它的社会化供给需要人在价值规律面前无条件地屈膝投降。所以,资本主义的全球社会在很大程度上缺乏合理性,是不稳定的,它只能通过制度的质变来解决。新凯恩斯主义、新自由主义都不能完成这个使命,只有个"新的历史蓝图"来实现。这种转变可能是从内部瓦解(如苏联)、内部演化,也可能来自外部环境的摧毁。就世界经济水平来说,当资本过度积累和劳动储备减少都达到临界点时,资本主义生产模式就进入末期。很多统计数据表明,除非洲以外的资本主义,将于2040年面临这种情况。21世纪的今天,世界面临20世纪30年代以来最严重的经济危机,资本主义社会4个重要的子系统都不能解决人类的重大问题:无论是牟利的国家市场经济、代议制议会民主、财阀国家,还是自由的资产阶级,都没有成为稳定的系统,也没有形成冲突调解机制,而是出现越来越多的地区冲突、社会对抗,统治精英无法在资本主义框架内进行调控,要通过向后资本主义文明质的飞跃才能解决,这是重申社会主义和民主工人运动的理想和同样的历史机遇。迪特里奇的"21世纪社会主义"不同于20世纪社会主义的基本特征,一是参与民主;二是民主计划的等价经济。

印度贾瓦哈拉尔·尼赫鲁大学政治系教授卡马尔·切诺伊认为,当前,世界社会主义运动面临的问题是缺乏替代资本主义的方案。社会主义意识形态和革命运动的真正弱点在于,没有能够将对新自由主义经济处方和帝国主义世界秩序的批评,同一种合理的替代方案结合起来。部分原因是社会主义集团的崩溃和随后极具破坏性的揭露运动,严重地败坏了社会主义替代方案的声誉。现在需要永久地承认社会主义替代框架是另一条更公正、人道、可行的社会主义经济发展道路,为此需要对现存社会主义、官僚社会主义进行自我批评,清除对斯大林主义、波尔波特主义的恐怖,使公众接受社会主义人道观念和民主核心。

最艰巨的勾画替代方案,计划向社会主义的逐步民主过渡,各国客观条件非常不同,战略和途径也应多种多样,但恢复经济主权,用国家利益支配经济决策,是一个重要前提。一要建设以社会主义为取向的国家和南方进步国家为基础的国际反帝联盟,反对包括世界银行、国际货币基金组织、世界贸易组织在内的帝国主义;二要与联合国一起促进上述三个机构的民主化,争取建立新的国际经济秩序;三是所实行的政策主要应是为了劳动人民的利益。在目前的阶级力量对比中,社会主义作为一种意识形态受到怀疑,所以,左翼不能再把注意力集中在工人阶级运动、有组织的工会运动上,而应从组织、政治、意识形态上扩大自己的同盟者的范围,潜在的同盟者包括环保、和平运动、人权运动、妇女运动、学生运动、同性恋运动等迄今仍受歧视的运动。新的左翼联盟将像彩虹一样有多种意识形态色彩,核心组织原则是民主、社会主义取向、反对帝国主义全球化、可持续发展。多元的、坚定民主的、容忍不同政见的、透明的、负责任和明显具有现代面貌的社会主义,将吸引成千上万新追随者,社会主义可能是未来唯一的生存之路。

在当代资本主义的走向上,认为只有社会主义取代资本主义,才是解决问题的唯一良策的人中间,比一些左翼更为坚定、一贯的,是各国的共产党人。例如,由希腊共产党创始、从1998年起每年举办一次的世界共产党和工业党国际大会,就多次强调和重申社会主义是资本主义的唯一替代、社会主义才是未来:

2008年10月21—23日,有55个国家的65个共产党和工人党的代表参加,在巴西圣保罗召开的第10届世界共产党和工人党国际大会通过的《圣保罗宣言》指出:"我们坚信社会主义是实现真正、彻底的人民独立、保障工人阶级权益、结束资本主义破坏性危机的唯一途径。"

2009年11月20—22日,有48个国家的57个共产党和工人党的89个代表参加,在印度新德里举行的第11届共产党和工人党国际大会通过的《新德里宣言》指出："要从这种野蛮的资本主义中解放出来,只有通过真正的替代——建立社会主义制度来实现……任何改革都无法消除资本主义的剥削,资本主义必须被推翻。社会民主主义继续传播对资本主义本质的美化和幻想,推广诸如'人性化的资本主义'、'监管'、'全球治理'等。这些口号否认阶级斗争,从而支持了资本的反人民政策和策略。为回击这些理论,我们的回答是'社会主义就是替代'我们争取替代的斗争是为了建立一个没有人对人、国家对国家的剥削制度,这是为了另一个世界、一个公正的世界、一个社会主义的世界而斗争。"

2011年12月9—11日,有61个国家78个共产党和工人党的100多名代表参加,在希腊雅典举行的第13届共产党和工人党国际大会通过的《最后声明》,强调"只有社会主义才能创造各种根除战争、失业、饥饿、贫困、文盲的条件,才能根除亿万人民的迷茫,才能根除对环境的破坏。只有社会主义才能为工人创造出他们所需要的各种发展条件。社会主义才是未来"。

六、社会主义代替资本主义是社会历史发展不可逆转的总趋势,但这是一个很长的曲折的历史过程

从国际金融危机中当代资本主义所暴露的种种矛盾,从不同的人们所提出的解决矛盾的种种方案及其分析和比较来看,资本主义必然消亡、社会主义必然胜利这个马克思主义历史唯物主义观点并没有过时,而且仍然是社会历史发展不可逆转的总趋势。但这是一个长期而又曲折的过程。

正因为社会主义代替资本主义是社会历史发展不可逆转的总趋势,因此,走历史的必由之路,我们就必须坚持共产主义远大理想。对马克思主义的信仰,对社会主义共产主义的信念,是我们共产党人的政治灵魂,是共产党人经受住任何考验的精神支柱。

但为什么在国际金融危机暴露出当代资本主义种种矛盾和危机之后,社会主义代替资本主义还要经历一个长期而曲折的过程?

其原因不仅在于东欧剧变、苏联解体以后,世界社会主义运动还处在低潮,而且经济社会政治发展历程还说明,当代资本主义社会在经历了国际金融危机的冲击以后,仍然留有生产力继续发展的余地,而根据马克思主义的基本原理,"无论哪一个社会形态,在它所能容纳的全部生产力发挥出来以前,是决不会灭亡的;而新的更高的生产关系,在它的物质存在条件在旧社会的胎胞里成熟以前,是决不会出现的"①。

而从肩负着用社会主义代替资本主义历史重任的主体左派来说,还显得十分衰弱、甚至还有影响力在缩小的迹象。这里且以欧洲的情况为例。2009 年 1 月 6 日,英国《金融时报》发表《重建欧洲左派》一文指出,"在欧洲许多国家,金融危机肆虐,反对派社会党和社会民主党却只有在旁边叫嚷的份儿,提不出什么有用的新点子。欧洲左派政党必须面对两个残酷的事实,一是欧洲主流左派政党现在发现它们几乎不可能赢得政权,社会主义政党很难能赢得 35% 以上的选票","另一个残酷的事实是即使左派政党重新上台,他们面临的也将是极端吃紧的财政状况"。2010 年 2 月 9 日英国《卫报》发表了杰弗里·惠特克罗夫特的《1929 年以后一代人曾突然左转,今非昔比,社会主义被抛诸脑后》一文说,回首过去五六十年,最重要、最惊人的变化是什么?"对欧洲人来说,最引人注目的动向无疑是社会主义的衰落。这一点被掩盖,或者说被混淆,确切地说是,在过去一代人的时间里,右派在政治上获胜而左派在文化上获胜。过去的一个世纪过半时,形形色色的社会主义貌似势不可当,此后形势急剧右转,苏联共产主义爆裂后,意大利左派不复存在,法国社会党一片混乱,社会民主党成为德国大选的最大输家,得票率在 15 年间从

---

① 《马克思恩格斯选集》第 2 卷,人民出版社 1995 年版,第 33 页。

40%下降到23%。我们的所谓工党政府已经执政13年,它赞同整个撒切尔主义的经济安排,如今社会和经济不平等现象加剧,为了支持当代最反动的美国总统而将英国带入一场不必要、不合法的残酷战争。所以21世纪伊始,《新左派评论》迎来创刊40周年纪念日,当时培里·安德森撰文称:"今天的左派如若实事求是,那它唯一的起点就是理智地接受历史性挫败,资本全面击退了对其统治地位的一切威胁,其力量基础——最重要的就是竞争压力——始终被社会主义运动所低估。10年过去了,《新左派评论》在50岁生日时又发表了一篇阴郁的社论。苏珊·沃特金斯承认,尽管发生了80年来最严重的经济危机,但安德森的话依然有道理。1929年的华尔街股市暴跌及随后的经济低迷曾促使整整一代人向左转,引人注目的是,这种情况没有再度发生,最新的金融危机对现行秩序的声誉没有造成多大损害。全国社会调查中心的最新调查结果显示,赞成在富人和穷人之间重新分配财富的人也减少了,从1994年的51%下降到了38%,而且就连工党选民当中也只有少数人认为重新分配可行,这尚属首次。"

而2009年6月9日美国《华盛顿邮报》发表的安妮·阿普勒鲍姆的《革命在哪里》一文,则为右派在欧洲获胜的原因提供了一些说明,文章说:"普遍预计的欧洲反资本主义、反自由市场、反右翼浪潮并没有到来,没有人呼吁马克思主义革命,没有人呼吁工业国有化,甚至没有人倡导在欧洲推行奥巴马政府所谓的'刺激计划'。相反地,在上周末欧洲议会选举中,资本主义大获全胜。"文章揭示了欧洲右派获胜的原因"是因为他们的领导人敢于坚持和实践他们的经济信念","证明他们的政治准则中有一些值得肯定的东西,他们在财政事务上是保守派,而在社会事务上,他们至少也是社会中间派,他们没有为巨额支出的浪潮所左右,他们努力使预算看上去表现良好"。

在国际金融危机对当代资本主义的严重冲击下的欧洲,左派尚且仍然虚弱而右派反倒强劲,这清楚地说明了社会主义代替资本主义这个社会历史发展中不可逆转的总趋势,在实践中需要经历一个长期而曲折的过程。因而,在资本主义走向和社会主义未来的估计和对策问题上,事情就正如习近平在2013年1月5日在《关于坚持和发展中国特色社会主义的几个问题》中所指出的那样:"我们要深刻认识资本主义社会的自我调节能力,充分估计到西方发达国家在经济科技军事方面长期占据优势的客观现实,认真做好(社会主义和资本主义)两种社会制度长期合作和斗争的各方面准备。在相当长时期内,初级阶段社会主义还必须同生产力发达的资本主义长期合作和斗争,还必须认真学习和借鉴资本主义创造的有益文明成果,甚至必须面对被人们用西方发达国家的长处来比较我国社会主义发展中的不足并加以指责的现实。我们必须有很强大的战略定力,坚决抵制抛弃社会主义的各种错误主张,自觉纠正超越阶段的错误观念。最重要的,还是要集中精力办好自己的事情,不断壮大我们的综合国力,不断改善我们人民的生活,不断建设对资本主义具有优越性的社会主义,不断为我们赢得主动、赢得优势、赢得未来打下更坚实的基础。"①

---

① 《十八大以来重要文献选编》(上),中央文献出版社2014年版,第117页。

第十七章

社会主义的未来

在国际金融危机期间,不少人期盼着用社会主义去代替资本主义,作为解决危机的出路。那么,社会主义的未来到底怎样呢?这需要从回顾20世纪社会主义的发展历程入手,来考察它的发生发展规律,进而预测和把握社会主义的未来。

一、回顾20世纪世界社会主义的发展历程

20世纪世界社会主义发展历程中的头一件大事,便是俄国的十月革命。

(一)十月革命爆发的历史必然性

1917年,以列宁为代表的俄国布尔什维克党发动十月社会主义革命,把亿万群众从资本主义和封建农奴制残余的剥削和压迫下解放出来,建立了世界上第一个社会主义国家。它不仅使社会主义由理想变成现实,还把全世界的社会主义思想、运动和趋势推向高潮,改变了世界政治力量的对比,唤醒了世界各大洲被奴役的人民起来为摧毁帝国主义殖民体系而斗争,从而揭开了人类历史的新纪元。

革命前的俄国是一个经济文化不太发达的资本主义国家,为什么社会主义革命会在这样的国家里首先取得胜利呢?那是由当时的时代特征和俄国的国情决定的。在帝国主义时代,资本主义政治发

展的不平衡,各帝国主义国家通过武装冲突和战争来重新分割世界,使帝国主义阵线陷于分裂,国际资产阶级相互削弱,造成了帝国主义链条中薄弱环节的出现,从而使社会主义有可能在一国首先获得胜利。这就改变了资本主义世界爆发社会主义革命的前景,在自由资本主义时代,各国资本主义的发展相对平衡,因而各国的资产阶级在镇压无产阶级革命时相互支援,如普鲁士的反动统治阶级和法国资产阶级一起镇压巴黎公社运动那样。因此,马克思恩格斯在当时预测社会主义革命要在几个主要的发达资本主义国家同时发动才能陆续取得胜利,而在帝国主义时代,这个前景改变了。与此同时,在当时的俄国,虽然在实现社会主义的物质上、生产上的准备程度比西欧国家来得落后,但无产阶级的力量却比较先进,第一次世界大战造成的毫无出路的处境,更十倍地增强了这种力量,它使俄国能够用和西欧其他国家不同的方法,来创造发展文明的根本条件,即先用革命的手段取得政权作为前提,然后在社会主义制度的基础上,在经济上、文化上追上别国人民。因为世界历史发展的一般规律,不仅丝毫不排斥个别发展阶段在发展的形式或程序上表现出特殊性,反而是以此为前提的。

(二)社会主义优于资本主义的初次显示

在建立了社会主义制度以后,苏联的国民经济得到了比较迅速的发展:从1917年的十月革命到德国法西斯入侵前夕的1940年间,苏联的国民收入增长了7.15倍(同期美国只增长34%,英国增长69%,法国增长31%),苏联的工业总产值增加11倍(同期美国增长62%,法国增长98%),苏联在世界工业中所占比重,从1913年的2.6%上升到1937年的13.7%(同期美国所占比重,由38.2%上升到41.9%,英国的比重由12.1%下降为9.3%,法国的比重由6.6%下降为5.7%,德国的比重由15.3%下降为11.6%)。在这短短的二十多年时间里,苏联实现了资本主义国家花费了一两百年时间才实现的工业化过程,并使苏联的工业生产水平,由1913年的占世界第五位、欧洲第四位,变成占世界第二位、欧洲第一位。如果与1929—1933年经济危机期间,世界资本主义工业生产下降37.2%(其中美国下降46.2%,德国下降40.6%),失业半失业人数达到4500万,贸易总额缩小2/3,农业收入减少1/4—3/5,货币信用危机迭起,美国的整个银行信贷体系濒于解体等情况相比,苏联的发展更显示出社会主义优于资本主义的一派生机勃勃的景象。历史证明,十月社会主义革命的胜利,改变了整个世界历史的方向,划分了世界历史的时代,给世界人民的解放事业开辟了广大的可能性和现实道路。

(三)反法西斯战争的伟大胜利

在20世纪的世界社会主义发展历程中,接着发生的大事,是社会主义的苏联赢得了反法西斯战争的伟大胜利。

20世纪30年代初期,在世界经济危机的沉重打击下,德国的希特勒法西斯主义乘机崛起,它着手准备发动战争,妄图称霸欧洲和全世界,在英、法等主要资本主义国家的"不干涉政策"和"绥靖政策"的姑息下,它在1941年出动190个师,550万兵力,5000架飞机,4300辆坦克,对苏联发动突然袭击,扬言要在三个月内征服它。

第二次世界大战,是一场波及全球,把60多个国家,4/5的人类,卷入战争旋涡的浩劫,在其中,希特勒对苏联的侵略,又是对社会主义制度的严峻考验。以斯大林为领导的社会主义苏联,胜利地经受住了这场考验,虽然在战争初期,由于一部分国土被占领和大企业东迁,在1941年下半年,苏联的工业生产总值减少了一半,作为军事工业基础的重工业生产更是急剧下降,但苏联终究还是依靠社会主义工业化中奠定的基础,战胜了入侵的德国法西斯。特别是在1942—1943年的斯大林格勒战役这一人类历史上无与伦比的空前苦战中,苏联红军在顿河、伏尔加河、斯大林格勒地区,共歼150万德军,俘虏了德军元帅,使苏德战争、全世界的反法西斯战争、乃至整个人类历史,从根本上发生了转折。美国总统罗斯福就此写信祝贺说:斯大林格勒保卫者们的光荣胜利,"制止了侵略的浪潮,成了盟军反法西斯战争的转折点",虽然在德国入侵苏联后,英国和美国就宣布支持苏联,并和苏联建立了反法西斯统一战线,还在物质上给予援助,但是社会主义的苏联,主要是靠自己的力量,战胜希特勒法西斯的侵略的。在1941—1945年反法西斯卫国战争期间,苏联根据租借法案,从美、英、加等盟国得到的坦克是9214辆,但在此期间,苏联自己制造的坦克是9万辆;得到的飞机是12258架,而苏联自制的飞机是12万余架;得到的高射炮和反坦克炮是31265门,苏联自制的是36万门。如加上苏联在战前的武器积累和战争过程中的缴获,盟军供应的装备,为苏军全部装备的2%—3%。当然,第二次世界大战的胜利,是全世界反法西斯国家和人民共同赢得的,其中在亚洲反法西斯战争的主要国家中国,共产党领导的抗日武装力量在1943年以后,就抗击着64%的侵华日军和95%的伪军,在8年抗战中,共对敌作战2.5万余次,消灭日军52万余人,伪军120万,缴获各种枪支70万支,各种炮1800余门。

(四)社会主义由一国实践发展为多国实践

第二次世界大战的结果,极大地削弱了世界资本主义体系,而空前地增强了社会主义在世界范围内的吸引力,这导致社会主义制度在欧洲、亚洲和拉丁美洲一系列国家的建立,使社会主义由一国的实践发展为多国的实践。

社会主义在东欧八国的建立,有的主要是当地人民在共产党领导下,进行反法西斯武装斗争的结果;有的则是和苏联红军在追击法西斯、进军东欧时,彻底摧毁那里的反动势力分不开的。然而,即使在借助于苏联直接或间接支持下建立起人民民主政权的国家里,也丝毫不意味着在那里,社会主义缺乏本国的社会基础。而在欧洲以外,社会主义在亚洲和拉丁美洲一些国家的建立,尤其是在东方大国中国的胜利,更是因为以毛泽东为代表的中国共产党人,把马克思主义和中国革命的实践结合起来,从中国的实际出发,开辟了一条不同于欧洲以城市为中心的,由农村包围城市,武装夺取全国政权的道路的结果。中国革命的胜利,结束了帝国主义、封建主义、官僚资本主义在中国的统治,使中国从此进入了一个由人民当家做主的新时代,而且由于这是在一个人口占人类1/5的大国的胜利,它进一步深刻地改变了世界政治力量的对比,对国际局势和世界人民的革命斗争,对社会主义的发展具有深远的影响,因而这是第二次世界大战后世界政治中最重大的事件,也是俄国十月革命之后国际无产阶级革命运动历史上最重大的事件,而且随着时间的推移,还越来越显示其重要意义。

社会主义制度在欧亚拉一系列国家建立起来以后,显示出了强大的生命力,这些国家原来经济文化都比较落后,但在社会主义的条件下,却获得了相当快的发展。截至1969年,人口占世界人口总数35%的社会主义国家,它的工业生产占世界工业生产中的比重已达39%,比1917年苏联所占3%增长了十多倍。

第二次世界大战以后的世界历史表明,正是社会主义国家的存在和发展,成为制止帝国主义发动侵略战争和保卫世界和平的中流砥柱。

社会主义国家的存在和发展,也促进了民族解放运动的蓬勃发展而瓦解了帝国主义的殖民体系,一百多个殖民地国家获得了民族独立,成为当代世界上的重大政治力量。

社会主义国家的存在和发展,资本主义国家劳动人民的斗争,还迫使资本主义国家的统治阶级,为巩固自己的统治而调整政策,改善本国人民的处境,提高劳动人民的生活水平。

(五)时代主题的转换向社会主义提出新的课题

自20世纪中期以来,世界形势发生了新的变化,到20世纪70

年代,越来越明显地出现了时代主题由战争与革命向和平与发展的转换。

第二次世界大战以后,发达资本主义国家为适应形势的变化作了一些调整,特别是借助于新的科技革命,在大约20年的时间里,使经济获得比较快的发展。从1950年到1969年,发达资本主义国家的工业生产的年均增长率,美国为5.4%,日本为15.45%,意大利为8.4%,法国为5.75%,西德为8.6%,英国为3.5%。这样,在1948—1976年间,资本主义世界的工业生产,增加了三倍以上,年均增长率达到6.6%。这种在较长时期内的高速增长,在资本主义经济发展史上是罕见的。如果说,资本主义在19世纪创造了有史以来人类生产力的总和的话,那么,从20世纪中期以来,它又创造了超过它自身所创造的财富的总和。反之,社会主义的苏联,却由于没有适应形势的变化作出相应的调整和改革,致使其经济增长速度,在战后反而呈不断下降的趋势。如苏联的国民收入增长率,在1951—1955年间,为11.5%,在1956—1960年间为9.2%,在1961—1965年间为6.6%,在1966—1970年间为7.7%,在1971—1975年间为5.7%,在1976—1980年间为4.4%,在1981—1985年间为3.1%,从70年代下半期开始,苏联丧失了对美国的经济增长速度优势,从1983年到1984年开始,苏联的经济速度已低于美国。与此相适应,苏联的国民生产总值在世界中所占份额也不断下降:1970年为15.9%,1975年为14%,1980年为11.6%,到了1989年,苏联的工业生产总值只相当于加拿大的水平,人均产品和劳务产出,略高于哥斯达黎加,在世界上排到第8位,而苏联的人均消费水平,则从1917年的占世界第7位,降为1990年的占世界第77位。

为什么在20世纪上半叶,在与资本主义较量中节节取胜的社会主义苏联,在20世纪下半叶会渐渐地败下阵来呢?这首先是由苏联模式,它的发展战略所固有的缺陷所决定的。在第一次世界大战后,在资本主义包围中建设社会主义的特定历史条件下形成的苏联模式,是一种适应于战争与革命的时代主题的战备模式,在那样的环境里,它曾经有效地调动苏联的人力、财力和物力,在社会主义建设和反法西斯卫国战争中建立了不可磨灭的历史功勋,但在同时,它又包含有一系列的缺陷和弊端。而更严重的则是苏联领导人思想严重僵化,把在特定的历史条件下,形成和发展起来的这种苏联模式及其发展战略加以绝对化和凝固化,在世界科技革命的迅速发展中日益明显地暴露出它的缺陷和弊端以后,仍拒不对它进行相应的调整和改革。

所谓时代主题由战争与革命到和平与发展的转换,说的是第二次世界大战以后的政治格局,在经历了20世纪50年的两大阵营的形成和对立,60年代三个世界的鼎立之后,在70年代以后发展成为东西南北关系的凸现。邓小平指出:"现在世界上真正大的问题,带全球性的战略问题,一个是和平问题,一个是经济问题或者说发展问题。和平问题是东西问题,发展问题是南北问题,概括起来就是东西南北四个字。就东西之间的和平与战争问题来说,由于世界上制约战争的力量有了可喜的发展,和平力量的增长超过了战争力量的增长,这就使避免世界大战具有了现实的可能;就南北之间的经济发展问题来说,民族独立运动在革命浪潮过后,进入了从经济社会发展中争取摆脱贫困的阶段,但殖民主义时代遗留下来的剥削与被剥削的极其不平等、不公正的经济关系,又在严重阻碍着南方国家经济的发展。这样,尽管暴力和冲突乃至各种性质的局部战争连绵不断,霸权主义、强权政治依然存在,世界仍然很不安宁,但是和平与发展,却正在日益明显地成为时代的主题。

我们所处的时代,仍然是由十月革命开辟的由资本主义向社会主义过渡的时代,但是当时代主题由战争与革命转换为和平与发展的时候,社会主义与资本主义共处和斗争的形式却都发生了变化,使他们之间进行军备竞赛,争夺军事优势的斗争,让位给了争夺综合国力的优势、特别是争夺经济和科技优势的斗争。

时代主题的转换,也改变了社会主义必然取代资本主义的客观规律在这一时期内的具体表现形式,它使两次世界大战期间的那种"战争引起革命,革命制止战争"的形式,让位给了社会主义国家,用经济增长和社会全面进步,向人类表明社会主义是必由之路、社会主义优于资本主义,从而吸引广大群众,走社会主义道路。

(六)戈尔巴乔夫改旗易帜,导致东欧剧变、苏联解体

20世纪50—80年代,苏联东欧国家相继对他们的经济体制进行了改革。这种改革,大体上有三种类型:一是南斯拉夫按照社会主义自治理论建立的市场经济体制;二是在高度集中的指令性计划经济基本框架内进行改革的苏联体制;三是实行计划机制和市场机制相结合的匈牙利模式。虽然这些改革的探索曾在不同程度上取得过一些成就,但总的说来,没有取得预期的成果,甚至还在政治、经济、社会各方面,引发了一些新的困难和危机。

1985年上台的原苏共中央总书记戈尔巴乔夫,在其"加速社会经济发展战略"碰壁后,就转向他所谓的政治体制改革:在1987年1月的苏共中央全会上,他提出了"更新""长期被简单化和阉割"的社会主义口号,对外则形成了以"全人类价值高于一切"为核心的"新思维";在1988年6月的苏共第十九次代表会议上,他又提出"公开性、民主化、社会多元论"三项倡议,对内揭露"黑暗面",贬低社会主义建设成就,损害共产党的形象,对外则向西方靠拢,鼓吹"社会主义和资本主义两种制度趋于接近",并效法西方政治体制模式,转移权力中心,实行总统制;在1990年7月的苏共第28次代表大会上,他又公开举起"人道的、民主的,社会主义"的旗帜,抛弃科学社会主义而改宗民主社会主义,正式取消苏共的领导地位,实现多党制。戈尔巴乔夫通过支持东欧国家党内那些主张民主社会主义的领导人,推行政治多元化、多党制、召开圆桌会议,拱手让出政权。同时,他又千方百计地把那些不按照民主社会主义思想办事的领导人搞下台,

以此去推动和影响原东欧国家的共产党和劳动党改旗易帜成为社会党、社会民主党和民主社会党,以致最后酿成了东欧剧变和苏联解体。

以1989—1991年的东欧剧变、苏联解体为标志,世界社会主义运动由1956年赫鲁晓夫的秘密报告在国际上引发反共浪潮开始的低潮滑向了谷底。在这些原苏东国家中,被"公开性、民主化、社会多元论"呼唤出来的形形色色的右翼政党和集团,在西方资产阶级的支持下先后登台夺权,社会制度也随之发生了改变。世界上共产党的数量由180多个减少为130多个,共产党员的数量减少了3000万,社会主义国家的数量,由15个减少为5个。它也使资本主义国家中共产党的力量和影响急剧下降,截至1991年,英共、奥共、丹共、芬共、意共、瑞典共等宣布放弃共产党名称,荷共宣布自行解散;坚持共产主义旗帜的党如法共、希共、西共、葡共、美共等,或者党员人数锐减,或者由思想混乱而引发组织危机;在非洲,那些原来按苏联模式搞建设的民族独立国家,如刚果、安哥拉、莫桑比克、贝宁、埃塞俄比亚、索马里、几内亚比绍、佛得角等国家公开宣布改搞私有化、多党制和议会制。由共产党领导的工会、妇女、和平等社会运动,或者宣布脱离共产党,或者同共产党拉开距离,如拥有350万会员的意大利工会,宣布要由以左翼政党为中心,变成民主的、以改良主义路线为基础的工会。

(七)社会主义在经历曲折后,将向更加健康的方向发展

然而,在西方资产阶级把苏东剧变解体当作共产主义被资本主义所战胜、当作历史终结于自由资本主义来欢呼时,显然忽略了一个重要事实。这就是:20—21世纪之交苏东剧变解体以后滑到了谷底的社会主义低潮,还明显地不同于巴黎公社失败以后出现的,19—20世纪之交的社会主义低潮。因为在苏东剧变中,失败、覆灭的,只是苏联模式;与此同时,社会主义制度不仅没有被消灭,而且,还在占世界人口1/5的东方大国中国的现代化建设中,获得了充满着活力和生机的新的表现形式,这就是由邓小平带领中国人民创立的建设有中国特色社会主义道路。邓小平指出:"只要中国不垮,世界上就有1/5的人口在坚持社会主义","只要中国社会主义不倒,社会主义在世界将始终站住","中国稳住了,而且实现了发展目标,社会主义就显示出优越性",所以,虽然苏东剧变解体中,社会主义的发展出现了严重曲折,社会主义好像被削弱了,但人民经受锻炼,从中吸取教训,将促使社会主义向着更加健康的方向发展,因此,不要惊慌失措,不要认为马克思主义就消失了,没用了,失败了,哪有这回事!苏东剧变解体以后的事态发展,正是这样说明问题的。所以,埃菲社在1992年的一篇年终专稿中说,"有中国特色的社会主义是邓小平为挽救已经解体的苏联的中央集权主义所面临的几乎不可避免要失事的社会主义大船,而向马克思主义者所作的回答","它造就了20世纪最壮观的经济奇迹之一"。它标志着社会主义正由适应于以战争与革命为时代主题的早期阶段,进入到适应于以和平发展为时代主题的、社会主义向更加健康的方向发展的新阶段。

二、没有执政的共产党探索争取社会主义的新途径

从社会主义代替资本主义的视角来看,在地球上存在着资本主义和社会主义两种社会制度的当代情况下,世界社会主义运动面临的两项根本任务,一是资本主义国家中没有执政的共产党,要找到用社会主义取代资本主义的成功办法;二是社会主义国家要把生产力和科学技术搞上去,把物质文明建设和精神文明建设搞上去,证明社会主义制度优于资本主义制度。

用社会主义取代资本主义的成功办法,在20世纪初,就是用俄国的十月革命开辟的武装夺取政权,战争解决问题的道路;20世纪中叶中国革命的道路,走的也就是十月革命的道路,只是在形式上表

现为:从中国自己的实际出发,首先建立农村根据地,用农村包围城市,最终夺取全国政权。

十月革命以后,俄国人的榜样,极大地鼓舞了全世界上的共产党人;二战以后,中国革命的胜利,也极大地鼓舞了发展中国家的共产党人起来纷纷效法,但是困难重重、举步维艰,没有一个获得完全的成功的。究其原因,是因为现在的条件和过去不一样了,这种"不一样"的条件表现在以下的一系列问题上:

首先,是时代主题由战争与革命到和平与发展的转换,这种转换在国际形势上引起的最重要变化,便是由对抗转为对话,而在没有执政的共产党用社会主义取代资本主义的问题上,表现为采用武装夺取政权的道路,困难重重。

其次,是新的科技革命的发生和发展,引起人口结构的巨大变化,传统产业工人在数量上的急剧减少,而中产阶级或中间阶层逐渐成为人口中的多数。

再次,发达资本主义国家的福利制度建设,使工人阶级分享普遍的福利保障,淡化了他们的阶级意识;而消费主义意识形态的蔓延,则瓦解了他们的革命诉求;发展中国家的现代化进程,提高了工人阶级的绝对生活水平。再加上在苏东剧变解体中,苏联社会主义建设中缺陷弊端的暴露,西方资产阶级对社会主义国家和共产党人的丑化和妖魔化,使社会主义在人们心目中的形象蒙上了一层迷雾和阴影。

条件的这些变化,不仅使没有执政的共产党,企图再走十月革命的道路时举步维艰,而且即使发生了从2008年开始的那样的国际金融危机,当资本主义遭到了多种冲击和重创之后,西方国家的社会主义运动,仍然没有以足够的强度振兴起来,以至于在人们纷纷讨伐资本主义的弊端时,在广大群众中,社会主义甚至没有被当做一种可供选择的解决问题的替代方案提上议事日程。

然而,资本主义唯利是图、贪得无厌,不断扩大贫富差距和两极分化,资本主义不能解决自己所面对的问题、资本主义没有未来的无数客观事实,毕竟在推动着发达资本主义国家和发展中国家中没有执政的共产党在走出苏东剧变解体给他们造成的困境的基础上,反思过去,面向未来,重新探索争取社会主义的新途径。

这种新途径的一个主要特征,便是强调要在"现有社会结构内部",要在资产阶级宪法范围内,用民主的方式"超越资本主义"。近年来,除希腊共产党仍然主张通过社会主义革命夺取政权和建立无产阶级专政以外,欧洲其他国家的共产党,都在不同程度上,从发达资本主义国家的现状出发,主张通过民主的道路,通过对资本主义制度辩证的否定和超越,变革和最后改造资本主义制度,推进实现社会主义共产主义的斗争。

例如,法国共产党就主张要改变过去那种消灭资本主义社会秩序的观念,强调要实行"超越资本主义"战略。它认为,"超越资本主义"是一种崭新的革命观念,因为超越既不是放弃向另一种社会绘声绘色过渡的目标,也不是通过颁布法令突然"消灭"资本主义,超越是一种社会变革进程的观念,而不是要将现存社会打个落花流水,因为人类文明运动要采取的方式,不是先打破一切,然后再建设新的东西,而是一边建设新世界,一边消灭旧世界。所以,超越资本主义,是一种以成功地废除资本主义制度为目的而进行的社会斗争和政治斗争的民主运动。法共在强调超越资本主义战略的同时,又坚持共产主义的奋斗目标,认为这就是要在资本主义的框架内实现深刻的社会变革。2006年3月,法国共产党第33次代表大会强调"超越资本主义"是一个渐进的变革过程,既要吸取人类文明发展中最积极的因素,又要利用资本主义社会领域中最有效的成分,主张同历史上共产主义的中央集权制原则决裂,争取实现国家的民主化和公民监督。法共认为,"超越资本主义"意味着超越它的一切,特别是超越它对社会和人的统治形式,超越方式是人民通过斗争和选举,来实现对资本主义的取代;"超越"既不是适应,也不是消灭,而是对一个社会的改造过程,这不同于社会民主党所主张的、仅限于"调节"和"限制"资本主义某些方面的道路,这是通过人民运动和民主力量,在新型变革的道路上推动时代发展的,一种人道的、民主的、互助的革命。

美国共产党认为,美国社会主义可能通过和平的方式实现,因为美国人逐渐认识到资本主义已经过时,社会主义具有光明的前景,在保卫和扩展美国民主的英勇斗争中,美国很可能通过选举箱走上社会主义道路。美国共产党认为,和平过渡不仅要争取议会多数,还必须在议会外开展强大的群众运动,在政治、经济、文化各个领域,逐步占领并扩大阵地,形成工人阶级及其同盟军在社会主义各个阵地的优势。与此同时,美共又不排除工人阶级在实现社会主义变革时使用革命的手段,对反抗的资产阶级实行暴力镇压的必要。美共主席萨姆·韦伯认为,在向社会主义过渡的过程中,目前存在的政治结构将不会被拆除,社会主义将不会迫使权利法案、宪法、独立宣言或对集中的政治权力的核查和牵制的制度消失,它们需要被扩大、深化、或予以修正,重要的不是这些制度的形式,而是其阶级内容的转变。

日本共产党也在2004年的第23次代表大会上认为,要在"资本主义框架内进行民主改革",强调"通过市场经济迈向社会主义,是适合日本条件的社会规律性的发展方向",以建立一个"民主、富裕的社会主义的日本"。此外,西班牙共产党也认为,不应等到夺权以后再进行变革,从现在起就要团结社会大多数,对政权机构和社会进行变革,通过政治和社会运动实现对现有社会的取代,以和平方式组织一个新社会。

对于在资本主义体制内参政的共产党来说,这种争取社会主义斗争的新途径,表现在它不再提出制度性的替代要求,而是注重在经济领域内的机会均等,强调经济增长,要保障就业,扩大公众的经济参与权,实现可持续的经济发展;在社会领域,不再追求绝对公平,而主张通过社会政策调节分配,兼顾公平与效率,保障公众最基本的权利和劳动权益,防止出现贫富悬殊和两极分化,注重民众关心的公共福利、医疗、就业、男女平等、消灭种族歧视和环境保护等问题。

例如,南非共产党在和非国大、南非工会大会结成政治联盟,1994年在非国大的旗帜下参选获胜以后,由反对党成为南非的参政党。它在1995年的南非共第9次代表大会上,提出"未来属于社会主义,建设从今日始"的战略性口号,认为南非现阶段以深化民主革命为主要任务,但这又不意味着要把建设社会主义的事业推迟到遥远的第二阶段,因为民族民主革命,不光是一场民族斗争,还是一场阶级斗争和社会主义斗争,只有把南非建设成为一个社会主义社会,才能全面完成民族民主革命的任务,而深化民族民主革命,又是通往社会主义的直接道路。目前的斗争,虽不是直接意义上的社会主义斗争,但不能同社会主义斗争割裂开来。南非共提出,"社会主义是未来,建设从今日始",也意味着南非共主张,"在资本主义体制下建设社会主义",要从现在开始就增加社会主义成分、能力和势头。南非共认为,南非的资本主义是可以改变的,而且在其改变的过程中不推翻原有的体系,而是使之更符合广大人民的利益。2003年,南非共在通过党的中期目标的文件中,提出要在未来十年,即2014年南非共诞生纪念日时,保证工人阶级的理想和力量深入到包括国家、社会、工厂、意识形态等社会的各个方面,把南非建设成为全面发展的国家。

那么,资本主义国家中没有执政的共产党,探索的这种争取社会主义的新途径,取得了哪些成效呢?

应该说,最耀眼的成就,就是在当前世界社会主义运动处在低潮的情况下,有三个国家的共产党,通过议会选举上台执政。

第一个是摩尔多瓦共产党人党。该党是在苏联解体后成立的。成立之初它就宣称坚持马克思列宁主义,坚持社会主义方向,严厉批判戈尔巴乔夫打着"改革"的旗号改旗易帜,导致东欧剧变、苏联解体,在深刻吸取苏东剧变解体教训的基础上,系统地提出符合本国实际的社会主义理论,认为摩尔多瓦将通过"泛民主主义阶段"和"复兴社会主义阶段",建立"形式上更新的、符合当代生产力条件、生态安全的社会任务所要求的社会主义"。2001年,该党通过议会选举上台执政,成为原苏东地区第一个通过合法选举上台执政的共产党,2005年,摩共又在大选中获胜,继续执政。

第二个是塞浦路斯劳动进步党。2008年2月,该党总书记赫里斯托菲亚斯在该国第六届总统选举中,获得53.36%的选票当选为总统。该党以共产党为前身,作为塞浦路斯工人阶级和劳动者的先锋的政党,它接受马克思列宁主义世界观的指引,坚持社会主义方向,以建设民主和人道的社会主义为最高目标。该党与民主党、社会民主运动组建联合政府,成为欧盟成员国中唯一一个以共产党人为国家元首的国家。

第三个是尼泊尔共产党(毛主义)。在2008年4月的尼泊尔的第一次制宪大会上经过大选成为尼泊尔的第一大党,并被授权组织以普拉昌达为总理的尼泊尔联邦民主共和国第一届政府,尼共(毛)处于执政地位。

对于一些还没有执政的共产党所探索的这种争取社会主义的新途径,应该怎样评价?

从思想理论政策的角度来说,对于这种新途径的认识,在共产党人中间,是有意见分歧的,这突出地表现在希腊共产党同美国共产党主席萨姆·韦伯之间的辩论上。

2011年2月3日,美国共产党主席萨姆·韦伯在美共《政治事务》网站上,发表了一篇题为《21世纪的社会主义政党应该是怎么样的?》文章,在他所列29项特征中,包括要以马克思主义代替马克思列宁主义作为党的指导思想等等。此文发表以后,2011年4月,希腊共产党中央国际关系部当即发表文章予以驳斥;同年7月,德国共产党领导汉斯·彼得·布伦纳也撰文加以驳斥。他们都认为,韦伯的很多提法,是机会主义的翻版。

韦伯认为,马克思、恩格斯、列宁的理论,都包含强大的分析力量,是指导当前实践的有力的思想武器,但马克思列宁主义则是斯大林时期对马克思的正统解释,它也简化了马克思主义,是一种苏联式的教条,苏联据此垄断了对马克思主义的解释权,禁锢了美国共产党人的批判眼光,使之过于简单化,对马克思主义之外的思想,例如社会民主主义,不屑一顾。因此,建议用马克思主义代替马克思列宁主义作为21世纪社会主义正确的指导思想。而希腊共产党则认为韦伯的这个提议,是在用折中的大杂烩理论去代替社会主义政党的理论基础马克思列宁主义,韦伯关于斯大林曲解了马克思主义,马克思列宁主义是反民主的等等论调是机会主义的陈词滥调,它让社会主义政党丧失了理论武器。在关于社会主义的实现路径问题上,韦伯提出21世纪的社会主义政党,应制定阶段性战略目标,根据对每一阶段政治和社会力量对比的状况的评价,来寻找合适的联盟对象,并设计相应的战略战术。在当前时期,相对于激进的革命,韦伯更倾向于渐进的改革,认为在现存资本主义政权内争取进步和民主的斗争(例如,医保改革,环保运动,争取平等的教育权等),与推翻资本主义的斗争同样重要,在当前时期,甚至更为重要,不能因为这种斗争是在资本主义宪政的议会民主框架内展开的而贬低其意义。事实上,正是前人争取民主的斗争成果,为今天的美共党员提供了斗争空间和斗争权利。所以,这类斗争改革,既是手段,也是目标,它们是迈向未来激进变革的铺路石。

  对此,希腊共产党认为,韦伯这是完全摈弃了革命斗争,主张永无止境的阶段改革论,而且在韦伯那里,联盟的基准,不是工人阶级的利益,而是其所称的"全体国民的利益",这与20年前希腊共产党内受戈尔巴乔夫影响的人所提出的改革论调惊人地相似。这种观点否认了党作为工人阶级先锋队应该发挥的作用,把重点放在资本主义制度框架内的修修补补,甚至直接把帝国主义内的改革斗争视为党的"目标",使工人陷入阶段改革论的陷阱。然而,在现实中,各类社会民主党和中左政府已经进行了数十年的改革试验,结果如何呢?

资本主义体系内的改革到底在什么时候消灭过人对人的剥削？

从思想理论政策的角度来说，这种分歧也突出地表现在2013年11月8—10日在葡萄牙里斯本举行的第15次共产党和工人党国际会议上，由于希腊共产党和与会的其他国家的共产党存在分歧，致使会议最终未能发表《共同声明》。在这次国际会议召开前讨论《共同声明》草稿的工作会议上，希腊共产党就作出了"特别表态"，认为《共同声明》草案把斗争指向了错误的方向，将会导致斗争被（资本主义制度）所同化，阻碍共产主义的战略调整到为社会主义进行阶级斗争的进程。为此，希共认为，"《共同声明》草案的内容如果没有实质性的变化，就毫无讨论的基础"，而希腊提交的一个有关《共同声明》的基本建议却没有被采纳。因此，希腊共产党对于第15次共产党和工人党国际会议发表《共同声明》采取了完全否定的态度，声称"在里斯本召开的第15次共产党和工人党国际会议不可能达成一个《共同声明》，因为在许多特别严肃的问题上存在不同态度，众说纷纭，有可能把水搅浑，并歪曲事实"。那么，希腊共产党和其他与会的共产党在《共同声明》问题上的主要分歧点究竟在哪里呢？根据希腊共产党中央政治局委员马力诺斯在2013年12月15日发表的文章，可以看出，分歧之一，就涉及关于在资本主义框架内的改革问题。希腊共产党表示将继续为自己国家的工人阶级的利益而斗争，如在争取自由公共教育体制、医疗保健、增加薪水和养老金等问题上的斗争。然而，希腊共产党强调："如果把这些斗争同推进社会的激进改革，建立工人阶级政权以及实行垄断的社会化问题直接联系起来，那就可能播下在资本主义框架内可以通过改革来'纠正'这一剥削制度的假象。"

人们通常说，无产阶级可以或者通过议会斗争道路、和平发展道路，或者通过武装斗争道路、暴力革命道路，上台执政、掌握政权，因此，有人认为摩尔多瓦共产党人党、塞浦路斯劳动进步党、尼泊尔共产党（毛主义）这次通过和平发展道路上台执政，应该是世界社会主义运动的一个新的起点、新的亮点,应该成为世界社会主义运动研究的新的基点和新的焦点。但是在实际上,这两条道路所造成的结果是有很大的不同的。从实践的结果的角度来说,它们之间一个根本的不同在于,武装斗争、暴力革命的道路,因为从根本上推翻了资本主义的社会框架,因而随着斗争的胜利,带来的将是从资本主义过渡到社会主义或以社会主义为取向的社会。而议会斗争、和平发展道路,因为是在资本主义社会框架内推进的,因而随着斗争的胜利而带来的,将是共产党人在资本主义框架内的执政、施政,这并不意味着社会制度的更迭,并不意味着社会由资本主义向社会主义过渡。要想实现这种制度的更迭,无产阶级、共产党人还必须打破资本主义的社会框架,采取进一步的社会主义改造措施,而这是为议会斗争道路所不包含的。

这里,且以摩尔多瓦作为实例来进行考察。摩尔多瓦是一个位于罗马尼亚、乌克兰之间,领土3.8万平方公里,人口不到360万的东欧小国。在政治体制上它是一个议会民主制国家,根据1994年议会通过的宪法,它坚持多元化的民主政制,实行三权分立,目前,有大小合法政党24个。在经济体制上,它实行多种所有制形式并存的自由市场经济。在外交方面,它宣布永远中立,不允许本国领土上有外国军队。摩尔多瓦共产党人党是一个多党体制下的合法政党。摩尔多瓦自1991年8月独立以后到2000年,一直由亲西方国家的中右翼政党执政,他们实行全盘私有化、自由化市场经济,结果在1991—2000年间使摩尔多瓦的GDP下降50%,农业、农工综合体倒退了35—40年,外债增加到15亿美元,居民每月平均收入20—25美元。反之,共产党人党自2001年经过选举上台执政以后,情况出现了相反方向的变化:共产党人党虽然在党章上规定最终的奋斗目标是共产主义,但在大选中的竞选口号却是"提高人民生活水平",执政以后更把发展经济、提高福利、消灭贫穷放在最重要的位置上,提出要把摩尔多瓦建设成为一个国家富足、人民安康的新社会,实现社会生活的民主化、经济现代化和与欧洲的一体化,使摩尔多瓦的GDP年均增长率在6%以上,人均GDP超过1300美元。因此,选民把选票投给了它。2009年3月5日,摩尔多瓦举行独立以来的第5次议会大选,2001年以来一直执政的摩尔多瓦共产党人党,这次又获胜,在议会101个议席中获得了61席。但一些参选的反对党却对此十分不满,声称共产党人党在大选中舞弊,他们不仅组织示威抗议,还暴力冲击总统府和议会大楼,造成近百人受伤和大量财产损失。危机结束以后,摩尔多瓦共产党人党仍是第一大党,但席位明显减少,自由民主党、自由党、民主党、"我们的摩尔多瓦"联盟,组成了欧洲一体化联盟,并在2010年11月议会大选之后上台执政,摩尔多瓦共产党人党通过议会斗争取得上台执政的地位,就此结束。

再来看南亚的尼泊尔。这是一个人口2700万,面积14.7万平方公里的国家,国内活跃着十多个共产党,其中实力最强的,一个是尼共(联合马列),它坚持"议会斗争为主,街头政治为辅"的斗争方针和策略,主张通过多党民主制度发展革命民主和社会主义民主;另一个是尼共(毛主义),它坚持在武装斗争的同时也不排斥多党竞选和议会道路。1996年2月,由于当时的尼泊尔德乌帕政府,没有满足该党提出的"取消王室特权"、"颁布一部新宪法"等要求,尼共(毛主义)就宣布脱离议会民主道路,到西部等贫穷落后地区去开展"人民战争",走武装斗争道路。由于它提出和贯彻的"实行彻底的土地改革"、"让人民当家做主"、"反对社会歧视"等口号和方针,得到了广大农民的支持,力量发展很快。2005年2月,尼共(毛主义)与走议会斗争道路的七党联盟摒弃不和,以武装斗争形式策应七党联盟发动的人民运动,迫使尼泊尔王室交权,在2006年又与尼泊尔政府签署全面和平协议,宣告内战结束,重回议会民主道路,并在2008年4月的尼泊尔制宪会议选举中,大获全胜成为尼泊尔议会中第一大党,组成以普拉昌达为总理的政府上台执政。十分明显,尼共(毛主义)这次成为议会第一大党的根本原因,是人民战争的成果和人民解放军威慑力量的存在。但又由于国内的封建势力并没有肃清,也没有去进行相应的社会主义改造，又自我限制武力，因而它的执政基础并不稳固，所以普拉昌达只当了8个月的总理被迫辞职下台。接着，尼共（联合马列）的前总书记马达夫·库马尔·内帕尔、尼共（联合马列）主席卡纳尔，以及尼泊尔大会党的柯伊拉腊，又先后当选为总理，尼共（毛主义）失去了执政的位置。尼共（毛主义）内部本来就存在着改良派和革命派的矛盾斗争，2011年11月，由于以普拉昌达为首的改良派在议会其他政党的压力之下突破党内斗争底线，单方面交出武器库的钥匙，遣散和整编尼泊尔人民解放军，返还在战争时期"侵占"的土地，引发了2012年6月尼共（毛主义）党内的大分裂。党内的革命派决定重新组党，带走了党内大约1/3的总体力量，再加上美国和印度势力对尼泊尔大选的大力干预，导致了尼共（毛主义）在2013年11月19日尼泊尔第二次制宪会议大选中大失败。在2008年的大选中，尼共（毛主义）获得了议会中220个议席，成为第一大党，而第二大党尼泊尔大会党仅获110席，尼共（联合马列）仅仅获得了103席，作为第一大党的尼共（毛主义）所获议席，超过了第二、第三两党所获议席的总和；但是在2013年11月的大选中，尼泊尔大会党获得了196席，尼共（联合马列）获得了175席，而尼共（毛主义）却仅仅获得了80席，还不如第一大党和第二大党所获议席位的半数，可见相差的悬殊。

摩尔多瓦、尼泊尔两国没有执政的共产党，通过选举上台执政的经历，清楚地说明了，在资本主义国家，共产党及其领导通过议会选举上台执政，并不等于该国社会制度的替代和更迭。一是因为他们上台后，尽管注意改善民生，提高人民生活水平，却终究只能局限于在资产阶级宪法范围内活动和施政，而并没有触及到社会制度的变更；二是因为资产阶级的右翼政党和势力随时随地都在伺机把他们拉下马，加以边缘化，或使之陷入更坏的处境。资本主义国家中没有执政的共产党，从通过选举上台执政，到实现使社会从资本主义过渡到社会主义，这中间有一段很长的路要走，而且在这两者之间并没有必然的联系。所以,对于资本主义国家中没有执政的共产党通过议会选举上台执政的评价,应采取求实的态度,既要把它看作是这些党在探索争取社会主义的新途径中获得的一个可喜成果,又不宜过早地把它同掌握政权、使社会主义取代资本主义联系起来。从总体上说,它还没有改变世界社会主义运动,迄今还没有找到取代过去十月革命、中国革命所走道路的成熟观点和成功办法。在这个问题上,世界社会主义运动任重而道远,还要继续进行探索。

三、中国特色社会主义道路是人类追求文明进步的新路

社会主义国家通过把发展生产力和科学技术搞上去,把物质文明建设和精神文明建设搞上去,来证明社会主义优于资本主义,这个历史任务最初是由第一个社会主义国家苏联所承担,但是由于苏联模式的僵化,一直到后来东欧剧变、苏联解体,它没有完成这个任务。因此,这个任务就历史地落到了建设有中国特色社会主义道路的中国的肩上。正如埃菲社在1992年的一篇年终新闻专稿中所说的:"有中国特色的社会主义是邓小平为挽救已经解体的苏联的中央集权主义所面临的几乎不可避免要失事的社会主义大船,而向马克思主义者所作的回答","它造就了20世纪最壮观的经济奇迹之一"。然而,在实际上,中国特色社会主义道路的意义还远远不止这些。

(一)中国特色社会主义的蓬勃发展,首先源于在理论上创造性地解决了"什么是社会主义和怎样建设社会主义"的问题

30多年以来中国特色社会主义蓬勃发展,取得了举世瞩目的伟大成果。伟大成果从何而来?从理论上来说,首先在于邓小平创造性地解决了"什么是社会主义"和"怎样建设社会主义"的问题。

虽然早在1917年俄国十月革命取得胜利以后,社会主义就已经由理想发展成为现实,在二战以后社会主义在欧亚一系列国家取得

胜利以后，社会主义更由一国实践发展成为多国实践，但在这几十年里头，社会主义国家所经历的曲折发展，所遭遇的种种危机和挫折，却说明人们对到底"什么是社会主义"和"怎样建设社会主义"的问题，并没有完全搞清楚。我们在建立新中国以后，开始时照搬苏联模式建设社会主义，在取得许多成绩的同时，也遭遇到了不少问题；从1957年开始，又在一些基本问题上犯了"左"的错误，使我国经济处于缓慢发展和停滞状态，以后又发生了"文化大革命"。邓小平指出，总起来看，这主要就是不完全懂社会主义。因此，我们提出的课题是：什么是社会主义和怎样建设社会主义。这并不意味着否认我们已建立了社会主义制度，或否认我们正在进行着社会主义建设，而是指我们对社会主义的理解和所采取的政策，并没有完全体现出社会主义的本质，从而不能充分发挥出社会主义的优越性。而且这个问题不光我们有，苏联也有，也没有解决，事情正如邓小平所指出的那样，社会主义究竟是个什么样子，苏联搞了很多年，也并没有完全搞清楚，可能列宁的思路比较好，搞了个新经济政策，但是后来苏联的模式僵化了。

这个问题之所以会出现，而且长期没有得到解决，主要是因为时代发生了变化，人们的思想认识却没有能紧跟这种变化而与时俱进。马克思、恩格斯所处的时代，是自由资本主义时代，他们当时设想社会主义将在资本主义充分发达的几个大国同时产生出来，否则就会发生巴黎公社起义爆发时，普鲁士的统治阶级和法国资产阶级联手加以镇压的事情；他们关于革命胜利后，建设社会主义所应采取措施的某些论断，也是在此基础上提出来的。但在爆发十月革命的时候，自由资本主义已经发展成为帝国主义，资本主义极不平衡和跳跃式发展，使帝国主义重新分割世界的战争成为不可避免，也使社会主义革命有可能在帝国主义链条的薄弱环节上突破而不被其他资本主义国家所干预。俄国的十月革命就是在此基础上取得胜利的。但由此建立起来的社会主义国家，却并不是在发达资本主义的基础上、而是在经济文化较不发达的基础上运行的。在这样的国家里建设社会主义,本应该从这个实际出发,但人们却习惯于照搬马克思和恩格斯原先针对发达资本主义国家在革命胜利后就如何建设社会主义所提出的某些论断,而不是从自己所面对的客观实际出发,还认为这就是坚持马克思主义,坚持社会主义,于是就出现了对社会主义没有完全搞清楚的种种问题。这种对社会主义没有完全搞清楚,突出地表现在两个问题上,一是离开了生产力的发展,片面地从生产关系上去规定社会主义的特征,盲目追逐更大更公更高更纯的社会主义生产关系;二是在片面地把资本主义和社会主义绝对对立起来的意义上去规定社会主义的特征,结果就把许多束缚生产力发展又不具有社会主义本质属性的东西,当作"社会主义原则"来固守,又把许多在社会主义条件下,有利于生产力发展和生产商品化、社会化、现代化的东西当作"资本主义复辟"来加以反对。

列宁新经济政策的思路之所以比较好,是因为列宁在总结了战时共产主义作为直接过渡到共产主义的生产和分配方法的失败教训之后,得出结论说,在一个生产力不发达、小农经济占优势的国家,不能实现从小生产到社会主义的直接过渡。于是就从原先的基本上是把马克思恩格斯关于社会主义社会的设想应用于俄国的思路,转变为从俄国的实际出发,以马克思主义的基本原理为指导,提出和实行向社会主义迂回过渡、逐渐过渡的思路,这就意味着列宁所说"我们的社会主义的整个看法根本改变了"。

经过多年的探索,直到1988年,邓小平才在几次讲话中,宣告"什么是社会主义"、"怎样建设社会主义"的问题已经得到了解决。他在1988年5月18日的一次讲话中说:"我们坚持马列主义、毛泽东思想,坚持社会主义道路,不过什么叫社会主义,我们现在才解决。"而在1992年的南方谈话中,他又把探索到的种种解决办法集中起来,提到中国特色社会主义的高度上来加以展开:

在创造性地解决什么是社会主义的问题上,邓小平从正本清源地确定发展生产力在坚持社会主义中的首要地位入手。早在 80 年代,邓小平就反复强调:"讲社会主义,首先就要使生产力发展,这是主要的","空讲社会主义不行,人民不相信","坚持社会主义的发展方向,就是要肯定社会主义的根本任务是发展生产力,逐步摆脱贫穷,使国家富强起来,使人民生活得到改善",他把中国特色社会主义称作"不断发展社会生产力的社会主义"。而到了南方谈话中,邓小平更进一步指出:

一是把解放生产力,发展生产力,作为消灭剥削,消除两极分化,最终达到共同富裕的基础和前提,一起列入"社会主义的本质"之中,并且指出:"过去,只讲在社会主义条件下发展生产力,没有讲还要通过改革解放生产力,不完全。应该把解放生产力和发展生产力两个讲全了。"

二是把"是否有利于发展社会主义社会的生产力"等三个"有利于"的原则作为改革开放是姓"资"还是姓"社"判断的标准。

三是强调我们党在十一届三中全会以来从我国国情出发制定的"以经济建设为中心","以坚持四项基本原则和坚持改革开放为两个基本点"的"社会主义初级阶段基本路线","要管 100 年,动摇不得"。

在怎样建设社会主义的问题上,邓小平提出的主要思想有:

一是作为"第二次革命"的改革开放。邓小平指出:"不坚持社会主义,不改革开放,不发展经济,不改善人民生活,只能是死路一条";他又指出:"社会主义制度并不等于建设社会主义的具体做法",我们建立的社会主义制度是个好制度,必须坚持,需要改革的是那些束缚和阻碍社会生产力发展的,包括具体体制和运行机制在内的具体做法。所以,邓小平所倡导的改革开放,是一种围绕着促进社会生产力的解放和发展,而坚持社会主义基本制度又改革不适应和束缚生产力发展的具体体制的改革开放。

二是吸收资本主义中一些有用的方法来发展生产力。邓小平说:"多年的经验表明,要发展生产力,靠过去的体制不能解决问题,所以我们吸收资本主义中一些有用的方法来发展生产力","社会主义要赢得与资本主义相比较的优势,就必须大胆吸收和借鉴人类社会创造的一切文明成果,吸收和借鉴当今世界各国包括资本主义发达国家的一切反映现代社会化生产规律的先进经营方式、管理方法。"在坚持社会主义基本制度的情况下,吸收资本主义的一些有用方法来发展生产力,既不等于实行资本主义制度,也不会使社会主义重新回到资本主义去。

三是认为"社会主义也可以搞市场经济"。邓小平指出:"计划多一点还是市场多一点,不是社会主义与资本主义的本质区别。计划经济不等于社会主义,资本主义也有计划,市场经济不等于资本主义,社会主义也有市场,计划和市场都是经济手段",从而为我们党的十四大确立社会主义市场经济的改革目标奠定了坚实基础。

邓小平创造性地解决什么是社会主义、怎样建设社会主义问题的这些思想观点,不仅在实践中指引着中国特色社会主义的蓬勃发展,而且把对科学社会主义的坚持和发展纳入到正确的轨道之中。长期以来,人们往往把马克思主义、科学社会主义的坚持和发展看作是离开了当前的客观实际,去坚持其某些具体论断。"不完全懂社会主义",对什么是社会主义、怎样建设社会主义的问题,"没有完全搞清楚"等等问题,就是由此产生的。而邓小平之所以能够解决这个长期困扰人们的问题,说到底是因为他不是从坚持和发展某些论断出发,去坚持和发展马克思主义、科学社会主义,而是从当前的实际出发,以马克思主义的基本理论和方法为指导,去研究新情况,解决新问题。

在1985年9月23日的《在中国共产党全国代表会议上的讲话》中,他要求人们"努力针对新的实际,掌握马克思主义的基本理论,因为只有这样,才能提高我们运用它的基本原则基本方法,来积极探索解决新的政治经济社会文化基本问题的本领",从而"把我们的事业和马克思主义理论本身推向前进"。这里的关键是要从实际出发,而且是从现在的实际出发、从当前的实际出发,从新的实际出发。在1979年9月16日的一次讲话中,他说:"什么叫高举毛泽东思想的旗帜呢?就是从现在的实际出发,充分利用各种有利条件,实现毛泽东同志提出,周恩来同志宣布的四个现代化的目标。如果只是毛泽东同志讲过的才能做,那我们现在怎么办?马克思主义要发展嘛!毛泽东思想也要发展嘛!否则就会僵化嘛!"在10年以后一次讲话中,他又强调:"绝不能要求马克思为解决他去世之后上百年、几百年所产生的问题提供现成答案,列宁同样也不能承担为他去世以后五十年、一百年所产生的问题提供现成答案的任务。真正的马克思列宁主义者必须根据现在的情况,认识、继承和发展马克思主义","不以新的思想、观点去继承、发展马克思主义,不是真正的马克思主义者"。与此同时,邓小平又指出:"我们搞改革开放,把工作重心放在经济建设上,没有丢马克思,没有丢列宁,也没有丢毛泽东。老祖宗不能丢啊!问题是把什么叫社会主义搞清楚,把怎样建设和发展社会主义搞清楚。"

在以毛泽东为核心的党的第一代中央领导集体提供的宝贵经验、理论准备和物质基础之上,经由邓小平以来党的几代中央领导集体团结带领全党全国人民的接力探索,我们党形成了包括邓小平理论、三个代表重要思想、科学发展观的中国特色社会主义理论体系,这是马克思主义中国化的最新成果,是对科学社会主义的创造性发展,是科学社会主义的理论逻辑和中国社会发展历史逻辑的辩证统一。

(二)中国特色社会主义道路的基本内涵和主要特征

正是在对什么是社会主义、怎样建设社会主义问题的创造性解决中,我国逐渐形成和深化了中国特色社会主义道路。

什么是中国特色社会主义道路?中国特色社会主义道路就是中

国实现社会主义现代化的道路。它包含有四个方面不可或缺的基本内涵：一是中国共产党的领导；二是一个中心、两个基本点的社会主义初级阶段基本路线；三是中国特色社会主义经济、政治、文化、社会、生态五位一体的总体布局；四是把我国建设成为富强民主文明和谐的社会主义现代化国家的目标。

关于中国共产党的领导。在革命时代，没有一个革命的党，没有一个像中国共产党这样按照马克思列宁主义的革命理论和革命风格建立起来的革命党，就不可能领导工人阶级和广大人民群众，战胜帝国主义和反动的统治阶级，夺取革命的胜利。在建设和改革时期，在社会主义现代化建设极其艰巨复杂的任务面前，我们人民的团结，社会的安定，民族的发展，国家的统一，同样都要靠中国共产党的领导。中国特色社会主义道路就是由中国共产党倡导和带领全国各族人民走出来的。

关于一个中心、两个基本点的社会主义初级阶段基本路线。中国共产党领导中国人民进行革命、建设、改革的历史经验反复说明，党领导社会主义现代化建设，必须立足基本国情，而中国最大的国情就是中国社会主义现在处于并将长期处于初级阶段，是初级阶段的社会主义。邓小平指出："社会主义本身是共产主义的初级阶段，而我们中国处在社会主义的初级阶段，就是不发达的阶段，一切都要从这个实际出发，根据这个实际来制定规划。"根据社会主义初级阶段的主要矛盾是人民日益增长的物质文化需要同落后的社会生产之间的矛盾，我们党制定了"以经济建设为中心，以坚持四项基本原则、坚持改革开放为两个基本点"的社会主义初级阶段基本路线。党的十五大报告中指出，这是近20年来我们党最宝贵的经验，是我们事业胜利前进最可靠的保证。

关于中国特色社会主义五位一体的总体布局。这就是在党的社会主义初级阶段的基本路线的指引下，中国特色社会主义解放和发展社会生产力，巩固和完善社会主义制度，建设社会主义市场经济、社会主义民主政治、社会主义的先进文化、社会主义的和谐社会,以及社会主义的生态文明。

关于建设富强民主文明和谐的社会主义现代化国家,这就是中国特色社会主义道路所要实现的全面的社会主义现代化目标。

中国特色社会主义道路的主要特征,则是坚持以经济建设为中心,大力促进经济发展和社会进步;坚持以人为本,全面协调可持续发展;坚持社会公平正义,以保证社会的和谐稳定;保障人民的民主权利,促进人的全面发展,以进一步调动人民的积极性和创造性。

中国特色社会主义道路的基本内涵和主要特征说明了,由于这条道路既坚持了科学社会主义的基本原则,又根据我国的具体实际和时代特征赋予其以鲜明的中国特色,因而是在中国实现社会主义现代化的必由之路,是创造人民美好生活的必由之路。

这条道路之所以能够在实践中获得巨大的成功,不断创造出人间奇迹,其根本原因在于:它既坚持了马克思主义的基本原理,又坚持了把马克思主义基本理论同中国的具体实际和时代特征紧密结合起来,不断推进马克思主义的中国化、时代化、大众化;它既努力学习、借鉴世界各国发展的有益经验,又坚持从我国社会主义初级阶段的基本国情出发来制定自己的方针政策,决不照抄照搬任何外国的经验、模式;它既坚持我们党作为马克思主义政党的革命传统,又坚持解放思想、实事求是、与时俱进,大力推进实践基础上的理论创新,并用它来指导新的实践,从而不断深化对共产党执政规律、社会主义建设规律、人类社会发展规律的认识。

(三)中国特色社会主义道路超越了资本主义现代化道路,通过和平发展来实现社会主义现代化

中国特色社会主义道路不仅使中国的经济社会发展不断创造出人间奇迹,而且其本身就是人类追求文明进步的一条新路。

文明是人类改造自然和社会的物质、精神成果的总和,社会进步和经济发展状况的标志。自从人类走出蒙昧和野蛮时代而进入文明开化状态以后,先后经历了原始文明、封建文明、资本主义文明等文明形态。这几种建立在生产资料私有制基础上的文明形态的演进,一方面标志着物质文明和精神文明的发展进步,另一方面,又都是在级别、等级、阶级的对抗中,在积累的劳动和直接的劳动的对抗中演进的。从15世纪直到当代,西方发达资本主义国家的文明就都是建立在剥削和掠夺的基础上面的,它们的资本主义现代化都是通过对内剥夺农民、剥削工人,对外掠夺、扩张、海外殖民乃至发动侵略战争来实现的。例如,英国的工业化,对内始于"羊吃人"的圈地运动,对外则靠掠夺和殖民地扩张来为其提供巨额货币财富和国外市场;而在美国的现代化过程中,西方殖民者把7000多万北美土著印第安人杀戮得只剩几十万。所以,资本主义工业化的历史,就是资本对劳动者剥夺的历史,正如马克思所指出的,它"是用血和火的文字载入人类编年史"的,"资本来到世间,从头到脚每个毛孔都滴着血和肮脏的东西"。

之所以说中国特色社会主义道路是人类追求文明进步的新路,首先因为它超越了资本主义现代化,而是一条通过和平发展来实现社会主义现代化的道路。和平发展是贯穿中国特色社会主义内外的标志性特征,它既是由我国实行社会主义制度的本质决定的,也是由和平与发展这一当今的时代主题促使其得到实现的。中国特色社会主义的和平发展,在国际上表现为中国通过和平的国际环境来发展自己,又以自己的发展来维护世界和平、促进共同发展,反对霸权主义和强权政治,也严格约束自己即使在发展起来以后也永不称霸;表现为中国坚持实行与其他国家和民族互利共赢的开放战略,遵循联合国宪章和国际关系准则,在国际事务中弘扬民主、和睦、协作、共赢精神,倡导国与国之间在政治上相互尊重、平等协商,在经济上相互合作、优势互补,在文化上相互借鉴、求同存异,在安全上相互信任、加强帮助、协力推进。香港《亚洲时报在线》在《中国,世界经济的灵丹妙药》一文中指出:"一个正在崛起的中国将使整个世界而不仅中国自身受益","中国只能与全世界共同分享其进步,这与过去截然不同。欧洲以往向全球扩张,导致产生了几十个殖民地,并让欧洲以外成千上万的人民痛苦不堪。过去,日本和德国的兴起,引起了血腥的战争,但发展中的中国却为全世界提供了机遇";俄罗斯科学院院士季塔连科则评论说:"中国在对待现代文明方面的态度、实施社会政策方面的经验,客观上成为'历史末日'及'文明冲突'等自由化思潮的有力替代者,从而推动历史发展,防止文明之间的冲突,推动全球的共同发展。"

然而,在传统的国际关系理论中却有一种观点是断然否认中国可能走和平发展道路的,这就是所谓的古典现实主义流派的理论。这种在两战前后逐渐形成的理论认为,国家的"实力"是决定国家之间行为的第一要素,国家必然通过军事行动来加强它在地区扩张的力量,而经济基础是军事、政治实力发展的保证,因此从逻辑上来讲,经济的发展和扩张是进行扩张和发动战争的必要条件。古典现实主义对20世纪80年代以来中国实现的高速经济增长,吸引了国际大企业的大量投资,感到非常的恐惧,把中国看作是造成地区和世界不稳定潜在可能性的最重要的一个因素。所谓"中国威胁论",它的一个重要的认识论根源,就是建立在这种传统现代化经验基础上的。这个理论的一个典型代表,就是美国芝加哥大学政治学教授、美国艺术和科学院院士米尔斯海默。他在《大国政治的悲剧》一书中说,中国正在迅速发展这个事实使中国走上了一条要跟美国冲突的道路,之所以如此,是因为国际体系是崇尚弱肉强食的,在这个体系内,武力是最有用的,因为所有国家都把经济力量变成不断增强的军事实力,取得支配地位。他说中国和平崛起是根本不可能的。他先是以美国独立的时候是北美13个州的一个小国,发展成为横跨太平洋和大西洋的世界强权的历史,从门罗主义到布什政策的演变来论证他的观点,说明任何强权总是在取得地区霸权之后进而要求取得世界霸权,在世界上同时并存几个大国强权并且拥有大量进攻性武器的情况下,国与国之间必然互相猜忌,尽力使自己保持比对手更为强大的军事力量。因为越是强大,越不会招致别国的攻击。接着他又以历史为例子来证明,20世纪除了英国以外,存在过三个帝国强权,这就是一战和二战前的德国、日本和苏联。他们每一个都想实现美国在19世纪所实现的从地区强权走向世界强权的目标,但是全都失败了,而对于这四个帝国的最终瓦解,美国起了关键作用。因此,他得出结论说,从地缘政治与历史经验出发,美国需要保持世界唯一的霸主地位,决不会容忍出现势均力敌的竞争者,所以美国可能会用对付苏联的办法来对付中国,如果中国在今后几年继续大力发展经济,美国和中国可能在安全领域发生激烈的对抗,甚至极有可能发生战争。包括印度、新加坡、韩国、俄罗斯和越南在内的中国大多数邻国,很可能与美国一道来遏制中国。总而言之,美国将来很可能会用冷战时期对付苏联的那种方法来对付中国。

针对米尔斯海默的这些言论,美国前国务卿基辛格发表了一篇叫做《遏制中国不会奏效》的文章说,世界重心正在从大西洋向太平洋转移,中国的发展经常被人拿来和19世纪末20世纪初德意志帝国的崛起相比较,但这种分析是不正确的。德意志帝国模式追求的,是以帝国军事控制压制对手。与20世纪初的欧洲相反,现在已经没有人相信某个国家可以在六个月内不费吹灰之力击败对手了。在一个全球化和核武器的世界里,没有人相信战争会产生赢家。将中国与苏联比较也不明智,因为中国目前的疆域基本上已经维持了2000年,并不想控制周边国家。冷战时期用来对付苏联的遏制政策已不适应现实情况,我们也不应该揪住中国的国防问题不放。中国的国防开支的确在增长,但其军事预算现在只相当于美国的20%。

美国外交学会会长理查德·哈斯在《如何对付中国》这篇文章里头也说,所谓"美国应该设法阻止中国崛起"这个想法里头有个问题,就是国家的崛起和衰落,大都超出美国或者任何局外人的控制范围。即使美国想要阻止中国的崛起，它也未必能够做到。然而美国应该这样做吗？答案是否定的。首先，企图阻止中国崛起，必然会引起它的敌意，几乎肯定会导致它设法损害美国在世界各地的利益。更重要的是，美国不应该阻拦一个强大中国的崛起，如果美国想要找到自己所需要的伙伴，应付全球化带来的核武器扩散、恐怖主义、传染病疾病、毒品、全球气候变化等等诸多挑战，那么它就需要其他国家变得强大起来，我们的目标应该是让中国融入国际体系，使它成为国际社会的一根支柱。

所以，当美国加利福尼亚大学有一个叫做彼得·纳瓦罗的教授，在《即将到来的中美战争》这本书中，说中国正在发动咄咄逼人的攻势以夺取全球经济霸权的时候，英国的《金融时报》，当即发表了一篇题目叫做《大规模生产武器和其他故事》的报道，认为"这是一派胡言"，"声称美国必须报之以战争威胁为后盾的经济对抗，借用英国著名哲学家边沁的话来说，更是夸张造作的胡言乱语"。

根据国际金融危机发生以来，中国和平发展道路所面对的新形势和新课题，中国共产党中央委员会总书记习近平在2013年1月28日中央政治局第三次集体学习的时候，发表重要讲话重申"走和平发展道路，是我们党根据时代发展潮流和我国根本利益作出的战略抉择"，"是中华民族优秀文化的传承和发展，也是中国人民从近代以来苦难遭遇中得出的必然结论"。他说，在长期实践中，我们提出和坚持了和平共处五项原则，确立和奉行了独立自主的和平外交政策，"向世界作出了永远不称霸，永远不搞扩张的庄严承诺，强调中国始终是维护世界和平的坚定力量。这些我们必须始终不渝地坚持下去，永远不能动摇"。"中国的发展，绝不以牺牲别国利益为代价，我们绝不做损人利己、以邻为壑的事情，将坚定不移地走和平发展的实践者、共同发展的推动者、多边贸易体制的维护者、全球经济治理的参与者"。

同时，习近平又强调，"我们在坚持和平发展道路时并不讳言国家利益,我们理直气壮地声明要毫不动摇地捍卫我们国家的核心利益"。因为这是我亿万人民靠辛勤劳动争取来的正当权益,而不是依靠武力对外侵略、扩张,搞来的不义之财。所以,习近平强调:"我们要坚持走和平发展道路,但决不能放弃我们的正当权益,决不能牺牲国家的核心利益。任何外国不要指望我们会拿自己的核心利益做交易,不要指望我们会吞下损害我国主权、安全、发展利益的苦果。"所以,世界和平要求中国与世界各国实行以本国核心利益为前提的良性互动,在这里,中国坚持走和平发展道路,是十分重要的,但与此同时,要使我国坚持的和平发展道路走得通,就要求其他国家与我们相向而行,也都走和平发展道路,只有这样,各国才能共同发展、和平相处,实现和平发展。反之,要是只有我国坚持走和平发展道路,别的国家却在那里穷兵黩武,动辄以行使武力和发动战争相威胁,那么,我们坚持的和平发展道路就走不通,国与国之间就实现不了和平发展的局面。

中国特色社会主义的和平发展道路,在国内则表现为科学发展、和谐发展。它把发展作为主题,把结构调整作为主线,把改革开放和科技进步作为动力,把提高人民生活水平作为根本出发点,把可持续发展、人的全面发展以及社会和谐作为追求目标。这样,事情就正如德国的贝特霍尔德所说:中国特色社会主义"给人们指出了一条摆脱全球资本统治的破坏性进程的出路"。他说,当今的资本主义越来越明显地暴露出其无能,它已无法解决日益严重的全球性问题,例如越来越多的国家发生社会劫难,暴力和战争频仍,南北之间的鸿沟加深,环境遭到破坏,对地球资源不负责任的随意开采,"现在世界越来越明确地要求塑造一个资本主义的对立面,中华人民共和国的重要意义以及今天所发生的一切,其意义也正在于此"。

（四）中国特色社会主义道路超越了苏联模式，使社会主义朝着与本国国情、时代特征紧密结合起来的更健康的方向发展

由马克思使之由空想变成科学、列宁使之由理想成为现实的社会主义，是一种高于资本主义并必将全面取代资本主义的、更高级的文明形态。1917年俄国十月革命开辟了人类由资本主义过渡到社会主义的新纪元，新生的苏联社会主义制度也确实在同资本主义的竞赛中，初步显示出了它的优越性。但事情正如邓小平所说的："社会主义究竟是个什么样子，苏联搞了很多年，也并没有完全搞清楚。可能列宁的思路比较好，搞了个新经济政策，但是后来苏联的模式僵化了。"

为什么说苏联对什么是社会主义的问题也并没有完全搞清楚？那是因为苏联的社会主义是在经济文化比较落后的资本主义俄国的基础上建立起来的，它和马克思恩格斯原先设想在资本主义充分发达的基础上经过革命而产生的社会主义相比，显然有许多区别。苏联本应该在马克思主义基本理论的指导下，从自己的具体实际出发去规划社会主义建设纲领，但他们却习惯于照搬马克思恩格斯原先针对发达资本主义国家在革命胜利后如何建设社会主义所提出的某些论断，削足适履地搞社会主义建设。

为什么说列宁新经济政策的思路可能比较好？那是因为列宁在总结了战时共产主义作为直接过渡到社会主义的生产和分配方法的失败教训之后，得出结论说，在一个生产力不发达、小农经济占优势的国家，不能实现从小生产到社会主义的直接过渡。从而就从原先的基本上是把马克思恩格斯关于社会主义社会的设想应用于俄国的思路，转变为从俄国的实际出发，以马克思主义的基本原理为指导，提出和实行向社会主义迂回过渡、逐渐过渡的思路，这就是新经济政策。列宁说，这意味着"我们对社会主义的整个看法根本改变了"。

为什么说后来苏联的模式僵化了？在第一次世界大战以后，在资本主义包围的特定历史条件下形成的苏联模式,是一种适应于以战争与革命为时代主题的战备模式。在那样的环境里它能够有效地调动人力、财力和物力去从事建设和战争,但在同时,它又包含有一系列的缺陷和弊端,然而列宁以后的苏联领导人却思想僵化,把这种在特定的历史条件下形成起来的苏联模式加以绝对化和凝固化,甚至在时代主题已经由战争与革命转换为和平与发展以后,还把它当成社会主义建设的普遍规律,这就使它的缺陷和弊端更加凸显出来:就经济结构来说,苏联模式的经济,是一种片面强调发展重工业和国防工业,造成国民经济比例失调,农业、轻工业落后,人民生活必需品长期短缺的经济;就发展战略来说,苏联模式所实行的是一种高投入、低产出,靠不断增加投入来增产的粗放经营,它重速度而轻效益,效率低下,浪费惊人;就经济体制来说,苏联模式不顾生产力在不同部门、层次上参差不齐的发展水平,过早地推行单一的生产资料公有制结构,而消灭其他经济成分。它还实行高度集中的指令性计划经济和统一的决策机制,而排斥市场,限制商品货币关系的发展,注重行政命令而忽视物质利益,这就削弱了推动其发展的内部经济动因;就政治体制来说,苏联模式以权力高度集中和行政强制为特征,忽视社会主义民主建设,乃至出现个人专断,用专政手段去解决党内意见分歧,导致严重破坏社会主义法制;就对外关系来说,苏联领导人推行大党大国霸权主义,又在同资本帝国主义的军备竞赛上耗费巨额资金,给国民经济带来难以忍受的沉重负担,如此等等。苏联模式的这些缺陷和弊端后来也成了戈尔巴乔夫改旗易帜、背离社会主义根本制度的借口。

  从前述中国特色社会主义道路的基本内涵、主要特征中不难看出,中国特色社会主义道路已经超越了这种僵化的苏联模式,它解放思想,实事求是,与时俱进,自觉地把对社会主义的认识从那些不合时宜的观念、做法、体制的束缚中解放出来,从对马克思主义的错误的和教条式的理解中解放出来,从主观主义和形而上学的桎梏中解放出来,既坚持社会主义根本制度,又坚持改革开放,把社会主义同中国还处在社会主义初级阶段的基本国情紧密结合起来,把社会主义同已经由战争与革命转换为和平与发展的时代主题紧密结合起来,从而使社会主义向着更健康的方向发展。

中国特色社会主义道路超越了西方资本主义国家现代化的发展道路,又超越了苏联模式,从本国的具体实际和当今时代特征出发,践行着一条人类追求文明进步的新路,这就把它的世界意义凸显了出来:一是它在发展经济、摆脱贫困上,给占世界总人口3/4的第三世界走出了一条路,指出了奋斗方向;二是更重要的,随着中国特色社会主义道路到21世纪中叶基本实现社会主义现代化的进一步发展,我们将以发展生产力和科学技术的实践,用精神文明、物质文明、政治文明和生态文明建设的实践,证明社会主义制度优于资本主义制度,让发达资本主义国家的人民也认识到社会主义确实比资本主义好,认识到社会主义是必由之路。

(五)中国特色社会主义吸收和借鉴人类社会创造的文明成果,建设对资本主义具有优越性的社会主义

之所以说中国特色社会主义道路是人类追求文明进步的新路,是因为它不仅超越了资本主义传统的现代化道路,也超越了苏联模式的社会主义现代化道路,还因为它在吸取和借鉴人类社会、包括发达资本主义社会所创造的文明成果的基础上,建设优于资本主义的社会主义。正如邓小平所指出的:"我们坚持社会主义,要建设对资本主义具有优越性的社会主义。"

按社会形态演进的常规来讲,社会主义在资本主义高度发达的基础上诞生出来,优于资本主义当属题中应有之义。但由于时代变化和时代主题的转换等复杂原因,在20世纪,社会主义首先在一些经济文化较不发达的国家取得胜利,而一些经济文化比较发达的国家仍然实行着资本主义制度,同那些"不发达"的社会主义国家进行着孰优孰劣的竞赛。这就把社会主义国家要赢得与资本主义相比较的优势,作为一个生死攸关的重大问题提上了社会主义的议事日程。这里的关键是要对社会主义有一个正确理解,并采取正确的方针政策。要是不正确理解社会主义并采取正确的政策,就体现不出社会主义的优越性。东欧剧变、苏联解体留下的重要教训之一,也在这里。

所以,邓小平吸取教训,促使社会主义向着更加健康的方向发展的重要决策之一,便是毅然决然用改革开放的决策,去取代闭关锁国,关门建设,名为"同资本主义彻底决裂"、实则严重阻碍社会主义社会生产力发展的方针政策。邓小平强调指出:"社会主义要赢得与资本主义相比较的优势,就必须大胆吸收和借鉴人类社会创造的一切文明成果,吸收和借鉴当今世界各国包括资本主义发达国家的一切反映现代社会化生产规律的先进经营方式、管理方法"。

西方敌对势力正对社会主义国家实行西化、分化与和平演变的方针政策,社会主义国家吸收与借鉴资本主义社会创造的文明成果,会不会导致倒向资本主义制度"趋同"呢?应当说,这样地提出问题,是因为把社会主义与资本主义关系中不同的层次混淆了起来的缘故。

在社会主义与资本主义的关系中,第一个层次是社会制度、社会发展道路和方向的层次。关于这个层次上的问题,邓小平指出:"我们建立的社会主义制度是个好制度,必须坚持",这是因为,尽管这个制度还不完善,但是无论如何,社会主义制度总比弱肉强食、损人利己的资本主义制度好得多,特别在我国,只有社会主义能够救中国,只有社会主义才能发展中国,不走社会主义道路,中国就没有前途。

第二个层次,是发展社会生产力的手段和方法的层次。所谓吸收和借鉴包括资本主义在内人类社会创造的一切文明成果,主要是指利用其一些有用东西作为发展生产力的方法。在这里,问题是从社会主义国家怎样才能更好地坚持社会主义制度的高度提出来的。事实证明,要坚持社会主义制度,最根本的就是要发展生产力,而要发展生产力,仅靠过去的经济体制又不能解决问题,所以,就必须在坚持社会主义固有优势的同时,吸收资本主义中一些有用的东西——诸如先进的科学技术,某些经营管理形式,市场经济,乃至外国资本等等——作为发展生产力的方法。但是,这并不等于实行资本主义制度。因为"这是社会主义利用这种方法来发展社会生产力。把这当作方法,不会影响整个社会主义,不会重新回到资本主义"。事实说明,吸收和借鉴资本主义社会一些有用东西作为发展社会生产力的方法,不仅不会在社会制度、社会发展道路和方向上向资本主义"趋同",而且恰恰正是社会主义赢得与资本主义相比较的优势,建设对资本主义具有优越性的社会主义的必由之路。

第三个层次,是社会主义国家吸收和借鉴资本主义社会发展生产力的方法所带来影响的层次。如上所述,积极的影响显然是主要的。但也有消极的影响,这就是资本主义的一些消极因素、腐朽东西也必定会跟着一起拥进来,要是听任其自由蔓延和泛滥,那倒确实会影响经济乃至整个社会变质,具有使社会主义社会演变为资本主义的危险的。邓小平指出,"肯定会带来一些消极因素,要意识到这一点,但不难克服,有办法克服"。这个办法就是保持务必消除它们的清醒头脑,采取坚持改革开放和坚决打击经济犯罪活动、物质文明建设和精神文明建设"两手抓,两手都要硬"的一系列方针,去克服和杜绝让资本主义腐朽东西蔓延开来,冲击和演变社会主义制度的危险。

四、中国特色社会主义要用实践向世界证明:社会主义确实比资本主义好、社会主义优于资本主义

现在看来,和社会主义国家建设优于资本主义的社会主义相比,

一项更加艰巨的工作,是要由还没有执政的各国共产党和人民群众奋起用社会主义去取代资本主义。应该说,这是他们从很多年以前就已经着手进行的工作,但由于种种原因,一直没有取得成功。几十年来多次经历了国际风云变幻,到20世纪末,国际共产主义运动已经处在一个与以前有很大不同的环境中。1988年10月17日,邓小平在一次会见外宾,谈到我们怎样搞社会主义和共产主义时,曾经指出:"现在的情况和过去大不一样了。我们走的是十月革命的道路,其他国家再走十月革命的道路就难了,因为条件不一样。没有执政的共产党正在寻找其他的、新的途径,但还没有找到一个成熟的观点、成功的办法。总的来看,没有执政的共产党正在衰弱,它们的影响也在缩小。执政的共产党又不能帮它们。"

在这种情况下,邓小平创造性地提出了一个用中国特色社会主义的实践,去向世界、特别是向发达资本主义国家的人民证明社会主义制度优于资本主义制度、社会主义确实比资本主义好,以此来催化世界社会主义运动的振兴,推进社会主义代替资本主义的必然性实现的设想。他说:"我们中国要用本世纪末期的二十年,再加上下个世纪的五十年,共七十年的时间,努力向世界证明社会主义优于资本主义。我们要用发展生产力和科学技术的实践,用精神文明、物质文明建设的实践,证明社会主义制度优于资本主义制度,让发达的资本主义国家的人民认识到,社会主义确实比资本主义好。"

现在是2014年,距离邓小平所说七十年时间还差一半多,可是中国特色社会主义已经用自己的实践在许多方面向世界证明了社会主义确实优于资本主义。

首先,在发展生产力和科学技术方面。在1999年时,中国的经济总量还处在美、日、德、英、法、意等6个发达资本主义国家之后,居世界第7位。但中国社会生产力的快速发展使中国的经济总量在2002年超过意大利,在2004年超过法国,在2005年超过英国,在2007年超过德国,在2010年超过日本,现居世界第2位。目前,中国与美国在经济规模和总量上还有较大差距,但随着时间的推移,这个差距也在日益缩小着。美国学者罗伯特·佩普曾经在美国《国家利益》杂志上发表文章指出:"在2000年,美国的计算机销量相当于中国的3倍,网民的数量相当于中国的5倍,宽带接入量相当于中国的40倍。但到了2008年,从整体上看来,中国在以上每个方面都赶上或几乎赶上了美国人。"[1]肖恩·托马斯2013年3月26日在英国《每日电讯报》网站上发表题为《美国霸权已经终结,我们为什么不明白?》的文章指出,中国在1999年取代美国成为世界上第一大钢铁消费国;2007年成为世界上最重要出口国;2008年成为世界上最大互联网使用国;2010年成为世界上最大制造业国(美国在19世纪80年代从英国手中夺来),成为世界上最大汽车市场,最大专利申请国;2011年成为全球最大能源消耗国;2012年成为世界上最大个人电脑市场,全国贸易第一大来源地,并推出世界上最强大计算机,外汇储备达3.4万亿美元;2013年超过美国成为全球最大贸易国。

其次,在经济体制的转变方面。在比较了原苏东国家和中国经济体制转变的情况后,1994年9月4日的匈牙利《新闻报》指出:"在原社会主义国家中,只有中国是成功的,那里没有迅速摧毁需要改造的社会主义结构,并立刻实行市场化经济,而是在相对保持政治和经济结构的同时,逐步确立市场化经济。就这样在15年来生产不仅没有下降,甚至以前所未有的速度增长,生产水平不仅没有下滑,甚至比任何走在资产阶级道路上的国家更快地提高";有的俄罗斯学者说:"在这方面,最重要的经验是中国领导人并没有打破以前的体制,也不是绞尽脑汁地要从社会主义向资本主义过渡,而是在社会主义体制中融进已成为改革社会主义体制动力的一系列重要的成分","中国的经验表明:在社会主义制度下不仅可以进行改革而且可能建立一种比震惊全世界的亚洲"四小龙"那样的资本主义社会

---

[1] 罗伯特·佩普:《帝国的衰落》,载美国《国家利益》2009年1—2月号。

更快地推动经济发展的机制"①。

再次,在实行社会主义市场经济体制方面。英国诺丁汉大学的姚树洁教授认为,"从经济上讲,中国的市场和计划结合得很不错,比如说在经济发展中制定五年计划就很有效。有一个五年计划就像走路有了目标,可以更清晰地规划一些大项目,而英国就没有这样的计划,每年只能靠预算来规划,结果就差得多"②;德国学者比恩施蒂尔在《中国挑战西方》一文③指出:"在不久前举行的新加坡亚太经合组织相关会议上,人们承认,中国通过五年计划由中央确定政治经济发展方向,西方国家由于体制限制是不可能这么做的";法国学者塞贡则在《中国:有计划的经济的秘密》一文④中认为:"正是国家发改委长达15年的战略规划的有效性,才使得中国快速改变并在各个战略性领域取得了诸多经济成就,这一经济计划的精心制定,以及政治目标、技术和财政手段的统一,确保它得到充分有效的执行。"

又次,在政治体制方面。旅法华人宋鲁郑经观察和比较后认为,中国的政治制度有六个比较优势:其一是可以制定国家的长远的发展规划和保持政策的稳定性,而不像资本主义国家中每一次政策上的摇摆都会对国民经济产生损害;其二是高效率,对出现的挑战和机遇都能够做出及时有效的反应,特别在应对突发灾难事件时;其三是在社会转型这一特殊时期内可以有效遏制腐败的泛滥;其四是有一个更负责任的政府;其五是在人才培养和选拔机制以及避免人才的浪费方面的比较优势;其六是可以真正代表全民⑤。

美国前驻华大使芮效俭指出,"中国之所以能够长期保持经济快速发展,原因在于国家领导人善于把握时机,根据变化的形势适时

---

① 见1996年4月5日俄罗斯《真理报》。
② 《中国成功的秘密就在中国人身上——专访姚树洁教授》,载2009年10月8日《参考消息》。
③ 载2010年5月22日德国《新德意志报》。
④ 载法国2010年《论坛报》。
⑤ 宋鲁郑:《中国政治制度的比较优势》,载《红旗文稿》2010年第5期。

改革经济体制","在过去30年中,中国随着国内和国际环境的变化不断自我调整","中国在这些方面的变化与美国形成了鲜明对比,美国缺乏兴利除弊的能力,许多美国人都认为我们的政治体制功能失调"①。欧亚集团总裁伊恩·布雷默更加鲜明地对比了几个发达资本主义国家与在中国的不同情况。譬如,在经过选举期间的经济和政治混乱之后,美国选民非常排斥政府和任何与它有关的人;英国选民把首相戈登·布朗从唐宁街扫地出门;《巴黎人报》民调显示60%的受访者对萨科齐总统表示不信任;德国总理默克尔只有32%的支持率,仅有17%的人认为政府能够解决德国的各种问题。与此形成鲜明对照的是,中国"30年来经济的两位数增长可以为政府从民众那里赢得很多好感。每年中国都会发生许多抗议事件,但它们很少是直接针对共产党的,很多抗议是请求共产党员帮助解决地方部门的问题"②。

又再次,在政府应对危机、抗击风险的能力方面。新加坡国立大学的郑永年教授认为,"中国政府现在的意识形态是民本主义,努力把政府的作用和人民的利益结合在一起。中国政府也努力提高决策的透明性,并建立各种机制使得其官员对人民负责。中国的政治体制尤其在危机期间表现出高效率。无论在处理四川地震,还是在应对这次金融危机,相对于其他政治体制,中国体制的优越性就表现出来了"③。胡里奥·里奥斯则指出:"面对全球危机,中国已经向世人展现了它强大的应对能力,显示这个亚洲巨人似乎生活在另一个星球,置身于西方富国遭受的全球危机严重影响之外","危机证明了中国具备足够的应对在不利的国际环境中进行发展模式转变的手段和能力。中国东南地区大批以出口加工为主的工厂原本会因为西方

---

① 芮效俭:《中国政治发展的内在逻辑》,载2011年7月7日《社会科学报》。
② 伊恩·布雷默:《信奉自由市场的民主国家奋力挣扎,中国却获得罕见的成功》,载2010年5月26日美国《今日美国报》。
③ 郑永年:《中国模式的机遇和挑战》,载2009年9月1日新加坡《联合早报》。

订单的持续下滑而倒闭,但迄今这一现象并没有在这些地区转化为更大的震动。中小城市和乡村吸纳了因南方工厂倒闭而失业回乡的劳动力。而且随着有可能出现的人民币升值,在很快会到来的危机第二阶段中,农村地区就再次成为中国经济的缓冲垫。危机在证明了中国经济与外部环境息息相关的同时,也表明中国拥有强大的控制风险的能力,这在很大程度上要归功于坚实强大的国家实力,它把触角伸向了各个角落。这个国家的干预能力与西方的国家地位缺乏形成鲜明的对照,并让中国拥有了更强的经济预见能力。当然,中国也有自己的问题,中国也在利用危机改变着自己的发展模式"[1]。

最后,在生态文明建设方面。美国中美后现代研究院的小约翰·柯布说:"很多美国人早在20世纪60年代就已经意识到,我们推崇的文化已超出环境的承受能力。20世纪70年代,公众和政府曾做出过积极回应。但这一行为遭到公司阻止,因为这种改变会减少他们的利润所得。现在的美国正在为了短期公司利润走向自我毁灭之路"。与此相反,"生态文明建设在中国已成为社会共识,中国政府还把生态文明建设上升为战略任务和基本国策,这在世界范围内都是少见的,这是历史性的一步","比起欧美其他国家,中国实现生态文明的前景更令人乐观。《易经》文化推崇天人合一,这与生态文明的内涵相吻合。另外,中国所坚持的马克思主义有助于抵抗金融寡头的霸权,谋求民众的共同福利"。反之,"在美国,现代农业造成土地严重污染,农村生活毁灭","长久以来,我们抨击消费主义的盛行,但没能遏制消费主义的流行。中国很可能结合自己的古代智慧,遏制消费主义的潮流。中国文化一直以来推崇人与自然的和谐相处,……它的复兴对生态文明建设有重大贡献"[2]。

---

[1] 胡里奥·里奥斯:《从中国的角度看危机》,载2010年1月23日西班牙《中国政策观察》网站。

[2] 小约翰·柯布:《中国实现生态文明的前景更为乐观》,载2012年9月21日《中国社会科学报》。

另一个美国学者罗伊·莫里森指出:"生态文明必须通过富有成效的努力来反映生态的实施方式,如生产和消费环节中的净零污染、净零垃圾","上述步骤的实现或许需要较长时间,实现上述步骤,中国必将从具有价格优势的全球出口领先者,转变成具有生态优势的全球出口领先者,成为全球生态文明的领跑者"[①]。

2013年1月5日,在新进中央委员会的委员、候补委员学习贯彻党的十八大精神研讨班开班式上,习近平总书记强调指出:"随着中国特色社会主义不断发展,我们的制度必将越来越成熟,我们社会主义制度的优越性必将进一步显现,我们的道路必将越来越宽广",到了21世纪中叶,在我国实现社会主义现代化和中华民族伟大复兴的时候,邓小平所说中国特色社会主义用实践向世界证明社会主义是必由之路、社会主义优于资本主义的情景,将更加全面而充分地呈现在人类面前。而在西方国家经历了国际金融危机的严重冲击,努力反思和质疑资本主义,并寻找有效的替代物的时刻,这种面越来越广、度越来越深的"证明",无疑将有力地催化世界社会主义运动的振兴,从而推进社会主义代替资本主义的必然性进程。

---

① 罗伊·莫里森:《中国将成为全球生态文明的领跑者》,载2012年9月21日《中国社会科学报》。